企業不祥事事典
―ケーススタディ150

Corporate Scandals
—A study of 150 cases

専修大学経営学部教授
齋藤　憲 監修

日外選書
Fontana

Corporate Scandals

—A study of 150 cases

Supervised by
Satoshi Saito

Compiled by
Nichigai Associates,inc.

●

装 丁：山中 章寛（ジェイアイ）

監修に寄せて

専修大学経営学部教授
齋藤　憲

本書は新聞やTV、雑誌などで取上げられ、報道されて話題となった不祥事を、「企業」という視点で括って整理したものである。したがって内容は多面的となり、まとまりを欠くとも感じられ、ある意味では週刊誌的で三面記事的なものさえある。しかし、編纂の意図は、三面記事的に読んでもらうことにあるわけではない。ましてや、取上げた企業を批判することに本意があるわけではない。

わが国の現在が大きな転換期、特に企業社会にとっての転換期であることは、誰も否定しないであろう。バブル経済がはじけ、戦後苦難の中から形作り、営々と築いてきた日本的成功モデルが、日本人の増長をあざ笑うかのように崩壊したからである。企業に限ってみれば、「日本的経営」という日本企業のビジネス・モデルは、通用しなくなったのである。

通用しなくなったと書いたが、それでは「日本的経営」の何が通用しなくなったのか。トヨタ自動車やキヤノンは、「日本的経営」を貫くと言っているのではないか。本当に通用しないのか。しかし、日本政府は、法律を改正してまでもアメリカ的なコーポレート・ガバナンスを導入させようとしているのではないのか。通用しないと考えるべきだ……。

私の専攻は経営史で、日本の経営を歴史的に見ることを専門としている。そのような人間からすると、戦後の経営の歴史は、アメリカから新しい経営を導入し、古い日本的な経営から脱却する歴史、少なくとも経営者の主観的意図はそうである、と考えられる。実例をあげると、稟議制をやめようした1960年代、廃止したのだが口頭で上司の意向を確かめる、求められていないのにかかわらずトップの意向を斟酌することが横行した、あるいは事業部制を導入したが、利益の出ている事業部も、出ていない事業部も年功序列賃金のために給与が同じだったとか、意図とは無関係な、滑稽な話が多数存在している。稟議制の廃止によっても主体性は確保できず、意思決定は早まらなかったし、賃金と結合しない業績の明確化など絵に描いた餅のようなものだったのである。ところがオイル・ショック後の低成長の時代をうまく乗り切ると、「日本的経営」が最高だと持ち上げられ、今度は否定しようとしたものが最高と、その上に胡坐をかいた、これがカリカチュアした戦後の経営の歴史である。勿論「トヨタ生産システム（リーン生産システム）」のように「日本的経営」の生産管理が、世界的なスタンダードとなったものもある。おそらく「日本的経営」がグローバル・スタンダードになったのは、これだけであろう。

個別の多くの経営者は、このような議論とは無関係に現実を直視し、改革を積み重ねて経営を行なってきたというのが実際であろう。「日本的経営」であろうと無かろうと、経営には失敗と成功しかない。これが日本の多くの経営者の本音である。従業員の忠誠心を引き出し、最も効率的な経営方法が「日本的経営」だったに過ぎないというわけだ。

それはおかしいのではないか。本書に取り上げてあるように、これだけ多数の企業不祥事が起きているのは、今までの経営が時代に対応できなくなった証拠ではないのか。そのように考える方も、少なくないであろう。

時代に対応できない経営もあるという意見には私も賛成であるが、不祥事を起したり、倒産したりする企業は、戦前にも沢山あった。私の友人で、企業不祥事を引き起こす経営者には戦前・戦後を通じて共通の特徴があるのではないのか、と考えて、戦前の倒産や企業破綻を発掘して調べている研究者がいる。彼が図書館を巡り、古本や古新聞から探し出した事例は、想像よりはるかに多い。

普通銀行数が最も多かったのは1922（大正11）年といわれ、1,794行あった。これらの銀行の多くは解散、破産、廃業し、あるいは合併されて今日の数になったわけで、一方で新設もあったから、毎年20～30行の銀行が消滅していったことになる。統計書によると、恐慌時には40～50の銀行が消滅している。

それにもかかわらず今日ほど話題にならなかったのは、企業不祥事は地域的であり、一般の人々にとっては、高橋お伝の方が興味深かったに過ぎない。つまり不祥事が増加したのではなくて、企業の社会的影響力が大きくなったのである。このことを先ず考えてもらいたい。

本書には僅かな金を節約するために検査を怠ったり、不正原料を使ったりした事件が、いくつか紹介されている。それが明らかとなって社会問題となり、中には倒産にまで追い込まれた企業の事例があげられている。これは「バレなければいい」という倫理性欠如の問題であるが、同時に企業とは社会的公器である、という認識の欠如でもある。法令違反であることが明らかにされ、想像以上の代償を支払わされて、漸くその社会的意味を理解するわけである。

企業に勤めている人で、経営書とか、ビジネス書のたぐいを1冊も読んだことのない人はいないであろう。経営学の誕生は、鉄道の衝突事故に始まるというのがアメリカ経営史の定説である。事故が起きて初めて切符を売ったり、運転する人以外の人々、衝突しないように時刻表を作ったり、線路を補修したり、大きな設備投資に備えて原価計算を考えたりする人材が必要となり、その結果社員数が増加して、管理部門や管理者が必要となって、経営学が誕生したわけである。その後社員数は万を超え、シェアが全国の10％を超える大企業が現れた時、企業の行動は社会的な重要性を増し、情報機器の発展は、瞬時にその社会性を示すことになった。些細な企業内の私事として起きた不祥事は、たちまち社会性を帯び、糾弾されてしまう。

その意味に無自覚な日本人が多いということを、この書物は示している。このように書くと、うちは小さい会社だから、という人が必ずいるが、企業の社会性を自覚してしまった人々は、大小を問わず企業不祥事として認識する。小さくて影響力が少ないと考えているのは、問題を起した当人だけだということになる。

また次のようにも考えられる。鉄道事故で死者を出したことが経営学の始まりだとすれば、本書は経営学を考える宝庫だということである。経営学の教育手法にケース・スタディというのがある。アメリカのMBAで使われる手法であるが、ある企業なり、経営者なりを事例としてあげ、それを学生に批判させて、経営の実践を学ばせるのである。本書は、不祥事のケース・スタディ集となりうる。社員の社会性のなさや不注意が発端だったとしても、上司や管理者は責任を負わなければならないのが、企業という組織である。多面的に検討すべき事例を沢山発見できる。

国際経営の時代だといわれている。ボーダレスといわれ、企業がマルチ・ナショナル化するのが当然と受入れられている。日本企業は国外に進出し、廉い賃金で生産し、世界各国へ輸出している。学生に国際経営とは何だと問うと、以上の返事が直ぐに返ってくる。しかし、国際経営なのだから、何も勉強していない日本人よりも優れた外国人を採用すべきだ、アルバイトなどの単純労働は誰でもできるのであるから、もっと廉い賃金でもいいのではないか、と反論すると、学生は当惑し、日本の企業は日本人を採用すべきだし、アルバイトも日本人の相場がある、と強弁する学生も出てくる。日本人の国際化とは日本人が国外に出て行くことで、逆に働き手が入ってくることも、日本社会が国際的に均質な社会へ移る可能性も考慮にないのである。

今時の学生は、と思う人がいるかも知れないが、先に書いた稟議制や事業部制の問題は、意思決定のトップダウンとか、成果主義に基く賃金体系とか、アメリカ経営を無自覚に現象面だけを取り入れた結果であって、一面しか見ていないという点では、日本人に共通の問題である。独創的な人材を育成する目的で導入した「ゆとり教育」が無残な結果に終わったのは、アメリカの社会教育や家庭教育を無視して学校の教育制度だけ導入したからであるのと同じことで、むしろ大人の姿を映している鏡が学生だといった方が正解なのかもしれない。

主張を整理すると、現在が大きな転換期、特に企業社会にとっての転換期であるということは、そのシステム内にいる我々も変わらねばならないということである。社員を多数解雇しても高い報酬をもらっている○○社長は卑怯だ、という記事を週刊誌などに見かけるが、アメリカ的なコーポレート・ガバナンスでは当然のことである。なぜならば、利益の出ない部署の社員を解雇することで、人件費という形での社外流出を削ることができ、株主の利益を護ったからである。かつてソニーが14,000人の解雇を発表した時、半数を占める国外株主は歓迎して、株価が10％程度あがったことがある。週刊誌的な発想では、株価は下落しなければならないはずである。週刊誌は、そんなことすら判らないまま書いていることになる。今進んでいる変革は、実は我々の生活にも大きな影響を及ぼすし、考え方まで変える必要がありそうである。次に考えてもらいたいことは、このことである。

そのような視点で本書を読むと、不祥事の内容も変わってくる。些細なことと考えていたことがそうではなくなり、減給3ヶ月が解雇に変わるかも知れないのだ。本書で取り上げた不祥事と同等の事件を、アメリカの判例記録に当たって比較するのも一興かもしれない。

本書が取り上げたのは、企業の不祥事である。しかしその不祥事も、変革を迫られている日本的なシステムの中で見返し、国際的な価値基準の中で読み返すと、意味が変わってくる。単なる不祥事と読むか、そこに日本的現実を読むかは、読者に委ねられているのである。

目　次

ガバナンス ー従業員関与

製造物責任

凡　例

1．本書の内容

本書は、我が国の 1945 年以降 2007 年 1 月までの主だった企業不祥事・150 件の記録・解説である。

2．本書の構成

企業不祥事の内容に即して、

- ガバナンス－経営者関与
- ガバナンス－従業員関与
- 製造物責任
- 日本型企業風土
- 報道機関の使命欠如

の5つに分類して構成した。

150 件のそれぞれに、事件の背景、発端、経緯・経過、企業の対応、警察・検察の動き、裁判等を時系列で記述し、参考文献とキーワードを付けた。

3．出典参考資料

記述に関しては、当時の新聞報道を基本資料とし矛盾点等適宜補足した。

ケーススタディ 150

◆ ガバナンス－経営者関与

◆ ガバナンス－従業員関与

◆ 製造物責任

◆ 日本型企業風土

◆ 報道機関の使命欠如

category ガバナンス ―経営者関与

CASE 001 昭和電工事件

date	1948年（昭和23年）6月23日
commercial name	昭和電工株式会社
scandal type	贈収賄

事件の背景

太平洋戦争終結後、アメリカを中心とする資本主義諸国とソ連邦を中心とする共産主義諸国との間には、いわゆる冷戦構造が横たわっていた。アメリカは情勢の変化から、日本を反共の砦と考えるようになってきた。芦田内閣（1948年3月10日～10月7日、民主・社会・国民協同の3党連立）は対日政策の転換に乗じて外資の導入をもって日本経済の再建を図ろうとした。

当時の経済復興状況には、主要産業と特定企業に重点的にエネルギー源である石炭を注入して経済復興を図ろうという傾斜生産方式の考え方があった。これに選ばれた昭和電工は政府高官に対して莫大な贈賄を行なって復興金融金庫から32億円の融資を得たのである。この巨額の融資に疑惑の目は注がれ、そこで昭和電工日野原社長は各党の実力者にもみ消しのための贈賄をはじめたのである。

事件の発端

1948年、肥料産業の大手、昭和電工は自らの肥料工場を拡充するために23億円の復興金融金庫の融資を受けたが、その際の贈収賄が問題になった。

同年4月27日の衆議院不当財産取引特別委員会で、高橋英吉委員（民自）から、芦田首相、西尾国務相、栗栖経済安定本部長官らが昭和電工他などへ不当金融や、土建業者との間の不当な政治資金問題について関係があるのではないか、そのために政権も左右されたとのうわさがあるがこれを問題として取上げよ、という発言があった。

発覚の経緯

かねて港区赤坂の昭和電工会社（社長

---

keyword【キーワード】：復興金融金庫　衆議院不当財産取引特別委員会　芦田内閣

日野原節三）を取調べていた警視庁は1948年5月25日、復興金融金庫問題と関係ありとして同社の帳簿を押収、東京地検に引き渡した。容疑の内容はカーバイト燃料などを横流ししたものと見て、社員数名も参考人として取り調べた。この時点で背任横領、汚職事件に至るのではないかと目された。

その後の経緯

1948年6月23日東京地検は日野原社長の贈賄容疑をつきとめ、取調べを行なった。5月末には同社の秘書、商工省化学局肥料第二課津田技官、同局野見山第一課長らを贈収賄容疑で検挙、取り調べた結果、日野原社長はこの前年12月に津田・野見山両名に十数万円を贈賄した疑いが濃くなったのである。前経済安定本部長官・栗栖赳夫氏が強制収容され、10月6日また前国務相西尾末広氏も逮捕され、政局は急転した。社会党は6日午後中央執行委員会を開いて内閣総辞職を党議として決め、首相に伝えた。芦田内閣は10月7日総辞職することを決定した。

かくて芦田、西尾両氏を中軸としていた社・民・国協3党の連立政権は終りを告げることになる。

同年12月6日の衆議院本会議での芦田均、北浦圭太郎、川橋健治郎、3氏逮捕要求は採決の結果、140票対120票で許諾することとなり、7日にはそれぞれ逮捕が執行された。

参考文献

新聞記事

◆朝日新聞　1948年4月28日
「首相らの関係者調査　高橋氏からの重大発言」

雑誌・書籍

◆野村二郎「戦後疑獄史――昭和電工事件――芦田内閣は崩壊したが」
『法学セミナー』　1976.6
◆室伏哲郎「戦後疑獄史にみる構造汚職の本質――「巨悪」抹消のキメ手は「一票一揆」
『エコノミスト』1989.7.3臨増

◆室伏哲郎『実録昭和の疑獄史』　勁文社　1989
◆佐藤道夫『政官腐敗と東京地検特捜部』（小学館文庫）小学館　2001

category　ガバナンス ―経営者関与

CASE 002

造船疑獄事件

date　1954年（昭和29年）1月15日

commercial name　山下汽船株式会社（現・株式会社商船三井）、日立造船株式会社、飯野海運株式会社

scandal type　贈賄、特別背任

事件の背景

戦前のわが国海運業は世界第3位を誇っていたが、敗戦によって大きな打撃を受けた。そこで昭和22年からは、全額を政府が出資するという「計画造船」がスタートした。船舶公団から70％を融資し、残りを銀行から貸すという保護施策であった。わが国は1950年の朝鮮戦争の勃発から大型船の建造がようやく認められることになり、実効が挙がったが、朝鮮戦争が休戦になると、海運・造船業は途端に不況になった。そこで業界は「外航船建造利子補給法」の制定を政界や財界に働きかけることにした。これは日本開発銀行で借りていた年利5％のものは3.5％に、市中銀行から借りていた11％のものは5％とするもので、差額は政府の負担によるものであった。この法案は自由党（吉田・鳩山）、改進党らの共同提出案として国会に提出され、僅か10日間の審議で可決された。

事件の発端

造船業界は自由・改進・分自保守三党に約5千万円をばらまいたとされた。江戸橋商事（森脇将光）社長が、日本特殊産業猪股功社長を背任容疑で告訴し、家宅捜索を受けた際に不正貸付の書類が露見して明るみに出た。山下汽船社長横田愛三郎宅からは政界への献金ルートが分かるメモが発見された。

発覚の経緯とその後の推移

1954年1月15日、東京地検は山下汽船横田社長を贈賄の容疑で逮捕した。続いて2月8日には日立造船の松原与三松社長ら4人を特別背任の容疑で、25日さらに飯野海運三益一太郎副社長らを逮捕した。

keyword【キーワード】：計画造船　外航船建造利子補給法　指揮権

収賄側としては代議士数名、運輸省官房長が逮捕された。さらに自由党幹事長佐藤栄作、政調会長池田勇人、運輸相石井光次郎らに追及の手は延びた。折りしも国会は会期中であり、検察は佐藤幹事長の逮捕に関する許諾請求を行なったところ、犬養健法務相は指揮権を発動して捜査の延期を指示したのであった。この一件については轟々たる非難が巻き起こった。両社会党は共同して内閣不信任案を提出したが成立せず、これで改進党の大部分は自由党に離反し、内閣の屋台骨は揺らいだ。

参考文献

雑誌・書籍

◆「〝造船疑獄〟の経済背景」『エコノミスト』 1954.1
◆佐藤功「造船疑獄調査のその後の問題」『ジュリスト』 1954.10
◆小野清一郎（他）「造船疑獄と国政調査権（座談会）」『ジュリスト』 1954.10
◆鈴木松夫「海運・造船疑獄事件」『別冊中央公論　経営問題』 1965.9
◆野村二郎「山本清二郎氏に聞く——造船疑獄事件のことなど（法曹あの頃—3）」『法学セミナー』 1975.12
◆野村二郎「戦後疑獄史——造船疑獄事件——検察陣の限界示した指揮権発動」『法学セミナー』 1976.7
◆柳田 邦男・堀田 力 ・内田 健三 「心の貌（かたち）昭和事件史発掘（11）造船疑獄--「指揮権発動」が残したもの」『文芸春秋』 2006.3

◆渡邉文幸『指揮権発動』 信山社出版　2005

category ガバナンス 一経営者関与

CASE 003 チッソ事件

date 1956年（昭和31年）5月1日

commercial name チッソ株式会社

scandal type 水銀汚染

事件の背景

創業者野口遵は1906年曾木電気（株）を設立し、鹿児島県大口に水力発電所を設けた。また1907年日本カーバイト商会を設立し、熊本県の水俣でカーバイトの製造を始めた。1908年にはこの両社を合併して日本窒素肥料（株）とする。1926年には朝鮮半島に進出し、朝鮮水力電気、朝鮮窒素肥料の2社を設立した。会社は昭和初期から総合化学工業会社として業績を伸ばし、新興財閥日窒コンツェルンの中心企業とされた。戦後、1950年財閥解体により、新日本窒素肥料として再出発。1965年には社名をチッソ株式会社と改称して今日に至る。

1932年同社水俣工場は、アセトアルデヒド·合成酢酸設備の稼動を開始した。有機水銀を含む排水は、水俣湾百軒港に無処理で放流されていた。

かねて戦前から漁業被害は出ていたが、1943年、会社は「過去および将来永久に苦情は申し出ない」として「15万円5,200円を支払う」という補償契約が締結されていた。戦後の1956年5月1日、新日本窒素は「原因不明の神経疾患の発生」（脳症状患者4名）を水俣保健所に報告した。この日が水俣病公式発見の日とされている。

事件の発端

上述のように、チッソの奇病対策委員会は疫学的調査を行ない、1956年8月末これは伝染病ではなく、食中毒が疑わしいとして熊本大学医学部にその原因究明を要請した。熊本大学の研究班は、魚介類を介して人体に入った重金属の中毒と断定した。1958年には、この症状が英国のハンター・ラッセルの報告によ

keyword【キーワード】：日窒コンツェルン　水俣病　有機水銀

る有機水銀中毒に酷似していることを知り、研究を進めた。この件は以後重大な公害事件として日本を覆う問題となっていく。1957〜58年頃には新聞記事にも「水俣の奇病」「水俣病」などという表現が用いられた。猫の狂い死にも話題になり、「猫踊り病」という人もあった。

発覚の経緯

1959年2月、厚生省水俣病食中毒部会は、湾内の水銀分布を調査した。水俣湾泥土には多量の水銀が抽出された。湾内は水銀鉱山のごとくであった。水俣病患者の毛髪には大量の水銀が検出されたのである。

7月22日、熊大研究班は水俣病は魚介類を食して罹る神経疾患で、その原因は水銀であることを報告した。

前年、会社は工場排水路を百間港から水俣川川口に変更したため、水銀汚染は不知火海南部全域に広がっていた。10月21日、通産省は排水口を百間港に戻すこと、排水浄化装置をつけることを会社に指示した。

熊大の発表で世論は騒然となった。9月から11月にかけて不知火海漁民は工場に交渉にやって来た。11月2日チッソ工場への乱入事件で多くの人は水俣事件の存在を知ることになる。

しかし11月の熊大有機水銀説の一方で、厚生省は有機水銀と工場排水の関連は明確にしなかった。会社は日本工業協会大島竹治理事の爆薬説（旧日本軍が水俣湾に投棄した爆薬が原因という）を持ち出したのである。ちなみに翌60年には東京工大清浦教授のアミン説、61年の東邦大戸木田教授の「腐った魚」原因説などが発表されている。

その後の経緯

1960年、酢酸工場の反応管から直接採取したスラッジの一小片を分析した結果、無機水銀の他にメチル水銀化合物の存在が証明され、この結晶を猫に与えると水俣病が発症したことから、熊本大学入鹿山教授は水俣病の原因はチッソの工場排水が原因であることを証明したのである。

1965年6月12日に至って、新潟大学の椿教授は新潟県阿賀野川流域での有機水銀中毒の発生を発表した。いわゆる「第二水俣病」とされるものである。この説は当初から有機水銀中毒と述べられている。アセトアルデヒドを生産している昭和電工鹿瀬工場に疑いがかかったが、会社は農薬説、地震農薬説をもって反論した。

1967年4月、厚生省特別研究班の報告書が発表されたが、これは昭和電工鹿瀬工場のアセトアルデヒド製造工程でつくりだされたメチル水銀化合物が阿賀野川に流入して川魚の体内に蓄積し、これを繰り返し食するうちに人体に蓄積され、中毒を起して発病したものという見解であった。

1967年6月13日、新潟水俣病患者ら13名は昭和電工を相手取って慰謝料請求の訴訟を起した。熊本の患者側はこれに衝撃を受けた。

1968年9月26日、政府は両水俣病について見解を発表した。すなわち、熊本水俣病は新日窒水俣工場のアセトアルデヒド酢酸設備内で生成されたメチル水銀化合物が原因である、新潟水俣病は昭電鹿瀬工場のアセトアルデヒド製造工程中に副生されたメチル水銀化合物を含む排水が中毒発生の基盤をなしたものである、というのである。

厚生省は熊本水俣病を公害病と認定し、1969年2月には第三者機関を設置して調停に乗り出すことにした。ここで患者側は一任派と自主交渉派に分裂した。一任派は斡旋案を呑んだが、自主交渉派はこの6月14日、チッソを提訴した。いわゆる水俣病裁判である。この第1次民事訴訟（企業責任と損害賠償）の原告は45人。被告はチッソ。1973年3月20日一審判決があった。患者側勝訴、賠償金1,600～1,800万円（推定）。

1973年1月20日第2次民事訴訟（水俣病であることの確認と損害賠償）が行なわれた。原告は認定患者・申請患者60人、被告チッソ。1979年3月28日一審判決があった。患者14人中12人を認定・賠償金500～2,800万円、双方控訴し、1985年8月16日二審判決・行政認定以外の5人中4人を水俣病と認定した。賠償金600～1,000万円（推定）。

1980年5月21日第3次民事訴訟第一陣（水俣病の確認と補償請求）の原告は未認定患者63人、被告は国・熊本県・チッソ。1987年3月30日の一審判決では国・県の責任を認め、原告全員を水俣病と認定した。300～2,000万円の賠償命令（被告控訴）、1990年10月12日福岡高裁は和解勧告したが、国は拒否した。1993年2月5日結審、1996年5月22日政府解決策により原告とチッソが和解し、国・県への提訴を取り下げた。

1981年7月30日同上第二陣（水俣病の確認と補償請求）の原告は未認定患者117人、被告は国・熊本県・チッソ。1990年10月4日、熊本地裁が和解勧告したが、国は拒否。1993年3月25日一審判決、原告が勝利した。国・県の責任を認め、原告118名中103名に400～800万円の賠償命令を行なったが双方控訴、1996年5月22日原告とチッソが政府解決策によって和解。国・県への控訴を取り下げた。

1989年7月17日、同上第三陣（水俣病の確認と補償請求）の原告は未認定患者1,191人、被告は国・熊本県・チッソ。1990年10月4日熊本地裁は和解勧告したが、国は拒否。1996年5月22日に和解は成立した。一時金支払いの協定を結ぶ。国・県への控訴は取り下げた。

この他、水俣病事件は主な訴訟に限っても三十数件はあり、今日なお係争中のものがある。

参考文献

雑誌・書籍

◆土本武司「「構造型」と「事故型」――水俣病事件控訴審判決（要旨）に接して」『判例タイムズ』 1982.11.1

◆三室勇「資料・水俣病事件控訴審判決（要旨）に接して」『判例タイムズ』 1982.11.1

◆土本武司「水俣病事件最高裁決定」『警察学論集』 1988.5

◆江藤孝「熊本水俣病事件と刑事司法（水俣病最高裁刑事決定）」『ジュリスト』 1988.5

◆宗岡嗣郎・梅崎進哉・吉弘光男「チッソ水俣事件の事実関係と刑事法的規制の一側面」『刑法雑誌』 1990.12

◆津田敏秀「食中毒事件としての水俣病事件」『環境と公害』 2004

◆『水俣病』 熊本大学医学部水俣病研究班 1966

◆桑原史成『水俣病』 朝日新聞社 1970

◆チッソ株式会社「水俣病問題の十五年」編集委員会『水俣病問題の十五年』チッソ株式会社「水俣病問題の十五年」編集委員会 1970

◆原田正純『水俣病 』（岩波新書） 岩波書店 1972

◆原田正純 宮本憲一 『いま、水俣病は？ 』（岩波ブックレット ） 岩波書店 1983

◆原田正純『水俣病は終っていない』（岩波新書） 岩波書店 1985

◆国立水俣病研究センター10周年記念誌編集委員会『国立水俣病研究センター10周年記念誌』 国立水俣病総合研究センター 1988

◆水俣病医学研究会『水俣病の医学 』 ぎょうせい 1995

◆国立水俣病総合研究センター20周年記念誌編集委員会『国立水俣病総合研究センター20周年記念誌』 国立水俣病総合研究センター1999.3

◆『環境』（岩波応用倫理学講義） 岩波書店 2004

◆『はじめて学ぶ水俣病. -- 第4版』 熊本県環境生活部水俣病対策課 2005

◆衆議院調査局環境調査室『水俣病問題の概要』 2006

◆西村肇 岡本達明『水俣病の科学』 増補版 日本評論社 2006

category ガバナンス —経営者関与

CASE 004 丸紅 ロッキード事件

date 1976年（昭和51年）2月4日

commercial name 丸紅株式会社

scandal type 外国為替及び外国貿易管理法違反

事件の背景と事件の発端

アメリカの大手航空機メーカーであるロッキード社は、大型旅客機L－1011トライスターを全日空はじめ世界の航空会社に売り込むため、各国の政府関係者に巨額の賄賂を送っていた。このことが1976年2月4日アメリカ上院の多国籍企業小委員会の公聴会で明らかになり、さらにその後ロッキード社のコーチャン副会長とクラッター元東京駐在事務所代表が、日本における裏の代理人とされる児玉誉士夫にコンサルタント料と称して21億円を渡していたことも明らかになった。児玉は友人で国際興業社主小佐野賢治や、日本におけるロッキード社の販売代理店丸紅などを通じて、時の内閣総理大臣田中角栄に5億円が渡されていることも証言された。

ロッキード社の工作の結果、全日空は次期大型旅客機としてダグラス社製造のDC—10購入の予定を土壇場で覆し、ロッキード社製造のL－1011トライスターを発注した。

発覚の経緯

「昭和47年12月2日、金9,500万円なり。上記まさに受け取りました。児玉誉士夫（押印）」続いて同じ日に「8,500万円」、同月3日「9,000万円」、同4日「8,000万円」、同6日「7,500万円」———米国上院多国籍企業小委員会は1976年2月4日の公聴会で公表した。米ロッキード航空機製造会社の日本向け不法献金には児玉が先述の僅か5日間に4億2,500万円を受け取っている動かぬ証拠が明らかにされた。

委員会資料には、例えば1971年1月19日、ロッキード航空の子会社ロッキード・インターナショナル会社から

keyword【キーワード】：ロッキード社　米国上院多国籍小委員会　P3C

A.H.エリオット氏に33万ドル（1億2,000万円余）が電報為替で送金されたことを示すものもあった。また1973年8月9日付け「ヒロシ·イトー」が「ピーナッツ100個受け取りました」という領収書も見つかった。ロッキード社と受取人側の暗号で「ピーナッツ」1個が1,000ドルを示す。すなわちイトー氏は10万ドル（3,000万円）を受け取ったとなる。ロッキード社の日本向け送金は一度に1億〜2億と送られていた。ロッキード社の総額30億円にのぼる対日政治献金問題は、例のないスケールに発展することになった。

1976年2月6日の小委員会公聴会では小佐野賢治国際興業社主の名前も出ている。

1960年代後半、丸紅は檜山社長の体制下でひたすら規模の拡大をめざしていた。列島改造ブームの中、いち早く土地、株式の買いあさりに奔走し、商社批判の糸口をつくったともされる。ロッキードの件でも他商社は途中で危険を感じ、撤退したが丸紅は遮二無二突進したと言われた。

その後の経緯

1976年2月6日の米国上院多国籍小委員会による「ロッキード不正資金支出追及」は、日本の政財界を大きくゆさぶることになった。

2月16日、衆院予算委員会（荒船清十郎委員長）で「第一次ロッキード事件証人喚問」が行われた。丸紅からの証人は檜山広丸紅会長、松尾泰一郎社長、伊藤宏·大久保利春両専務の4人であった。ロッキード社は丸紅に320万ドルを支払ったという。丸紅はトライスター14機分の手数料として200万ドルを受け取った。残りの額は21機購入の予定であるからその未払い分を含めてのことではないか、とした。

国際興業社主小佐野賢治には、全日空のトライスター選定の関わりについて聴いた。小佐野は「選定に発言したことはない。トライスター売込みの戦略に関わったことはない」と述べた。（コーチャン·ロッキード社副社長はこれに対し、「証言を変える意思はない」と反論した。）これに続き、若狭得治全日空社長、渡辺尚次副社長の2証人も「外部からの圧力はなかった」と証言した。

2月17日、檜山広会長は委員長の質問に応じて、丸紅がロッキード社の代理店になったのは昭和33年（1958年）。正規の手数料以外の金をロッキード社から受け取ったことは絶対にない。児玉も小佐野も知らない。次期対潜しょう戒機としてP3Cを採用するため政府関係者、高官、政治家などに働きかけたこともない、と答えた。

2月27日、東京地検特捜部は丸紅

の大久保利春専務（62）、伊藤宏専務（49）の両名を「ロッキード社から非合法に金を受け取った疑い」があり、外為法違反と贈収賄に当たるとして逮捕した。

2月、丸紅において、「ロッキード問題調査対策委員会」を設置。

7月27日、東京地検捜査本部は外国為替及び外国貿易管理法違反の疑いで、前内閣総理大臣・自由民主党衆議院議員田中角栄（58）を逮捕した。身柄は東京拘置所に移され、地検は私邸と砂防会館内の田中事務所、衆議院第一議員会館内の田中前首相の部屋など5か所を捜索した。前総理の逮捕は「総理の犯罪」と言われて当時の日本を震憾させた。

この件で逮捕されたのは、政界では田中角栄前総理、元総理秘書官。丸紅では大久保利春前専務、伊藤宏前専務、檜山広前会長、総務課長（48）、総務課員（37）、秘書室秘書課長（45）。全日空では沢雄次専務（58）、経理部長（48）、営業本部業務部長兼国際部長（47）、藤原享一取締役経営管理室長（48）、若狭得治社長（61）、渡辺尚次副社長（62）らである。

9月、丸紅は、新生丸紅の確立に向け、「公明にして謙虚、清新にして溌剌、凡庸にして誠実」という新たな経営理念をはじめとする、経営行動の指針と当面の措置を発表した。

1977年1月27日から田中前総理に対する公判は東京地方裁判所で開かれた。田中は丸紅からの請託、五億円の授受、全日空に対する工作など起訴事実のすべてを否認した。元総理秘書官も同様に否認した。丸紅の3被告の否認。ここから検察と弁護側の攻防が始まったが、1983年10月12日には懲役4年の実刑判決が下された。田中角栄被告は受託収賄と外為法違反により懲役4年、追徴金5億円（田中は5日後、保釈金2億円を払って保釈となっている）。元総理秘書官被告は外為法違反で懲役1年、執行猶予3年。檜山広被告は贈賄、外為法違反、議院証言法違反で懲役2年6月。伊藤宏被告が同罪により懲役2年。大久保利春被告が同罪により懲役2年、執行猶予4年。裁判長は総理の職務権限の絡む受領と認め、社会に及ぼした病理的影響ははかりしれない、しかしこの事件は丸紅側からの申し出で発生したものと田中の情状について述べた。

1987年7月29日、東京高裁で控訴審判決公判が行われた。懲役4年、追徴金5億円の実刑を宣告した一審は支持され、田中側の控訴を棄却した。

上告審最中の1993年12月16日午後、田中は甲状腺機能障害に肺炎を併発し、入院先の病院で死亡した。これによって上告棄却となり、裁判は終了した。

参考文献

雑誌・書籍

◆（研究会）板倉宏（他）「贈収賄事件の捜査と訴追——ある事件の記録をてがかりに（現代の汚職——ロッキード事件を契機として＜特集＞——汚職事件の捜査と裁判）」『ジュリスト』 1978.10.25
◆「起訴状（現代の汚職——ロッキード事件を契機として＜特集＞——資料——ロッキード事件）」『ジュリスト』 1978.10.25
◆森下忠「嘱託尋問調書の証拠能力——ロッキード事件公判東京地裁刑事二五部半谷決定をめぐって」『法学セミナー』 1978.12
◆森下忠「再び嘱託尋問調書の証拠能力について——ロッキード事件公判東京地裁刑事一部岡田決定をめぐって」『法学セミナー』 1979.4
◆森下忠「再び嘱託尋問調書の証拠能力について——ロッキード事件公判東京地裁刑事一部岡田決定をめぐって」『法学セミナー』 1979.4
◆藤永幸治（他）「ロッキード事件における嘱託証人尋問調書の証拠能力をめぐる諸問題—上、中、下—」『警察学論集』 1980.1～3
◆佐藤功「内閣総理大臣の職務権限（ロッキード事件（丸紅ルート）控訴審判決）『ジュリスト』 1987.10.15
◆小暮得雄「嘱託尋問調書の証拠採用（ロッキード事件（丸紅ルート）控訴審判決）」『ジュリスト』 1987.10.15
◆「ロッキード事件最高裁大法廷判決＜特集＞」『ジュリスト』 1995.6.15
◆河上和雄「ロッキード事件丸紅ルート最高裁判決」『判例時報』 1995.7.1
◆井上正仁「ロッキード事件最高裁大法廷判決——刑事免責と嘱託証人尋問調書の証拠能力—2—」『ジュリスト』 1995.7.15
◆渥美東洋「2月22日の最高裁判所のロッキード丸紅ルート判決の理由づけを批判的に検討する（ロッキード事件最高裁判決＜特集＞）」『法律のひろば』 1995.10
◆伊藤博路「証人審問権の一考察——ロッキード事件最高裁判決を契機として」『茨城大学政経学会雑誌』 1996.3
◆右崎正博「司法の情報公開——真価問われる司法情報公開制度　最高裁の不開示決定の是非を問う国賠訴訟（ロー・ジャーナル）」『法学セミナー』 2003.3

◆立花隆『田中角栄研究』 講談社 1976
◆毎日新聞社会部『毎日新聞ロッキード取材全行動 』 講談社 1977
◆現代司法研究記者グループ『ドキュメントロッキード裁判』 学陽書房 1979
◆猪瀬直樹『死者たちのロッキード事件』 文芸春秋 1983
◆伊藤栄樹『秋霜烈日——検事総長の回想』 朝日新聞社 1988
◆立花隆『ロッキード裁判とその時代. 1～4 （朝日文庫） 朝日新聞社 1994
◆立花隆『ロッキード裁判批判を斬る. 1～3 （朝日文庫） 朝日新聞社 1994
◆堀田力『壁を破って進め. 上、下』 （講談社文庫） 講談社 2002

category ガバナンス ―経営者関与

CASE 005 日商岩井 ダグラス・グラマン事件

date 1979年（昭和54年）2月1日

commercial name 日商岩井株式会社（現・双日株式会社）

scandal type 外為法違反

事件の背景

1968年防衛庁は第2次防衛力整備計画を急いでいた。ここで次期主力戦闘機としてロッキードCL1010−2（アメリカ）、マクダネルダグラスF−4E（アメリカ）、SAABビゲン（スウェーデン）、ダッソーミラージュF1（フランス）が候補に上がっていたが、翌年1969年にはF−4Eを元にしたF−4EJを採用することに決定された。

事件の発端

1978年12月25日、米国証券取引委員会（SEC）にはマクダネルダグラス社が自社戦闘機F4EJの売り込みのため、1975年日本の政府高官に1万5,000ドルを渡したことを告発した。

また1979年1月4日SECは、グラマン社が自社の早期警戒機E−2Cの売り込みのために日本政府高官ら（岸信介・福田赳夫・中曽根康弘・松野頼三）と個別に接触し、代理店日商岩井経由で不正資金を渡したと告発した。

発覚の経緯

東京地検特捜部はダグラス・グラマン両社の航空機売り込みに関わる疑惑についての捜査を開始した。一方、1979年1月30日には衆議院ロッキード問題調査特別委員会は「航空機輸入調査特別委員会」と改称されて、民間機・航空機の売り込みに関わるすべての疑惑を調査することになった。

捜査の中心は両社の販売代理店である日商岩井であったが、同年2月1日、同社航空機部門担当常務の島田三敬が遺書を残して東京・赤坂の同社本社ビルから飛び降り自殺した。同人は疑惑の重要人物であり、東京地検に召喚されていて、

keyword【キーワード】：SEC　衆議院ロッキード問題特別委員会

捜査は大きな障害となった。

その後の推移

1979年2月9日からは衆議院予算委員会で日商岩井の植田三男社長、海部八郎副社長ら、松野頼三元防衛庁長官が証人喚問された。

4月2日海部は外為法違反容疑で特捜部に逮捕された。この日の参議院予算委員会で航空機疑惑集中審議中であったが、海部逮捕の報告を得て伊藤栄樹法務省刑事局長は「捜査の要諦は小さな悪をすくい取るだけでなく、巨悪を取り逃がさないことである」と述べ、事件の政界中枢への波及を示唆した。この時の「巨悪を逃さず」はこの年の流行語となった。

しかし、5月15日、検察首脳会議においては、「政治家の刑事責任追及は時効や職務権限の壁に阻まれており、これで断念する」旨が確認されて事件捜査の終結が宣言された。

1980年7月24日、東京地裁で海部についての判決があった。懲役2年、執行猶予3年。これについて被告・原告はともに控訴せず。8月7日、判決は確定した。

参考文献

雑誌・書籍

◆藤永幸治「戦後疑獄事件史ダグラス・グラマン事件（日商岩井事件）4大航空機メーカーの国際的賄賂商法」『法令ニュース』 1997.2
◆保田竜夫「ロ事件報道を教訓として（現代記者読本‘79――前線記者・ダグラス・グラマン事件を追う）」『新聞研究』 1979.3

◆立花隆『巨悪VS言論一田中ロッキードから自民党分裂まで』 文芸春秋 1993
◆伊藤栄樹『検事総長の回想』（朝日文庫） 朝日新聞社 1992
◆井上一成事務所（摂津）『ダグラス・グラマン疑惑追及の足跡』 1979

category ガバナンス ―経営者関与

CASE 006 ホテルニュージャパン火災

date 1982年（昭和57年）2月8日

commercial name 株式会社ホテルニュージャパン

scandal type 業務上過失致死傷

事件の背景

ホテルニュージャパンの社長は、会社乗っ取りで異名を馳せた横井英樹であった。1952年から1955年までの「白木屋デパート乗っ取り事件」で有名になる。

1979年4月ホテルニュージャパンの経営権を握ると、経営建て直しのために従業員を大量解雇、手形を乱発した。徹底的な建設費節減としてスプリンクラー設備を整備せず、内装の耐火素材を用いるべきところも怠っていた。

事件の発端

1982年2月8日午前3時30分頃、東京都千代田区永田町のホテルニュージャパン（地上10階地下2階）の9階客室から出火した。火は9階から10階に燃え広がり、両階の約4,300平方メートルを焼いて、出火から9時間あまりたった12時36分ようやく鎮火した。宿泊客315人のうち、逃げ遅れた客は煙に巻かれたり窓から飛び降りるなどして32人が死亡し、28人が負傷した。

捜査本部の調べによると、この日午前3時半頃同ホテルのフロント係（33）が仮眠のため9階にあがったところ、938号室から煙が漏れていることに気づき、他の従業員に知らせた。室から男の声で「ヘルプ・ミー」の絶叫が聞こえたので、合鍵でドアを開けると男性が飛び出して来た。廊下にはなお煙が充満し、9階の他の客の部屋を廻って出火を知らせた。通行人の119番で消防庁からポンプ車・ハシゴ車など116台が出動して鎮火に当たったが、発見が遅れたこと、高層の火災だったことなどから消火に手間取って9、10階部分は一瞬の間に猛火に包まれた。

keyword【キーワード】：白木屋デパート　スプリンクラー　防火カーテン

その後の経緯

消火後、東京消防庁は現場検証を行なったが、ホテルの9階・10階の壁はほとんどがブロックを積み上げてその表面にベニヤ板を張っただけの粗末な造りであった。消防法によれば、同ホテルのような4階以上10階までの建物には各室にスプリンクラーの設置が義務付けられている。1957年に建てられた同ホテルは1階から3階までの一部にこれをつけただけで、3階以上の客室は放置されていた。義務付けられている防火カーテンや防火じゅうたんの設置もなかった。防火訓練も規程通り実施はされておらず、東京消防庁のたびたびの警告にも無視を続けて、大惨事を招いた。

1982年11月18日、警視庁は横井社長ら4人を業務上過失致死傷で逮捕した。横井社長は防火設備は万全と嘯き、警察の追及には諸々の言い逃れを述べていたという。

最高裁の判決は、業務上過失致死罪で有罪、禁固3年であった。

なお、当ホテルは火災から14年後の1996年にホテルは解体された。千代田生命が跡地の再開発事業に着手するが、千代田生命は2000年10月に経営破綻。外資のプルデンシャル生命が買収し、森ビルと共同でプルデンシャルタワーを建設、2002年12月16日に完成した。

参考文献

雑誌・書籍

- ◆「ホテルニュージャパン事件――委員長ら7名に対する懲戒解雇が不当労働行為とされた例（東京地労委56.5.26命令）」『労働判例』 1981.10.1
- ◆遠山順一「従業員の対応――基本的な経営管理そのものがメチャクチャ（特別企画・ホテルニュージャパン火災の教訓）」『月刊ホテル旅館』1982.4
- ◆牛久保秀樹・岡田和樹「ホテルニュージャパン――その大惨事と緊迫する労使関係――組合員の全員解雇を許してはならない」『労働旬報社』1982.10
- ◆「『安全より利益』の横井被告に禁固3年――『これでも軽すぎる』の声も（IN THE NEWS）」『エコノミスト』 1990.9.4
- ◆林幹人「ホテルの火災事故においてホテルを経営する会社の代表取締役に業務上過失致死罪が成立するとされた事例――ホテルニュージャパン火災事故上告審判決（最決平成5.11.25）」『判例時報』 1995.7.1
- ◆「買い手付かず。ホテルニュージャパンの教訓――加速する一等地からの脱出（トレンド＆ニュース・深層）」『日経ビジネス』 1995.7.10
- ◆中西昭彦「ホテルニュージャパン哀歌――“バブルの廃墟”をめぐる虚々実々の13年間」『文芸春秋』1995.10

category　ガバナンス 一経営者関与

CASE 007 三越 岡田会長解任事件

date　1982年（昭和57年）9月22日

commercial name　株式会社三越

scandal type　商法違反（特別背任）

事件の背景

三越の源流は呉服屋の「越後屋」にさかのぼる。1673年、三井高利が日本橋に開店したのが創業である。1893年、越後屋は「合名会社三井呉服店」に改称、1904年「株式会社三越呉服店」とする。1905年1月2日、「デパートメントストア宣言」を行ない、わが国最初の百貨店と称し、以後発展を続けた。しかし時代が下るに従って業績に乱高下が見られ、1972年岡田茂社長の就任以後はいよいよ経営の乱脈ぶりが露わなものとなって、「三越の女帝」といわれた竹久みちと共に経営の私物化が内外から指弾されるようになっていた。

事件の発端・発覚の経緯

1982年6月17日、3年間余にわたって公正取引委員会で審判が続いていた三越の独禁法違反事件が、一転して「同意審決」（独禁法違反事件の審判において、結審の前に被審人が違反の事実を認め、改善計画を提出し、公取委がそれを認めて審決を行うこと）という結末を迎えた。「押し付け販売」問題では、今後三越が主に店頭外で組織的、計画的な販売をする際、優位な取引関係を利用して商品の買取を強要することが全面的に禁止された。また費用負担については売り場の改装の費用である場合にも、売り場を利用する業者が同意する場合を除いて、負担を求めることは禁止された。三越はこれらの内容を、約4,000社ある取引業者に文書で通知し、徹底させることが義務づけられた。

かねて1979年6月以来の審判廷での審理中、三越側は「納入業者に商品の買い入れを強要したことはない」こと、「百貨店側が納入業者より強い地位にあると

keyword【キーワード】：公正取引委員会　社長解任要求

いう公取委の主張は認められない」ことを主張していた。しかしこの事件でのイメージダウンを懸念した三越側では早期決着を求めて来ており、公取委から示されていた排除勧告のうち、「おすすめ販売」「R作戦」などをとりやめており、同意審決となった。

その後の推移

この結末は、これまで周囲の意見にも耳を傾けようとせず独禁法違反を認めようとしなかった岡田社長の体制に終止符が打たれたことによっておわった。

1982年8月28日、「古代ペルシャ秘宝展」の出展物の大半が贋作であることが判明した。岡田時代の三越が他の商品でニセ物と指摘されたのは他にも、1978年11月、フランス・エルメス社製ネクタイのニセ物が本店他3店で売られており、さらに1979年2月には本店で仕入れたイタリア・グッチ社のニセ物バッグを札幌支店で扱っていた。

9月22日、三越の定例取締役会は東京・日本橋の本店役員会議室で午前11時すぎから始まった。17人の取締役、4人の監査役全員が出席した。5件の審議の後、杉田忠義専務から社長解任要求が出された。岡田社長は「なぜだ！」と発言したが、そのまま採決に持ち込まれ、起立により16対0（岡田社長を除き）で解任が決まった。10年間三越に君臨してきた社長岡田は、非常勤取締役になった。

杉田専務は､同日午後記者会見を開き､「社長解任により、役員・社員一致して経営再建に取り組んでいく」と語った。この解任劇は、役員たちの話によると2カ月前頃から取締役間で周到な作戦が練られていた。社外重役の小山五郎三井銀行相談役の助言や指導もあって、9月22日の取締役会に照準は当てらた。後任の社長には市原晃常務が就任した。

10月18日、東京地検特捜部は、衣料貴金属輸入業の竹久みち（52）を1億6,000万円の所得税法違反（脱税）の疑いで逮捕した。この竹久の所得隠しを手伝ったとされる元香港三越（三越企業有限公司）専務で前三越本社商品本部長藤村明苗（53）と元香港三越支配人荻原秀彦（44）も同じく逮捕された。

10月29日、岡田前社長を午前から任意調べをしていた警視庁捜査2課は、午後商法の特別背任の疑いで逮捕した。同時に東京都中野区の岡田邸など2カ所を家宅捜索した。岡田は自宅の改修工事を出入りの業者に行わせ、その代金を会社に支払わせた。この業者は三越に陳列台をリースする事業をも行なっていたので、会社がリース料を支払う時上乗せさせたのである。

1987年6月の一審の東京地裁では岡田被告に懲役3年6月、竹久被告に同3

年、罰金7,000万円の実刑が言い渡され、2人とも控訴した。

1993年2月17日、約19億2,000万円の特別背任罪（商法違反）に問われた岡田被告（67）と、納入業者だった竹久みち被告（63）の第17回公判が東京高裁で開かれ、結審した。

岡田は1995年7月20日死去して公訴は棄却された。竹久被告に対しては、1997年10月29日までに最高裁第3小法廷は2審の実刑判決を支持し、上告を棄却する決定を出した。竹久被告の懲役2年6月、罰金6,000万円が確定した。

参考文献

雑誌・書籍

◆**「竹久みちの野望と金脈——三越・岡田茂に何が起っているか）」**
『文芸春秋』1982.9
◆**大下英治「9.22『三越岡田社長解任』取締役会」**『文芸春秋』 1982.11

◆**勝田健『ドキュメント三越』** ダイヤモンド社 1980
◆**日経流通新聞編『ドキュメント社長解任——三越〝岡田商法〟の崩壊』**
日本経済新聞社　1982
◆**中野忠良『汚された三越の栄光』** エール出版社　1983
◆**岡田茂『なぜだ!!』** 徳間書店　1984
◆**上之郷利昭『日本のアイアコッカ——三越・坂倉芳明の逆襲』** 講談社　1985
◆**吉田貞雄『三越の革新——拡百貨店への戦略』** ダイヤモンド社　1986
◆**梅本浩志『三越物語——劇的百貨店、その危機と再生』** TBSブリタニカ　1988
◆**竹久みち『罪名　女——もうひとつの「三越事件」』** ごま書房　2004

category　ガバナンス―経営者関与

CASE 008 豊田商事悪徳商法事件

date　1985年（昭和60年）6月15日

commercial name　豊田商事株式会社

scandal type　外国為替及び外国貿易管理法違反

事件の背景

1981年、大阪豊田商事株式会社が設立され、1982年9月に豊田商事株式会社と改称した。本社を大阪市北区に置き、会長は永野一男、社長は石川洋であった。

1980年代当時、国民の関心は「金」に集っていた。1981年、国内金輸入量は史上最高を記録した。この背景の中、豊田商事会社は金の延べ棒をペーパー商法という手口で扱っていた。

事件の発端

1985年6月7日、静岡地裁浜松支部は豊田商事浜松支店（本社、大阪市）を仮差し押さえした。浜松市の無職A子さん（62）は1984年11月同支店の店員にすすめられて純金3キログラムを約700万円で購入する契約をし、この時、同支店に金を預ける賃貸料として年間約120万円を受け取る「純金ファミリー契約」を結んでいる。A子さんはこの契約に後になって不安を持ち、契約を解除した。違約金を除いた560万円を5回分割で払い戻すことになっていたが、同支店は初回112万円を支払った後の支払いを行なわず、A子さんは同支部に仮処分申請をしていたものである。

その後の経緯

1985年6月15日、兵庫県警は豊田商事大阪本社などを、外国為替及び外国貿易管理法違反の容疑で捜索した。大阪駅前の同商事ビルでは捜索を予期したか、押収物は少なく、同社が書類を廃棄したものと見られた。

6月18日、兵庫県警防犯部と神戸水上署は、1981年4月から1983年3月までに海外に設立した現地法人に約55億円を送金していたことを把握した。同

keyword【キーワード】：ペーパー商法　純金ファミリー契約　豊田商事被害者弁護団

商事は会社設立と同時に1981年ロンドン、ニューヨーク、香港の3カ所に現地法人を設立して約13億1,000万円を送金し、さらに1982年台北、ジャカルタ、バンコックにも現地法人を設立、ロンドンなどと会わせて42億1,000万円を送金したものである。県警は、現地法人が十分な営業活動もしていないことから、国内で金の現物取引まがいの商法で集めた資金を送金して資産隠しをはかったものとみた。

同じく6月18日、豊田商事の永野会長は大阪市北区にあるマンションの自宅に一人閉じこもっているところを窓ガラスを割って侵入して来た2人の男に刺殺された。2人は「法律は手ぬるいから、わしらがやらねば」と思ったと言った。

東京の弁護士グループ「豊田商事被害者弁護団」は6月19日、東京・霞ヶ関の東京弁護士会館で、被害者たちに説明会を開いた。関東地区の被害者約600人が参加した。傘下した被害者の大多数は60代、70代のお年寄りだった。被害金額は100万円から1,000万円という人が多く、1億円以上の人も数人いた。

破産した時、豊田商事の資産は皆無だった。この後管財人中坊公平弁護士によって資金回収が行なわれ、その額は100億円を超えた。

1985年には、このような悪徳商法が社会問題化した。国民生活センターなどは豊田商事関連の110番が設置されたほどであった。

この事件の後、「特定商品等の預託等取引契約に関する法律」が制定され、クーリングオフ制度が導入された。

参考文献

雑誌・書籍

◆松本恒雄「豊田商事事件大阪地裁判決とその波紋」『法学セミナー』 1987.8

◆神山敏雄「豊田商事商法の刑事法上の考察—上、下」『判例タイムズ』 1988.3.1 3.15

◆藤田裕一・松葉知幸・三木俊博「豊田商事事件刑事判決への歩み——弁護士の活動と国の姿勢（豊田商事（刑事）事件大阪地裁判決）」『法律時報』 1989.6

◆舟田正之「豊田商法と公取委の不作為責任——豊田商法国家賠償大阪訴訟　大阪高判平成10.1.29（経済法判例研究会（60）」『ジュリスト』1999.12.15

◆木村久『豊田商事の正体』 啓明書房 1985

◆全国豊田商事被害者弁護団連絡会議『虚構と真実』全国豊田商事被害者弁護団連絡会議 1992

◆今井彰・首藤圭子『野戦の指揮官・中坊公平——不良債権回収に挑む！』日本放送出版協会 2001

category ガバナンス―経営者関与

CASE 009 リクルート事件

date 1988年（昭和63年）6月18日

commercial name 株式会社リクルート

scandal type 日本電信電話会社法違反（贈賄）

事件の背景

1960年に当時東京大学学生であった江副浩正は、情報サービス会社である株式会社大学広告（リクルートの前身）を創業し、様々な分野での情報活動で社業を展開していた。1984年12月から1985年4月頃、そのリクルート社の江副会長は自社の政治的、財界的な地位を高めようと有力政治家、官僚、通信分野の実力者たちに、リクルート関連会社のリクルートコスモス社の未公開株を多数譲渡していた。同社はリゾートマンションやゴルフ場などを扱う不動産産業を行なうものである。1986年、1株1,200円で公開されたリクルートコスモスの株式は10月30日取引が始まってすぐに5,270円になった。

事件の発端

1988年6月18日の朝日新聞のスクープで、リクルート社は川崎市テクノピア地区へ進出するに際して、同市の企業誘致の責任者であった同市助役小松秀熙にリクルートコスモス社の未公開株を譲渡したとの疑惑が表に出た。小松助役は同社株約3,000株を1984年12月に手に入れ、公開時の株価急上昇で約1億2,000万円の利益を得たとみられている。

小松助役はこの株を購入する資金融資を、リクルート社の子会社で金融業を行なっているファーストファイナンス社から受けた。融資額はリクルートコスモス社株式を得るに要した金額3,000数百万円であったという。

かわさきテクノピア地区の用地はJR川崎駅前の一等地で、住宅・都市整備公

keyword【キーワード】：リクルートコスモス　川崎市テクノピア地区　未公開株

団が所有していたが、1985年4月、リクルートは随意契約で入手した。1988年3月地上20階建てのリクルート川崎テクノピアビルを建設し、ここではコンピュータの時間貸し事業の拠点としている。

発覚の経緯

まもなく、リクルートコスモス株の譲渡先として元閣僚を含む76人が発覚し、さらに1988年9月、コスモス社の松原社長室長はこの事件の追及を進めてきた社民連の楢崎弥之助代議士に500万円の贈賄工作を行なったことが公表されてから、事態は大きく進展、世論は沸騰した。

その後の経緯

1988年7月6日森田康 日本経済新聞社社長が、1984年12月に受けた未公開株譲渡で8,000万円の売却益を得た事が発覚、社長辞任。

10月20日、東京地検特捜部はリクルートコスモスの松原弘取締役社長室長をわいろ申込容疑で逮捕した。

12月9日、宮沢副総理・蔵相は株譲渡に絡み引責辞任した。

12月12日　真藤NTT会長が辞任。

長谷川峻法務大臣、リクルートからの献金が発覚し、辞任。

1989年1月24日原田憲経済企画庁長官、リクルートがパーティー券を購入した事実が発覚し、辞任。

2月13日、東京地検特捜部は、リクルート社前会長江副浩正（52）とファーストファイナンス副社長小林弘（43）を日本電信電話会社法違反（贈賄）容疑で、またNTTの元取締役式場英（54）と同長谷川寿彦（56）を同法違反（収賄）の疑いで逮捕した。

この後、元NTT会長真藤恒、元労働事務次官加藤孝、元文部次官高石邦男、第2次中曽根内閣の官房長官藤波孝生代議士などが逮捕され、有罪の判決を受けている。

東京地検特捜部は同年5月29日、宮沢前蔵相秘書を含む議員秘書4人を政治資金規正法違反で略式起訴し、同日、捜査の終結を宣言した。

2003年3月4日、政官財界の7人に未公開株5万3,000株を譲渡して、贈賄罪に問われていた江副被告（66）に対して東京地裁は、懲役3年、執行猶予5年の有罪判決を言い渡した。

3月17日、東京地検は、実刑が相当だが、控訴による長期化は回避すべきものとして控訴を断念した。東京地検は当初控訴を決めていたが、検察首脳から、江副元会長はすでに社会的制裁を受けていること、実刑だけをめざして控訴することは裁判の迅速化をめざしている司法制度改革の精神に反するなどの論もあったという。被告側も控訴せず、これでリクルート事件はすべて終了した。起訴された12人は全員執行猶予つきの有罪として終えた。

本件はこれまでの疑獄事件と違って未公開株の譲渡対象が広範であり、また職務権限との関連性が薄いということで、検察は大物政治家の立件ができなかった。「濡れ手で粟」の政界の大物も多かったと言われている。

参考文献

雑誌・書籍

◆「リクルート・位田尚隆社長「苦衷」を語る（直撃インタビュー）」『Will』 1988.9
◆「川崎市・小松助役はなぜ狙われたか」『諸君！』 1988.9
◆「リクルート事件－「76人名簿」は"売逃げ株主"のリスト？！」『政界ジャーナル』 1988.9
◆「リクルート・スキャンダル－情報王国の汚れた英雄たち」『文芸春秋』 1988.9
◆「リクルート前会長江副浩正－華麗なる舞台からの転落」『潮』 1988.10
◆「リクルート・転回点に来た「高度成長型」経営－土地ブームが終わった今、1兆7千億円の過大借入金が首を締める！？（特集・この有力企業が直面する「難題」）」『プレジデント』 1988.10
◆「リクルート事件、その発端と政治家のモラル」『政界ジャーナル』 1988.1
◆「法案の周辺「議院証言法改正」－国会の重要機能「国政調査権」は死んだのか」『政界ジャーナル』 1988.11
◆「江副リクルート前会長に『国家社会への貢献』を望む　『実業界』 1988.11

◆室伏哲郎『これが真相だ!リクルート疑獄 』 JICC出版局　1988
◆朝日新聞横浜支局『追跡リクルート疑惑 』 朝日新聞社　1988
◆高野孟・歳川隆雄『「徹底解明」リクルート事件の全構図』 アイペック　1989
◆池田昌昭『リクルート疑獄と政官財癒着構造』 金沢印刷　1989
◆佐高信『リクルート疑惑の構造』 社会思想社　1989
◆朝日新聞社会部『リクルート報道 』 朝日新聞社　1989
◆岡留安則編著『Rの総括――リクルートの犯罪性と疑獄の再検証』 木馬書館　1990
◆久慈力『リクルート事件に「終結」はない』 新泉社　1991
◆藤原和博『リクルートという奇跡』 文芸春秋　2002

category ガバナンス ―経営者関与

CASE 010 東京佐川急便事件

date 1991年（平成3年）7月12日

commercial name 東京佐川急便株式会社

scandal type 商法違反（特別背任罪）

事件の背景

1957年、佐川清氏は、京都で運送業を発足させた。1960年有限会社佐川を設立、それを佐川急便株式会社に変更した。1963年3月には渡辺広康氏が渡辺運輸を設立、渡辺運輸は1974年9月佐川急便と業務提携し、後に東京佐川急便と変更した。1975年9月、佐川会長は佐川急便グループを統轄する清和商事を設立している。

1985年2月広域暴力団稲川会の石井進前会長が北祥産業を設立。1986年2月東京佐川急便の早乙女潤前常務を社長に北東開発を設立。1991年7月には北祥産業などに対する東京佐川急便の債務保証が発覚した。

事件の発端

1991年7月12日に東京佐川急便は渡辺前社長と早乙女前常務を解任し、7月26日にはこの両名を特別背任（商法違反）の疑いで東京地検に告訴した。これに対し、渡辺前社長は東京佐川急便を相手取って、解任決議無効を求めて地裁に提訴した。

1992年2月13日、東京地検と警視庁は特別背任容疑で、東京佐川急便の家宅捜索を行なった。

2月14日、東京地検特捜部は、前社長渡辺広康容疑者（57）を特別背任（商法違反）容疑で逮捕した。併せて東京佐川急便の前常務、早乙女潤（53）、平和堂不動産社長、松沢泰生（40）、債務保証先の会社役員で東京佐川急便元経理課長、大内美知夫（40）をも逮捕している。特捜部の調べによると、渡辺・松沢らは平和堂不動産などが返済能力のないのを知りながら共謀し、58億円を東京佐川急便で債務保証し、会社に損害

keyword【キーワード】：広域暴力団稲川会　債務保証　「皇民党」事件

を与えた疑いを持たれた。早乙女・大内らは、早乙女容疑者が実質的に経営していた不動産開発会社の市原観光開発が株当機で失敗し、多額の負債を持ち、倒産状態であることを知っていながら延べ6回計68億円を貸し付けていた疑いによる。これら4人はいずれも債務保証、貸付の事実は認めながらも、会社のためにやったこと、と容疑を否認した。

3月6日、東京地検特捜部は渡辺広康、早乙女潤、松沢泰生、大内美知夫の各容疑者をいずれも特別背任容疑で起訴した。渡辺らは返済能力のない会社に債務保証や貸付を行ない、東京佐川急便に645億円の損害を与えたものとされる。これはイトマン事件の733億円に次ぐ巨額の特別背任である。東京佐川急便は多数の政治家に巨額の献金をしており、今後の捜査はこれら政界・官界への工作と金の流れを解明することとなる。

その後の経緯

1992年5月11日、警視庁捜査4課と兵庫県警の特別捜査本部は渡辺広康、早乙女潤両被告を再逮捕した。東京佐川急便の旧経営者たちの持つゴルフ場開発会社「北東開発」などへ157億円の特別背任（商法違反）容疑である。また暴力団稲川会の故・石井進前会長がオーナーであった「北祥産業」の社長の庄司宗信容疑者（60）をも逮捕し、稲川会本部事務所など12カ所を家宅捜索した。

9月7日、東京地検特捜部の調べによると、渡辺容疑者は2人の首相経験者側にそれぞれ3億円、2億円を渡したと供述した。

1994年5月11日の東京地裁における公判で、弁護側は「皇民党」事件について触れた。1987年の自民党総裁選に絡んで右翼団体の日本皇民党が竹下登元首相をいわゆる「ほめ殺し」と称された攻撃をした際、石井進元稲川会会長に攻撃中止を頼んだことを認めた。しかし、「見返りとして稲川会系の企業に融資保証をしたのではない」と述べた。

1995年10月4日、東京地裁で第100回目の公判が行なわれ、検察側は渡辺被告に懲役10年を求刑した。

12月22日、東京地裁では渡辺被告の弁護側最終弁論が行なわれ、「渡辺被告は関与していない」と無罪を主張した。初公判から3年3カ月ぶりで結審した。

1996年3月22日、東京地裁は渡辺被告に懲役7年（求刑10年）を言い渡した。こうして総額952億円にも上る史上最高額の特別背任事件に起訴された5人全員の有罪が出揃ったことになる。「暴力団の力を自己の権勢拡大に利用したり、政治家への不透明な資金提供も国民の政治不信につながるものであった」と裁判長は指弾した。

4月2日、渡辺被告は判決を不服とし

て東京高裁に控訴した。

1997年12月19日、渡辺被告に対して佐川急便（東京佐川急便を吸収合併した）が約58億円の損害賠償を求めた訴訟で、東京地裁は50億円の支払いを命じた。

2000年7月6日、早乙女被告に対する控訴審公判が東京高裁で6年ぶりに開始された。

2001年4月26日、渡辺被告に対する控訴審が東京高裁で開かれた。裁判所は懲役7年の東京地裁判決を支持し、渡辺被告側の控訴を棄却した。

同日、渡辺被告の弁護人は東京高裁の判決を不服として、最高裁に上告した。

同年6月7日、早乙女被告の上告審が最高裁第3小法廷で開かれた。これは控訴審が開かれるまでに5年かかった刑事裁判が違憲かどうかが争われたものであるが、裁判所は上告棄却を決定した。これにより早乙女被告の特別背任罪（商法違反）で懲役3年6月が確定した。

参考文献

雑誌・書籍

◆「かいま見えてきた政治の暗部——追跡第2弾・東京佐川急便疑惑」『東洋経済』 1992.2.15

◆「金丸自民党副総裁辞任——佐川急便事件、政界直撃（IN THE NEWS）」『エコノミスト』 1992.9.8

◆「佐川急便事件で東京地検が政治資金規正法を積極適用（TREND）」『週刊時事』 1992.9.19

◆北村昭之「実録･東京地検特捜部の300日——『東京佐川急便事件』にどう迫ったか（特集「日本の政治」は転換できるか）」『潮』 1992.12

◆「東京佐川急便事件、政界捜査終結へ——浄化期待した世論に応えられず（IN THE NEWS）」『エコノミスト』 1993.2.16

◆館沢貢次『東京佐川渡辺帝国崩壊』 ぴいぷる社 1992

◆菊地久『巨悪を逃がすな！（第2弾）佐川のカネ食った悪徳政治家』山手書房新社 1992

◆サンデー毎日特別取材班『「冒頭陳述」——政治家・暴力団・バブル紳士の事件簿』毎日新聞社 1992

◆佐高信・伊東秀子『佐川急便事件の真相 』（岩波ブックレット） 岩波書店 1993

◆松家靖『よみがえる佐川急便——まる裸の佐川帝王学』 総合法令出版 1995

category ガバナンス—経営者関与

CASE 011 イトマン事件

date 1991（平成3年）7月23日

commercial name イトマン株式会社（現・住金物産株式会社）

scandal type 商法違反（特別背任罪）

事件の背景

伊藤万は1883年に創業された個人経営の繊維会社であった。1973年のオイルショックで経営環境が悪化した折、主力銀行であった住友銀行（現・三井住友銀行）から常務河村良彦が送り込まれ、社長に就任した。河村はこれまで繊維専門であった同社を総合商社として再建に取り組んだ。1985年頃、住友銀行磯田一郎頭取から平和相互銀行の内紛株買戻しの資金援助要請を受けて、協和総合開発研究所役員だった伊藤寿永光を常務として迎えた。伊藤は200億円をコスモポリタン社の会長に融資していたが、これが焦げ付いたことから、自ら保有していた雅叙園観光を担保に、伊藤万の経営に参加したのである。雅叙園観光の債権者の一人許永中も同じく伊藤万の経営に加わることになった。

事件の発端・発覚

1990年5月24日、伊藤万は不動産投資による借入金が1兆2,000億円にもなっていることを日本経済新聞が報じた。

許永中は、美術品や貴金属に投資すれば経営が安定すると河村に進言、自身の持っている絵画骨董品などを市価の3倍以上で取引させ、伊藤万は676億円もの仕入れを行なった。許はその他地上げ屋の経営や、具体性もないゴルフ場の開発などにも資金を投入させた。

1991年7月23日大阪地検は特別背任の容疑で河村良彦（66）、伊藤寿永光（46）、許永中（44）の3人を含む6人の容疑者を逮捕した。伊藤万本体で360億円、全体で3,000億円以上の資金が闇の中に消え、今も解明はされていない。伊藤万はこの年「イトマン」と社

keyword【キーワード】：伊藤万　許永中

名を改称し、1993年には住友金属工業の関係会社、住金物産に吸収合併されている。

その後の経緯

1991年8月13日大阪地検特捜部は、会社役員許永中容疑者（44）、イトマン元常務伊藤寿永光容疑者（46）の2人を巨額な絵画取引に絡む商法違反（特別背任罪）で、また同社前社長河村良彦容疑者とイトマン元副社長高柿貞武容疑者（59）の2人を、旧役員による自社株取得をめぐる同法違反（会社の財産を危うくする罪）で起訴した。河村被告については、密約相手の金融会社などから10億円を受け取っていた疑惑もあった。特捜部はこの現金はイトマンに入金されるべきものと断定、業務上横領罪でも起訴した。

1993年12月許被告は保釈保証金6億円で保釈された。1997年9月27日には「妻の実家の法事」ということで大阪地裁の許可を得て韓国に向かったが、同月30日狭心症で倒れてソウルの病院に入院したが病室から去り、消息不明となった。

1999年1月13日大阪地裁で、イトマン事件に関わり、絵画の鑑定書を偽造して価格を市価の数倍につり上げたとして、有印私文書偽造などの罪に問われていた元西武百貨店つかしん店の課長（51）の判決が言い渡された。求刑懲役2年に対して、裁判官は懲役1年8月の実刑判決を言い渡した。被告は許永中被告と共謀し、1990年4月から9月までの間、市場価格を大幅に上回る評価額を記載した鑑定書を145通も作成してイトマン側に提出していた。許被告はこれによってイトマン側から巨額の資金を引き出したものである。

1999年3月15日、16日、大阪地裁で、特別背任などの罪に問われた伊藤寿永光被告（54）と河村良彦被告（74）の最終弁論が行なわれた。伊藤被告は懲役12年を求刑されているが、伊藤は会社に損害を与える意図はなかったと無罪を主張した。河村被告は懲役10年を求刑されており、これも無罪を主張した。

3月18日、上記事件に関わり、美術品販売会社「関西コミュニティ」（大阪市）の税務担当被告（55）の法人税法違反に対する判決公判が大阪地裁で行なわれた。裁判長は被告に懲役2年4月（求刑は懲役2年6月）、同社に罰金5億円（求刑5億円）を言い渡した。関西コミュニティ社はイトマンとの取引で約76億5,000万円の所得があったのに、借入金を装って処理を行ない、法人税約30億6,000万円を脱税したものである。

1999年9月9日大阪地裁でイトマン事件の判決があった。裁判長は、商法の特別背任罪などに問われていた河村良彦被告に懲役7年（求刑懲役10年）、伊藤寿永光被告に同10年（求刑同12年）の実刑判決を言い渡した。本件は以下の案件に関わるものであった。瑞浪案件（特別背任事件）、さつま案件（同）、アルカディア案件（同）、河村被告に対する業務上横領案件、絵画案件（特別背任事件）、府民信組案件（背任事件）株券等偽造案件。

主役の河村良彦被告、そして伊藤寿永光被告はともに「ビジネスだ」と主張したが、大阪地裁は「もっぱら自己利益だけを図っていたものだ」と判決を下した。

許被告に対する公判は、2月22日大阪地裁で2年5カ月ぶりに再開された。

同年11月14日大阪地裁で許被告に対する論告求刑があった。検察側は「一連の事件でイトマンに巨額の損害を与え、会社を他に吸収合併に追いやったものである」として許被告の責任を厳しく追及した。求刑は懲役7年6月、罰金5億円。

2001年1月18日大阪地裁で、許被告の最終弁論が行なわれた。許被告は「絵画を担保にイトマンから融資を受けただけのこと」としてすべての事件について無罪を主張した。

1月31日、2月1日大阪高裁でイトマン事件の控訴審初公判があった。河村被告はあらためて無罪を主張。伊藤被告も同じく無罪を主張した。

2月20日、「関西コミュニティ」の税務担当被告と会社に対する判決公判が、大阪高裁で行なわれた。被告には懲役2年4月、同社に対しては罰金5億円を言い渡した1審大阪地裁の判決を支持し、被告側の控訴は棄却された。

3月29日、大阪地裁で許被告に懲役7年6月、罰金5億円の求刑通りの判決が与えられた。裁判所は「犯行の規模、損害額、社会に与えた影響、いずれも重大かつ悪質」と断じた。

4月、許被告は判決を不服として13日までに大阪高裁に控訴した。

4月23日大阪高裁でイトマン事件の控訴審判決が行なわれた。河村被告、伊藤被告について共に1審大阪地裁判決を支持し、2人の控訴を棄却した。

4月24日河村被告と伊藤被告は、最高裁に上告した。大阪高裁は2人について引き続き保釈することを認めた。保釈金は既に納めている額と同じく、伊藤被告が3億5,000万円、河村被告が2億5,000万円である。

2002年10月31日大阪高裁は許被告の控訴審判決を行なった。高裁は1審大阪地裁判決を支持し、控訴を棄却した。許被告は即日上告した。

2005年10月7日付け、最高裁第3小法廷は許被告側の上告を棄却する決定を出した。初公判から14年余で1、2審の判決が確定したのである。上告審で争われたのは、イトマンの役員でもない許被告が元社長河村被告と元常務伊藤被告の「身分なき共犯」に問えるかという点であった。弁護側は「商取引の相手側にあるのだから共犯とはなり得ない」とし、裁判所は「背任の実行行為に加担した」許被告の行為は明らかに共犯関係が成立する」とした。

同年10月7日付けで最高裁第3小法廷は伊藤被告側の上告を棄却した。これにより、懲役10年とした1，2審の実刑判決が確定した。

同年10月7日付けで最高裁第3小法廷は河村被告側の上告を棄却した。これにより、懲役7年とした1，2審の実刑判決も確定した。

参考文献

新聞記事

◆「伊藤万、土地・債務圧縮急ぐ　住銀、融資規制受け協力」
『日本経済新聞』1990.5.24

webサイト

◆住友銀行により百十年の〝のれん〟はかくして引き裂かれた
http://www.rondan.co.jp/html/dokusho/itoman/mokuji.html　（参照2007.6.4）

雑誌・書籍

◆野木昭一「イトマン事件、河村元社長の手錠姿（総力取材　平成30大事件の目撃者）」
『文芸春秋』　2004.4

◆日本経済新聞社編『ドキュメント　イトマン・住銀事件』 日本経済新聞社　1991
◆朝日新聞大阪社会部『イトマン事件の深層』　朝日新聞社　1992
◆伊藤博敏『許永中「追跡15年」全データ 』 小学館　2000
◆一ノ宮美成,グループ・K21『闇の帝王<許永中>』 宝島社　2001

category ガバナンス—経営者関与

CASE 012 住専問題

date 1996年（平成8年）1月

commercial name 日本住宅金融（株）、（株）住宅ローンサービス（株）、（株）住総、総合住金（株）、第一住宅金融（株）、地銀生保住宅ローン（株）、日本ハウジングローン（株）

scandal type 不良債権による破綻

事件の背景

わが国の1970年代は個人の住宅需要が著しく高まった時期であった。しかし銀行は個人向けのローンのノウハウを未だ持たず、一般産業向けの融資をメインにしていた。大蔵省は、銀行などが共同出資して、個人向けの住宅ローンを主に取り扱う貸金業「住宅金融専門会社」の設立を進めた。いわゆる「住専」の始まりである。設立時、資金を拠出し、あるいは役員などを派遣した大手銀行を「母体行」と呼んだ。店舗網を持たないので、母体行からの紹介案件を中心として業務を行なった。

1980年代に至ると、銀行は直接に個人向けの住宅ローン市場に力を入れ始めた。大手信販会社もローンを以ってこれに加わってきた。時代はバブル景気に進み、地価は高騰し、住専の融資量は一気に膨張しつつあった。1985年度末には住専7社の貸出し先は個人向けが過半であったが、1994年末には7〜8割が事業向けになっている。

1980年代末、いわゆるバブル景気がはじけ、地価は下落を続けた。土地は売ろうにも売れず、融資先は元金返済はおろか金利の支払いも滞り、融資は固定化した。膨大な不良債権を抱えた住専は1社を除き、破綻した。

旧住専7社は次の通りである。①日本住宅金融（株）－1971年6月設立、母体－三和・さくら・東洋信託・大和・三井信託・横浜・あさひ・千葉・北海道拓殖。②（株）住宅ローンサービス－1971年9月、第一勧業・富士・三菱・あさひ・住友・さくら・東海。③（株）住総－1971年10月、信託銀行7行。④総合住金（株）－1972年7月、第二地方銀行協会加盟行。⑤第一住宅金融（株）

keyword【キーワード】：住宅金融専門会社　母体行　住専法

−1975年12月、日長銀、野村証券。⑥地銀生保住宅ローン（株）−地銀64行、生保25社。⑦日本ハウジングローン（株）−1976年6月、興銀・日債銀・大和証券・日興証券・山一証券。

事件の発覚

例えば『週刊ダイヤモンド』誌が住専問題を初めて取上げたのは1991年4月だった。

1995年から96年にかけて住専は揺れに揺れた。すでにあった住専7社の総資産13兆1,900億円のうち、7割以上が不良債権化したといわれた。

国会で大いに議論されたいわゆる「住専国会」とは1996年1月。参考人として住専の大口融資先であった桃源社、末野興産、富士住建らの社長が招致された。

1996年7月、諸々の金融システムの破綻を避けることを目的にした「特定住宅金融専門会社の債権債務の処理の促進等に関する特別措置法」（住専法）を根拠に、「住宅金融債権管理機構」（住管機構）が設立された。

その後の経緯

この機構の中坊公平社長は就任時、「国民にこれ以上負担をかけたくない」と語った。住専の破綻処理に6,850億円もの税金をつぎ込んでいたからである。

住専7社を原告あるいは被告として東京地裁に提訴された民事訴訟は、それまでの9年間で300件を超えていた。（第一住金　96件、日本ハウジングローン　71件、住総　58件、住宅ローンサービス　32件、日住金1件、地銀生保住宅ローン　17件、総合住金　10件など）。その内容は、住専が融資先を訴えたもの、逆に融資先がバブル期の強引な融資だったと債務不存在確認の訴訟となったもの、そして刑事事件になったものもあった。住専問題の背景には、母体行などの責任問題も大きく取り沙汰された。母体行が回収の危うい融資先を押し付けたと憤る住専関係者もあった。

1996年8月、住金機構は住専7社の資産6兆7,800億円を引き継いで、住専7社は解散した。この後も次々と民事・刑事事件は続いた。1996年11月、住管機構の申し立てにより大阪地裁は末野興産と末野謙一社長の破産を宣告した。1997年1月、大阪地検は富士住建の安原治社長らを法人税法違反で逮捕した。同年6月、東京地検は麻布建物の渡辺喜太郎社長を強制執行妨害容疑で逮捕した。同年7月、住管機構は日本ハウジングローンの旧経営陣4人を東京地裁に提訴した。損害賠償36億円を請求。同年8月、東京地裁は競売入札妨害罪などに問われていた桃源社佐々木吉之助社長に懲役2年（求刑は3年6月）の実刑判決を下した。1998年3月、東京地裁は麻布建物の渡辺社長に懲役2年（求刑懲役3年6月）の実刑判決を下した。以下も多数の事件の中からの例示である。

旧住専への不正な紹介融資問題として、1999年11月17日富士銀行が住専に不正な融資をしていたとして同行は整理回収機構に10億1,200万円の損害賠償金を支払う内容の調停が大阪地裁で成立した。これは富士銀行が旧住専「地銀生保住宅ローン」に東北地方の不動産会社へ融資することについて紹介を行ない、1990年8月、25億円を融資したがほぼ全額が回収不能になったものである。

参考文献

雑誌・書籍

◆**伊藤友八郎『「不動産」パニックー「住専」の次は「農協」が潰れる』**
オーエス出版　1995
◆**中北徹・財部誠一『住専の闇』（ASAHI NEWS SHOP）**　朝日新聞社　1996
◆**佐高信『住専問題の本質』（岩波ブックレット）**　岩波書店　1996
◆**岡嶋明『徹底解明！これが住専問題だ』**　学習の友社　1996
◆**湯谷昇羊・辻広雅文『ドキュメント住専崩壊』**　ダイヤモンド社　1996
◆**清水直・明石周夫・三戸博成『検証 住専ーそのウラとオモテを鋭く追求！』**
研修社　1996
◆**『住専のウソが日本を滅ぼす』**　毎日新聞社　1996
◆**佐藤道夫『「この国のあり方」を問う！ー政治・外交・宗教・オウム・住専・官僚・裁判…』**
日新報道　1996
◆**田中良太『直視曲語 オウムから住専まで』**　三省堂　1996
◆**有森隆『銀行の犯罪ー「住専」のからくりとヤクザ・カンパニー』**
ネスコ・文芸春秋〔発売〕　1996
◆**小川智久『「住専」を斬る』（実践の経営学シリーズ）**　近代文芸社　1996
◆**佐伯尚美『住専と農協』**　農林統計協会　1997
◆**朝日新聞大阪本社経済部　高村薫・阪本順治・宮脇磊介『なにわ金融事件簿ー闇に蠢く懲りない面々』（京都）**　かもがわ出版　1997
◆**NHK「住専」プロジェクト　『野戦の指揮官・中坊公平』（NHKスペシャルセレクション）**
日本放送出版協会　1997
◆**佐佐木吉之助『蒲田戦記』**　日経BP社　日経BP出版センター〔発売〕　2001

category ガバナンス 一経営者関与

CASE 013 野村証券損失補てん事件

date 1997年（平成9年）3月14日

commercial name 野村證券株式会社

scandal type 商法違反（利益供与）と証券取引法違反（損失補てん）

事件の背景

野村証券は1918年（大正7年）、2代目野村徳七が設立した大阪野村銀行（現・りそな銀行、旧大和銀行）の証券部が1925年12月、大阪で独立開業したものを前身とする。1941年、日本初の投資信託業務の認可を受け、同時に本社を東京に移転した。猛烈な商法で、わが国証券会社中最大手として業界に多大の影響力を持ち、かつ業界を主導する立場にあった。

事件の発覚

1989年2月には第一勧銀が総会屋小池隆一に31億円を融資した。小池側はこれを原資として4大証券株をそれぞれ30万株購入した。

1992年、バブル経済の崩壊により総会屋側に大きな損失を出したため、損失補てんによる利益提供を本格化せざるを得なくなった社長酒巻英雄は、最大の総会屋グループ「論談同友会」幹部に約7，000万円補てんするなど小池隆一容疑者（54）以外の総会屋にも利益提供をしていた。

同證券では、総会屋が実質的に保有する証券取引口座が開設されており、いわゆる「花替え」により多額の利益を作り出し、総会屋の口座に付け替えていた。

1997年3月14日、酒巻社長が引責辞任した。

同年4月18日の衆議院大蔵委員会では参考人招致が行なわれた。民主党議員が「今度の事件、疑惑には少なくとも3人の常務が関わっていますね。・・・組織ぐるみということでしょう」と問われ、酒巻前社長は「残念ながら〝個人ぐるみ〟でございます。」と答えた。

1998年5月14日、東京地裁は下記

keyword【キーワード】：小池隆一　損失補てん　花替え　個人ぐるみ

の株主代表訴訟の請求を棄却した。すなわち、1991年6月に発覚した証券不祥事を巡り野村証券が顧客45社に損失補てんを行なって会社に損害を与えたとして、大阪府泉大津市の男性株主が、田淵節也元会長ら当時の役員14人を相手として約140億円を会社に賠償するよう求めたものである。裁判長の判断は、「損失補てんは反社会性が極めて強く、独占禁止法違反に当たる」としながらも、「当時の証券取引法には禁止する規定がなかったこと、また経営判断も裁量の範囲内で損害を与えたとはいえない」とした。

1999年1月20日、東京地裁は、総会屋の小池隆一被告に約3億6,973万円の不正な利益を提供したとして商法違反（利益供与）と証券取引法違反（損失補てん）に問われていた酒巻被告（63）に懲役1年、執行猶予3年（求刑は懲役1年）を言い渡した。判決では会社の行為が「組織的で規模も大きく、最高責任者の立場にある者まで関与していた会社ぐるみの犯行である。提供した利益も例を見ないほどの多額であり、総会屋の活動を助長し、証券市場の公正性に対する信頼を大きく傷つけた」と指摘した。

これ以外では元総務担当常務、藤倉信孝被告（56）に懲役1年執行猶予3年（求刑は懲役1年）、元株式担当常務、松木新平被告（54）が求刑通り罰金1億円であった。

なお、第一勧業銀行と四大証券の利益供与事件 で、企業側の逮捕者は、第一勧業銀行11人、野村証券3人、山一証券8人、日興証券4人、大和証券6人の計32人にのぼった。

参考文献

雑誌・書籍

◆「裁判と争点-野村証券元社長らに有罪判決（ロー・フォーラム）」『法学セミナー』 1999.3

◆「松井秀征「時の判例（商法）商法266条1項5号の『法令』の意義——野村証券損失補てん株主代表訴訟最高裁判決（最判平成12.7.7）」」『月刊法学教室』 2001.1.2

◆宮島司「2野村証券損失補填株主代表訴訟事件（商法）」『ジュリスト』 2001.6.10

◆中村一彦「商事法判例研究（17）証券会社の損失補填に関する株主代表訴訟と商法266条1項5号にいう『法令』の意義——野村証券事件——最高裁平成12年7月7日第二小法廷判決」『判例タイムズ』 2001.6.15

category ガバナンス 一経営者関与

CASE 014 山一証券 虚偽記載事件

date 1997年（平成9年）11月21日

commercial name 山一證券株式会社

scandal type 証券取引法違反

事件の背景

山一証券は1897年創業、わが国4大証券の一つといわれていた。法人関連に強いという特色で見られ、戦前は最大の証券企業でもあったが、1965年の日銀特以降は4大証券の最下位に至ってしまった。

1980年代法人の資金を自由に売り買いしていいという了承の下に預かり、運用する方法で自由に売買することができた営業特金は、折から始まるバブル期を迎えて手数料収入は莫大なものになっていった。

平成景気の波にのって業績は好調だったが、それもつかの間1989年にはバブルがはじけ、営業特金は多額の損失を抱えることになった。1989年12月大蔵省は営業特金の解消を命じる通達を出した。他社はこの時損害を引き取らせ、あるいは自ら引き取って解消したが、山一は株価の上昇で含み損が解消されるのを待って、先送りを試みた。

1991年10月に証券取引法が改正された。一任勘定と損失補填が禁止された。いわゆる「飛ばし」も禁止された。最後は合計1,000億円以上の巨額の損失を抱え、山一はこれを簿外債務すなわち簿外損失として社内に抱え込むのである。

法人相手ということから運用利回り保証や損失補償を迫られ、一任勘定で発生した損失を山一側が引き受けざるを得ない状況ともなり、簿外債務となって、これらが破綻の原因となった。

1997年、この年は創業百年に当たった。本社ビルが八重洲から中央区新川に移った。『山一証券百年史』も刊行されることになっていたが刊行は沙汰止となった。

keyword【キーワード】：飛ばし　簿外債務　自主廃業

事件の発覚

1997年3月25日には、総会屋小池隆一への利益供与の容疑で野村証券に東京地検と証券取引委員会の家宅捜索が入った。世間は証券業界に厳しい目を向けるようになってきていた。4月28日発表の山一の決算では1,647億円の当期損失となり、この頃からマスコミでは山一の簿外損失が話題となっていた。

8月11日、山一も利益供与の問題が発覚し、行平会長、三木社長が退任した。後任には野澤正平社長、五月女正治会長が継いだ。二人は8月16日に2,600億円もの簿外損失の存在を役員たちから初めて知らされた。

9月24日、三木前社長が利益供与の問題で逮捕された。

11月19日、野澤社長は長野大蔵省証券局長を訪れたが、長野局長には「自主廃業を選択して貰いたい」と告げられた。

11月21日電子ニュース速報によれば、「山一証券　自主廃業へ」と日経が流した。そして日本経済新聞朝刊には「山一証券、自主廃業へ」の文字が躍った。日経11月22日夕刊は「山一証券が数年前から2,000億円を上回る〝簿外債務〟を抱えていたことが22日、証券取引等監視委員会の調査で分かった。簿外債務は証券取引法に違反する行為で、監視委は捜査当局と情報交換するなどして実態解明に乗り出すとみられる。」と報じた。「業績不振に陥っていた山一証券は22日、資金繰りの行き詰まりから自主再建を断念、大蔵省に証券取引法に基づく自主廃業の申請も含めた検討に入った。総会屋への利益供与事件にからみ、行政処分が迫ったことも再建を困難にした。」

山一証券は自身が対応策を検討しているさ中、日経が自主廃業、と報じてしまった。また米国の格付け会社からは「投資不適格」と一方的に報じられてもいた。こうして外部から結論を強制されたともいえる。

11月24日、山一証券は臨時取締役会を開き、自主廃業を正式に決めた。大蔵省には事実上の廃業申請というべき営業休止を届け出た。

山一証券は、午前11時30分から東京証券取引所で記者会見を行なった。野澤社長、五月女会長らが出席した。野澤社長は会見の最後に突然マイクを持って立ち上がり、「皆、私たちが悪いんであって、社員は悪くありません。善良で能力のある社員たちに申しわけなく思います。」「一人でも再就職できるよう応援して下さい。」と涙ながらに訴えた。

1997年11月24日、山一証券は自主廃業を決め、日本銀行は特融の実施を発表した。特融はピーク時には1兆2,000億円にのぼった。山一の各支店は顧客との取引を終了させる業務のみが行なわれた。競合各社の営業マンは支店の前に立ち、解約して出てくる顧客を競って自店に勧誘した。

その後の推移

1998年3月4日、東京地検は、山一証券行平元社長・三木元社長・白井元副社長（財務本部長）の3人を証券取引法違反（有価証券報告書虚偽記載）の容疑で逮捕した。

1998年3月27日、山一証券の有価証券報告書を信用して山一株を購入し、多大な損害を被ったとして、同社個人株主25人が同社と当時の経営陣及び有価証券を監査した「中央監査法人」（同）を相手取って約7,600万円の損害賠償を求める訴えを大阪地裁に起した。証券取引法は、報告書の虚偽記載で損害を受けた場合は役員や監査法人が賠償責任を負うとしている。この25人は1996年3月から同社が自主廃業を決めた1997年11月まで山一株を購入した。1997年3月の決算時点で2,600億円の簿外債務があったにも関わらずこれを隠した有価証券報告書を大蔵大臣に提出したことで、経営陣の責任を追及したものである。また監査法人は、簿外債務の存在を認識し得たのに有価証券報告書を適正と承認していた、と過失責任を主張した。

山一証券虚偽記載株主被害者の会・松山治幸氏は当虚偽記載事件の本質として次の4つを挙げている。「①企業（経営者）は適正なディスクロージャー（開示）する責務があるにもかかわらず決算の虚偽報告は犯罪行為である。②適正なディスクロージャー（開示）を担保するために、公認会計士（監査法人）による外部監査制度が設けられているにもかかわらずその監査証明業務が十分に機能せず、会社の粉飾決算を発見できなかった責任は重い。③本件事件により山一株主は多大な損害を被った。証券取引法に基づいて株主の損害賠償請求訴訟を会社取締役の一部と監査担当の監査法人に対して行った。この訴訟を通じて我が国の会計・監査制度の見直しを求める機会にする意義がある。④この種の事件は典型的なものである。それだけに本事件における訴訟を通じて事件の真相究明と関係者の責任追及は回避できない。」

山一証券は自主廃業の方向で事を進めていたが、1998年6月の株主総会では解散決議の必要な株主数を揃えることができなかった。ために自主廃業を断念し、破産申し立てを行ない、1999年6月2日、東京地裁から破産宣告を受けた。

2003年3月、行平・三木被告は有罪の判決を受けた。行平被告は執行猶予のついた判決で、これを受け入れたが、三木被告は控訴した。控訴審で三木被告は行平会長に権限があり、自分は何も決められなかったと主張、控訴審で執行猶予のついた判決を得た。

2005年1月26日、東京地裁で、1997年に経営破綻した山一証券の最後の債権者集会が開かれ、同社の清算業務を終えた。国民負担となる日銀特融は1,111億円で確定した。

山一最後の社長だった野澤正平氏は、最後の会見で「山一はなくなるが、100年続いた山一で働いたという誇りを持って今の持ち場でがんばって欲しい」と挨拶した。

参考文献

新聞記事

◆日本経済新聞1997年11月21日「山一証券、自主廃業へ」

雑誌・書籍

◆水木楊「田中角栄が決めた山一証券特別融資の功罪（戦後50大事件の目撃者）」『文芸春秋』1995.1
◆「山一証券『自主廃業』の裏側（特別レポート）」『東洋経済』1998.2.14
◆黒沼悦郎「平成3年改正証券取引法施行前になされた損失保証契約の効力——山一証券損失保証履行請求事件最高裁判決（最高裁判決平成9.9.4）の検討」『旬刊金融法務事情』1998.2.15
◆「山一証券自主廃業までの全記録（自主廃業の真相）」『東洋経済　別冊増刊』1998.4.25
◆「裁判と争点——山一証券粉飾決算事件で二被告が刑事責任認める（ロー・フォーラム）」『法学セミナー』1998.11
◆森厚治「金融機関の貸付債権評価と有価証券報告書の虚偽記載——基準が明確ではない領域への刑罰法規発動は疑問」『金融財政事情』金融財政事情研究会　2002.2.11
◆岩佐凱実・西田進「20世紀の証言『恐慌の責任誰が』角さん激怒『山一・日銀特融』の仕掛け人　岩佐凱実」『This is 読売』1998.8
◆柳田邦男・江上剛・鈴木隆「心の貌（かたち）昭和事件史発掘（5）山一日銀特融　エリートの甘え——企業の内部には破綻を招く遺伝子が潜んでいる」『文芸春秋』2005.9

◆佐々木信二『山一証券突然死の真相』出窓社　1998
◆山一證券株式会社社史編纂委員会『山一證券の百年』山一證券　1998
◆読売新聞社会部『会社がなぜ消滅したか』新潮社　1999
◆江波戸哲夫『会社葬送』新潮社　2001
◆河原久『山一証券失敗の本質』PHP研究所　2002
◆鈴木隆『滅びの遺伝子』文藝春秋　2005

category ガバナンス ─経営者関与

CASE 015 ヤクルト巨額損失事件

date 1998年（平成10年）3月20日

commercial name 株式会社ヤクルト本社

scandal type 所得税法違反と業務上横領罪

事件の背景

ヤクルトはかねて行っていたいわゆる財テクにより、損失が損失を生み、1998年3月決算では、962億円の最終赤字を計上するまでになっていた。

1990年、東京市場の株価は暴落し、ヤクルト本社・熊谷直樹副社長（管理本部長）は損失の拡大を防ぐつもりで1991年10月からはデリバティブ取引を始めた。運用していた特定金銭信託も元本約650億円に対して含み損230億円、1993年9月末には元本約640億円に対して含み損は320億円に膨らんでいた。

1992～96年、熊谷管理本部長ら数人の資金運用グループの主導で、クレスベール証券東京支店が販売した私募債のプリンストン債を計約390億円分購入した。管理本部長はこれらの購入に際して、クレスベール東京支店の瀬戸川明会長（65）から総額5億3，000万円のリベートを受け取っていた。

熊谷副社長は国税庁キャリアの肩書を買われ、ヤクルト本社の取締役に迎えられた。

同社は1984年から 特定金銭信託（特金）による資金運用を始め、順調に利益を上げた。1989年6月に 副社長に就任すると資金運用チームの最高責任者（管理本部長）を兼ね、91年か らデリバティブ（金融派生商品）取引にのめり込んでいった。

事件の発端

1998年3月20日、ヤクルト本社は損失・評価損1,057億円という事実を発表した副社長の熊谷直樹らは引責辞任した。財務体質が大幅に悪化するため、役員報酬を10～20％カット、約2,800

keyword【キーワード】：デリバティブ　プリンストン債　株主代表訴訟

人の従業員を2年間で300人削減するなどのリストラに取り組むことを発表した。

1999年12月20日、東京地検特捜部は、業務上横領の容疑で元副社長熊谷直樹（69）のヤクルトからの告発を受けた。熊谷被告は香港の子会社「ヤクルトインターナショナル」の会長在任中の1993年12月～94年6月にかけてデリバティブ取引に関わり、同子会社の資金約7億円を横領したというものである。同日、東京地検は熊谷容疑者を所得税法違反と業務上横領罪で起訴した。また瀬戸川容疑者についても所得税法違反で起訴した。東京国税局は2人を脱税容疑で東京地検に告発、ヤクルト本社も香港の子会社の財テク運用益約7億円を着服ということで熊谷被告を告発した。

ヤクルト本社には、国税庁OBの熊谷被告の他には金融取引の専門的な知識を持つ役員はおらず、社内でのチェック機能がなかった。被告の行うプリンストン債取引に絡むリベート受け取りや、子会社の財テクの運用益の流用などにも統制が利かなかった。財テクの権限は熊谷被告に集中して、不正蓄財を見抜くこともできなかったのである。

2004年11月16日、東京地裁は、ヤクルト本社のデリバティブ取引による巨額損失をめぐる株主代表訴訟についての判決があった。東京などの販売会社6社と故・桑原潤元会長（遺族が継承）、堀澄也社長ら当時の役員8人を相手取って533億2,000万円余を賠償するよう求めたものであったが、熊谷被告に対して、67億543万円の支払いを命じた。堀社長ほかの元役員に対する請求は棄却した。裁判長は、「取引にリスク管理体制があったと判断でき、元副社長以外の役員には監視義務違反はなかった」と述べている。

参考文献

雑誌・書籍

◆「ヤクルト1057億円損失-バブル期の「勘違い」が生んだ悲劇、デリバティブの時価管理が必要（ニュースの焦点）」『エコノミスト』 1998.4.7

◆「最新事例研究（2）デリバティブ--大和銀行・住友商事・ヤクルト本社事件を中心に（特集 違法取引・不正経理の法律・会計・税務問題--最近の事件をめぐる法律・会計・税務）」『税経通信』 1999.1

◆「金融商事判例研究 デリバティブ取引で多額の損失を出した会社の元役員に株主代表訴訟において損害賠償責任が認められた事例--ヤクルト巨額損失株主代表訴訟--東京地判平成16.12.16」『金融・商事判例』 2005.6.1

category ガバナンス ―経営者関与

CASE 016 日本長期信用銀行、粉飾決算および破綻処理問題

date	1998年（平成10年）6月5日
commercial name	株式会社日本長期信用銀行（現・株式会社新生銀行）
scandal type	証券取引法違反（有価証券報告書の虚偽記載）と商法違反

事件の背景

長期信用銀行法に基づいて、1952年に設立された日本長期信用銀行は、高度成長期において、金融債を発行して日本の基幹産業に長期融資を行うという役割を担い、その商品ワリチョーは、日本興業銀行のワリコー、日本債券信用銀行のワリシンとともに親しまれた。

しかし1980年代になると、大企業は市場から直接資金調達するいわゆる直接金融へと財務構造を転換させ、銀行離れが進んでいった。融資先の多くを失った長銀は、それまでの重厚長大産業から、ノンバンク、不動産、リゾートなどへと、融資先をシフトせざるを得なくなっていく。勇名を馳せたイ·アイ·イーインターナショナルをはじめとしたリゾート開発への融資を重ねた結果、1991年のバブル崩壊とともに長銀に残されたのは、巨額の不良債権であった。

1998年3月、長銀に公的資金約1,700億円が投入された。しかし同6月5日、月刊『現代』に「長銀破たんで戦慄の銀行淘汰が始まる」という見出しが躍ると、4日後には長銀株が大量に空売りされて株価が暴落、18日には、米国の格付け機関が格付けを3段階下げた。金融再生法が成立した 同10月、金融監督庁が3,400億円の債務超過と認定し、長銀は経営破綻して特別公的管理（一時国有化）とされた。7ヶ月前に投入された公的資金は、事実上、回収不能となったのである。

事件の発端と会社の対応

国有化された長銀において、1998年12月、責任問題を追及する内部調査委員会が発足した。この調査により1998年3月期決算において、不良債権を独自

keyword【キーワード】：金融再生法　格付け機関　瑕疵担保条項

の基準で甘く査定した上で余剰金を計上し、約71億円に上る株主配当を行った事実が判明した。さらに東京地検や警視庁、証券取引等監視委員会と連携した捜査が進むにつれ、不良債権の受け皿となる関連会社を多数設立して担保物件を買い取らせ、また、無担保同然の融資を続けるという不良債権隠しの手口が次々と明らかとなった。

約20人の弁護士で構成された内部調査委員会は、その後関連ノンバンクや不良債権の受け皿会社など合計約70社への総額500億円にのぼる融資を中心に調査を行った。半年にわたる調査の結果、実際には経営破綻している関連会社へ、長銀が積極的に融資を行い、約2,000億円の粉飾決算を行ったことが判明。同委員会は、1999年5月末、金融再生法に基づき、旧経営陣を告訴した。

警察、検察の動き

長銀粉飾決算問題における捜査は、東京地検特捜部、警視庁、証券取引等監視委員会がそれぞれ大規模な捜査チームを擁して互いに連携を図るという、異例の態勢で行われた。

特捜部は財政経済事件係を中心とした「長銀捜査班」を発足。1999年2月には、金融監督庁が持つ長銀の検査資料を押収して経営内容の解明を進め、証券取引法違反と商法違反で立件する方針を打ち出した。

警視庁捜査2課は総勢200人という態勢で長銀本店に専用の部屋を確保し、資料の分析を進めた。

捜査開始から約半年後の1999年6月10日、東京地検特捜部は、元頭取の大野木克信ら3人を証券取立法違反の容疑で逮捕した。

裁　判

起訴されたのは、大野木克信元頭取（63）、鈴木克治元副頭取（62）、須田正巳元副頭取（59）の3人。容疑は証券取引法違反（有価証券報告書の虚偽記載）と商法違反（違法配当）であった。

起訴状によると、大野木元頭取らは1998年3月期決算において、関連会社などへの不良債権を甘く査定し、貸し倒れ引当金を約3,130億円過少計上した。また、同期決算で、配当不能だったにもかかわらず、約71億円を株主に違法に配当した。

東京地裁では、「当時の金融政策に沿って不良債権の査定などを行ったもので、違法との認識はなかった」と無罪を主張した被告側であったが、1審、2審とも判決は有罪。東京高裁は2005年6月21日、大野木被告に対し懲役3年、執行猶予4年、須田、鈴木両被告に対し、懲役2年、執行猶予3年という、1審の判決を支持し控訴を棄却した（2007

年現在、最高裁にて係争中)。

企業のその後の対応

2000年3月にアメリカの企業再生ファンドのリップルウッドや外国銀行によって構成される「ニューLTCBパートナーズ」が長銀を買収した。これを受けて同年6月5日には「新生銀行」と改称した。再生に当たっては、①瑕疵担保条項を積極的に行使して、結果的にライフ、そごう、第一ホテルなど、長銀をメインバンクにしていた企業が破綻に追い込まれた。②2004年2月には東証第一部に再上場を果たし、2,300億円の売却益を得た(最終的な公的資金注入額は4−5兆に達するとされている)。

参考文献

雑誌・書籍

◆「長銀(日本長期信用銀行)破綻」で戦慄の銀行淘汰が始まる」『現代』 1998.7

◆「住友信託との合併、新聞が書かなかった舞台裏(長銀ショックと銀行淘汰)」『経済界』 1998.7.21

◆「メインバンクが消えた会社の行く末-独自調査 拓銀・長銀を主取引銀行とする会社の実相」『東洋経済』 1998.8.1

◆「欺瞞に満ちた長銀救済、大手行を潰せない理由はない」『エコノミスト』 1998.9.8

◆「竹下氏が破綻回避に奔走、小渕政権を追い込む「長銀処理」の正念場」『ダイヤモンド』 1998.9.12

◆「長銀が破綻した固有の事情」『銀行労働調査時報』 1998.1

◆「長銀国有化、日本リース破綻でドミノ倒産はどこまで続く」『財界』 1998.10.27

◆「破綻した長信銀というシステム(世界の潮)」『世界』 1998.11

◆「長銀破綻だけは何としても食い止めよ」『実業界』 1998.11

◆「「長銀破綻の影響」の元凶はバブル狂乱(タイムスの目)」月刊『TIMES』 1998.11

category　ガバナンス―経営者関与

CASE 017 ダイエー 経営危機

date　1999年（平成11年）1月20日

commercial name　株式会社ダイエー

scandal type　経営危機（不良債権）

危機の背景

創業者・中内功氏が一代で築き上げたダイエーグループの出発点は、1957年に設立した「大栄薬品工業株式会社」だった。1969年には商号を「株式会社ダイエー」へと変更し、"流通革命""価格破壊"をスローガンに拡大路線を推し進め、60年代後半から70年代の高度経済成長期に新しい業態を次々と開拓していった。1972年には三越を抜いて小売業売上げ日本一を達成し、流通業界を牽引する巨大な存在に成長した。

1980年には業界で初の売上高1兆円突破を成し遂げ、以降も拡大路線を続けてホテル、プロ野球、大学、出版、金融など事業の多角化を推進した。ところがバブルが崩壊した90年代に入ってからも、ダイエーは拡大路線を変えようとはしなかった。地価が急激に下落し、地価上昇を前提に店舗展開していたダイエーは巨額の負債を抱え込むことになった。さらには消費低迷、消費者ニーズへの対応が遅れたことなどもあり、業績は年々悪化していった。1999年1月20日、中内氏が社長職を退任した時には、グループ全体の連結有利子負債は約2兆6,000億円にまで膨らんでいた。

社内の内紛、そして高木社長体制へ

中内氏の社長退任後、ダイエーはしばらく内紛が続いた。2000年10月3日に鳥羽董社長のオーエムシー株不正売買問題が持ち上がり、これを巡って中内氏と、住友、三和、東海、富士の主要4行をバックにリストラを推し進める鳥羽社長らの対立が表面化した。結局、事態は中内氏が会長を辞任（代表権は保持）し、鳥羽社長と川一男副社長の取締役降格という形で収拾した。

keyword【キーワード】：流通革命　有利子負債　産業再生機構

10月12日には元ダイエー常務の高木邦夫氏が顧問に就任した。翌13日には中内氏が代表権を返上し、中内氏の長男、潤氏もダイエーを離れることが発表され、中内家は経営の一線から退くことになった。リストラの道筋が見えてきたことから、主要4行はダイエー向けの融資枠を2,000億円に設定（後に5,000億円に増額）し、全面支援に乗り出した。

11月24日、ダイエーは再生新3カ年計画を発表し、1,200億円の優先株発行や32店舗の閉鎖、4,000人規模の人員削減などを明らかにした。

2001年1月30日、ダイエーは臨時株主総会を開き、高木邦夫顧問の社長就任と中内氏の取締役退任を正式に決め、新たなスタートを切った。

ままならない再建

高木新体制の下、ダイエーは総合スーパー路線を止め、個々の商品領域で競争力を持つ専門店を集積した新業態の構築を目指した。店舗の改装も進んだが、消費全体の冷え込みもあって、売れ行きは思うように伸びなかった。

2002年2月27日、ダイエーはUFJ銀行など主要3行による5,200億円の金融支援を含む、新再建3カ年計画を発表した。ここで、閉鎖店舗は60店舗に増えること、計7,000人の人員削減を実施することなどが明らかにされた。

3月19日、ダイエーは経済産業省に産業活力再生特別措置法の適用を申請し、4月27日に認定された。

4月19日に発表した2002年2月期決算では、店舗閉鎖や人員削減、子会社清算に伴う損失を計上したため、単体の最終赤字は4,582億円に達していた。ダイエーの苦況はさらに続き、2002年は夏商戦だけでなく、年末商戦も売上げが伸びなかった。2003年4月18日に発表した2003年2月期決算では単独経常利益が145億円になり、新再建3カ年計画で示した目標の200億円を大幅に下回った。本業のスーパー事業が誤算続きで、家電や衣料品の売れ行き不振が原因だった。高木体制が進めた直営専門店を集める手法は結局、実を結ばなかった。

2004年2月10日、グループ企業の再編を進めるダイエーにとって最大の懸案だった福岡三事業（福岡ドーム球場、シーホークホテル、ホークス球団の売却）の再建計画がまとまり、同年3月末に、球場とホテルを米投資会社のコロニー・キャピタルに譲渡することが決まった。

2004年4月16日に発表した同年2月期決算では、単独経常利益が166億円になり、ダイエーは新再建3カ年計画2年目の利益目標160億円を達成することができた。上期は不振だったが、ダイエーホークス優勝セール効果などで下期の売り上げが貢献した。

自主再建断念、産業再生機構の下へ

ダイエーが再建に手応えを感じ始めていたその矢先、主力取引銀行のUFJ銀行が2004年3月期決算で最終赤字を計上した。ダイエーはUFJ銀行へ約4,200億円もの負債があり、一刻も早く不良債権処理を進めたい主要3行は8月10日、産業再生機構の支援を受けて再建を目指すことをダイエーに通告した。このほかにも3行は4,000億円規模の金融支援、食品スーパーへの特化、事業スポンサーの選定などの再建計画案をダイエーに提示したが、事業の解体を恐れるダイエーはこれを拒否し、逆に独自の再建計画案を提示した。

その後、8月末から10月上旬にかけてダイエーの高木社長と3行のトップ会談が行われたが、経済産業省の後ろ盾を受けたダイエーは頑なに産業再生機構の支援を拒否し続けた。

しかしながら、主要3行が再生機構を活用しない限り金融支援を打ち切ると通告し、監査法人も2004年8月中間決算を承認しない意向を伝えたため、再生機構抜きでは法的整理を回避できないと判断したダイエーは10月13日、ついに産業再生機構に支援を要請した。高木社長は同月22日、社長を辞任した。

再建への新たな道筋とカリスマの死

2004年11月30日、福岡ダイエーホークスをソフトバンクに売却することが発表された。12月28日には産業再生機構がダイエーへの支援を正式に決定し、不採算店舗53店の閉鎖、食品スーパー新規出店への注力、百貨店や飲食店などの売却、金融機関への5,970億円（うち債権放棄額は後に4,004億円で確定）の支援要請などが明らかにされた。

2005年3月7日、再建中のダイエーは支援企業に大手商社の丸紅と投資ファンドのアドバンテッジパートナーズが決まったと発表した。それぞれ約33％の議決権を持つ丸紅と産業再生機構の両者が、ダイエーの再生にあたる形となった。5月26日に開かれた定時株主総会では、前BMW東京社長の林文子氏の会長兼CEO就任などが決まり、新体制が正式に発足した。

9月19日、ダイエーを創業し、カリスマ経営者として一時代を築いた中内功氏が83歳で死去した。

参考文献

雑誌・書籍

◆「「スーパーの時代」は終わった（さらば「渋沢資本主義」〔22〕）」 『プレジデント』 2000.3

◆「最後の改革に賭ける元祖カリスマ（ダイエー中内功会長）（カリスマの賞味期限）」 『フォーブス日本版』 2000.5

◆「中内功（ダイエー会長）大いに語る「第2次流通革命を見ずして死ねるか」」 『THEMIS』 2000.5

◆「モーゼのように社員を導いた中内功（特集 視界不良時代の暗夜行路--若き日の「中内功」再研究ー「志」で混沌を乗り切る）」 『ビジネス・インテリジェンス』 2000.9

◆「中内ダイエーの幕引きー流通王の晩節汚すなかれ」 『選択』 2000.11

◆「「落日のカリスマ」中内功への弔辞-ワンマンの人間不信がダイエーを解体し尽くす」 『文芸春秋』 2000.12

◆「危機の火は消えないダイエー」 『Foresight』 2000.12

◆「ドキュメント ダイエー再生、「失われた10年」を克服する男たちー中内父子の"呪縛"はどこまで解けたか」 『現代』 2001.12

◆「ダイエ-福岡問題の虚と実 中内路線と決別なるか ダイエーが迎えた正念場」 『金融ビジネス』 2002.8

◆「カリスマ経営者の落日（7）時流に抗して挫折した流通王 ダイエー中内功・元会長」 『政財界』 2004.8

◆「滴みちる刻きたれば--松下幸之助と日本資本主義の精神 第四部（17）人間宣言--ダイエー・中内社長と幸之助の経営思想を巡る戦い」 『Voice』 2004.12

◆「カリスマ退場 中内功と堤義明--独裁的手法で君臨した経営者、躓きの石（激震 ダイエー、西武）」 『文芸春秋』 2004.12

◆「流通ウオッチング（44）ダイエー創業者中内功氏の功罪」 『激流』 2005.3

◆「時代が求めた流通革命家は時代の流れとともに退場へ ダイエー・中内功の栄光と挫折」 『国際商業』 2005.3

◆堤清二+佐野眞一「特別掲載 戦後戦記--中内ダイエーと高度経済成長の時代 対論 戦後日本人の豊かさと貧しさ」 『月刊百科』 2006.7

◆佐野真一『カリスマー中内功とダイエーの「戦後」（上）（下）』（新潮文庫） 新潮社　2001

◆日本経済新聞社編『ドキュメント・ダイエー落城』 日本経済新聞社　2004

◆佐野眞一編著『戦後戦記ー中内ダイエーと高度経済成長の時代』 平凡社　2006

◆大友達也『わがボス 中内功との1万日』 中経出版　2006

category ガバナンス―経営者関与

CASE 018 日本債券信用銀行粉飾決算事件

date 1999年（平成11年）7月23日

commercial name 日本債券信用銀行（現・株式会社あおぞら銀行）

scandal type 経営破綻（債務超過）

事件の背景

日本債券信用銀行は1957年4月、終戦後にGHQから閉鎖機関に指定された朝鮮銀行の残余財産17億円をもとに、日本不動産銀行として設立され、1977年10月、日本債券信用銀行（日債銀）と行名を変更した。

バブル期には3人の常務に融資決裁権限を与えたり、銀行と直系ノンバンクなどを競争させるなどして、1985年には約6兆6,000億円であった貸出残高は1991年には2倍の約11兆4,500億円に膨れ上がっていた。そして、常務間、銀行と直系ノンバンク間での競争が大手不動産業者、マンション業者から地上げ屋に至るまでなりふり構わない融資を誘発し、その多くがバブル崩壊後、不良債権化していた。

その直系ノンバンク（クラウン・シーリング、日本トータルファイナンス、日本信用ファイナンス、日債銀モーゲージ）は担保不動産の事業化を担う受け皿会社を1991年5月から計19社設立した。そして、これら受け皿会社はノンバンクの融資先から担保不動産を購入し、その購入・事業化資金を全額、日債銀からの融資で充当した。

この受け皿会社への融資は、不動産からの賃貸収入、あるいは日債銀から事業資金として融資を受けた資金で利払いが行われていたことから、受け皿会社への融資を日債銀は第2分類（回収に注意を要する債権）に区分していた。しかし、バブル崩壊により担保価値は下がったことで利息の支払のみで融資を回収する見込みはないことから、本来は回収に重大な懸念がある第3分類、あるいは回収不能である第4分類に区分することが適当であった。

keyword【キーワード】：朝鮮銀行　第2分類　ノンバンク

担保不動産を事業化することは債権回収の方法としては問題ないが、日債銀の場合、受け皿会社は事業利益がないペーパーカンパニーであり、不良債権を付け替えて母体行の経営の損失を会計上隠す、いわゆる「飛ばし」という行為であった。当時、企業の会計基準は未整備であったことから「飛ばし」は一律に違法行為とはいえないが投資家や預金者が日債銀の経営を正当に評価することを妨げる点で問題であった。

事件の発端・経緯

バブル崩壊後、1992年5月と1997年4月に日債銀の直系ノンバンクに経営危機が訪れた。1992年5月には日債銀の直系ノンバンクであるクラウン・シーリング、日本トータルファイナンス、日本信用ファイナンスが経営危機に陥り、3社に出資している都市銀行、信託銀行、生命保険会社が融資額約2,300億円の元本返済を猶予し、利息をゼロとするなどの支援策を行った。

1997年4月には1992年5月に経営危機に陥ったクラウン・シーリングら3社が東京地方裁判所に自己破産（負債総額は約1兆9,000億円）を申し立て、母体行である日債銀への波及は必須であったことから大蔵省が日債銀の支援を民間金融機関に求めた。当時の金融行政は「護送船団」と呼ばれ、経営危機となった民間金融機関は大蔵省が他行から支援融資を募って救済された。この1997年4月の支援は、日債銀への融資の返済を同行株で返すという内容で、①日銀が約800億円の優先株を引き受ける、②大手12行が700億円の普通株を引き受ける、③保険会社22社が日債銀に提供している劣後ローン（返済順位が低位の無担保貸出債権）のうち約1,406億5,000万円を普通株と優先株に振り分ける、というものであった。

この大蔵省主導の救済策と同時に日債銀でも、①海外支店、駐在所の閉鎖と現地法人の売却、②所有不動産の売却、③行員600名を削減し、2,300名とするリストラ策の実施、④役員賞与の返上と報酬50%の削減（頭取は全額削減）、一般行員の10〜30%の給与削減、⑤自己破産した直系ノンバンクの支援断念とそれに伴う約4,600億円の不良債権の処理、⑥新金融安定化基金、関係金融機関などに約3,000億円の増資要請、などの再建策を公表した。

その後、大蔵省は日債銀への検査を行い、同行の資産内容などを調査したが、第3分類債権（回収に重大な懸念がある債権）の総額について日債銀と大蔵省の間で認識に大きな開きがあった。大蔵省側は不良債権の受け皿会社（ペーパーカンパニー）への融資を第3分類とし、その総額は1兆1,212億円との認識であったが日債銀側は大蔵省が示した額では債務超過となることから利払いが行われていることを理由に、第3分類債権は7,000億円であるとの認識を示した。大蔵省としても日銀等に支援を要請した手前もあり、また日債銀の破綻を機に金融不安を引き起こす懸念があったことから、日債銀の不良債権の見積もりを曖昧とした。

1998年3月末、金融危機管理審査委員会からの600億円の公的資金注入の際にも第3分類、第4分類およびその他の不良債権に貸倒の引当金を積むと債務超過になることからペーパーカンパニーへの融資を第2分類と甘く査定していた。しかし、1998年7月からの金融監督庁により大手行への一斉検査で、日債銀は1998年11月に債務超過との判定を受けた。この金融監督庁の検査にあたって日債銀は大蔵省検査で不良債権を正常債権として認められたこともあり、これまで通りの査定で乗り切れると考えていたが、日本長期信用銀行（長銀）国有化のために1998年10月に金融機関の破綻処理の枠組みを定めた金融再生関連法が成立し、ペーパーカンパニーへの飛ばしを見過ごすことで検査や企業会計の信頼性が問われることから日債銀への検査に対してもこれまでと異なる基準で行うこととなった。

一方、日債銀は中央信託銀行と合併する再建策を探り、大蔵省もこれを後押ししたが、中央信託銀行側が日債銀の債務超過を察知して合併交渉は頓挫した。これにより1998年12月13日の日曜日に金融再生法により日債銀の一時国有化が決定し、日債銀の「飛ばし」の実態も明らかになった。

その後、国有化された日債銀は2000年9月にソフトバンク、オリックス、東京海上火災保険（現東京海上日動火災保険）に譲渡されたが、譲渡後3年以内に貸し出し債権の価値が2割目減りした時には預金保険機構が簿価でその債権を買い戻す瑕疵担保条項が付帯されており、当事は国民への負担がさらに増加するのではないかと懸念されていた。

2001年1月に行名があおぞら銀行に変更されたが、この国有化による再建に伴い、金融再生委員会と預金保険機構は、日債銀に3兆2,428億円の公的資金を投入した。また、日債銀破綻後に日債銀の不良債権を引継いだ整理回収機構は、2001年9月、頴川史郎元会長ら旧経営陣11人の民事責任を追及し、45億円の損害賠償を提訴した。そして、2004年3月に東京地裁は恒吉克章元副頭取ら2名に対し5億円、同年5月には頴川元会長ら旧経営陣に40億円の支払いを命じる判決を下し、2005年12月に東京高裁で合計2億円を支払うことで和解が成立した（頴川元会長が4,000万円、松岡誠司元頭取ら8人が計1億6,000万円)。

さらに、日債銀は損害賠償訴訟とは別に、頴川史郎元会長の退職金約6億円など旧経営陣16人に対して総額19億円の退職金の自主的返還も要請し、2000年1月現在で約2億5,000万円が返還された。

なお、刑事責任については日債銀が旧経営陣を告発し、1999年7月23日に窪田弘元会長・東郷重興元頭取、岩城忠男元副頭取は粉飾決算による証券取引法違反容疑で逮捕され、2004年5月、東京地裁は窪田元会長に懲役1年4月（執行猶予3年）、東郷元頭取・岩城元副頭取にそれぞれ懲役1年（執行猶予3年）を言い渡した。

参考文献

雑誌・書籍

◆「日債銀「残党」の呆れた債務処理--異例の「指定業者制」で管財物件売却」『Verdad』 2000.6

◆「日債銀譲渡先決定の舞台裏」『Foresight』 2000.6

◆「ソフトバンク連合″日債銀ドタバタ譲渡劇″の顛末」『月刊経営塾』 2000.7

◆「金融再生委員会、日債銀の譲渡先をソフトバンク連合に決定（金融資料/2000年5月中旬-6月中旬--国内 金融)」『金融』 2000.7

◆「ソフトバンク連合「日債銀買収」の今後も渦巻く疑問」『実業界』 2000.8

◆「日債銀・攻防を生んだ″こだわり″の中身--「譲渡」でソフトバンク連合と再生委が基本合意（特集1 企業処理の新局面)」『金融ビジネス』 2000.8

◆「経済 企業研究 旧長銀・日債銀--金融界の鬼っ子の命運」『Verdad』 2000.8

◆「ソフトバンク連合「日債銀買収」の今後も渦巻く疑問」『実業界』 2000.8

◆「孫正義ソフトバンク社長「日債銀買収」の闇の部分（特集 金融再生いまだ道遠し)」『Themis』 2000.9

◆「新・日債銀の始動が土壇場で迷走「瑕疵担保契約」の見直しも ソフトバンク連動の動向注視」『金融評論』 2000.9

◆共同通信社社会部編『崩壊連鎖ー長銀・日債銀粉飾決算事件』共同通信社 1999

◆田代恭介『日債銀破綻の原罪ー元行員からのレクイエム（上)』東銀座出版社 1999

◆倉嶋照直『日債銀に泣いた民ー国民投票の立法化で日本の政治が一流になる』文芸社 2000

◆共同通信社社会部『銀行が喰いつくされた日』講談社 2003

◆共同通信社社会部『崩壊連鎖―長銀・日債銀粉飾決算事件』共同通信社 1999

category ガバナンス―経営者関与

CASE 019 JCO 東海村臨界事故

date 1999年（平成11年）9月30日

commercial name 株式会社ジェー・シー・オー

scandal type 原子炉等規制法（施設・加工方法変更の許可及び届け出）違反と業務上過失傷害

事件の背景

核物質が一定量以上集まると、核分裂が連鎖的に進んでしまい、臨界に達する。本件事故は、作業員が沈殿槽にウラン溶液を大量に投入したため臨界になり、JCO社員や周辺住民多数が被爆し、このうち作業員2名が死亡した。

事故の1年前に燃料用ウラン溶液の製造に携わるようになった横川豊氏（60）は現場で被爆した3人のうち唯一生存し得たのだったが、6年後に氏はこう語っている。

・・・当時既に「裏マニュアル」による違法な作業が常態化していた。「こんな作業がうまくなっても、自慢できないな」「泥棒がうまくなるようなもんだ」仲間とそう冗談を言い合っていた。そして「事故原因は〝無知〟だった」。経験のない高濃度ウラン溶液を扱うようになっても、会社から臨界の危険性についての指導はなかった。（『毎日新聞』2005年9月30日夕刊）

事故の発覚

1999年9月30日、茨城県那珂郡東海村で、住友金属鉱山の関係会社である、JCO（株式会社ジェー・シー・オー）の核燃料加工施設内で、核燃料サイクル開発機構の高速増殖実験炉「常陽」向けの燃料加工の工程中、ウラン溶液が臨界状態に達して、核分裂が発生した。このために大量の中性子線を浴びた作業員3人のうち2人が死亡した。この臨界を収束させるための作業を行なった関係者7人も被爆し、それら被爆した作業員を搬送した救急隊員3人も2次被爆を受けた。

この事件では事故後の対応の不手際が大きな問題となった。

keyword【キーワード】：ウラン溶液　臨界　裏マニュアル　安全軽視

まず事故が起こったのが10時35分頃。40分後の11時15分、事故の第一報がJCOから科学技術庁にFAXで入った。JCOから東海村消防本部へ119番通報で出動要請があったが、原子力事故の可能性があることを伝えなかったので救急隊員は通常の救急体制で対応、防護服等を着用せず、本来なら避けられる被爆を生じてしまった。

12時15分、東海村は災害対策本部を設置、12時30分から住民への広報を開始した。

14時30分科学技術庁の災害対策本部設置。15時、政府の事故対策本部が設けられた。東海村が非難要請を検討している段階では政府の事故対策本部はなく、東海村は独自の判断で350メートル圏内の避難要請を決断せざるを得なかった。

この他、関連機関の間の情報の流れも一元化されておらず、混乱を見たところがある。関連官庁・交通機関・周辺公共施設等に的確な情報が届いて行かず、屋内避難勧告について茨城県と政府が協議中にNHKが10km圏内屋内退避を報道したため、地元市町村へお問い合わせ電話が殺到した。

その後の経緯、会社の対応

1999年10月6日午前、茨城県警捜査本部は原子炉等規制法（施設・加工方法変更の許可及び届け出）違反と業務上過失傷害容疑でJCO東海事業所と本社（東京都港区）の家宅捜索を行なった。被爆した3人はウラン溶液の加工中、国の許可を得た作業マニュアルに反してステンレス製バケツを使い、工程の一部を省いて制限値を超えるウラン溶液を沈殿槽に入れたため核分裂が連続して起こる「臨界」に達した。東海事業所がステンレス製バケツを使う手作業を定めた違法なマニュアルを作成したことは「施設・加工方法の変更」に当たり、届け出を必要とする。捜査本部はこれが原子炉等規制法16条に違反すると判断した。

2000年3月8日、住友金属鉱山は、子会社JCOの風評被害など地元への補償額は130億円にのぼる見込みと発表した。

3月13日、科学技術庁でJCOの事業許可取り消しの行政処分に対する聴聞が行なわれた。会社側は処分の受け入れを表明した。原子炉等規制法に基づく事業許可が取り消されるのはこれが初めてである。

10月11日、茨城県警捜査本部は業務上過失致死容疑で、当時の事業所長（54）ほか、製造部長兼製造グループ長（61）、同部計画グループ長（43）、同部製造グループ職場長（49）、同部計画グループ主任（32）、同部製造グループ副長（55）らを逮捕した。容疑者らは十分な安全教育をせず、臨界事故を防ぐために必要な指示や監督業務を行なっていなかった。容疑者は当初、記者会見などでは違法なバケツ作業について、「見た記憶も、相談を受けた記憶もない」などとあいまいな説明を繰り返していた。しかし県警は、この事故がいくつもの過失が競合した人災であるという認識をもっていた。

10月16日、労働局・労働基準監督署はJCOと事業所長を労働安全衛生法違反容疑で書類送検した。次いで11月1日には水戸地検が所長、製造部長、計画グループ長、製造グループ職場長、計画グループ主任、製造グループ副長の計6名を起訴した。業務上過失致死罪の容疑である。また法人としてのJCOと所長については、原子炉等規制法違反と労働安全衛生法違反罪の容疑でもあった。

2002年8月上旬、被害住民が、JCOと親会社の住友金属鉱山の2社を相手取って健康被害の補償と慰謝料を求め、水戸地裁に提訴した。JCO東海事業所から約130メートル西で自動車部品会社を経営していた夫妻、約60メートルの場所に住む郵便配達員男性の3人である。（2006年末現在、係争中）

2002年9月2日、水戸地裁で被告ら6人と法人としてのJCOの計7人に対する論告求刑が行なわれ、事業所長の被告に禁固4年、罰金50万円、他の5人に禁固3年6～2年6月、JCOには罰金100万円の求刑があった。被告側は起訴事実は全面的に認めた。しかし科学技術庁（現・文部科学省）による安全審査の甘さを指摘して、情状酌量を求めた。

2003年3月3日、水戸地裁で上記に関わる判決公判が行なわれた。裁判所は、原子力の安全性に対する国民の信頼を揺るがせた被告たちの責任は極めて重いと厳しく指摘し、事業所長の被告に禁固3年、執行猶予5年、罰金50万円。他の被告らに5人に禁固3年～2年、執行猶予4年～3年。JCOに罰金100万円を言い渡した。また裁判長は「長年にわたる杜撰な安全管理体制下にあっての企業活動によるもの」として安全軽視の姿勢を批判し、また「臨界に関する教育訓練もほとんど行なわれていなかった」と厳しく会社側を指弾した。

水戸地検も被告側も期限までに控訴せず、被告らの判決は確定した。

参考文献

雑誌・書籍

◆桜井淳「東海村臨界事故の原因と今後の防止策——起こらないはずの事故はなぜ起こったのか（特集　東海村臨界事故）」『現代化学』 1999.12

◆相沢一正「JCO臨界事故とは住民にとって何であったか（特集・東海村臨界事故と原子力の終焉）」『技術と人間』 1999.12

◆植松英穂・増山航一「原子力防災とJCO臨界事故（上）」『技術と人間』 2000.2

◆鈴木元「JCO臨界事故患者の初期治療（特集：JCO臨界事故を体験して）」『保健物理』 2000.3

◆村上達也・池上洋通「『安心して生きられる街』住民の英知で（茨城県東海村）——村上達也村長に臨界事故後の村づくりを聞く」『住民と自治』 2000.4

◆飯田裕康「株式会社ジェー・シー・オー臨界事故における作業について」『労働の科学』 2000.5

◆電気事業連合会（東京）『（株）ジェー・シー・オーでの臨界事故について』 電気事業連合会 1999

◆原子力安全委員会（東京）『（株）ジェー・シー・オー東海事業所における臨界事故に対する原子力安全委員会の対応』 原子力安全委員会 1999

◆読売新聞社編集局『青い閃光——ドキュメント東海臨界事故』 中央公論新社 2000

◆高木仁三郎『原発事故はなぜくりかえすのか』（岩波新書） 岩波書店 2000

◆JCO臨界事故総合評価会議『JCO臨界事故と日本の原子力行政』 2000

◆粟野仁雄『東海村でなにが起こったか』 七つ森書館 2001

◆NHK取材班『被爆治療83日間の記録——東海村臨界事故』 岩波書店 2002

◆岡本浩一　宮本聡介『JCO事故後の原子力世論』 ナカニシヤ出版 2004

◆日本原子力学会JCO事故調査委員会『JCO臨界事故その全貌の解明』 東海大学出版会 2005

◆原子力安全規制行政研究会（東京）『原子力規制行政の独立を求めて——JCO臨界事故を繰り返さないために』 原子力安全規制行政研究会 2005

category ガバナンス―経営者関与

CASE 020 南証券 有価証券横領事件

date 2000年（平成12年）3月7日

commercial name 南証券株式会社

scandal type 証券取引法違反

事件の背景

バブル崩壊後の景気低迷の中、1999年には経済建て直しのために財政政策の一環としてゼロ金利政策が実施されるなど、深刻な低金利時代に突入していた。

資産価値の目減りが続く中、人々の関心は手持ち資金の有効運用に向けられ、それに応えるように銀行や証券会社などでは投資信託や株式、社債など、さまざまな金融商品を次々と誕生させた。

運用成果や会社の成長次第で預貯金以上の利益が期待できるこれらの商品に魅力を感じ、購買する顧客も増えていった。

事件の発端

2000年3月7日、中小証券会社「南証券」の東京支店から、顧客名義の株式や社債など大量の有価証券約30億円が持ち出されていることがわかった。同時に、平田浩一社長（34）と複数の役員も姿をくらませた。

同社では前日、金融監督庁から債務超過による破産が申し立てられ、同日から日本証券業協会による特別監査が行われていた。監査2日目の朝、作業を開始しようとした監査員が、証券類がなくなっていることに気づいたのが、事件の発端だった。

事件の経緯

平田社長は1999年6月に同社の社長に就任し、新設した札幌支店でグループ会社の社債の無届け販売を始めた。この行為は証取法違反にあたることから、金融監督庁では2000年2月、同社に3ヶ月の業務停止を命じた。同時に立ち入り検査を実施し、顧客からの預かり金4億円や同社の預金3億3,000万円が消えていることを確認した。

keyword【キーワード】：金融商品　社債の無届け販売

このため、金融監督庁は3月6日に東京地裁に南証券の破産と財産の保全処分の申し立てを行い、南証券全店を6ヶ月の全面業務停止処分にした。証券類がなくなったのは、この直後だった。

その後の調べで、平田社長は海外に架空の投資顧問会社を設立したようにみせかけ、実体のない投資信託商品を国内で販売していたことも判明した。

3月14日、関東財務局は、同社を証券取引法違反容疑で警視庁に告発した。警視庁は、業務上横領容疑で南証券本店など十数カ所を家宅捜索するなど、本格的な調査に乗り出した。そして半年後の9月12日、業務上横領容疑で同証券の平田社長らを全国に指名手配した。

その後の経緯、警察の動き、裁判

それから3年後の2003年9月5日、平田容疑者と会社役員・井上征容疑者（65）が、沖縄県警に詐欺事件で逮捕されていたことがわかった。10月24日、警視庁および合同捜査本部は、両者を業務上横領容疑で逮捕した。

調べにより平田容疑者は、2000年初めに暴力団組長から2億円の融資を受け、その返済に困り、有価証券を持ち逃げしたと供述した。そのうち約15億円分は暴力団関係者に奪われ、残った有価証券の一部を、売却及び借金の返済などにあてたとした。

2004年1月13日、東京地裁で平田被告と井上被告に対する初公判が開かれた。4月17日、東京地裁は井上被告に対し、業務上横領罪で4年6月の実刑を言い渡した。

同年8月4日、東京地裁は平田被告に業務上横領と詐欺の罪で懲役13年を、詐欺の共犯に問われた南証券元会社役員・森公孝被告（57）に、詐欺罪として懲役4年を求刑した。

参考文献

雑誌・書籍

- ◆**「南証券の私募債販売中止処分の行方（新聞の盲点）」**
『週刊金融財政事情』 2000.1.17
- ◆**「産業・企業 詐欺-顧客資産をネコババ。破綻した南証券社長のあきれた無法ぶり（Lineup）」**『東洋経済』 2000.3.18
- ◆**「倒産で次々と露呈した南証券の詐欺商法」**『政界』 2000.5
- ◆**「金融監督庁に破産申請された「南証券」の悪辣度」**『実業界』 2000.5

category ガバナンス―経営者関与

CASE 021 そごう 経営破綻

date 2000年（平成12年）7月13日

commercial name 株式会社そごう（現・株式会社ミレニアムリテイリング）

scandal type 経営破綻（債務超過）

事件の背景

大阪を発祥の地とする「そごう」は、前身の呉服屋から数えると170年以上の歴史を誇る老舗百貨店のひとつ。1960年代までは関西を地盤とする地方百貨店のカラーが強かったが、1962年に日本興業銀行出身の水島広雄が社長に就任してからは、高度経済成長の波に乗り、全国各地に次々と新店舗を出店。1992年には売上高1兆2,000億円を誇る日本一の百貨店になるまでに成長した。

そごう経営の特徴は、直営の店舗は大阪・神戸・東京の3店のみで、残りは全部別法人だった点にある。1970年代からの成長期、そごうはグループ各店が新店舗に出資し、開店後に膨らんだ店舗の土地の含み益を担保に、さらに出店攻勢を続けていった。当時の水島社長のワンマンぶりは有名で、全支店のフロアには、巨大で絢爛豪華な会長室が用意されていたという。この水島独裁体制は、1994年の会長就任後もまったく変わらなかった。

しかしこの拡大路線も、バブル崩壊によってあえなく潰える。担保不動産の価値は急落し、同社は一気に債務超過状態に陥った。加えて、消費低迷による売上げ不振が追い打ちをかけた。そごうの破綻は、もはや時間の問題だった。

事件の発端と経緯

2000年4月6日、そごうの山田恭一社長は記者会見の席で、メーンバンクの日本興業銀行をはじめとする各金融機関に、総額6,390億円もの巨額の債権放棄を要請したことを発表。その前提として、金融機関側がそごうに対し抜本的なリストラと水島会長の退任を要求したこ

keyword【キーワード】：日本興業銀行　債務超過　資産隠し

とも明らかにされた。

6月には、預金保険機構が交渉のカギを握っていた新生銀行（旧日本長期信用銀行）のそごう向け債権（約2,000億円）を買い取り、要請されている970億円の放棄を受け入れることが決定。事実上、一民間企業の倒産を避けるために税金が投入される形となった。背景には、倒産すればさらなる国民負担が避けられないという関係当局の判断があった。一方で、水島独裁体制による強引な経営実態も次々と明らかになり、「税金による私企業救済」への批判の声は、日に日に高まっていった。

こうした中、そごうは7月13日、東京地裁に民事再生法の適用を申請し、受理された。負債総額は1兆8,700億円。戦後2番目の倒産（当時）で、大手百貨店の倒産は戦後初めての出来事だった。会見に臨んだ山田社長は、「批判の高まりで企業イメージは大幅に傷つき、中元商戦も深刻な影響を受けた。この状況が長引くと再建計画の前提が崩れ、資金繰りにも重大な支障をきたす懸念がある」と語り、販売不振が自主再建断念の引き金になったことを明かした。また、グループ全28店のうち、多摩店は13日から、木更津店、長野店は近く閉店し、大阪店も年内に閉店。それ以外の店は営業を継続すると発表した。

せっかく決まった債権放棄案を撤回したうえでの、事実上の倒産。しかし2000年2月期で1兆7,000億円の有利子負債を抱え、5,800億円もの債務超過に陥っていたそごうにとっては、この債権放棄案すらも単なる延命策に過ぎなかった。

かつては国内外に40店を超す店舗を構え、38年間もの間オーナーとして君臨した水島前会長が築き上げた王国は、崩壊した。

その後の経緯

再生手続きに入ったそごうは、2000年7月26日、前西武百貨店会長の和田繁明氏を特別顧問として迎えた。氏は「従来の再建計画はすべて白紙に戻し、早期に練り直す」方向で、グループ再生計画の策定に乗り出した。

8月4日には山田前社長ら取締役6人の退任を発表。旧経営陣をほぼ一掃した。その後、和田氏は古巣の西武百貨店から役員クラスの幹部を受け入れ、西武百貨店の経営手法を積極的に導入した。当時の西武は経営不振が続き、自らもリストラを進めている最中だったが、そごうへの経営参加は将来的には両社が提携し、再編が進む百貨店業界での生き残りを図るためだった。

10月25日、そごうは民事再生法に基づく再生計画案を東京地裁に提出。その内容は、グループ22店舗のうち13

店舗を存続させ、9店舗は閉鎖・売却。約2,100人の解雇を含む、約3,100人規模の人員削減の実施。存続13店舗の債務総額約1兆5,754億円のうち、1兆2,000億円を超す弁済免除を金融機関や取引先に要請という、極めて厳しいものだった。翌2001年1月31日、東京地裁はこの再生案を認可。そごうは破綻から約半年というスピードで本格的な再建に着手することになった。

その後、そごうは西武百貨店との経営統合を見据え、2月22日に存続12店舗(広島新館は広島そごうに含む)を統括する新会社「十合(そごう)」を発足させた。以降、大改装した横浜店、神戸店など3店が牽引して業績は順調に推移。西武百貨店との業務提携によるコスト削減もあり、財務は改善した。2003年1月30日、そごうは再生手続き集結を決定。同年6月1日には十合を「ミレニアムリテイリング」に商号変更し、そごうと西武百貨店はその傘下の事業会社となった。さらに2006年6月1日、ミレニアムリテイリングはセブン&アイホールディングスに買収され、完全子会社となった。

裁判の経過、水島前会長のその後

そごうの経営破綻をめぐっては、旧経営陣に対して数多くの訴訟が起こされた。破綻後間もない2000年8月には、市民グループ「株主オンブズマン」のメンバーが株主代表訴訟を、9月には当時の経営陣が架空取引による27億円の損害をめぐって、10月には同じく当時の経営陣がトルコ進出に絡む約68億円の損失をめぐって訴訟を起こしている。また、2001年4月には破綻をめぐって株主が水島前会長と監査法人を相手取り、訴訟を起こしている。

この年4月から5月にかけては、破綻直後の資産隠しの疑いで水島前会長に捜査が入った。前会長は都内の病院に入院中だったが、5月25日、強制執行妨害容疑で逮捕。そごうが民事再生法適用を申請する前日、自分名義の定期預金など計約7億円の解約を銀行に依頼。このうち、普通預金など約5,500万円と投資信託約1億円を同法適用決定の26日までに解約し、資産を隠した容疑だった。6月6日、東京地検は水島前会長を強制執行妨害容疑で起訴。裁判で水島前会長は徹底して無罪を主張したが、最高裁まで争った結果、2006年8月30日に有罪が確定し、懲役1年6月、執行猶予4年が決まった。

また水島前会長に対しては、旧日本興業銀行(現みずほコーポレート銀行)が融資を連帯保証していた前会長に約127億円の支払いを求めた訴訟を、預金保険機構が約90億円の支払いを求めた訴訟を起こしていたが、前者は2005

年5月に、後者は2005年10月に前会長の敗訴が確定した。その後、預金保険機構は前会長と支払いについて話し合いを続けたが、資産の開示などが行われなかったため、2006年9月、東京地裁に前会長の破産手続きを申し立てた。地裁はこれを認め、前会長の破産手続きが開始された。負債総額は約226億円だった。

参考文献

雑誌・書籍

◆「4月施行の民事再生法を適用--水島そごうの「破綻処理策」が固まった」
『Themis』 2000.2

◆「SPECIAL REPORT ついに破綻したそごう「水島経営」の軌跡」
『Decide』 2000.5

◆「日本経済「破綻」のシナリオ（特集・そごう倒産で始まった問題企業最終処理）」
『エコノミスト』 2000.7.25

◆「緊急リポート 密室作業が生んだそごうの救済策破綻--透明なシステム作りの必要性」
『日本経済研究センタ-会報』 2000.8.1

◆「法的整理で白日に晒される、そごう水島経営40年の罪（ダイヤモンド・レポート）」
『ダイヤモンド』 2000.8.5

◆「そごう問題批判の混乱（時論）」『週刊金融財政事情』 2000.8.28

◆「「そごう」経営破綻で大注目！企業再建の切り札「民事再生法」の意外な活用法」
『実業界』 2000.9

◆「私がそごうで白紙撤回を主張した真意（特集1 国家救済型政治は破綻する）」
『論争東洋経済』 2000.9

◆「ニュースを読む そごうデパートの破綻と税金投入のしくみ」
『学習の友』 2000.9

◆渡辺一雄『小説「そごう」崩壊』 広済堂出版 2000

◆佐藤敬『セゾンからそごうへ 和田繁明の闘い』 東洋経済新報社 2001

◆日本経済新聞社編『ドキュメントそごう解体-裁かれる「バブル経営」』
日本経済新聞社 2001

◆産経新聞取材班著『ブランドはなぜ墜ちたか-雪印、そごう、三菱自動車 事件の深層』（文芸シリーズ） 角川書店 2001

◆石原靖曠『実学入門 なにが小売業をダメにした-お客を「創る」企業を目指せ！』
日本経済新聞社 2001

◆『週刊ダイヤモンド』特別取材班『そごう 壊れた百貨店-乱脈経営の全貌とメインバンクの過ち』 ダイヤモンド社 2001

category ガバナンス—経営者関与

CASE 022 千代田生命経営破綻

date 2000年（平成12年）10月9日

commercial name 千代田生命保険相互会社（現・AIGスター生命保険株式会社）

scandal type 経営破綻（更生特例法）

事件の背景

1980年代後半に始まったいわゆるバブル経済期、銀行や証券など他の業界と同じように保険業界もまた、多くの会社が不動産や株式への積極的な投資を推し進め、業績を拡大していった。しかしバブル崩壊後は不動産向け融資の不良債権化や株式担保融資の担保割れなどが続々と発生。加えて景気低迷と低金利政策の下で予定利率を運用利回りが下回る「逆ざや」現象が続き、急速に財務を悪化させていった。1997年には日産生命が、1999年には東邦生命が経営破綻。2000年は既に5月に第百生命が、8月には大正生命が経営破綻していた。

千代田生命は1904年の創立になり、東海銀行を中心に結成された企業グループ「さつき会」の中核メンバーで、戦前は五大生命保険会社のひとつであった。

事件の発端と経緯

千代田生命が深刻な経営不振に陥っているという新聞報道がなされたのは、2000年6月のことであった。1999年度に保有契約高を約1割減らした千代田生命は、新規契約が落ち込み、解約率も急増したため、2000年3月期のソルベンシーマージン比率（通常の予測を超えて発生するリスクに対応できる支払余力）が、前年同期の396％から263％に急落。金融監督庁の早期是正措置の対象は200％であったので、これは危険水準に近かった。同社は同年3月、「さつき会」グループの東海銀行に1,000億円を越す支援を要請した。

単独での支援は難しいと判断した同行は、さらなる信用補完策を千代田生命に要求した。同社はドイツ最大手保険会社、アリアンツとの業務提携交渉を開始した

keyword【キーワード】：逆ざや現象　ソルベンシーマージン比率　AIGスター生命

が、提携は実を結ばなかった。千代田生命は他の外資とも提携交渉を行ったが、すべて難航。この間にも保険の解約が相次ぎ、財務内容はどんどん悪化していった。

自力再建を断念した千代田生命は2000年10月9日、東京地裁に更正特例法（金融版会社更生法）を申請。9月末時点での負債超過額は343億円、負債総額は2兆9,366億円に達しており、戦後最大の倒産（当時）となった。また保険会社の更生特例法の申請としても、初めてのケースとなった。会見の席で米山令士社長は、「低金利に伴う多額の逆ざやと、バブル期の大口企業融資が不良債権化し、収益が悪化した」と破たんの理由を述べた。

破綻の背後にあったもの

更生特例法申請後に明らかになったのは、神崎安太郎前会長を中心とした旧経営陣による融資の実態だった。その一例が、前会長が1989年4月に取締役相談役に就任した不動産会社「愛時資」への不正融資。ゴルフ場開発を進める同社に対して行われた融資は、前会長の役員兼任期間中だけでも計12回、約230億円にも及び、このうち165億円が焦げ付いていた。融資は神崎前会長が愛時資の役員に就いている事実を千代田生命の役員会に伏せたまま進められ、前会長はこの会社から月額50万円の役員報酬を受け取っていた。

また、同社経営陣は1989年から1993年までの間に、系列のダミー会社を使って東京都品川区のJR大崎駅周辺の地上げを画策。約100億円を違法に迂回融資したが、バブル崩壊でその大半を焦げ付かせ、実際は時価数億円にすぎないこの不良債権を約60億円で買い取っていた。

そのほかにも、「東洋郵船」など「ホテルニュージャパン」の故・横井英樹氏傘下のグループ企業へ約800億円、貸金業の「アイチ」（特別清算）グループへ約800億円、貸金業「松本祐商事」グループへ約370億円、ゴルフ場会員権販売「ジージーエス」（91年事実上倒産）グループへ約200億円など、不正な貸し付けが次々と発覚。千代田生命は大蔵省に対し、1993年3月期末の不良債権額を約2,300億円と報告していたが、実際にはその2倍以上の約5,500億円にのぼっていた。

金融庁の調べによると、バブル崩壊後から破たんまでに処理された千代田の不良債権は4,000億円以上に及ぶ。だが最終的には2,000億円以上が回収できず、多額の契約者の払込保険料が流出する結果になった。

裁判とその後の経緯

経営再建中の千代田生命の管財人は2001年1月10日、神崎前会長ら旧経営陣4人が、バブル期にずさんな融資を繰り返して会社に巨額の損害を与えたとして、更生特例法に基づき、総額約71億円の損害賠償請求の査定を東京地裁に申し立てた。これに対し東京地裁は3月23日、請求通りの金額の賠償請求を認める判決を下した。生保の破綻をめぐり旧経営陣が賠償を命じられたのは、これが初めてだった。

その後千代田生命は、更生特例法申請時から名乗りを上げていた米保険大手アメリカン・インターナショナル・グループ（AIG）の下で再建に着手。最終的な債務超過額は破綻時に公表した343億円を大きく上回る約6,000億円（その後約3,100億円に修正）となり、これを保険契約の条件切り下げと、将来の収益として資産に計上する「のれん代」、AIGからの資本投入で穴埋めすることになった。生命保険契約者保護機構の資金援助こそ受けなかったが、保険契約の予定利率は平均約4％から一律1.5％に引き下げられ、保険金は最大約6割削減されることになった。バブル期に行われた融資のツケは、結局、契約者に回される形となったのである。

2001年4月、千代田生命は「AIGスター生命」として再出発した。

参考文献

雑誌・書籍

◆「「大丈夫」と不安の間を揺れる千代田生命」『エコノミスト』　2000.6.20
◆「千代田生命保険←→東海銀行 千代田再生に3000億円、思い切った決断近い東海銀（特集・銀行が抱えるこの爆弾企業）」『ダイヤモンド』　2000.7.15
◆「Q＆A安全な保険会社選びー保険会社の破綻はなぜ続く?/保険会社が破綻したら契約は?/千代田、協栄生命の将来は?/健全性・収益性はどこを見る?（特集・最強の保険会社）」『東洋経済』　2000.10.7
◆「時代の流れー千代田生命破綻に見る外資のドライな戦略（時流超流 ニュース＆トレンド）」『日経ビジネス』　2000.10.16
◆「千代田生命が保険会社初の更生特例法を申請（解説）」『週刊金融財政事情』　2000.10.16
◆「ダイヤモンド・レポート 戦後最大！千代田生命破綻に至る三ヶ月の真実」『週刊ダイヤモンド』　2000.10.21
◆「戦後最大！千代田生命破綻に至る3カ月の真実（ダイヤモンド・レポート）」『ダイヤモンド』　2000.10.21

category ガバナンス —経営者関与

CASE 023 大成火災海上保険 テロ破綻

date 2001年（平成13年）11月22日

commercial name 大成火災海上保険株式会社（現・株式会社損害保険ジャパン）

scandal type 経営破綻（更生特例法）

事件の背景

2001年9月11日に発生した米国同時多発テロでは、航空機4機と世界貿易センター2棟が破壊され、周辺の建物も甚大な被害を被った。こうしたテロや自然災害に備えるための保険は、巨額の保険金を支払う可能性が高いため、ひとつの保険会社で請け負うにはリスクが大きすぎる。そこで利用されるのが、自社では担保しきれないリスクの一部を、保険料を支払って他の保険会社に肩代わりしてもらう「再保険」という仕組みである。海外ではロイズやミュンヘンなど再保険専門の保険会社が有名だが、日本では損保会社が業務の一部として再保険を扱っているケースが多い。

中堅損害保険会社の「大成火災海上保険」は、あいおい損害保険、日産火災海上保険と共に、アメリカの再保険代理店フォーレスト・リー（FR社）社と契約を交わしていた。

事件の発端と経緯

2001年11月22日、大成火災海上保険は、事業会社の会社更生法に当たる更生特例法の適用を東京地裁に申請した。原因は米国同時多発テロに伴う保険支払額が744億円に膨らみ、2001年9月期で398億円の債務超過に陥る見通しになったためで、負債総額は3,648億円に達していた。テロの影響による大型倒産は初めてで、損保の更生特例法の申請としても初のケースとなった。

同社はテロで被害を受けた航空機向けの再保険を引き受けており、テロ勃発後、保険金の支払い余力を示すソルベンシーマージン比率が3月末の815%から191%（健全経営のボーダーラインは200%）にまで急減していた。

keyword【キーワード】：米国同時多発テロ　ソルベンシーマージン比率　損保ジャパン

大成火災海上保険は再保険契約をFR社と交わしていたが、契約を任せきりにし、その内容を熟知していなかった。テロ勃発当時、FR社の再保険プールは、事故が多発してリスクが高い航空機保険が半分以上を占めていたと言われている。

2001年11月22日、記者会見した小沢一郎社長は「4機が一度に墜落するなんて考えられない。社長としての見識が甘かった」と謝罪した。同社は2002年4月1日、安田火災海上保険、日産火災海上保険と合併し、新会社「損保ジャパン」を発足させる予定だったが、その予定も3カ月延期されることになった。

その後の経緯

2001年11月30日、大成火災海上保険は東京地裁から更生手続きの開始決定を受けたと発表した。再建スポンサー会社には、同社と合併する予定だった安田火災海上保険と日産火災海上保険に決定した。個人向け保険金はすべて保護されるが、貯蓄部分については今後の検討課題とされた。

2002年6月28日、同社は会社更生計画案を東京地裁に提出した。それによると、債務超過額は破綻時の398億円から945億円に拡大していた。具体的な更生案としては、企業向け火災保険や賠償責任保険の25.8%カット、損害保険契約者保護機構を通じた損保各社の支援（約80億円）、受け皿会社となる安田火災海上保険と日産火災海上保険の「のれん代」拠出（約300億円）などが提案された。6月31日、東京地裁は企業向け火災保険や賠償責任保険のカット分を22.97%に縮小した上で、この更生案を認可した。結果的に、再保険部分を除く契約は12月1日に損害保険ジャパンに移転されることになった。

2002年9月30日に総会を開いた損害保険契約者保護機構は、大成火災海上保険の支援策として約53億円を拠出することを決めた。同時に、同社の保険契約を引き継ぐ損害保険ジャパンが「のれん代」として約278億円を負担し、自動車保険など個人向け契約は全額保護されることも発表された。

裁判の行方

2002年6月6日、大成火災海上保険の管財人は、同社の小沢前社長と海外再保険担当だった野沢克也前常務ら旧経営陣9人と常勤監査役2人に対し、「再保険の引き受けリスクの分散など適切な措置を怠った」として、東京地裁に総額31億7,560万円の損害賠償の査定を申し立てた。同管財人はこの申し立てを取り下げ、改めて10月23日に小沢前社長、野沢克也前常務ら旧経営陣9人に対し、総額7億9,000万円余りの損害賠償を求める訴えを起こした。

その後、訴訟を継承した損保ジャパンは、旧大成火災海上保険が被った巨額損失はFR社その他による詐欺、欺瞞的行為及び各種違反行為に起因しており、旧大成火災海上保険の取締役らに法的責任を対して問うことはできないと判断し、訴訟を取り下げた。

参考文献

webサイト

◆損保ジャパン　ニュースリリース
http://www.sompo-japan.co.jp/news/sjnews2003.html　（参照2003年5月15日）

雑誌・書籍

◆「激動、保険再編の裏事情-三井住友銀などメーン企業の負担重く（時流超流 News & Trends）」『日経公社債情報』 2001.12.3

◆「R＆I格付け 大成火災など5社、三菱紙、エンロン、アンリツなど」『週刊金融財政事情』 2001.12.3

◆「大成火災保険が上場損保として初の更生特例法を申請（キャッチアップ）」『金融財政事情』 2001.12.8

◆「キャッチアップ 大成火災保険が上場損保として初の更生特例法を申請」『週刊ダイヤモンド』 2001.12.8

◆「特別レポート 大成火災の破綻でわかった損保のあきれた"経営実態" --あいおい損保、日産火災にも同様の経営リスク」『東洋経済』 2001.12.13

◆「飛耳長目 まさかの大成火災破綻-巨額損失続出で露呈した損保会社のリスク管理不在（News＆Forecast）」『インシュアランス 損保版』 2001.12.17

◆「ニュースの焦点 大成火災が債務超過で更生手続を開始（安田火災と日産火災がスポンサ-に）」『金融財政事情』 2001.12.17

◆「解説 大成火災破綻で発覚したフォートレス再保険スキームの落とし穴--あいおい損保400億円、日産火災・大成火災482億円の債務の存在が表明化」『週刊金融財政事情』 2001.12.18

◆「大成火災破綻で発覚したフォートレス再保険スキームの落とし穴（解説）」『エコノミスト』 2001.12.22

◆「テロで混乱「損保再編」ー大成火災「突然死」でわかった中堅損保のリスク管理無能力（徹底詳報・生損保中間決算）」『東洋経済』 2001.12.22

◆「「最後の砦」損保にも募る健全性への不安-大成火災破綻は本当に例外的か（燃え広がる保険不安）」『ダイヤモンド』 2001.12.22

◆「大成火災を破綻させた再保険契約を保有するあいおい損保の損失見積り（ビジネスインサイド）」『Yomiuri Weekly』 2001.12.23

◆「再保険で突然死、大成火災の大アマ（真相・深層）」『プレジデント』 2001.12.31

category ガバナンス―経営者関与

CASE 024 日本経済新聞子会社手形乱発事件

date 2002年（平成14年）3月

commercial name 株式会社日本経済新聞社

scandal type 商法違反（特別背任及び業務上横領）

事件の背景

1991年に設立されたティー・シー・ワークス（TCW ）は日本経済新聞社の100％子会社で、日経本社が主催する催事を中心に、展示会やセミナーなど各種イベントの企画運営事業などを行っていた。1995年頃から商環境事業部でビルの内装工事を手掛けるようになったが、この頃からイベント業が不振に陥り、会社の経営は苦しくなっていった。

事件の発端と経緯

TCWの不透明な経理が日経本社に発覚したのは、2001年春のことだった。TCWの手形が同年4月ごろから市中に出回り始めたため、同社は公認会計士らに依頼し、同年5月から本格的な調査を始めた。その結果、内装工事は架空で手形乱発の事実が判明したため、同社は2002年3月の株主総会で当時の商環境事業部長を懲戒解雇、社長と専務を解任した。さらに同年5月、約50件の架空取引で約20億円の損害をTCWに与えた商法違反（特別背任）容疑で、3人を東京地検特捜部に告発した。

その後、事態はいったん沈静化したが、2003年1月25～27日にかけて日経新聞編集局の前ベンチャー市場部長が、役員やOBら約60人に電子メールや郵便を送り、「日経本社はTCWの損失を受けて約74億円を融資し、TCWの借入金約20億円を債務保証したが、回収困難に陥っている。鶴田社長にはTCWをめぐる架空取引疑惑がある」と指摘した。また同氏は社長の不適切な女性問題についても指摘していたため、2003年3月6日、同社の鶴田卓彦社長は名誉棄損容疑で元部長を東京地検に告訴した。

その後同社は同月20日の常務会で、

keyword【キーワード】：手形乱発　架空取引疑惑　不正経理

虚偽の文書を配布して会社の信用を棄損したとして元部長を懲戒解雇した。さらに同月28日の株主総会で、元部長が提出していた鶴田社長（28日付で会長に就任）の取締役解任を求める議案を、反対多数で否決した。

5月16日、同社は臨時取締役会を開き、鶴田会長が同日付で相談役に退くことと、6項目の経営改革方針を決めた。取締役会は元部長が糾弾したTCWの不正経理問題についての調査結果を報告するために開かれたもので、会見を開いた杉田社長は、「会長は引責辞任したのではなく、日経ブランドを守るため自ら辞任した。元部長らが情報源となったマスコミ報道は事実無根」と語った。

その後の経緯、刑事裁判の行方

2003年11月23日、東京地検特捜部はTCW元社長の嶋田宏一容疑者、元専務の小川豪夫、元商環境事業部長の3人を業務上横領容疑で逮捕した。調べによると、3人は2001年2～8月、取引先の建築会社「パワー建設」に対して、架空工事の代金として約束手形121通（額面約10億4,600万円）を振り出し、TCWに約31億8,000万円の損害を与えた。また2001年2～6月には、TCWが別の取引先から正規に受け取った約束手形27通（額面約3億3,500万円）をパワー建設に贈与する形で横領した。

その後、TCWの手形振り出しに必要な社印は日経本社で保管・押印されており、TCW側が取引内容の詳細を報告せずに決済されていたことや、嶋田容疑者らが日経本社の調査が始まってからも架空取引を続けていたことが分かり、日経本社の管理責任が問われる形となった。

12月14日、東京地検特捜部は嶋田容疑者ら3人を商法違反（特別背任）と業務上横領罪で起訴した。同日、日経本社の杉田社長は記者会見し、本社役員の報酬一部カットを含む社内改革策を発表した。さらに同月24日、杉田社長ら役員12人が、役員報酬を一部自主返上することを発表した。

翌2004年3月30日、同社は株主総会後に開いた取締役会で、鶴田相談役の辞任を了承した。

8月2日、東京地裁は元商環境事業部長に対し懲役3年の実刑を言い渡した。被告は控訴し、翌2005年2月15日、東京高裁で控訴審判決が下された。裁判長は一審判決を破棄した上で、懲役2年8月の実刑を言い渡した。これを不服とした被告は上告したが、4月4日に取り下げたため、二審判決が確定した。

残る2人、嶋田被告と小川被告に対して東京地裁は、11月1日、それぞれに懲役3年を言い渡した。嶋田被告は公判中から起訴事実を否認しており、この判決を不服として控訴したが、2006年

8月29日、東京高裁はこれを棄却した。TCW手形乱発事件の被告は、すべて実刑が確定した。

民事裁判の行方

2003年6月4日、日本経済新聞社の株主2人（元部長と元同社論説委員）が鶴田元社長ら新旧経営人11人を相手取り、94億2,000万円の損害賠償を求める株主代表訴訟を東京地裁に起こした。また同日、元部長は地位保全と1,000万円の慰謝料の支払いなどを求める訴訟も同地裁に起こしたが、東京地裁は、同月24日までに元部長の仮処分申請を却下した。

この訴訟は、2004年12月20日、東京地裁で和解が成立した。株主代表訴訟では、同社が外部有識者による社長への助言機関を設立することが決められ、その運営費用として10人の被告が計2,000万円、同社が1,000万円を拠出することになった。原告側は賠償請求を取り下げた。また元部長の地位保全に関しては、元部長が謝罪の意を表明した上で、解雇を撤回され、日経系列のシンクタンクに出向することになった。元部長は会見で、「社員が会社の問題を追求できるという先例を作れた。幹部らの一定の責任も明確になった」と語った。

参考文献

雑誌・書籍

◆「鶴田卓彦・日経社長が「地検告発」で逡巡ー子会社の融通手形事件を巡り弁護士吉永祐介元検事総長を代理人に準備するも」『THEMIS』 2002.12

category ガバナンス ―経営者関与

CASE 025 日本ハム 国産牛肉偽装事件

date 2002年（平成14年）7月30日

commercial name 日本ハム株式会社

scandal type 詐欺容疑

事件の背景

2001年9月10日、日本初のBSE感染牛が確認され、10月18日から牛の全頭検査が始まった。それより以前に解体された国産牛肉が市中に出回るのを防ぐために実施されたのが、牛肉買取制度である。農林水産省の外郭団体である農畜産業振興事業団が、業界6団体を通じて対象となる牛肉を食肉業者から買い取り、業者は事業団に補助金を申請する仕組みだった。

事件の舞台となった「日本ハム・ソーセージ工業協同組合」もこうした業界団体のひとつで、理事長を加工食肉業界最大手の日本ハム会長・大社義規氏が、常務理事を同社長の大社啓二氏が務めていた。

2002年1月23日、安価な輸入牛肉と高価な国産牛肉の価格差を利用し、輸入牛肉を国産牛肉と偽って補助金を搾取しようとした雪印食品の事件が発覚した。また6月28日には日本食品も牛肉偽装を行ったことが明らかになった。食品表示の信頼性は急速に失われつつあった。

事件の発端

2002年7月30日、日本ハムが買い上げを申請していた1.3トン分の牛肉を、業界団体の日本ハム・ソーセージ工業協同組合が勝手に同社に返還し、焼却を指示していたことが分かった。同組合は自主点検で、保管肉3,414トンのうち9社分の7.8トンが品質保持期限が切れるなどの理由から補助対象にならないことが分かったため、同月12日、農水省に無断で9社に返還し、焼却を求めていた。

1月に発覚した雪印食品の事件以来、

keyword【キーワード】：BSE　牛肉買取制度　偽装　一族の温存

農水省は全箱検査を実施しており、7月23日に同組合に対して返還中止を求めたが、時既に遅く、日本ハムは返還された肉を同月19日に焼却していた。同組合の専務理事は、「保管費用は組合負担なので早く手放したかった。対象外の肉が混じったのは農水省の説明が不十分だったからだ」と釈明した。

事件の経緯

2002年8月6日、日本ハムが農水省に無断で焼却した1.3トンの牛肉の中に、輸入牛肉が含まれていたことが分かった。問題の肉は、同社が食肉流通部門の子会社「日本フード」姫路営業部から買い上げて補助を申請した11.1トンのうちの520キロで、日本ハム自らが記者会見を開いて事実を明かした。会見の席で大社社長は深く陳謝したが、事件の内容を知らなかったと語り、会社ぐるみの偽装については明言を避けた。

その後農水省の調査によって、日本フード姫路営業部が、輸入牛肉に付けられた商品コードを国産の牛正肉を示す「2797」に付け替え、品名を「牛正肉」に書き換える手口で偽装を行っていたことが判明した。同省は8月8日、日本ハム本社と日本フード姫路営業部を立ち入り調査した。姫路営業部の営業部長は偽装を認め、独断でやったと説明した。また、姫路営業部を管轄する日本フードの本部が、2002年2月の段階で偽装の事実を確認していたことも分かった。

問題が深刻化するにつれ、流通業界に日本ハム製品を撤去する動きが広がっていった。8月8日にはイオングループが日本フードとの取引を中止し、製品販売の停止を決めた。以降もファミリーマート、イトーヨーカ堂、セブン-イレブン・ジャパンなどのスーパーやコンビニ、さらには三越、高島屋などの百貨店でも取引停止や販売停止が続いた。また、学校給食の現場からも、次々と日本ハム製品が排除されていった。

その後の経緯、会社の対応

2002年8月9日、日本ハムは記者会見し、2月に日本フード姫路営業部が偽装を同社の庄司元昭専務に報告していたことと、7月に農水省に無断で焼却した牛肉約1.3トンは、すべて輸入肉だったことを認めた。また、日本フード徳島営業部から買い上げた260キロ、同愛媛営業部から買い上げた508キロの牛肉も偽装していたことを明かした。会社ぐるみで偽装していたことが明白となったが、大社社長は「8月5日まで偽装を知らなかった」と語り、東平八郎副社長（日本フード社長）は「事の重大性から、震えがくるほど怖かった」ので、不正の情報を社長に伝えられなかったと説明した。

8月10日、農水省は日本ハムが申請した938トンのうち、子会社の日本フードから買い上げ申請した約200トン分の補助金約3億5,000万円を支給しないことを決めた。

その後も農水省は日本ハム本社や日本フード姫路・徳島・愛媛各営業部に立ち入り調査を行い、事実解明を進めた。また、日本ハムの証拠隠滅を助けた疑いがあるとして、日本ハム・ソーセージ工業協同組合へも立ち入り調査を行った。

8月14日、農水省は日本フードの3営業部長が偽装工作を行い、その報告を受けた日本ハムの庄司専務が証拠隠滅を図った疑いがあるとする調査結果を発表した。また同社に対し営業自粛を指導し、これを受けた日本ハムは、日本フードへの牛肉供給を自粛することを決めた。

8月20日、日本ハムは社内調査で新たに3.5トンの偽装が判明したことと、社内処分として創業者の大社義規会長が代表取締役を退き名誉会長になること、大社社長の専務降格、藤井良清常務の社長昇格を発表した。ところがこの処分が大社一族の温存であるという批判が各方面から相次いだため、同月26日、日本ハムは代表権を持つ大社会長ら3人の完全引退を発表した。その後、大社会長は日本ハムファイターズのオーナーと日本ハム・ソーセージ工業協同組合の理事長も辞任した。

その後、農水省は日本フードから買い取り申請した牛肉の全箱検査で偽装が見つからなかったこと、日本ハムから再発防止策が提出されたこと、社内処分が見直されたことなどを評価し、9月2日付けで牛肉販売の自粛指導を解除した。

事件の影響は大きく、日本ハムが11月18日に発表した2002年9月中間連結決算は、売上高が前年同期比4.4%減、当期最終利益は前年同期比81.5%減と、大幅減益になった。

その後の動き、裁判の行方

2002年9月12日、農水省は日本フード姫路、愛媛、徳島各営業部の元営業部長（いずれも懲戒解雇）を、詐欺容疑で各県警に刑事告発した。

2003年3月12日、愛媛県警は日本フード愛媛営業部の元部長（懲戒解雇）ら2人を詐欺容疑で逮捕した。また同月24日には、同じく詐欺容疑で日本フード姫路、徳島営業部元部長ら計3人を書類送検した。逮捕された元部長の裁判は9月11日に松山地裁で判決があり、懲役2年6月、執行猶予3年が言い渡された。

参考文献

雑誌・書籍

◆「地道な努力も一夜で水泡-日ハム子会社の食肉偽装事件（時流超流 News & Trends)」『日経ビジネス』 2002.8.19

◆「店頭から製品が消えても危機感はまだ高まらぬ日ハム取り巻く"ぬるま湯"（ビジネスインサイド)」『ダイヤモンド』 2002.8.24

◆「時々刻々 食肉偽装事件-日本ハムもついに発覚。経営への悪影響が深刻（News & Forecast)」『東洋経済』 2002.8.24

◆「牛肉買取処分事業「日本ハムも偽装発覚」--稚拙な偽装、隠蔽工作」『週刊農林』 2002.8.25

◆「時々刻々 牛肉偽装事件-社長降格で"一族温存"。日本ハムの甘いけじめ（News & Forecast)」『東洋経済』 2002.8.31

◆「牛肉偽装事件で赤字転落必至、日本ハム迷走の行方（ダイヤモンド・レポート)」『ダイヤモンド』 2002.9.7

◆「牛肉偽装事件！会長辞任、社長降格に発展した日本ハムの蹉跌」『財界』 2002.9.10

◆「日本ハム、東京電力、三井物産、収益事業に巣くう病巣-聖域と院政がすべての元凶（時流超流 News & Trends 不祥事続発)」『日経ビジネス』 2002.9.16

◆「不祥事根絶は内部告発で一日ハム企業倫理委員・高巌教授が語る（時流超流 News & Trends)」『日経ビジネス』 2002.9.23

◆「日本ハム-社内にあった2つの"商店"（特集・日本ハム・三井物産・東京電力…会社が堕ちる時-名門ほど危ない)」『日経ビジネス』 2002.9.30

◆「牛肉偽装事件「日本ハム」の問題体質」『実業界』 2002.1

◆「日本ハム、三井物産、東京電力と続いた企業不祥事 新考察・「トップと部下の関係」（特集・企業不祥事をなくすには……)」『財界』 2002.10.8

◆「インタビュー 企業コンプライアンス 昨年日本ハムグループの不祥事が3度も報道されたが 偽装事件後、事業の総点検を行い問題は包み隠さず公表する！ 日本ハム社長 藤井良清」『財界』 2004.2.24

category ガバナンス ―経営者関与

CASE 026 日本信販 総会屋利益供与事件

date	2002年（平成14年）11月16日
commercial name	日本信販株式会社
scandal type	商法違反（利益供与）

事件の背景

1981年の商法改正で、それまで長い間社会問題となっていた総会屋に対する締め付けが厳しくなった。さらに、1997年に起きた4大証券による利益供与事件の後にも商法が改正され、企業の総会屋離れが一気に進んだ。2002年当時、総会屋の数は1983年の約1,700人から約430人にまで減っていたと言われている。

日本信販は「NICOS」ブランドで知られる信販系クレジット会社で、2002年当時はJCB、VISAに次いで業界第3位の規模を誇っていた。しかしバブル期の経営失敗がたたり、2002年9月末で1兆8,467億円もの有利子負債を抱えるなど、財務体質は脆弱だった。当然、社長の経営責任が問われる状況であり、株主総会で総会屋が会社側を攻撃することが予想された。

事件の発端と経緯

2002年11月16日、「日本信販」専務・大塩善久、同社役員・石川重次の両容疑者ら計8人が商法違反（利益供与）容疑で、また、総会屋で貸衣装会社役員の近藤喜久夫容疑者が、商法違反（利益受供与）容疑で警視庁に逮捕された。大塩容疑者らは1999年11月下旬から2002年9月下旬まで、「与党総会屋」として株主総会を円滑に進めるための便宜を図る見返りに、近藤容疑者の口座に現金計2,835万円を顧問料の名目で振り込んでいた。この関係は10年以上にわたって続いていたとされるが、警視庁は公訴時効にかからない1999年11月分以降の分を立件した。大塩・石川両容疑者は株主総会を所管する総務部の担当で、ほかの6人も1999年11月以降の

keyword【キーワード】：株主総会　与党総会屋　顧問料

総務部長や同部次長だった。逮捕時、大塩容疑者ら日本信販側の8人は全員容疑を認めたが、近藤容疑者は顧問料の受け取りは認めたが、受け取った金銭の趣旨については曖昧な供述に終始した。

同日、記者会見を開いた日本信販は、山田洋二社長が「10月19日に事情聴取を受けるまで近藤容疑者との契約を知らなかった」と弁明し、同容疑者について「元総会屋で今は足を洗っていると伝え聞いている」と語り、相手が総会屋であるという認識がなかったことを強調した。また同社は、1988年1月から年間300万円を同容疑者に顧問料として払い、総額が約8,000万円になること、同社総務部と近藤容疑者が月1回、会合を開いていたことなどを認めた。

その後の経緯、裁判

その後の調べにより、近藤容疑者が80年代前半から「与党総会屋」として日本信販の総務部に出入りし、同社が株主総会を円滑に進めてもらう見返りに謝礼を支払っていたことが明らかになった。また、この関係は総務部代々に引き継がれ、月々の支払いの増額があるときは、その都度、担当役員に報告された。

2002年11月18日、山田洋二社長は総会屋への利益供与事件で専務ら8人が逮捕された責任をとって、日本経団連の理事を辞任した。翌19日には業界団体の全国信販協会の会長も辞任し、さらに21日には「社会をお騒がせし、株主や顧客の信頼を損ねたことを申し訳なく思います」と語り、社長を辞任することを表明した。16日の会見では辞任について慎重な構えを見せていたが、その後、社会的批判が続いたことや株価の急落などを受け、早期の辞任を決定した。同月28日に行われた取締役会では、大森一広常務の社長昇格と山田社長の取締役退任及び顧問就任、経営監督責任として役員報酬を12月から半年間、新社長と新会長は50％、専務は30％、他の取締役は20％削減することが決まった。

12月24日、日本信販はコンプライアンス（法令順守）体制の再構築を目的に、総会屋の窓口になっていた総務部の廃止など、社内改革を2003年1月1日付で実施すると発表した。

逮捕された9人については、逮捕直後に受け取った金銭の趣旨について曖昧な供述を繰り返していた近藤容疑者が、その後容疑を認めた。12月6日、元同社専務・大塩善久容疑者ら4人が商法違反（利益供与）の罪で、総会屋の近藤喜久夫容疑者が同（利益受供与）の罪で、それぞれ起訴された。逮捕されていた日本信販の中堅社員ら4人は処分保留で釈放された。これを受け同日、日本信販は山田洋二顧問が6日付で顧問職も辞任したと発表した。

2003年3月26日、東京地裁は元同社専務・大塩善久被告と元同社取締役・石川重次被告に懲役1年、執行猶予3年を、総会屋の近藤喜久夫被告に懲役2年、執行猶予5年の量刑を言い渡した。他の2人の被告は懲役10月、執行猶予3年の量刑だった。

参考文献

雑誌・書籍

◆「時々刻々 不祥事-日本信販、総会屋事件で信用失墜の危機（News＆Forecast）」『東洋経済』 2002.11.30

◆「20年間も続いた総会屋への利益供与、道楽息子2代目社長の放漫の構図（ビジネスインサイド）」『ダイヤモンド』 2002.11.30

◆「総会屋に足元すくわれた日本信販・山田洋二社長の"お坊っちゃん"度（KEIZAIKAI REPORT＆INTERVIEW）」『経済界』 2002.12.24

◆「実践/企業の危機管理（32）様変わりした「企業と総会屋」--日本信販利益供与事件の不可思議」『Verdad』 2003.1

◆「企業と危機管理 総会屋を顧問に自ら″呪縛″行為--日本信販の利益供与時効分含め巨額」『月刊公論』 2003.2

category ガバナンス―経営者関与

CASE 027 ダスキン 不正支出事件

date 2003年（平成15年）6月3日

commercial name 株式会社ダスキン

scandal type 商法違反（特別背任）

事件の背景

大手清掃用品レンタル会社「ダスキン」は、フランチャイズシステムの先駆けとして、清掃分野のほか、1970年の「ミスタードーナツ」をはじめとする外食産業などにも力を入れている。

2003年6月に発覚した不正支出事件の被告となった千葉弘二元会長は、ミスタードーナツなどの新事業拡大路線に貢献。ビジネス手腕が高く評価される一方、1994年の社長就任以降はワンマン経営で反発や批判をまねくことも多かった。とくにこれまでのフランチャイズ路線から直営店路線への移行を推し進めようとしたため、加盟店からの反発は強く、現場を混乱させたなどとして2001年6月に辞任に追い込まれるかたちとなった。

経営トップの混乱に続き、その約1年後の2002年5月には、ミスタードーナツで、無認可の添加物を使用した肉まんを販売していた事件（371ページ参照）が発覚する。この肉まん事件など不祥事続きで信用を落としたダスキンは、外部の専門家による再生委員会を設置し、経営改革に取り組む姿勢を示した。2003年4月には経営の透明性を図るなどとして、3年後の東京証券取引所一部上場をめざすとの方針を発表した。

その発表からわずか2か月後、新たな不祥事が発覚したのだった。

事件の発端

2003年6月3日、マスコミの報道などで、ダスキンの千葉弘二元会長（63）らによる、巨額な不正支出疑惑が明るみとなった。

千葉元会長は、デザイン会社「スパイス」（発覚時点で会社は閉鎖）の元社長

keyword【キーワード】：ミスタードーナッツ　不正支出疑惑　土屋知事

で、懇意にしていた伊藤邦男氏（58）に「借金があり、助けてほしい」と頼まれ、これを了承。ミスタードーナツの景品のデザイン企画をスパイスに請け負わせたように装い、1999年7月から2001年4月までに計約1億8,500万円を支払った。

資金は、デザイン企画料の名目で景品1個あたり3円を上乗せし、景品を製造する大阪市内の会社を経由してスパイスに渡していたとされる。千葉会長はこの一連の資金の流れを取締役会に諮らず独断で決定し、ミスタードーナツ担当の芝原修一元専務（62）に資金の捻出方法を考えるよう指示していた。

しかし、この不正支出金は、大阪国税局が税務調査した際に、「デザインをした実態はほとんどない」として、所得隠しと指摘。ダスキンは、追徴分はすでに納税したと話している。

同社は、3日午前、伊東英幸社長名義で、「捜査には協力するが、本件はすでに退任した者が行ったことと認識している」とコメントを発表した。

事件の波紋

2003年6月4日、東京地検特捜部は、ダスキン元会長の千葉容疑者、同社元専務の芝原容疑者、スパイス元社長の伊藤容疑者の3人を、商法違反（特別背任）容疑で逮捕した。

同日、この逮捕を受けて記者会見を行ったダスキンの伊東社長は、会見の冒頭で頭を下げた。同社長は、千葉元会長について「商売の天才だったが、人の意見を聞くタイプではなかった」とコメント。事件の背景については「何でも話せる雰囲気が社内に薄れていた」と語った。

また、この逮捕とほぼ同時期に、土屋義彦埼玉県知事（当時）の長女（53）が社長を務めていたコンサルタント会社（埼玉県吉川市）にも、1,050万円の不透明な資金が流れていたことが発覚した。東京地検は、スパイスへの不正支出同様、実態のない取引だった可能性があるとして、6日に長女の自宅や会社などを家宅捜査した。

ダスキンから長女の会社に流れたこの資金は、その後、週刊誌の記事などで土屋知事の政治資金団体に流れた疑惑が報じられ、7月10日には土屋知事の長女らが政治資金規正法違反（虚偽記載）容疑で逮捕され、翌々日には土屋知事が辞職に追い込まれるなど、一大スキャンダルに発展した。

その後の経緯、裁判

2003年6月24日、東京地検特捜部は、千葉容疑者ら3人を商法違反（特別背任）容疑で起訴。ただし、土屋知事の長女が経営する会社に提供された1,050万円については、ダスキン元幹部らの刑事責任を問うのは困難と判断し、起訴を断念した。

8月22日、東京地裁で初公判があった。千葉被告は、「仕事を回すよう指示したが、資金援助しろとは言っていない」と、起訴事実を否認。芝原被告と伊藤被告は起訴事実を大筋で認めた。

9月24日、ダスキンは、スパイスへの不正支出事件に関連して、千葉・芝原両被告と、任意で取調べを受け執行猶予処分となった同社の元幹部（懲戒解雇）の3人に、1億8,500万円の損害賠償を求める訴訟を大阪地裁に起こした。また、千葉被告に対しては、1997年の同社の海外研修旅行に中学校の同窓生36人を同行させ、旅費を一部負担させたとして、別途400万円の損害賠償も求めた。

12月11日、ダスキンの元専務、芝原被告に懲役2年、執行猶予4年（求刑・懲役2年）の判決。裁判長は、元会長の指示で実行したと認定したが、「自己保身が動機で強く非難されるべき」とした。

2004年1月22日、デザイン会社元社長の伊藤被告に、懲役2年6月、執行猶予5年（求刑・懲役2年6月）の判決。

5月13日、元会長の千葉被告に懲役3年、執行猶予5年（求刑・懲役3年）の判決。裁判長は、「本件の首謀者であり、責任は重い」とした。

なお、ダスキンが千葉被告らに求めていた損害賠償請求訴訟は、2004年10月に、千葉被告が責任を認め、解決金として1億2,000万円を支払うことで一部和解した。

参考文献

雑誌・書籍

◆「緊急レポート 創業者亡き後、部下の身も心も支配した男 ダスキン元会長「会社私物化」の構図」『プレジデント』 2003.7.14
◆「最大フランチャイジーも見限った！ あの「ダスキン」に解体の危機」『実業界』 2003.8
◆「敗軍の将、兵を語る 伊東英幸氏（ダスキン社長）」『日経ビジネス』 2003.10.6
◆「事例2 ダスキン:コンプライアンス体制強化の一環として「ホットライン制度」を導入（人事管理 コンプライアンス体制の強化と「内部通報制度」）」『賃金実務』 2004.9.15
◆「金融商事判例研究 取締役の善管注意義務および責任に対する割合的因果関係理論の適用の是非--ダスキン株主代表訴訟第1審判決--大阪地判平成16.12.22」『金融・商事判例』 2006.3.1
◆「企業不祥事についての役員の公表義務--ダスキン株主代表訴訟事件控訴審判決の検討 Lexis」『企業法務』 2006.1

category ガバナンス 一経営者関与

CASE 028 武富士 電話盗聴事件

date 2003年（平成15年）6月13日

commercial name 株式会社武富士

scandal type 電気通信事業法違反（盗聴）

事件の背景

消費者金融大手武富士は、1966年の創業以来、無担保の個人向けローンの普及に努め、創業当初の貸付残高は約50億円であったが、2003年3月時点では約1兆7,000億円に拡大していた。株式の時価総額も約9,000億円（2003年12月2日終値）に達し、大手銀行と同じレベルで、金融界における消費者金融業の位置付けを高めることに貢献した。

武富士を率いる武井保雄会長は、調達金利、貸倒償却率などを徹底して絞り込むなどの手法が評価される一方で、ワンマン経営との批判もあった。バブル崩壊後、継続する景気低迷で、自己破産や貸金の焦げ付きの処理費用が嵩み、2003年3月期連結決算において経常利益は約1,832億円（前期比約21％減）と2期連続で減益となっていた。さらに、武富士の経営のあり方を批判する記事が2000年10月に出た影響で、1万1,000円程度で推移していた株価が5,650円まで落ち込み、その批判を封じ込め、株価下落を食い止める必要があった。その対応策として武井会長は、2000年11月24日には宝島社・執筆者山岡俊介、12月1日にはダウレポートに対してそれぞれ1億円の損害賠償と謝罪広告の掲載を求めて、東京地裁に提訴するなど次々と武富士に関する批判記事を掲載した出版社とその編集者および取材記者を提訴した。これらのジャーナリストには黒幕がいると考えた武井会長は、ジャーナリスト宅の電話を盗聴とするという違法行為に走ったが、武井会長の影響力が大きい余り、社内で武井会長の反社会的な対応を押し止めることは困難であった。

keyword【キーワード】：消費者金融　自己破産　盗聴器　ジャーナリスト

問題の発端

2003年6月13日、全国ヤミ金融対策会議代表の弁護士らが武井保雄武富士会長（73）と法人としての武富士を電気通信事業法違反（盗聴）容疑で東京地検に告発した。告発状は、武井会長の指示で元武富士渉外部の課長は2000年8月から2001年2月にわたり、横浜の探偵会社（アーク横浜探偵局）に武富士へ批判的なフリージャーナリストや元武富士役員に対して盗聴を行うよう依頼したとの内容であった。元課長は、1994年頃から総会屋対策やクレーム処理などを担当していたが、多額の借金と病気療養で無断欠勤が増えたことを理由に2002年9月に懲戒解雇されていた。解雇後、マスコミを通じて武富士の違法行為を公表し、①ビール券の提供などを見返りに警察官から違法な情報収集を行ったこと、②右翼、暴力団などとの不透明な関係があったこと、③批判的なジャーナリストに対して電話盗聴を行ったこと、などを告発した。当事、武富士はいずれも否定したが、元課長は武富士の稟議書などの社内文書を売却目的で複写して着服したとして業務上横領で起訴され、その取調の中で武井会長の指示で廃棄が命じられていた盗聴内容を録音したカセットテープ71本を警視庁に提出していた。さらに、2003年7月、警視庁幹部が被告に暴力団員らの犯罪歴などを漏らしたとして、地方公務員法違反容疑で書類送検され、そのうえ警視庁幹部ら3人が被告からビール券700枚以上を受け取っていたとして処分されるなど、被告の告発やそれに基づくジャーナリストの記事が事実であることが次第に明らかになった。

これらの調査事実を踏まえて、警視庁捜査2課は、2000年12月から2001年2月まで世田谷区内のジャーナリスト宅の電話回線に盗聴器を仕掛け、会話をテープに録音するなどした武富士がフリージャーナリスト宅などの電話を盗聴したとして2003年11月14日、武富士元課長（42）、横浜市の探偵社アーク横浜探偵局代表・重村和男容疑者（57）ら4人を電気通信事業法違反（盗聴）容疑で逮捕した。同社の元専務で、武富士武井保雄会長の側近と呼ばれていた小滝国夫容疑者（61）は2000年6月に武富士を退社していたが、後任の容疑者との引継ぎの際に重村容疑者を紹介するなど盗聴をほう助した疑いで逮捕され（2003年12月4日処分保留で釈放）、武富士本社などが捜索された。被告らは、他のジャーナリストにも盗聴を行っていた疑いがあるとして余罪を追及され、武富士は組織的な関与について取り調べを受け、12月2日には武井会長が電気通信事業法違反（盗聴）容疑で逮捕、15

日に起訴されて、盗聴が組織ぐるみであったとの容疑が深まった。

問題の経緯

元課長が逮捕された2003年11月14日、警視庁の捜査員約100人が武富士本社に捜索に入り、この家宅捜索の中で、「企業調査費用支払いの件」などの表題が付いた重村和男容疑者が代表を務めるアーク横浜探偵局への盗聴の支払に関する6枚の稟議書（計1,035万円）が押収されていた。

また、容疑者が自らの業務上横領事件の公判で、「盗聴したテープは、会長室に届け、武井保雄会長に直接報告していた」と証言し、そのうえ逮捕後の調べの中で、武井会長が日ごろから容疑者に報告書類の破棄や隠語の使用などを指示していたと供述。武井会長主導で盗聴および、その証拠隠滅や発覚防止が繰り返されていたことが明らかになり、武井会長逮捕に至った。

会長逮捕を受けて、2003年12月8日、清川昭武富士社長は東京証券取引所で記者会見を行い、武井会長が弁護士を通じて、謝罪して辞任を申し出たため、12月8日付けで取締役と会長職の辞任を臨時取締役会で了承したと公表した。その場で、清川昭社長はこれまで会長の関与はないと話していたが、盗聴は会長と元課長の個人の犯行と説明を一転させた。消費者金融の役員らが刑事事件を起こした場合、貸金業規制法の規定で貸金業の登録が取り消される場合があるため、記者から「武井容疑者の辞任は登録取り消しを逃れる目的ではないか」と追及された。

12月25日には法人としての武富士も電気通信事業法違反（盗聴）で起訴されたが、その前日の24日、武富士は元金融監督庁長官で弁護士の日野正晴氏、元早稲田大総長で同大法学部教授の奥島孝康氏ら4人の外部識者が武富士のコンプライアンス委員会に就任し、定員も従来の8人から9人に増やすなど社内のコンプライアンス体制の強化策を発表した。また、併せて社外弁護士を窓口とする内部告発制度を新設し、主要部署に計69人の管理責任者を配置し、さらに法令違反や支店の研修状況などをチェックすることも公表した。

2004年1月20日には武井被告と武富士はジャーナリスト高尾昌司氏の事務所を盗聴したとして追送検され、警察当局はジャーナリストなどから告発された13件の盗聴についての捜査を終えたが、11件については公訴時効（3年）となっていた。

武井被告の初公判は2004年2月24日に東京地裁において開廷され、武井被告は容疑を全面的に認め、謝罪した。検察側は冒頭陳述で、武井被告が会社に批判的なジャーナリストに黒幕がいると考えて、その背後関係を調べるために部下に尾行や盗聴を指示した経緯を述べた。そして、盗聴テープを聞いて、目ぼしい成果がないことを確認すると打ち切りを指示したことも明らかにした。

初公判の日に武井被告は保釈金3億円で保釈され、2004年11月17日、武井被告に懲役3年、執行猶予4年（求刑懲役3年）、法人としての武富士に求刑通り罰金100万円の支払いを言い渡し、盗聴などの違法行為を厳しく批判した。また、一連の盗聴などは武井被告主導であったと認定した。

なお、盗聴されたジャーナリストの高尾氏は情報提供元からの信用を失ったとして武井前会長と武富士を相手取って2億円の損害賠償請求を提訴し、元武富士丸亀支店長も退職後に盗聴や尾行されて、精神的苦痛を受けたとして、慰謝料3,300万円の裁判を起こした。また、『週刊金曜日』の記事（武富士残酷物語）について名誉を棄損されたとして武富士が提訴し、敗訴した訴訟を巡り、発行元の金曜日と記事を書いたフリージャーナリストが「武富士の提訴は不当提訴だ」として武富士と武井保雄元会長に2,750万円の賠償を求めた。この訴訟は2006年9月22日に判決が下され（武井元会長は判決時、故人。2006年8月11日に死去）、裁判長は「提訴は言論や執筆活動を抑制するためのもので、裁判制度の趣旨や目的に著しく反し、違法」と述べ、武富士に計240万円の支払いを命じた。

武富士の違法行為が次々と発覚する中で、2000年から2001年にかけて『週刊朝日』で連載した企画記事に対して、武富士が朝日新聞社に編集協力費として5,000万円を渡していたことが、2005年3月30日に明らかになった（470ページ参照）。

参考文献

雑誌・書籍

◆「社会・文化 武富士に「盗聴疑惑」急浮上--興信所使い「プライバシ-」侵害」
『Verdad』 2002.11

◆「対マスコミの内部資料も流出-強面・武富士を揺さぶる元社員の"寝返り"」
『創』 2003.1・2

◆「ジャーナリスト宅盗聴容疑で強制捜査開始！ 武富士・警察・報道、三つ巴攻防の新局面」『マスコミ市民』 2003.11

◆「社会・文化 盗聴だけで済むのか「武富士疑惑」--微罪にしては大規模な捜査体制」
『Verdad』 2003.12

◆「インサイド 盗聴疑惑に捜査のメス 武富士「カリスマ帝国」が揺らぐ」
『エコノミスト』 2003.12.2

◆「盗聴被害者の特別手記 武富士盗聴事件とマスコミの沈黙」『創』 2004.1・2

◆「日本の企業社会が問われている--武富士・盗聴事件の意味するもの」
『論座』 2004.1

◆「私が「武富士」に狙われた理由」『新潮45』 2004.1

◆「話題を斬る（388）二人の外交官は何故死んだか/武富士盗聴事件」
『Keisatsu koron』 2004.2

◆「武富士「盗聴事件」の全内幕--きっかけは12年前の顧客情報漏洩事件」
『Verdad』 2004.3

◆「消費者金融の闇 盗聴事件報道だけで終わらせていいのか--武富士とジャーナリズム」
『世界』 2004.4

◆「武富士盗聴事件の真相（上）ブラックジャーナリスト山岡俊介の罪と罰」
『政財界』 2004.7

◆「盗聴被害ジャーナリストの特別手記 武富士元会長に「軽すぎる」有罪判決」
『創』 2005.1

◆三宅勝久 『武富士追及-言論弾圧裁判1000日の闘い』 リム出版新社 2005

◆木村勝美 『武富士会長武井保雄の罪と罰』 メディアックス 2007

◆山岡俊介 『銀バエ 実録武富士盗聴事件』 創出版 2004

category ガバナンス―経営者関与

CASE 029 無限 巨額脱税事件

date 2003年（平成15年）7月1日

commercial name 株式会社無限（現・株式会社M-TEC）

scandal type 法人税法違反（脱税）

事件の背景

2003年7月に発覚した「無限」の事件は、巨額の脱税額に加え、ホンダ創業者の長男が逮捕されるという点において、世間に与えた衝撃は大きかった。

株式会社無限は、故・本田宗一郎氏の長男、本田博俊が1973年に設立したホンダ系エンジンメーカーで、事件発覚当時も「フォーミュラー・ニッポン」にエンジンを供給するなど、日本のモータースポーツ界になくてはならない存在だった。博俊氏とともに逮捕された同社元監査役の広川氏は、会社の経理全般を統括するとともに、相続税対策も含めた本田家の資産管理を任されていたとされる。

事件の発端

2003年7月1日、無限の本田博俊社長（61）と広川則男元監査役（60）が、法人税法違反（脱税）容疑でさいたま地検特捜部に逮捕された。無限は、本田氏が社長を務めていたリース会社などに材料費や機械リース代を支払ったように偽装して、2000年10月までの3年間に約33億円の所得を隠し、約10億円を脱税。隠した所得は関連会社を経由し、広川氏が実質経営する会社に流れ、その後、都内の土地購入費などにあてられた。

逮捕を受けて無限は、本田社長が事実上経営から身を引き、また取引先などに迷惑をかけないようホンダに協力を要請したことを明らかにした。

発覚の経緯

逮捕当時、本田社長は、広川元監査役が実質的に経営する「ヒロ・コーポレーション」などを相手取り、約26億円を返還するよう、東京地裁に損害賠償請求訴訟を起こしていた。本田社長は、「元

keyword【キーワード】：フォーミュラー・ニッポン　ホンダ　相続税対策

監査役が無限の資金を勝手に使ってヒロ社などの名義で土地を購入し、自身の資産にした」と訴えていたのである。

無限の脱税事件は、これとほぼ同じ資金の流れをさすが、さいたま地検は本田社長と元監査役の共謀との見方で捜査を進め、7月1日の逮捕となった。

その後の経緯、検察の動き、裁判

2003年7月21日、さいたま地検は、本田・広川両容疑者、さらに法人としての無限を法人税法違反（脱税）の罪でさいたま地裁に起訴した。

9月5日、無限は、新会社「M-TEC」を設立し、2004年1月1日を目処に全事業を譲渡すると発表。従業員や設備などをそのまま引き継ぎ、無限の商標も新会社が継続して使用することとなった。

11月4日、さいたま地裁で初公判。本田・広川両被告は互いに責任を押し付け、それぞれ自分は無罪だと主張した。検察側は冒頭陳述で、脱税のきっかけは、本田被告の相続税対策だったと指摘。広川被告が具体的な方策を提案し、本田被告も了承した、と述べた。

2005年5月19日、本田被告側が広川被告側に26億円を返還するよう求めていた民事訴訟で、東京地裁は広川被告側に全額返還を命じる判決。

翌2006年5月23日、さいたま地裁で、法人税法違反の罪に問われた広川被告に対する判決があった。裁判長は、「社員に不正会計処理を指示するなど、本件の主犯である」とし、懲役3年の実刑判決。一方、本田被告に対しては同25日、「不正経理を認識していたかどうか疑わしい」として、無罪が言い渡された。なお、法人としての無限には、罰金2億4,000万円が命じられた。

参考文献

雑誌・書籍

◆「故・本田宗一郎氏の長男に大スキャンダル発覚！？本田博俊・無限社長の「巨額脱税疑惑」を追う（KEIZAIKAI REPORT＆INTERVIEW）」『経済界』 2003.3.11
◆「父・本田宗一郎、長男の「巨額脱税」に涙する」『現代』 2003.4

category ガバナンス—経営者関与

CASE 030 セイシン、ミサイル関連機器不正輸出事件

date 2003年（平成15年）12月12日

commercial name 株式会社セイシン企業

scandal type 外為法違反（無許可輸出） 関税法違反

事件の背景

ミサイル関連機器の輸出については1987年に発足した「ミサイル関連技術輸出規制（MTCR）」という国際的なガイドラインがあり、我が国もこの取り決めに参加し（2002年現在で33か国が参加。イラン、北朝鮮、インド、パキスタンなどは不参加）、外為法の輸出管理貿易令に禁止規定を設けている。

セイシン企業が不正輸出したとされるジェットミルは、硬質物質を数ミクロンレベルの超微粒子にまで粉砕する機械。一般に食品や薬品の製造などに使われるが、この機械を利用することで、ミサイルの固形燃料の高性能化が可能なため、1991年にMTCRの規制対象品となった。これを受けて日本でも、ジェットミルを輸出する際には、経済産業相の許可を受けなければならないとしている。

なお、セイシン企業は1968年に植田玄彦社長が設立した工学機器メーカーで、粉砕機器の製造、販売をしている。

事件の発端

軍事転用が可能なジェットミルをイランに不正輸出したとして、警視庁公安部と東京税関は2003年12月12日、外為法（無許可輸出）と関税法違反の容疑で、セイシン企業本社とその工場など、関係先計12か所を家宅捜索した。

ジェットミルは、MTCRの輸出規制製品だが、民生使用が目的の一定の性能以下のジェットミルに関しては規制対象外としている。性能については、輸出業者が提出する性能評価書などで判断される。このため同社はこの性能評価書を、本来の性能より劣った数値記載するなどして偽造。「軍事転用できるものではないので、通産省（当時）の許可は必要な

keyword【キーワード】：ジェットミル　ミサイル　警視庁公安部

い」と主張して、税関の審査を逃れていたことがわかった。

また、販売先のひとつがテヘランの軍事関連企業だったことなども明らかになり、公安部は、同社が販売先の性格について認識し、軍事転用の可能性を知りながら輸出をしたとの見方を強めた。

2003年2月4日、公安部は、同本社などを再捜索。また2月7日にも、同社の工場2か所を捜索した。

その後の経緯、警察、検察の動き、裁判

2003年6月12日、警視庁公安部は、セイシン企業社長の植田容疑者、同社ソウル支店長等5人を外為法違反（無許可輸出）容疑で逮捕した。

調べでは、植田容疑者らは、1999年にテヘランの軍需関連企業、2000年にテヘランのミサイル研究をしている大学に、それぞれ軍事転用可能な「シングルトラック・ジェットミル」2台（計約1,400万円）を販売し、輸出した疑い。ジェットミルの関連機器も一緒に輸出しており、取引総額は約5,400万円に上る.

5人の逮捕に関して、同社は、「違法行為はなく、全く理解できない。今後の捜査、裁判で真実を主張していく」と、コメントを発表した。

6月14日、公安部は、植田容疑者ら5人を外為法違反（無許可輸出）容疑で送検した。また、関係者の話などから、同社が、イランのほか北朝鮮、中国、インド、イスラエルなど約30台のジェットミルを不正輸出していたことがわかった（ただし、これらの取引は時効が成立している）。同社は、1980年代後半以降、店頭公開を目指していたとされ、公安部は、同社の「利益優先の体質が背景にある」と指摘した。

7月1日、東京税関が、関税法違反（虚偽申告）容疑で植田容疑者とソウル支店長を、東京地検に告発。

7月3日、東京地検は両容疑者を外為法違反（無許可輸出）と関税法違反（虚偽申告）で起訴。逮捕されたほかの3人は処分保留で釈放され、起訴猶予の見込みとなった。

9月19日、東京地裁で初公判が「行われた。植田社長らは、「規制される製品ではないと考えていた」と起訴事実を否認。無罪を主張した。検察側冒頭陳述によると、同社は1987年ごろに、イランへのジェットミルの輸出に関して、通産省（当時）より行政指導を受けている。当時ジェットミルは規制対象ではなかったが、軍事転用の可能性あるため、通産省は「取引の際は連絡すること」と指導した。ところが、同社はこれに従わず、1991年の規制対象後も 無許可の輸出を続けた。

2004年10月15日、東京地裁は、

植田被告に対して懲役2年6月、執行猶予5年、支店長被告に対しては懲役1年6月、執行猶予3年の判決。同社には罰金1,500万円を言い渡した。

2006年11月28日、経済産業省は、外為法違反などで有罪が確定した同社に対し、12月5日から輸出禁止2年間の行政処分とした。無許可輸出での行政処分としては、最長の処分となった。

参考文献

新聞記事

◆読売オンライン　2002年12月12日
「粉砕機をイランに無許可輸出、東京のメーカー捜索」

category ガバナンス ―経営者関与

CASE 031 キャッツ 株価操縦事件

date 2004年（平成16年）2月4日

commercial name 株式会社キャッツ

scandal type 証券取引法違反（相場操縦、有価証券報告書虚偽記載）

事件の背景

キャッツは1975年に設立された会社で、害虫予防駆除やリフォーム事業を行っていた。業界最大手となり、2000年12月には東京証券取引所第1部に株式上場した。しかし事件発覚当時は個人消費の低迷や訪問販売商法のイメージ悪化などにより、業績が悪化していた。

事件の発端と経緯

2004年2月4日、東京地検特捜部はキャッツの前社長である大友裕隆容疑者と、現社長の村上幸栄容疑者、仕手筋で投資顧問会社社長の加藤仁彦、証券担保金融会社役員神本昌季の4人を証券取引法違反（相場操縦）の疑いで逮捕した。

調べによると、大友容疑者と村上容疑者はバブル期の株取引で計約20億円以上の借金を抱え、その返済資金を得るため自社株の売り抜けを計画した。両容疑者は実行役の加藤容疑者に数十億円の資金を提供し、同社の株価つり上げを依頼した。加藤容疑者は2001年6月4日から7月18日の間、複数の名義を使い分けながら多数の証券会社を通じて株の売買を行っていた。

2月23日、キャッツは東京地裁に対し民事再生法の適用を申請した。負債総額は約187億円だった。

2月24日、証券取引等監視委員会は、先に逮捕された4人とキャッツの西内伸二・元常務、株価操縦に協力した元UFJつばさ証券社員を証券取引法違反容疑で東京地検に告発した。同日、東京地検特捜部は逮捕された4人を証券取引法違反（株価操縦）の罪で東京地裁に起訴した。元常務と元UFJつばさ証券社員は起訴猶予とした。

事件はこれだけでは終わらなかった。

keyword【キーワード】：相場操縦　訪問販売商法　仕手筋

2004年3月9日、東京地検特捜部は大友被告と、キャッツの監査を担当した公認会計士の容疑者、大友被告の知人で元銀行員の容疑者ら3人を証券取引法違反（有価証券報告書虚偽記載）の容疑で逮捕した。

特捜部の調べによると、その後、大友被告らは株価操縦のための資金調達に行き詰まり、仕手筋に渡った自社株の買い戻しを計画した。キャッツに金融機関から企業買収資金として60億円を借りさせ、それで約200万株を買い戻した。ところが大友被告は2002年9月に、「企業買収ファンド事業の会社に60億円を預託する契約を結んだ」という虚偽の内容を記載した「半期報告書」を関東財務局長に提出した。

事件の結末と法的処分

2004年2月8日、東京地裁は証券取引法違反（株価操縦）の罪に問われた村上元社長、仕手筋の会社役員·加藤仁彦、同・神本昌季の3被告に対し、それぞれ懲役2年6月、執行猶予4年、追徴金計3億1,082万円を言い渡した。神本被告は控訴·上告したがいずれも棄却された。

3月4日には東京地裁で証券取引法違反（有価証券報告書虚偽記載）の罪に問われた被告の判決があり、地裁は懲役1年6月、執行猶予3年を言い渡した。

2つの証券取引法違反（相場操縦、有価証券報告書虚偽記載）の罪に問われた大友元社長の判決は3月11日だった。東京地裁は被告に対し懲役3年、執行猶予5年、追徴金3億1,082万円を言い渡した。

2006年3月24日、東京地裁は証券取引法違反（有価証券報告書虚偽記載など）の罪に問われた公認会計士被告に対し、懲役2年、執行猶予4年を言い渡した。同被告は即日控訴した。

参考文献

雑誌・書籍

◆「インタビュー　ドン・キホーテ社長安田隆夫--キャッツ株価操縦疑惑報道のあおりを受けて風説を流され当社の株主は一日で時価総額にして230億円を失った」『財界』 2004.5.25
◆「ビジネスリポート 追跡・キャッツ乱脈事件ついに決起！ 株価操縦の奴隷にされた社員たち」『週刊東洋経済』 2004.5.29

category ガバナンス ―経営者関与

CASE 032 西武鉄道、総会屋への利益供与事件

date 2004年（平成16年）3月1日

commercial name 西武鉄道株式会社

scandal type 商法違反（利益供与）

問題の背景

1982年、商法改正で総会屋への利益供与が禁じられ、1997年に利益要求罪の新設と罰則強化を取り入れた商法改正が行われた。これを受け1970年代に5,000人以上いた総会屋は、2000年代に入ってからは約400人に激減したが、根絶にはいたらず、一部の総会屋は利益供与の商取引への偽装や、執拗に企業訪問を繰り返し、グループによる株付け（株主総会に出席できる単位株の取得）を行い、企業に引き続きアプローチを図っていた。実際、1998年には日本航空、1999年に神戸製鋼所、2000年にはクボタ、2002年には日本信販（90ページ参照）で事件が発覚。私鉄大手・西武鉄道は、1980年代半ばから始まった元政治結社幹部との間で不透明な土地取引が断ちきれないでいた。

事件の発端・発覚の経緯

2004年3月1日、警視庁組織犯罪対策3課は、西武鉄道が子会社の不動産販売会社を通じて総会屋に土地を安価で提供し、転売させることで8,800万円の差益を上げさせ、商法違反（利益供与）を犯した疑いで、会社側・専務伊倉誠一はじめ6人と、総会屋側3人の計9容疑者を逮捕した。主犯格と見られる総会屋の芳賀竜臥（74）は病気療養中のため、執行が見送られた。

芳賀竜臥は、金融界の裏を描いた清水一行の小説『虚業集団』のモデルともいわれ、1993年にキリンビールの利益供与事件で書類送検され、1997年には松坂屋の利益供与事件で逮捕されている。

同日、西武鉄道の戸田博之社長が記者会見し、土地取引について「過去の事例を参考にしており、通常の取引だった」

keyword【キーワード】：商法改正　総会屋　土地取引　不動産販売会社

と利益供与の認識はないと述べた。

その後の経緯、警察、検察の動き、裁判

2004年3月2日、神奈川県の不動産会社が、西武鉄道が所有する宅地を取得しようとしたが、拒否されたため、芳賀容疑者に交渉を依頼した。芳賀容疑者は不動産会社の顧問となり、株主総会出席に必要な西武鉄道株1,000株を不動産会社に購入させ、自分名義に書き換えた。

その後、西武鉄道子会社「西武不動産販売」に、宅地を格安価格で売却するよう求めたことがわかった。警視庁は逮捕していた9人を送検した。

3月6日、警視庁は、転売にかかわったとして新たに西武不動産の部長と不動産ブローカーの2容疑者を逮捕した。

3月8日、日本経団連は、西武鉄道からの申し入れを受け、堤義明会長の日本経団連理事の辞任と西武鉄道の日本経団連での活動自粛処分を決定した。

3月17日、警視庁は病気で逮捕を見合わせていた総会屋の芳賀竜臥と、総会側2人の計3人を商法違反（利益供与）の疑いで書類送検した。

3月19日、東京地検は、商法違反（利益供与）罪で、西武鉄道の伊倉誠一容疑者ら8人を起訴し、芳賀竜臥容疑者ら3人を在宅起訴した。

3月22日、西武鉄道は、臨時取締役会を開き、伊倉専務は取締役に降格し、両部長は部長職を解く、戸田社長は1年間20％の減俸との処分を発表したが、資料発表のみで会見は行われず、堤会長の処分もなかった。

4月8日、西武鉄道は、追加処分として、戸田社長を取締役に降格（小柳皓正専務（63）が社長に就任）し、3取締役は辞任することを決定した。

4月9日、警視庁組織犯罪対策4課は、別の土地売却でも資金提供していたとして、伊倉被告ほか8人を再逮捕した。

同日、前日就任した小柳社長が初の記者会見を開き、「二度と起きないよう対策に取り組む。コンプライアス（法令順守）室を設置し研修を実施する」との方針を述べた。

4月14日、西武鉄道の堤会長が記者会見を開き「重大な責任を感じている」と会長及び取締役を辞任し、西武鉄道の経営からは手を引くことを表明した。取締役に降格されていた戸田元社長も同日辞任した。

4月27日、警視庁は、土地取引を装い総会屋側に約9,900万円の利益供与をしたとして、西武不動産販売の西沢猛雄前社長（62）を商法違反（利益供与）容疑で書類送検した。西武鉄道の利益供与は計約1億8,700万円となった。

4月30日、西武鉄道が1980年半ばから元政治結社幹部に安価な土地売却を続けていることを総会屋の芳賀容疑者が

知り、西武鉄道の元専務伊倉容疑者に「土地を提供して欲しい」と求めた。伊倉容疑者は、芳賀容疑者の要求に応じて利益供与するようになったことが警視庁の調べでわかった。

7月1日、東京地裁で初公判が行われ、東京地検は伊倉被告ら西武鉄道側の10人に懲役10月～1年6月を求刑した。

8月10日、東京地裁で、商法違反の罪で西武鉄道元専務伊倉誠一、元部長2人に、懲役1年6月執行猶予3年が言い渡された。西武不動産販売の元社長西沢猛雄ら他7被告は、8月～1年2月の執行猶予付きの有罪判決となった。総会屋側の6人の内、不動産仲介業林洋平被告に懲役1年2月の実刑が言い渡された。

9月5日、東京都内の病院で、事件の主犯とされる総会屋の芳賀竜臥被告が死亡したため、東京地裁は公訴棄却を決定。

9月13日、東京地裁で、総会屋元秘書に懲役2年執行猶予4年が、他2被告に懲役1年6月執行猶予3年が言い渡された。

10月27日、国土交通省関東地方整備局は、西武鉄道と西武不動産に対し、宅地建物取引業法に基づき、「改善指示」の行政処分を下し、法令順守の徹底を求めた。

11月1日、東京国税局は西武鉄道の税務調査で、総会屋へ売った土地代金と時価との差額分は課税対象とし、3年間に約1億4,000万円の所得隠したとして、重加算税を含め約5,000万円を追徴課税した。

2005年2月25日、東京地裁は、不動産会社社長酒見稔被告に、懲役1年6月執行猶予3年の有罪判決を言い渡した。

11月12日、西武鉄道が2004年までの6年間に元右翼団体幹部に不正な土地取引で計約4億数千万円の利益を提供していたとして、東京国税局は重加算税などを含め1億数千万円を追徴課税した。西武鉄道は「土地の不動産鑑定評価を取っており、取引は適正価格での売却だった」と反論した。

参考文献

webサイト

◆経団連くりっぷ No.105（1999年7月8日）　(参照2007.6.17）
http://www.keidanren.or.jp/japanese/journal/CLIP/clip0105/cli005.html

雑誌・書籍

◆「REPORT＆INTERVIEW 西武鉄道商法違反事件 巧妙に企業に入り込む 総会屋はなくならない！？」『経済界』 2004.4.6

category ガバナンス―経営者関与

CASE 033 三菱ふそうトラック・バス、リコール隠し問題

date 2004年（平成16年）3月11日

commercial name 三菱ふそうトラック・バス株式会社

scandal type 道路運送車両法違反（虚偽報告）

問題の背景

三菱ふそうトラック・バス（以下「三菱ふそう」）は、三菱グループにてトラック、バス等の大型自動車を製造、販売する会社であったが、2003年1月に三菱自動車工業から分離·独立して設立され、現在はダイムラークライスラーが85％の株式を取得し、同社の連結子会社である。（なお、「三菱自動車工業、リコール隠し」の項目190ページを参照のこと。）

三菱自動車工業製の大型車は、1992年から2004年にかけてハブが破損して、タイヤが外れる事故が50件発生した。2002年1月には横浜市瀬谷区の県道で、三菱自動車工業製のトレーラーの左前輪が走行中に外れ、タイヤが29歳の母親に直撃して死亡、その2人の子供も死傷させる事故が起き、2003年10月と2004年1月に業務上過失致死傷の容疑で三菱自動車工業など関連先が捜索された。また、遺族も2003年3月に三菱自動車工業と国を相手取って550万円の損害賠償訴訟を横浜地裁に提訴していた。

問題の発端

国土交通省は、三菱自動車工業製の大型車でタイヤと車軸をつなぐハブが破損する事故が多発することを受けて、同社から分社した三菱ふそうの実務担当者を呼び寄せて説明を求めていたが、明確な説明を引き出すに至らず、2004年3月8日、社長ら最高幹部を呼び、直接説明を求めた。事故はハブと車輪のホイールを留めるボルトの締め方が適正でなかったとして整備不良による事故と国土交通省に報告していたが、三菱ふそうでは設計上の不備が原因との認識はすでに持っており、約12万4,000台の大型車のハ

keyword【キーワード】：トレーラー　ハブ　リコール　ヤミ改修　隠ぺい体質

ブを無償点検、交換、いわゆる「ヤミ改修」を行っていた。しかし、国土交通省に種々の矛盾点を追求されて、2日後の3月10日に製造者責任を認めた。

そして、2004年3月11日に三菱ふそうは多発する事故について、「設計上に問題があった疑いがある」として、該当部品を使用している大型車をリコールする方針を国土交通省に伝え、リコール隠しが発覚した。

問題の経緯、会社の対応

三菱ふそうは、2004年3月24日、国土交通省に1983年7月から2003年2月に製作されたふそう、エアロミディ、エアロバス、エアロスター、エアロキング、エアロクイーン（6車種468型式）217,201台（リコール時は輸出車を含めて約221,200台としていたが、4月22日に修正。なおリコール時の登録台数は112,000台）の前輪ハブについてリコールを届け出た。

リコールを届け出た後に開かれた記者会見で三菱ふそうのビルフリート・ポート社長は、1996年9月に静岡県においてハブ破損で運転手が負傷した事故が発生していたが、負傷した運転手に治療費を払うなどして、当時の運輸省に報告していなかったことを明らかにした。この事故の原因を十二分に検証しておれば、2002年の横浜での母子死傷事故は防げた可能性があった。

また、この横浜での母子死傷事故についても事故直後に同社が行ったハブの検証にて亀裂を見つけていたことが明らかになったが、「ハブの寿命は亀裂ではなく、破断で判断していた。当時の基本スタンスであった」と弁明した。さらに2003年3月には社内の技術者がハブの強度に問題があると指摘したレポートが作成されていたことについては、ビルフリート・ポート社長は「個人用に作った資料で、上層部は知らなかった」と述べた。

4月15日には後輪のハブについても1990年から65件の破損トラブルがあったとして、1989年8月から1993年11月に製作されたふそう、ふそうエアロミディ、ふそうエアロバス、ふそうエアロスター、ふそうエアロクイーン、ふそうエアロキング6車種132型式21,769台（登録台数1万609台）についてリコールを届け出た。リコールを届け出た翌日16日に、宇佐美隆代表取締役会長は辞職し、20日に堀道夫副社長兼最高財務責任者が会長に就任することを公表し、さらに21日に次の3つの社内改革を明らかにした。

①技術、コーポレート・ガバナンスの専門家など、社外の有識者４名および社内代表者1名で構成する品質諮問委員会を設置し、品質管理プロセスの検証、そ

の他経営課題について月例会議を開催

②安全対策および品質管理を最優先課題として、設計部門からの試験機能の独立を含め、品質管理および開発・エンジニアリング関係部門の抜本的な改編を4月21日より実施

③4月20日より社内各部門の中堅社員12名から成る社長の直轄企業文化変革推進委員会を創設し、風通しのよいオープンな企業文化の創造プログラムを策定し、勧告を行う

5月6日には母子3人が死傷した事故で、三菱ふそう前会長宇佐美隆容疑者（63）ら当時の三菱自動車工業幹部ら5人が道路運送車両法違反（虚偽報告）で、2人が業務上過失致死傷容疑で逮捕され、法人としての三菱ふそうについても虚偽報告容疑で書類送検された。元市場品質部グループ長の容疑者（56）は業務上過失致死傷容疑を一部認めたが、その他は容疑を否認した。

幹部が逮捕されたことで、一連のリコール隠しに終止符が打たれたかのように見えたが、クラッチ部品の不具合で50件以上のトラブルが発生し、2002年10月に発生した山口県熊家町（現周南市）での事故では39歳男性運転手が死亡していたことが明らかになり、5月26日に、1983年6月から1999年4月に製作したふそう（1車種407型式）168,002台のリコールを届け出た。

このクラッチの不具合は、1995年6月に東京都内の産廃処理業者が所有する大型ダンプで破断事故が発生したことからすでに明らかになっていた。業者は所有していた11台のトラックのクラッチ部品の修理が10回に及んだことから欠陥との疑いを持ち、すべてを新車と交換するなどの要求をした。三菱自動車工業は破断の原因がクラッチ部品の強度不足だったことを認識しつつ、運輸省の知るところとなればリコールせざるを得ないと判断して業者側と和解した。この時点で、リコールが行われておれば2002年10月の山口県での死亡事故は発生することはなかったことから、6月10日、三菱自動車工業元社長･河添克彦容疑者、三菱ふそう前会長・宇佐美隆容疑者ら元役員6人が業務上過失致死の疑いで逮捕された。

そして、2004年6月14日には死亡事故を起こしたクラッチ部分の不具合を含む159件（死亡事故1件、人身事故13件、車両火災74件）が1989年以降生じていたにも関わらず、国土交通省に報告していなかったことを明らかにし、このうち47件についてはリコールなどの対応が必要な欠陥であり、62件については「ヤミ改修」を行っていたことを公表した。三菱ふそうは、3、4か月の間に国土交通省にリコールを届け出るとし、さらに堀道夫会長とビルフリー

ト・ポート社長が月俸50％減2ヶ月など15人の役員が給与を自主返納し、交通遺児育英基金に寄付したが、リコールの対象台数は45万台（登録台数）に上ると見られ三菱自動車工業、三菱ふそうの隠ぺい体質に批判が強まった。

6月14日の欠陥隠ぺいを公表した翌日、三菱ふそうは早速、プロペラシャフトと燃料タンクについてのリコール3件、対象約1,300台を国土交通省に申請し、翌2005年9月26日まで98件のリコールと改善対策1件の届出を逐次行い、その対象台数は約264万台に上った。欠陥による事故は死亡事故を含めた人身事故38件、物損100件、火災111件もあることが明らかになり、三菱ふそうは、これらリコール費用に1,490億円を計上することとなった。

なお、三菱ふそうの欠陥隠ぺいによる死亡事故の責任問題については、横浜の母子死傷事件の損害賠償訴訟は提訴時にはリコール隠しが判明していなかったことから原告の請求額は550万円であったが、欠陥隠しが明らかになったことを受けて、制裁的慰謝料などを加味して1億6,550万円に損害請求額を増額し、三菱自動車工業側も2004年4月12日には和解を申し入れている。

また、山口県でトラック運転手が死亡した事件については運転手が道路交通法（安全運転義務）違反で書類送検され、不起訴処分となっていたが、警察では事故前に起こっていた異変に運転手が気付いていたにも関わらず、車両を止めて確認しなかったとして、死亡した運転手に責任があるとする事故当時の判断を妥当と判断した。

参考文献

webサイト

◆2004年4月21日、「お詫びと誓い」　(参照2007.6.10)
http://www.mitsubishi-fuso.com/jp/news/news_content/040421/040421a.html

雑誌・書籍

◆「インサイド タイヤ脱落事故にみる三菱ふそう「リコール」のご都合主義」『エコノミスト』 2004.3.30

◆「サエラ 国交省、三菱自・三菱ふそうを18カ月間指名停止--同社製自動車の型式審査の厳格化も」『自動車セミナー』 2004.6

◆「時点・論点 三菱ふそう・自動車欠陥事件にみる企業の安全上の責任」『月刊国民生活』 2004.8

◆「ものづくり緊急レポート 事故は語る 安全なハブはどこにあるのか--三菱ふそう,ハブの強度不足で再びリコール」『日経ものづくり』 2005.1

◆「敗軍の将、兵を語る 江頭啓輔氏[三菱ふそうトラック・バス会長] 企業体質もリコールした」『日経ビジネス』 2005.11.21

category ガバナンス—経営者関与

CASE 034 UFJ銀行 金融庁検査妨害事件

date 2004年（平成16年）6月1日

commercial name 株式会社UFJ銀行（現・株式会社東京三菱UFJ銀行）

scandal type 銀行法違反（検査忌避）

事件の背景

2002年10月、金融庁は、竹中平蔵金融・経済財政担当相の主導で2003年3月までに主要行の不良債権比率を2002年3月比で半減させることを目標にした金融再生プログラムを策定し、貸出先の資産査定をかつてなく厳格にした。UFJ銀行は、大手行の中では不良債権比率が高く、大口融資先などの不良債権処理を迫られていた。

事件の発端

2004年6月1日、金融庁が2003年秋に行った金融検査で、検察官に示された資料とは異なる資料が見つかったことから、UFJ銀行に銀行法に基づく報告を求めたことが明らかになった。。

資料隠しが発覚したのは、2003年秋に行われた大口融資先の状況を調べる特別検査だった。金融庁の検査官が、UFJ銀行から説明を受けていた大口融資先の資料とは別に、より財務状況が悪いことを示す資料を発見した。

発覚の経緯

2003年10月9日、金融庁に「検査で出しているものとは別の資料が3階の部屋に隠されている」という匿名の電話があった。同日、金融庁はUFJ銀行の関係者に対し資料の有無を問いただしたが、銀行側は「ない」と回答。検査官は3階の部屋の鍵を全部持ってくるように指示し、資料が隠されている山積みの段ボール箱を見つけた。

その後の経緯、警察、検察の動き、裁判

2004年6月18日、金融庁はUFJ銀行に対して、「金融庁の検査を妨害した検査忌避」「中小企業向け貸し出しのか

keyword【キーワード】：資産査定　検査忌避　業務停止命令

さ上げ」「公的資金投入行として提出した経営健全化計画の収益目標を3割以上、下回った」「短期間の連続業績下方修正」について、4種類の業務改善命令を出した。さらに、検査に対しては、「重要資料を執務室以外の場所に移動、隠蔽した」「検査官の傍らで書類の破損が行われた」「経営陣の関与のもと、多数の書類改竄行為が行われた」と指摘した。同時に4種類の改善命令が出されたのは初めてのことだった。

同日、UFJ銀行の沖原隆宗取締役は謝罪する一方で、「検査忌避は意図的ではなかった」と述べ、金融庁の命令の一部に反論。経営責任をとるため、UFJホールディングス（以下「UFJ HD」）とUFJ銀行の全役員の報酬を、一律50％削減するなどの処分を発表した。

6月24日、UFJ銀行は業務改善命令を受けた責任を明確にするために、執行役員3人（検査当時の企画部長、不良債権担当、秘書室長）を退任させる人事を発表した。

7月14日、UFJ HDが臨時取締役会で、不良債権処理や収益力強化、資本増強などの課題を自力で行うのは困難と判断し、三菱東京フィナンシャル・グループ（以下「三菱東京FG」）と経営統合交渉に入ることを決定した。

7月20日、UFJ HDは、同日が提出期限だった金融庁への業務改善計画の策定の延期を発表した。三菱東京FGとの経営統合に向け、業務改善命令を受けた当時と状況が変わり計画を練り直す必要が生じたためだった、金融庁はこれを了承した。

7月26日、UFJ HDが、4種類の改善計画のうち「検査忌避」「短期間の連続業績下方修正」「中小企業向け貸し出しのかさ上げ」の3点の改善計画を金融庁に提出した。

7月28日、UFJHDの玉越良介社長とUFJ銀行の沖原隆宗頭取は、金融庁から業務改善命令を受けていた「検査忌避」問題について、「検査忌避の意図をもって組織的に行った」と認め、6月の人事処分をさらに厳格化し、すでに退任している当時の副頭取ら役員3人を解任扱いとし、関係した職員81人を降格や譴責などとした。また、再発防止策として、社外取締役を増員し、検査対応などをチェックする業務監視委員会は委員全員を外部から起用するなど、企業統治体制の見直しを発表した。

10月7日、金融庁は、UFJ銀行が同庁の金融検査を意図的に妨害したとして、同行と同行元常務執行役員ら3人を銀行法違反（検査忌避）容疑で東京地検に告発した。告発されたのは、検査を担当していた早川潜元・常務執行委員（44）、稲葉誠之・元執行役員（51）、元審査第5部次長（41）。

同日、金融庁は、東京と大阪の本店法人営業部の新規顧客開拓を10月18日から2005年4月17日まで半年間禁止する一部業務停止命令を出した。

11月8日、日本経団連はUFJ銀行に対して、6カ月間の活動自粛と沖原隆宗頭取が日本経団連の常任理事を退任する処分を決定した。

12月1日、東京地検特捜部は、UFJ銀行の元副頭取の岡崎和美、元常務執行役員の早川潜、元執行役員の稲葉誠之の3容疑者を、銀行法違反（検査忌避）容疑で逮捕した。3人は金融庁検査の際、大口融資先を担当する審査第5部の行員らと共謀し、財務内容の実態を隠蔽しようと計画し、2003年8～10月に、融資先の資料が入った段ボール箱を別室に移動させるなどした。岡崎前副頭取は、改竄した議事録に決済印を押したり、妨害発覚時のマニュアル作成を了承していた。

12月21日、東京地検特捜部が、岡崎和美ら3容疑者と法人としての同行を起訴した。岡崎被告ら3人は容疑を全面的に認めた。3容疑者と共に告発されていた審査第5部元次長は従属的な立場だったとして略式起訴され、東京簡裁は同日、罰金50万円の命令を出した。また、当時経営トップだった寺西正司元頭取は検査妨害を事前に承知しておらず、関与していなかったと判断された。

4月25日、東京地裁の裁判長は、岡崎和美被告に懲役10月（執行猶予3年）、早川潜と稲葉誠之の両被告に懲役8月（執行猶予3年）、法人としてのUFJ銀行に罰金9,000万円を言い渡した。被告側、検察側とも控訴せず、5月9日、判決が確定した。

参考文献

雑誌・書籍

◆「国内 金融 金融庁、UFJ銀行等を刑事告発・行政処分（金融資料/2004年9月中旬-10月中旬）」『金融』 2004.11

◆「特別レポート 検査忌避問題の傷の大きさがありありと… UFJ銀行が作成した金融庁検査「受検の心得」の中身」『近代セールス』 2004.12.15

◆「特別レポート UFJ銀行検査忌避の真相--金融庁の目黒検査官の登場と大銀行幹部の保身・隠蔽体質」『財政金融ジャーナル』 2005.5

category ガバナンス 一経営者関与

CASE 035 西武鉄道、有価証券報告書虚偽記載とインサイダー取引

date 2004年（平成16年）6月

commercial name 西武鉄道株式会社

scandal type 証券取引法違反

事件の背景

西武鉄道株を巡る有価証券報告書の虚偽記載事件とインサイダー取引事件の背景には、堤義明西武鉄道前会長（コクド前会長）（71）に権限を集中させていた西武グループの経営体質に問題があった。1949年の東京証券取引所再開とともに西武鉄道をはじめ鉄道各社は、株式を上場した。以降、阪急や東急などは株式の一般公開で創業者一族の力が徐々に弱まっていったが、西武はこれとは反対に堤家の支配を維持するため、上場後の大半の株を、非上場のコクドが保有し、コクドの経営実態をほとんど公開しなかった。

事件の発端・発覚の経緯

2004年5月、コクドの堤会長は社内から、株券のペーパーレス化導入を踏まえ、ペーパーレス化で名義株の存在が明らかになると罰則があり、さらに株主上位10社の持ち株比率が80％を超え東証のルールに違反していることから上場廃止のおそれがあると、名義株の売却を進言された。

堤会長は、名義株売却に同意したものの、当時、西武株が低迷していたため2004年3月期の有価証券報告書は以前と同じ扱いを指示した。

4月8日に就任した西武鉄道の小柳皓正社長は5月25日に、名義株などの報告を受けながら、堤会長の指示に従った。

6月末、西武鉄道は、実際のコクド株保有比率65％を「43％」にするなど、虚偽の内容を記載した3月期の有価証券報告書を関東財務局長に提出した。

8月20日、西武鉄道は名義株問題を調査した報告書を取締役会に提出。同日、小柳社長は、有価証券報告書に事実記載

keyword【キーワード】：創業者一族　有価証券報告書　西武グループ経営改革委員会

の旨の質問状を出した。コクドは上場廃止の基準80％を超える8.57％分の株を売却すること、西武側への回答を9月末まで延期することについて、堤会長の承諾を求めた。

8月26日、堤会長はこれを了承し、相手方には名義株の実態を説明せず、西武株を売却する意思を明らかにした。

8月30日からの約1週間で、堤会長は大手企業社長ら十数人に西武株の購入を依頼し、10社に1,866万株を216億5,857万円余で売却契約することに成功した。売却先は、グループのホテルや球場に飲み物を納めているサントリー、ホテルにティッシュを納品している王子製紙、シャンプーの取引がある資生堂などだった。

9月30日、コクドは西武鉄道に「個人名義株はコクドやプリンスホテルが実質保有していること」を回答した。

西武鉄道は10月13日に、名義株や虚偽記載の事実を公表、同日、堤会長はコクドの会長職を含む西武グループ会社の役職をすべて辞任した。

その後の経緯、東証、検察の動き、裁判

2004年10月14日、西武鉄道株は東京株式市場で、上場廃止を検討する監理ポストに入れられ、2日連続のストップ安となった。

11月、グループ再建を模索する西武グループ経営改革委員会が初会合を開き、コクド株の約36％をもつ堤前会長に、株の放出などを促す意向や、地方のリゾート事業などの不採算事業からの撤退を検討する事業再編を示した。

一方で、株価下落・上場廃止をめぐる賠償の動きは止まらなかった。個人株主が下落分の損害賠償を求める訴訟を起こし、西武鉄道株を購入した資生堂、三菱電機、住友金属工業も次々と買い戻しを訴えた。

12月2日、西武鉄道は法令順守などを徹底するため、社長直属の監査部を新設、社内の法令違反について社員から告発を受けつける専用窓口を16日から設置すると発表した。

12月17日、東証は西武鉄道の上場を廃止。最後の取引となった16日は、売り注文が相次ぎ、前日比5円安の485円で取引を終えた。

12月22日、西武鉄道とグループ会社の伊豆箱根鉄道は、公認会計士として、新たに中央青山監査法人を選任したと発表した。これまで2人の個人会計士が担当してきた会計監査を一新した。

あけて2005年1月、西武グループ経営改革委員会は、グループ企業の再編について、グループ中核のコクドの事業会社と資産管理会社への分割、事業会社と西武鉄道の合併などを骨子とする再建のための中間報告をまとめた。

2月、株価下落で損害を受けたとして、個人株主が堤コクド前会長ら15人に賠償を求めた訴訟の第1回口頭弁論で、小柳西武鉄道社長は「故意や過失はなかった」と主張、全面的に争う姿勢を示した（小柳社長は、2月19日自殺）。

3月、経営委員会はグループ再生計画の最終報告を発表。堤前会長の保有するコクド株式を36％から10％未満に下げるとした。

3月3日、堤前会長が証券取引法違反容疑で逮捕された。東京地検特捜部はコクド本店（東京都）、西武鉄道本社（埼玉県）で家宅捜査を行なった。

3月4日、国土交通省の鉄道局長は、西武鉄道の石橋正男副社長代行に、公共性の高い鉄道事業者が、社会的信用を失態させたことを問題視し厳重注意した。石橋副社長は、堤前会長の影響力を排除する再編計画を進めている西武グループ経営改革委員会の提言を尊重することを表明した。

3月23日、東京地検特捜本部は堤前会長を、西武株を巡る証券取引法違反（虚偽記載、インサイダー取引）で起訴した。

6月16日、堤被告の初公判が東京地裁で開かれた。

10月27日、堤前会長に対し、東京地裁は証券取引法違反で懲役2年6月、執行猶予4年、罰金500万円を言い渡した。また、証券取引法違反の虚偽記載に問われた西武鉄道には罰金2億円、インサイダー取引に問われた法人、コクドには罰金1億5,000万円を言い渡した。

12月、コクドは、有価証券報告書の虚偽記載公表前に行なっていた西武株の売買契約を全面的に白紙とし、代金を払いもどすことを決定した。

参考文献

雑誌・書籍

◆「西武鉄道と"株式会社病"（世界の潮）」『世界』 2005.1
◆「西武鉄道、日本テレビだけではなかった！出るわ出るわウソ記載 金融庁の"再点検指示"で「報告書訂正」企業が続出」『財界展望』 2005.2
◆「企業情報等の開示充実に向けた課題--会計・監査・ガバナンス三位一体の改革の必要性」『青山経営論集』 2005.7

◆桐山秀樹『プリンスの墓標－堤義明 怨念の家系』 新潮社 2005
◆吉野源太郎『西武事件－「堤家」支配と日本社会』 日本経済新聞社 2005

category ガバナンス―経営者関与

CASE 036 中部電力 古陶器大量購入事件

date 2004年（平成16年）7月18日

commercial name 中部電力株式会社

scandal type 賠償責任

事件の背景

1997年12月、中部電力は、常務会で50周年の記念施設・東桜会館に美術品を展示することを決定。太田会長自身が知人の古美術商を購入先に決め、総務部を通じて2002年10月まで取引を続けた。これらの美術品は総務部の備品扱いで、決済は総務部長権限だったため、監査役の監査対象外であった。このため、他の幹部らの多くは購入数や金額を知らなかった。

事件の発端

2004年7月18日付、中日新聞朝刊は、「中部電力が1999年から2002年にかけ、太田宏次会長（71）の知人の古美術商から、中国の古美術品約260点を総額5億8,000万円余りで購入していたことが、中日新聞の調べで明らかになった」と報じた。

太田会長は、会社とは別に個人で約500点、1億9,000万円相当の古美術品を預かり、自宅などに長期保管しており、中部電力内部からは「大量購入の見返りに、会長に美術品を無償で渡したのではないか」「古美術店から購入した260点のうち、鑑定書がついているのは30点ほどしかなく、価値に疑問がある」などと指摘された。

中日新聞社のインタビューに対し、太田会長は「売上高が2兆円を超す企業だから（購入額は）問題になる額ではない」とコメントした。

発覚の経緯

2003年9月、名古屋市の古美術商が所得税法違反（脱税）容疑で名古屋国税局の強制調査（査察）を受けたことに関連し、古美術品の購入を担当した中部電

keyword【キーワード】：古美術品　コンプライアンス推進会議　監査対象外

力総務部が古美術商の取引先として調査を受け、発覚した。

その後の経緯、警察、検察の動き、裁判

2004年7月27日、不明朗な古美術品購入を主導したとして、中部電力の太田宏次会長が引責辞任した。

同日、太田氏は、公私混同ぶりや会社に損害を与えた疑いで、社内のコンプライアンス推進会議に告発された。

9月18日、専門業者の鑑定の結果、古美術品の2～3割は偽物で、評価額は購入額の2割強にとどまることが明らかになった。

9月28日、中部電力が社内のコンプライアンス推進会議による調査結果を受け、

①美術品の購入総額5億8,000万円と、社内調査による鑑定額との差額4億5,700万円を同社の損害とし、その9割にあたる約4億円を、取引を主導した太田宏次前会長に損害賠償請求する、

②残る1割は、元会長の安倍浩平相談役と川口文夫社長のほか、太田氏の指示で実際に古美術品を購入した歴代3人の総務部長など計約10人が負担する、

と発表した。

また、賠償責任とは別に、現経営陣の川口社長が役員報酬の30％、副社長5人が同20％、総務担当常務ら3人が同10％を、3カ月にわたって自主返納し、川口社長と、総務部部長時代に多額の美術品購入に関与した大當武志取締役を厳重注意、総務部長を譴責処分とした。

中部電力から約4億5,700万円の損害の弁償を求められた太田宏次前会長が、債務不在の確認を求めて名古屋地裁に提訴した。

2005年4月28日、第1回口頭弁論が名古屋地裁で行われ、当社は太田宏次前会長の訴えの棄却と、太田氏を相手取り損害賠償を求める訴訟を起こした。

2006年12月20日現在、この不祥事は係争中である。

参考文献

雑誌・書籍

◆ **「こうすればよく分かる「太田会長辞任」と「中部電力」の決断」**
『中部財界』 2004.9

◆ **「カリスマ経営者の落日（11）太田宏次・中部電力前会長--常軌を逸した巨額古美術品の購入で失脚」**『政財界』 2004.12

category ガバナンス―経営者関与

CASE 037 メディア・リンクス架空取引事件

date 2004年（平成16年）11月22日

commercial name 株式会社メディア・リンクス

scandal type 証券取引法違反（有価証券報告書虚偽記載）業務上横領

事件の背景

1990年代末から2000年春にかけては、世界的にITベンチャーに注目が集まった時期だった。日本でも多くのIT企業がこの頃に急成長している。1993年、大阪に設立されたメディア・リンクス（当時の社名はリンクス）もそのひとつだった。パソコンスクールの運営を中心に、コンテンツ製作会社や人材派遣会社などを吸収して業務を多角化。情報システム開発を事業の柱に据え、2002年には東京へ進出し、ナスダック・ジャパン市場（現ヘラクレス市場）への上場も果たした。

ところが2003年以降、同社は急速に凋落していく。まず2003年3月決算の損益金額を2度も修正した。同年10月には社長が暴力行為で逮捕され、同年11月には2回目の不渡り手形を出して銀行取引が停止された。2004年5月には大阪証券取引所が、度重なる情報開示の遅延を理由に同社の上場を廃止。同年10月には社長が決算発表前に自社株を売り抜けたインサイダー取引容疑で逮捕され、翌11月、社長は増資に関する虚偽情報を発表したとして証券取引法違反（風説の流布）容疑で再逮捕された。

問題の架空取引は、メディア・リンクスが上場後初の決算を控えた時期に行われていた。

事件の発端

2004年11月22日、大阪地検特捜部はメディア・リンクスの新堂吉彦社長を証券取引法違反（有価証券報告書虚偽記載）と業務上横領の容疑で再逮捕し、同社の元営業部長代理を同法違反（同）容疑で逮捕した。2人は自社の株価の維持やつり上げを意図し、上場後初の決算

keyword【キーワード】：ITベンチャー　インサイダー取引　循環取引

となる2003年3月期の有価証券報告書に、架空取引で得た約140億円を水増しした約165億円の売上高を虚偽記載していた。また新堂被告は2003年3月11日から28日までの間、計12回にわたって架空取引で会社が得た資金の一部を自分名義の口座に入金させ、計約1億2,000万円を着服していた。

12月9日、メディア・リンクスの架空取引の相手が、IT関連企業約80社にのぼることが分かった。その中には伊藤忠商事の子会社「伊藤忠テクノサイエンス」「ソフトバンクBB」「ライブドア」など、多くの著名なIT企業の名もあった。

架空取引の手口

メディア・リンクスが行った架空取引は、同社が取引先に商品（ソフトウェア）を販売し、それが関連した企業数社を経由して自社に戻ってくる「循環取引」と呼ばれる方法だった。実際には商品の受け渡しは行われず、金銭が移動するだけの伝票上の取引にすぎない。名のある業界大手の企業を介在させたのは、取引の信用性を高めるためだった。

メディア・リンクスは最終的に販売額より高く買い取っていたので取引自体が利益を生んだわけではないが、架空取引を繰り返せば帳簿上の売上げは大きく水増しできる。決算で売上げの数字が上がっていれば企業価値が上がり、株価も上がる。一方、取引に関係した会社はみな一様に「メディア・リンクスに資金が環流しているとは知らなかった」と弁明した。

12月10日、大阪地検特捜部は新堂被告を証券取引法違反（有価証券報告書虚偽記載）と業務上横領の罪で起訴、また法人としてのメディア・リンクスも同法違反（同）で起訴した。元営業部長代理は起訴猶予処分とした。

さらなる逮捕者

年が明けた2005年、事件はさらに拡大していった。1月31日、大阪地検特捜部は伊藤忠テクノサイエンス（CTC）の元部長・大宮光太郎と、ライブドアの元役員・山崎昭彦の2人を業務上横領容疑で逮捕した。調べによると2人は2003年の4月から5月にかけ、販売先の会社に対し本来のソフトウェア代金に架空のソフトウエア代金を上乗せして請求し、大宮容疑者が経営する広告会社に架空の購入代金を振り込ませた。振り込みは3回にわたり、金額は計約1億7,000万円にもなった。当時山崎容疑者はCTCに勤めており、大宮容疑者の部下だった。

2月2日、大阪地検特捜部はテレビ朝日の元社員・木下健士容疑者を業務上横領容疑で逮捕した。調べによると木下容疑者は、大宮容疑者らと共謀し、メディア・リンクスの架空取引資金を大宮容疑者経営の広告会社に振り込ませていた。木下容疑者は、テレビ朝日在職中から大宮容疑者が経営する広告会社の役員を兼ねていた。

CTCからはもうひとり逮捕者が出た。2月4日、大阪地検特捜部はメディア・リンクスの架空取引資金の一部を着服したとして、CTCの元社員を業務上横領容疑で逮捕した。容疑者はCTC時代、大宮容疑者の部下だった。

事件の結末と裁判の行方

2005年2月18日、大阪地検特捜部はメディア・リンクスの架空取引資金約1億7,000万円を着服したとして、大宮、山崎、木下、CTC元社員の各容疑者を業務上横領罪で起訴した。

2月21日、大阪地検特捜部は大宮被告とCTC元社員被告を業務上横領容疑で再逮捕した。また、CTCの元財務経理担当部長、IT関連会社役員・徐宗源の両容疑者を同容疑で逮捕した。4人はメディア・リンクスの架空取引資金のうち、計約1億円を着服していた。これでCTCの元社員が関係した横領事件の逮捕者は6人となった。

3月11日、大阪地検特捜部は元CTC担当部長容疑者と徐容疑者を業務上横領罪で起訴、大宮被告、CTC元社員被告、木下被告の3人を同罪で追起訴した。調べによると起訴された計6人が横領した金額は、総額で約3億9,000万円にものぼっていた。

5月2日、3件の証券取引法違反（インサイダー取引、風説の流布、有価証券報告書虚偽記載）と業務上横領の罪に問われた新堂被告に判決が下された。大阪地裁の裁判長は「投資家の判断を大きくかく乱し、証券取引市場の公正性や健全性を損なった刑事責任は極めて重い」として、懲役3年6月、罰金200万円を言い渡した。同法違反罪で起訴された法人としてのメディア・リンクスには、罰金500万円が言い渡された。

2006年1月20日、業務上横領罪に問われた山崎被告に対し、大阪地裁は同罪の成立を認めず、検察側が予備的に主張していた背任罪を適用し、懲役2年、執行猶予3年を言い渡した。2月10日に行われたCTC元社員被告の判決公判でも、業務上横領罪ではなく背任罪が適用された。判決は懲役2年6月、執行猶予4年だった。

事件関係者に次々と有罪判決が下される中、4月11日、元テレビ朝日社員の木下被告に対する判決公判が大阪地裁であった。裁判長は「被告は架空取引の具体的な内容について知らなかった」として、無罪を言い渡した。検察側はこれを不服とし、控訴した。同月13日には、業務上横領罪に問われた徐被告に対しても無罪判決が言い渡された。

徐被告と同日に逮捕された元CTC担当部長被告の判決は5月26日だった。大阪地裁は業務上横領罪の成立を認めず、背任罪を適用して懲役2年の判決を言い渡した。

6月6日、業務上横領罪に問われた大宮被告に対する判決公判が大阪地裁であった。裁判長は「架空取引の中心的役割を果たしており、刑事責任は重い」としながらも、同罪の成立を認めず、背任罪を適用して懲役4年を言い渡した。

木下被告の控訴審判決は、2007年4月27日、大阪高裁で行われた。裁判長は「犯罪行為を行っているという具体的な認識がなかった」として1審判決を支持し、検察側の控訴を棄却した。 同じく1審で無罪判決を受けた徐被告の控訴審判決も同日行われ、こちらも検察側の控訴は棄却された。

IT業界の不明朗な会計を炙り出し、業界を騒然とさせた一連のメディア・リンクス事件は、ここに終結した。

参考文献

雑誌・書籍

◆「特集「株主を泣かせた社長の犯罪・不祥事」メディア・リンクス/和光電気/日本コーリン」『実業界』 2004.1

◆「銀行取引停止に逆切れ！銀行協会を訴えた「メディア・リンクス」の奇々怪々」『実業界』 2004.3

◆「メディア・リンクス「上場廃止」の裏側」『財界展望』 2004.7

category ガバナンス―経営者関与

CASE 038 ライブドア、フジテレビ ニッポン放送株の争奪戦

date 2005年（平成17年）2月8日

commercial name 株式会社ライブドア、株式会社フジテレビジョン

scandal type 経営権争奪

事件の背景

フジサンケイグループでは、フジテレビジョンよりも規模の小さいニッポン放送が、フジテレビジョンの株式の22.5％を保有する「資本のねじれ」が放置されていた。これはフジテレビジョンの創業者一族がニッポン放送の大株主という、グループが抱える問題でもあった。

ニッポン放送株を買い進めたのが、まず、M&Aコンサルティング（通称「村上ファンド」）だった。2003年、村上ファンドはニッポン放送の筆頭株主となり、経営陣に揺さぶりをかけたが、フジテレビジョンの反応は鈍かった。フジテレビジョンは、企業の合併・買収、M&Aや業務提携が行なわれるようになった社会状況の変動に無防備だった。

事件の発端

2005年2月8日、ライブドアは子会社のライブドア・パートナーズが、東証の時間外取引で、ニッポン放送の株式972万270株（発行済株式の29.6％）を取得したと発表した。前日までにライブドア本体が買い付けた株と合わせると、ライブドアグループによるニッポン放送の持ち株比率は35.0％に達した。

証券取引法（証取法）は、上場企業の発行済み株式の3分の1超を「市場外」で買う場合、価格や買い付け目標の公表を義務づけている。だが、証券市場が開いていない時間に株式を売買する時間外取引は「市場内」の取引であるため、上の規制は受けない。ライブドアは、この証取法の“盲点”を突いて、ニッポン放送株を大量に取得した。

持ち株比率が3分の1を超えたことに

keyword【キーワード】：資本のねじれ　時間外取引　M&A　TOB　新株予約権発行

よって、ライブドアはニッポン放送の株主総会で経営決定に拒否権が発動できるようになった。ライブドアの堀江貴文社長は、その日の記者会見で「ラジオ局と一体になって事業展開したい」と述べ、フジサンケイグループに積極的に関与することも明らかにした。この日から、ライブドアとフジテレビのニッポン放送株の争奪戦が始まった。

ライブドア、フジテレビジョンの動き

2005年2月10日フジテレビジョンは保有しているニッポン放送株を合算して、発行済み株式の25%以上の取得を目指すと発表した。「25%以上」は、ニッポン放送の保有するフジテレビ株の議決権を無力化できる商法の規定により、フジテレビジョン本体への影響力を排除する数字だった。長期戦に持ち込めば、資金繰りの弱いライブドアの自滅の可能性もあるとも考えた、フジテレビジョンのライブドアへの反撃、第一弾だった。

2月12日、ライブドアの堀江社長は、フジテレビの動きを受け、「予測の範囲内」と述べた。

2月15日、伊藤達也金融相は、証券取引法改正に向けて本格的な議論を開始すると表明した。時間外取引を駆使したライブドアの手法に対して、金融庁内で「違法ではないか」と問題視する声が大きかったからである。

2月21日、ニッポン放送の持ち株比率が40%超に達したライブドアは、フジサンケイグループと「友好的な提携交渉」を行う意向を表明した。

2月23日、ニッポン放送はフジテレビジョンに発行済み株式、約3,280万株を上回る4,720万株分の新株予約権を割り当てると発表した。これが実現すればフジテレビによるニッポン放送の保有株式は過半数を超え、ニッポン放送を子会社化できると考えた、フジテレビの反撃第二弾だった。

これに対し、ライブドアの堀江社長は裁判所に仮処分を申請し、徹底抗戦する考えを示した。

2月24日、ライブドアは、ニッポン放送のフジテレビに対する新株予約権の発 行差し止めを求める仮処分を、東京地裁に申請した。ライブドアの主張は、“ニッポン放送がフジテレビに対し新株を発行すると、ライブドアの持ち株比率が低下する。これは、既存株主の利益を損なうことを禁じた商法の「不公正発行」にあたる”というものだった。

これに対してフジテレビジョンの日枝久会長は、司法の場で戦う姿勢を示し、ニッポン放送株争奪戦は、法廷闘争に移った。

3月1日、東京地裁は、ライブドアとニッポン放送の双方から主張を聞く1回目の審尋を開いた。

3月3日、ニッポン放送は、ライブドアが同社株を大量取得した2月8日の取引について「証券取引法に抵触する疑いがある」として、3日に証券取引等監視委員会と東京証券取引所に調査を依頼した。ライブドアの株取得経緯の解明によって、法廷闘争を有利に進めることを狙った戦略である。

また同日、ニッポン放送は「社員一同」との署名で「ライブドアの経営参画に反対する」との声明を発表した。

3月8日、フジテレビジョンは応募が7日に締め切られたニッポン放送株に対する公開買い付け、TOBの結果を発表した。発行済み株式の36.47%の株を取得し、目標にしていた保有比率の25%超を確保してTOBは成立した。これによって、ニッポン放送が保有するフジ株の議決権が、商法の規定により消滅した。ライブドアによるニッポン放送を通じたフジサンケイグループ全体への影響は遮断され、ニッポン放送株争奪の第一ラウンドは、フジテレビジョンの「勝ち」に終わった。しかし、この時点でライブドアも45%程度のニッポン放送株を保有しており、予断を許さない事態は続いていた。

3月11日、東京地裁は、ライブドアがニッポン放送による新株予約権発行の差し止めを求めた仮処分申請で、この発行を商法が禁止する「著しく不公正な発行」にあたると認定し、発行差し止めを命じる仮処分決定を出した。ニッポン放送は、これを不服として保全異議を申し立てた。

3月14日、フジテレビジョンの日枝久会長は、ニッポン放送がライブドアの傘下に入った場合、同放送が保有する子会社のポニーキャニオン株をフジテレビジョンに売却することを、フジサンケイグループとして検討していることを明らかにした。ニッポン放送の連結売上高の過半を占め将来性があるポニーキャニオンを同社から切り離すことで、ニッポン放送の魅力を下げ、ライブドアの買収意欲の低下を狙った“焦土作戦”ともいうべきフジテレビジョンの抗戦第三弾であった。

3月16日、東京地裁は、ニッポン放送によるフジテレビジョンへの新株予約権の発行差し止めを命じた東京地裁の仮処分を不服として、ニッポン放送が申し立てた保全異議について、異議を認めず、差し止めの仮処分を支持する決定を出した。これに対し、ニッポン放送は抗告を行なった。

3月23日、東京高裁は、ニッポン放送によるフジテレビジョンへの新株予約権の発行差し止めを命じた仮処分を不服として、ニッポン放送が申し立てた保全抗告を認めず、差し止めの仮処分を支持する決定を出した。第2ラウンドとなる法廷闘争はライブドア側の「勝利」に終わった。

3月29日、ライブドアの堀江社長とニッポン放送の亀渕昭信社長が会談を行なった。

4月18日、ライブドアとフジテレビジョンは、ニッポン放送の争奪戦で「和解」し、資本・業務提携で合意したと正式発表した。

（1）ライブドアが保有するニッポン放送株全株をフジテレビジョンが買い取り、ニッポン放送を完全子会社化する。

（2）フジテレビがライブドアに資本参加する

ことになった。

ニッポン放送の経営権をめぐって2カ月以上対立したフジとライブドアの争いは一応“決着”した。しかし、この事件は、2006年に起きたライブドアの証券法取引法違反事件（142ページ参照）、さらには村上ファンドのインサイダー取引事件（146ページ参照）へと連なっていく。

参考文献

雑誌・書籍

◆**池上彰『あなたの会社は狙われている！？ーライブドア騒動が教えてくれるもの』** 講談社　2005
◆**佐々木俊尚『ヒルズな人たちーIT業界ビックリ紳士録』** 小学館　2005
◆**吉田望『会社は誰のものか』（新潮新書）** 新潮社　2005
◆**日本経済新聞社編『真相 ライブドアvs.フジー日本を揺るがした70日』** 日本経済新聞社　2005
◆**佐々木俊尚『ライブドア資本論』** 日本評論社　2005
◆**清水真『新しい敵対的買収防衛ー徹底検証 ライブドアVSニッポン放送・フジテレビ』** 商事法務　2005
◆**大鹿靖明『ヒルズ黙示録-検証・ライブドア』** 朝日新聞社　2006
◆**田中慎一『ライブドア監査人の告白ー私はなぜ粉飾を止められなかったのか』** ダイヤモンド社　2006
◆**奥村宏『粉飾資本主義ーエンロンとライブドア』** 東洋経済新報社　2006
◆**須田慎一郎『マネーゲーム崩壊ーライブドア・村上ファンド事件の真相』** 新潮社　2006
◆**宮内亮治『虚構ー堀江と私とライブドア』** 講談社　2007

category ガバナンス―経営者関与

CASE 039 カネボウ粉飾決算問題

date 2005年（平成17年）4月13日

commercial name 株式会社カネボウ

scandal type 証券取引法違反（有価証券報告書虚偽記載）

事件の背景

1968年に社長に就任し2003年に名誉会長を退くまで君臨していたカネボウ「中興の祖」と呼ばれた伊藤淳二氏は、「ペンタゴン（五角形）」と呼ばれる、繊維、化粧品、薬品、食品、不動産の5部門の多角経営を推進した。

カネボウは、1992年頃から繊維部門の売り上げの柱として毛布加工販売会社・興洋染織（大阪府）へ、アクリル糸の販売を開始した。しかし、海外の安価な製品に押され、興洋染織の経営が悪化、ここに「支援」の名目で経営陣を送り込み、1998年、興洋染織を子会社化した。興洋染織の経営はさらに悪化、複数の商社に在庫を一時買い取らせ決算後に買い戻す「宇宙遊泳」と呼ばれた粉飾決算が始められた。

1999年、社長に就任した帆足隆は、興洋染織が再建不能と判断された後も多額の支援を行い続けた。さらに、自社の4部門すべてに高売上げ目標を掲げ、絶対達成を厳しく命じていたことから仮装取引が行われるなど、粉飾決算が社内に蔓延、常習化していった。

事件の発端・発覚の経緯

2004年3月、経営が悪化していたカネボウは、産業再生機構の支援を要請するため、帆足社長をはじめ経営陣が総退陣した。

中嶋章義新社長は、旧経営陣の経営不振の原因を究明するために、元検事の弁護士を委員長とした「経営浄化調査委員会」を4月に設置、全資産内容の洗い直しを始めた。

8月17日、経済産業省による産業活力再生特別措置法の適用が認定された。

10月28日、カネボウの経営浄化調査

keyword【キーワード】：宇宙遊泳　粉飾事件　連結外し　裏金作り

委員会は、調査結果を発表した。旧経営陣が興洋染織に約522億円の赤字補填をしていたこと、2001、2002年度で約100～300億円の粉飾決算をしていたこと、数億の使途不明金があるとの、3つの違法行為が発覚した。中嶋社長は、ブランドイメージは低下するが、旧経営陣への刑事告発と損害賠償請求を行う意向を明らかにした。

あけて2005年4月13日、経営浄化調査委員会は、2004年3月期までの5年間で総額約2,156億円の粉飾決算が行われたと発表した。

6月13日、東証がカネボウ株の上場廃止を決定した。

6月27日、カネボウは、興洋染織への支援により会社に多額の損害を与えたとして、帆足隆元社長（69）と宮原卓元副社長（63）に損害賠償金10億円を求める裁判を東京地裁に起こした。カネボウ株主が前年8月に、ほぼ同じ内容で株主代表訴訟を東京地裁に起こし、係争中だったことから、両方を併せた審議となった。

その後の経緯、警察、検察の動き、会社の対応

2005年7月29日、東京地検特捜部は、証券取引法違反（有価証券報告書の虚偽記載）容疑で、元社長帆足隆（69）、元副社長宮原卓（63）、元常務嶋田賢三郎（59）を逮捕した。容疑は、

- ○2002年3月期の連結純資産額が約744億円の債務超過であるのに9億2,600万円と記載、
- ○連結純利益が約57億円損失なのに7,000万円の利益としていた、
- ○2003年3月期も同様に連結純資産額約725億円の債務超過を5億200万円とした、虚偽の有価証券報告書を関東財務局に提出していた疑い。

特捜部は証券取引等監視委員会と合同でカネボウの会計監査を担当した中央青山監査法人の家宅捜索を開始した。

7月31日、元副社長の宮原卓容疑者が、連結子会社（実質的に支配している子会社）の「連結外し」を発案したことがわかった。2000年3月期から変更された会計基準により、連結決算する義務のある子会社が拡大していたにもかかわらず、業績不振の子会社を連結決算から外すことを発案した。2003年に宮原卓容疑者が退任した後は、元常務嶋田賢三郎容疑者に引き継がれたことが分かった。

連結外しされた子会社は、興洋染織、カネボウ・モード・クリエイティブ、アンドモア、ショップエンドショップス、ベルテキスタイル、ベルテックス、カネボウ物流、カネボウホリデイ、カネボウレインボーハット、カネボウフーズ（北海道販売、東北販売、名古屋販売、大阪販売、広島販売、九州販売）の15社。

8月1日、元副社長の宮原卓容疑者が、東京地検特捜部の取り調べに「メーンバンクのさくら銀行（現三井住友銀行）の金融支援を継続させたいために粉飾決算した」と供述した。旧さくら銀行からの借り入れ総額が2002年3月期決算時には約5,000億円に達し、債務超過が発覚すれば支援を打ち切られる危機的状況だったことも判明した。

8月3日、カネボウが、本来3月に未払い金として計上すべき原料代を翌事業年度となる4月以降に繰り延べ、経費を少なくし利益を多く見せる「経費の先送り」を行っていたことが分かった。その他に「押し込み」「宇宙遊泳」など多くの粉飾決算の手口が分かってきた。

8月4日、取引先にリベートを渡し、商品を買わせる「リベート商法」が、元社長の帆足隆容疑者の承認下で行われており、ほぼ全部門の担当者が決算期末の3月に集中的に行っていたことが判明。

8月5日、東京地検特捜部の取り調べで、歴代幹部が年間約5,000万円の裏金作りを組織的に行っていたことが分かった。裏金は粉飾決算協力社への謝礼などに使われたとされる。

8月12日、カネボウの元副社長宮原卓容疑者が、興洋染織の2000年3月期決算を約64億円粉飾決算させていたことが分かった。子会社の粉飾決算が初めて明らかになった。

8月17日、証券取引等監視委員会は、元社長帆足隆容疑者（69）、元副社長宮原卓容疑者（63）、元常務嶋田賢三郎容疑者（59）の3人とカネボウ社を証券取引法違反（有価証券報告書の虚偽記載）容疑で東京地検特捜部に刑事告発した。全部門で新たに約76億円の架空売り上げが発見され、粉飾決算総額は約829億円に上る。カネボウの現経営陣も3容疑者を刑事告発した。

中嶋章義会長（2004年11月就任）は記者会見し「社会を騒がせたことをお詫びし、再発防止に全力で取り組む。告発は残念だが、再建のために過去の責任を明確にすることは避けて通れない」と述べた。

8月18日、東京地検特捜部は、カネボウ元社長帆足隆容疑者（69）と元副社長宮原卓容疑者（63）を証券取引法違反で起訴した。元常務嶋田賢三郎容疑者（59）は関与が従属的として処分保留で釈放された。

11月30日、東京地裁で行われた初公判で、帆足隆被告と宮原卓被告は起訴事実を認めた。

2006年3月27日、元社長帆足隆被告（70）に懲役2年（執行猶予3年）、元副社長宮原卓比被告（64）に懲役1年6月（執行猶予3年）の有罪判決が言い渡され、裁判は結審した。

参考文献

雑誌・書籍

◆「カネボウ問題 カネボウ「粉飾」の道具にされ破綻した日本一の毛布メーカー」『エルネオス』 2005.1

◆「ケーススタディ あきれ返る多様な手口 カネボウの決算書は"粉飾のデパート"だ！（第2特集 決算発表本格化！ 投資家も必見！ 決算書からあなたの会社の未来を見抜く法）」『週刊東洋経済』 2005.5.28

◆「信頼揺らぐ監査法人--カネボウ事件 830億円の粉飾見過ごす」『Jiji top confidential』 2005.8.30

◆「REPORT＆INTERVIEW 粉飾、ヤミ献金疑惑でブランド価値急落のカネボウにスポンサー候補が尻込み」『経済界』 2005.9.6

◆「特集 カネボウの粉飾決算事件が与える影響は?」『T & A master』 2005.10.3

◆「緊急インタビュー カネボウ粉飾事件で存亡の危機 徹底した改革で第2のカネボウを防ぐ--奥山章雄/中央青山監査法人理事長」『週刊東洋経済』 2005.10.15

◆「カネボウ、ライブドアの粉飾手法を徹底分析（特集 会計不信--中央青山ショック--Part3 会計不信の根元・粉飾の実態）」『週刊ダイヤモンド』 2006.6.17

◆「検証・カネボウ事件の真相 巨額粉飾に会計士が加担するまで」『日経公社債情報』 2006.8.21

◆「論壇 カネボウの粉飾決算とエンロン事件から学ぶもの--旧中央青山とアンダーセンとの対比を含めて」『企業会計』 2007.2

category ガバナンス―経営者関与

CASE 040 中央青山監査法人 公認会計士の不正監査

date 2005年（平成17年）9月13日

commercial name 中央青山監査法人

scandal type 証券取引法違反（有価証券報告書の虚偽記載）

事件の背景

公認会計士5人以上で設立される監査法人は全国に約160、そのうち中央青山、あずさ、新日本、トーマツの4大法人が、全上場企業の8割以上の監査を担当していた。

2000年4月、監査基準が国際基準に合わせて変更され、2002年には粉飾摘発型に刷新された。破綻の危険性を報告書に明示することが義務付けられた。2003年5月には、37年ぶりに公認会計士法が改正され、会社とのなれ合いを防ぐために7期を超える関与を禁じた。

一方、バブル崩壊後には粉飾決算が絡んだ大型経営破綻が続いた。1999年、山一証券が自己破産。2000年にはそごう、2003年には足利銀行が破綻した。いずれも破綻に至るまで債務超過だった数年の粉飾決算を「適正」とした監査に問題があるとして訴訟が起きた。

このような状況下、中央青山は、足利銀行の監査手法を巡り内部管理体制に不備があったとして、2005年1月25日、金融庁から公認会計士法に基づく戒告処分を受けた。また、同年9月には足利銀行から、「中央青山が粉飾決算に加担し違法配当を招いた」として、当時の監査役を相手に11億円の損害賠償訴訟を起こされていた。

事件の発端・発覚の経緯

2004年、カネボウの、5年間にわたる総額約2,156億円の粉飾決算が判明（132ページ参照）。事件の調査で、1975年から中央青山監査法人の公認会計士が、長期にわたり財務状況を監査していたことが判明した。数年にわたる債務超過と巨額な粉飾が見抜けなかったのは疑わしいとして、金融庁は2005年

keyword【キーワード】：監査法人　粉飾決算　公認会計士　不正会計処理

7月、中央青山監査法人と公認会計士の調査を開始した。

その後の経緯、警察、検察の動き

2005年9月13日、東京地検特捜部は、カネボウの監査を担当していた中央青山監査法人の公認会計士3人を、カネボウの粉飾決算を知りながら、発覚を防ぐための助言をしてきたとし、証券取引法違反（有価証券報告書の虚偽記載）容疑で逮捕した。4人は関与を否定した。

9月15日、容疑者が自宅とは別に購入しているマンションから、カネボウ子会社の債務超過を示す書類や1997年からカネボウ旧経営陣と癒着していたことを証明する文書が発見された。

10月3日、2002年にカネボウが「赤字を黒字にしたい」と会計士に相談を持ちかけたことに対し容疑者らは「黒字額は1ケタに」と具体的に提案したことが明らかとなった。東京地検特捜部は、証券取引法違反の容疑で、3容疑者を起訴した。会計士違反については立件を見送った。

10月7日、中央青山監査法人は社員総会を開き、奥山章雄理事長（60）を除くカネボウ事件以前から在籍する理事10人全員が辞任した。

10月25日、金融庁の監査審査会は、中央青山、あずさ、トーマツ、新日本の4大監査法人に、公認会計士法に基づく立ち入り調査を開始中と発表した。

2006年1月10日、カネボウ元社長帆足隆（70）被告は、公判で「監査法人が『駄目なものは駄目』と言ってくれていれば」と述べた。

2月8日、日本公認会計士協会は、監査法人に対する監視機能を強化する方針を明らかにした。

3月30日、東京地裁で、中央青山監査法人の公認会計士の初公判があった。3人は不正会計処理の関与を認めた。2002年3月期には経理担当者の「20億円の架空売り上げを計上したい」との要請に、「5億円ずつ分割して計上すれば目立たない」など不正発覚防止にも加担していたことが明らかにされた。

4月21日、証券取引等監視委員会は、今後、監査法人についても刑事責任を問えるように、証券取引法の改正を求める建議を金融庁に提出した。

5月10日、金融庁は「不正を防ぐための内部管理体制に重大な不備があった」として、中央青山監査法人に、上場企業などに対する「法定監査」業務を7月1日から2ヶ月間停止するよう命じた。加えて、逮捕、起訴されている会計士2人の登録抹消、もう1人に1年間の業務停止処分を言い渡した。

5月15日、東京地裁で会計士被告（63）ら3人の公判が行われた。被告は「不正に気付いたのは1998年で、それまでの不正の認識はない。会計士でありながら、会社に近い立場を取ってしまって情けない」と述べた。

5月27日、中央青山は、金融庁の業務改善命令を受けて、企業監査の内容を担当者とは別の会計士がチェックする制度を導入する。また監査部門を産業別にし、会計士の専門性を高めるなどの改善策を発表した。

5月30日、中央青山監査法人の奥山章雄理事長が辞任した。

6月30日、金融庁の公認会計士・監査審査会は、中央青山、あずさ、新日本、トーマツの4大監査法人で、企業とのなれ合いや問題のある監査を検証する仕組みが機能していないなど、内部管理体制に問題があるとして、業務改善報告の提出を求めた。

8月9日、東京地裁で3人の被告に有罪判決が下された。裁判長は「被告は中央青山監査法人の別の公認会計士らによる過去の不適切な会計監査が発覚し、監査法人の責任が追及されるのを恐れて粉飾決算に加担した。しかし、粉飾はカネボウが主体で、積極的に関わってはいない」として、懲役1年6月執行猶予3年、懲役1年執行猶予3年を言い渡した。

9月1日、中央青山監査法人は、業務停止処分明け同日、名称を「みすず監査法人」に変更した。処分前に比べると社員は職場全体で約1,000人減り2,506人に、公認会計士は約80人減の374人、契約先の上場企業は約3割減り約580社となった。

2007年2月20日、みすずの片山理事長は記者会見を行い、みすずが監査業務から撤退し、他の大手三法人（新日本監査法人、あずさ監査法人、監査法人トーマツ）へ監査業務の移管および公認会計士を移籍させる方針を決めたと発表した。これにより、日本最大級の監査法人だった旧中央青山は解体された。

参考文献

雑誌・書籍

◆「日本のアンダーセンと化す「中央青山監査法人」のこれだけの"罪状"」
『実業界』 2005.7

◆「この人に聞く 中央青山監査法人立て直しの行方 カネボウにだまされた、"しょうがない"では終わらせない 奥山章雄（中央青山監査法人理事長）」
『週刊東洋経済』 2005.7.16

category ガバナンス ―経営者関与

CASE 041 ヒューザー、耐震強度偽装マンション販売事件

date 2005年（平成17年）11月17日

commercial name 株式会社ヒューザー

scandal type 宅地建物取引業法違反

事件の背景

小嶋社長は、1982年に不動産会社を設立した後2度の社名変更を経て2003年、「株式会社ヒューザー」（HUSER：HUman＋ uSER）と改称した。

中堅ディベロッパーのヒューザーは、準工業地域などの安価な土地を購入し、過剰な設備仕様を排除したマンションを企画した。モデルルームを建てず、広告宣伝費を最小限にとどめるなどのコストダウンを図り、100㎡級のマンションを低価格で販売した。徹底したコストダウンは、元請けの施工業社や設計会社の負担になっていた。

耐震擬装マンションをめぐる当事者

○ヒューザー…マンションの建築主、売り主。木村建設に施工を依頼。○木村建設…設計・施行の元請け。建築設計は子会社の平成設計に依頼。○姉歯建築設計事務所…木村建設から構造計算を受注する下請け。○総合経営研究所（総研）…木村建設に経営を指導していた。○イーホームズ、日本ERI…建築確認を行う民間の指定確認検査機関。

事件の発端・発覚の経緯

2004年2月、姉歯秀次1級建築士（48）が作成したビルの構造計算書を点検した「アトラス設計」の渡辺朋幸代表（44）は、耐震強度に問題を発見し、建築確認をした「日本ERI」に連絡した。しかし、日本ERIはこれを放置した。

2005年10月、渡辺建築士は再び、姉歯設計事務所作成のマンションの構造計算を点検し偽造を確信、物件の建築確認をした民間指定確認機関「イーホームズ」に連絡した。イーホームズは調査を始め、その結果、別の建物での偽装も発

keyword【キーワード】：ディベロッパー　マンション　耐震偽装　構造計算書

覚した。

10月26日、イーホームズは国土交通省に構造計算書の改竄を報告した。

11月17日、国土交通省は、建築基準法の耐震基準に足りず、震度5強程度の地震で倒壊する危険のあるマンションやホテルが、東京都、千葉県、神奈川県に21棟あると発表し、地元自治体と共に住民説明を開始した。

その後の経緯、検察の動き、裁判

[ヒューザー]

2005年11月20日、偽装物件21棟のうち12棟の建築主であるヒューザーは、姉歯氏とは面識がないと文書で主張。

11月24日、国交省で姉歯氏が「(ヒューザーから) 鉄筋量を減らせと指示された」と名指しされたことに対し、小嶋社長はこれを全面否定した。

11月25日、小嶋社長は「構造計算書改竄を見逃した自治体に責任がある」として、公的資金の援助を求めたが、後日、北側国交相は、民間事業者への直接支援は行わない考えを示した。

12月20日、警視庁と県警合同捜査本部は、ヒューザーなどの捜索を行った。

12月21日、ヒューザーは、イーホームズから10月25日に姉歯建築士による耐震強度偽装の連絡を受けた後に、その物件を購入者に引き渡し、売買契約も結んでいたことが明らかになった。

2006年1月1日、イーホームズと2005年10月25・27日に協議した席で、小嶋社長が「天災地震で倒壊したときに調査し発覚したことにしたい。3年見逃してきたのだから公表を遅らせることはできる」と発言したことが判明した。

1月17日、小嶋社長が前年10月に姉歯元建築士から強度偽装した構造計算書を直接受け取っていたことがわかった。

1月30日、小嶋社長は「偽装を見逃した自治体に責任がある」と、首都圏の18自治体に対し計約139億円の損害賠償を求める訴訟を東京地裁に起こした。

1月31日、小嶋社長はイーホームズに対し名誉毀損で5億円の損害賠償を求める訴訟を東京地裁に起こした。

2月15日、耐震強度偽装マンションの住民らがヒューザーの破産を申し立てたことに対し、小嶋社長は「裁判に勝訴すれば資産増となる」として、東京地裁に棄却を求める答弁書を提出した。

2月16日、東京地裁がヒューザーの破産手続き開始を決定した。ヒューザーは不服として、翌日、即時抗告した。

5月17日、警視庁と県警合同捜査本部は、耐震強度不足を顧客に隠し販売した行為は「不作為の詐欺」にあたるとして、小嶋社長を逮捕し、19日に詐欺容疑で東京地検に送検。6月7日、小嶋容疑者を詐欺罪で起訴した。

10月5日、東京地裁の初公判で、小

嶋被告は詐欺容疑を否定し、全面無罪を主張した。（2007年2月1日現在、裁判は継続中）

[姉歯建築設計事務所]

2005年11月24日、国交省の聴聞で、姉歯秀次1級建築士は「木村建設、ヒューザー、シノケンから鉄筋量を減らせと指示されて偽装した」と発言した。

12月14日、国会の証人喚問で「木村建設の東京支店長から鉄筋量を減らすよう圧力を受けた」と答えた。

2006年4月26日、警視庁と県警合同捜査本部は建築士法違反の容疑で姉歯元建築士を逮捕。27日、東京地検に送検した。

6月7日、東京地検は、姉歯被告を建築基準法違反の罪で追起訴した。

6月22日、警視庁は姉歯容疑者を議員証言法違反の疑いで再逮捕した。姉歯容疑者は「木村建設の圧力はなかった。仕事が欲しくて偽装した」との供述から、単独犯罪と断定された。

6月28日、東京地検は姉歯被告を議院証言法違反、建築基準法違反、建築士法違反幇助の罪で東京地裁に起訴した。

9月6日、姉歯被告は東京地裁の初公判で「コストダウンができる有能な建築士の地位を築くために人命を軽視し、1996年から2005年11月までに計99件の構造計算書を改竄」と認めた。

12月26日、姉歯被告に、求刑どおりの懲役5年、罰金180万円の判決が言い渡された。

[木村建設・平成設計・総研]

2005年11月24日、姉歯氏に鉄筋減量を指示したと名指しされたことに対し、木村社長はこの事実を全面否定した。

12月14日、総研の内河所長が鉄筋量などを減らし経費を削減する具体的なアドバイスをしていたことがわかった。

12月20日、警視庁と県警合同捜査本部は、木村建設などの捜索を行った。

2006年4月19日、木村建設が会社の利益を数億円水増しした粉飾決算をしていたことが判明した。

4月26日、警視庁は、建設業法違反の容疑で木村建設（破産）の木村盛好元社長（74）と元東京支店長（45）を逮捕し、27日、東京地検に送検した。

5月19日、木村被告は警視庁に詐欺容疑で送検され、その後、追起訴された。

6月7日、警視庁は証拠不十分から、総研の詐欺罪での立件を断念した。

8月7日、東京支店長被告は初公判で起訴事実を全面否認した。

9月7日、木村被告は初公判で建築業法違反については認めたが、詐欺罪については無罪を主張した。

9月27日、元東京支店長被告の論告求刑公判で、検察側は粉飾決算に積極的に加担したとして、懲役1年6月を求刑した。

11月1日、元東京支店長被告に懲役1年、執行猶予3年が言い渡された。(2007年2月1日現在、木村被告の裁判は継続中)。

[イーホームズ・日本ERI]

2005年11月29日、日本ERIが2004年4月に指摘されていた姉歯氏の強度偽装を放置していたことが判明した。

12月20日、警視庁と県警は、イーホームズなどの一斉捜索を行った。

2006年1月1日、前年2005年10月25、27日に、イーホームズで藤田社長らはヒューザーと偽造発覚についての協議を行っていたことが判明した。

4月20日、イーホームズに架空登記の疑いが浮上した。

4月26日、警視庁は、電磁的公正証書原本不実記載の容疑で藤田東吾社長（44）を逮捕し、27日、送検した。

10月18日、東京地裁は藤田被告に、電磁的公正証書原本不実記録などの罪で懲役1年6月（執行猶予3年）の判決を言い渡した。

[法の改正]

2006年6月、政府は、次の関連4法を改正した。○建築基準法…耐震強度不足の建物を建てた建築士らに対する罰金を現行50万円から「懲役3年または罰金300万円」に改正した。○建築士法…構造計算書改竄の行為に対する罰則を「懲役1年または罰金100万円」として新設した。○宅地建物取引業、建設業法…消費者保護策を設ける。

参考文献

雑誌・書籍

◆産経新聞社会部取材班『無責任の連鎖 耐震偽装事件』 産経新聞出版　2006

◆細野透『耐震偽装ーなぜ、誰も見抜けなかったのか』 日本経済新聞社　2006

◆小嶋進編著『ヒューザーの$100m^2$超マンション物語ー最新版 欧米型永住マンションの魅力 平均専有面積5年連続首都圏No.1ディベロッパーの社長が贈る』 IN通信社　2004

◆鶴蒔靖夫『ヒューザーのNo.1戦略ー$100m^2$超マンションへのこだわりが業界の常識を変える』 IN通信社　2002

category ガバナンス ―経営者関与

CASE 042 ライブドア証券取引法違反事件

date 2006年（平成18年）1月16日

commercial name 株式会社ライブドア（現・株式会社ライブドアホールディングス）

scandal type 証券取引法違反（偽計、風説の流布、有価証券報告書の虚偽記載）

事件の背景

ライブドアの前身となるオン･ザ･エッジは、1996年4月に設立された。ホームページの製作からスタートした事業は折からのITブームに乗って急成長し、2000年4月には東証マザーズ市場への上場を果たした。その後も数多くの会社を合併･買収（M&A）し、インターネットのポータルサイト運営を中心に様々な事業を手掛けるようになった。社名は2003年4月にエッジ、2004年2月にライブドアへと変更した。

ライブドアが急成長できた背景には、株式交換や投資事業組合を駆使した企業買収戦略と、株式の大幅な分割を可能にした市場ルールの変更があった。自社の株価が上がれば時価総額が大きくなり、企業価値は上がる。企業価値が上がれば、有利な立場でM&Aを行うことができる。ライブドアの成長戦略は各事業を時間をかけて育成するのではなく、既存の企業をM&Aで次々とグループ内に吸収していくというものだった。この成長戦略の要にいたのが、堀江貴文代表取締役社長、宮内亮治財務担当取締役、熊谷史人取締役らごく少数の同社幹部と、子会社の重要なポストに就いていた同社出身の幹部たちだった。

事件の発端、会社の対応

2006年1月16日、東京地検特捜部は証券取引等監視委員会と合同で、証券取引法違反（偽計、風説の流布）の容疑でライブドア本社などを捜索し、強制捜査を行った。また、堀江社長の自宅や子会社であるライブドアマーケティング（旧バリュークリックジャパン、現メディアイノベーション）本社、岡本文人・同社社長の自宅なども捜索した。各界への

keyword【キーワード】: 東証マザーズ　企業価値　M&A　風説の流布

影響は大きく、これが引き金になって株式市場は数日にわたり全市場が大幅に下落した。また1月18日にはライブドアのグループ会社社長も務めたエイチ・エス証券副社長の遺体が沖縄で発見され、マスコミ報道はさらに過熱化した。

1月23日、東京地検特捜部は証券取引法違反（偽計、風説の流布）の容疑で、堀江社長、宮内取締役、岡本文人・ライブドアマーケティング社長、中村長也・ライブドアファイナンス社長の計4人を逮捕した。特捜部が指摘した容疑事実は、旧バリュークリックジャパンを巡るものだった。

2004年10月25日、同社は株式交換の形でマネー情報誌出版社のマネーライフを買収すると発表した。マネーライフの株は同年6月に「VLMA2号投資事業組合」が全株を取得していたが、この事業組合はライブドアファイナンスが実質的に支配するファンドだった。つまりマネーライフは買収発表前からライブドアグループの支配下にあったわけで、これは証券取引法違反の「偽計」にあたる。

また旧バリュークリックジャパンは11月12日に第三四半期の決算を発表したが、同社は損失が出ていたにもかかわらず、架空の売上げを計上するなどして売上高や経常利益などを水増しし、経営状況を良く見せかけた。これは証券取引法違反の「風説の流布」にあたる。

堀江社長らの逮捕を受け、1月23日、東京証券取引所はライブドアとライブドアマーケティングの株式を、上場廃止の可能性があることを投資家に知らせる監理ポストに割り当てた。

1月24日、ライブドアは堀江容疑者の社長辞任と代表権の返上、熊谷史人取締役の代表取締役就任、平松庚三執行役員上級副社長の執行役員社長就任、宮内取締役の辞任を発表した。翌1月25日には堀江前社長、岡本文人・前ライブドアマーケティング社長がライブドア取締役を辞任した。

2月10日、証券取引等監視委員会は堀江前社長ら4人とともに、法人としてのライブドアとライブドアマーケティングの2社を証券取引法違反（偽計、風説の流布）の容疑で東京地検に告発した。

2度目の逮捕

2006年2月22日、東京地検特捜部は証券取引法違反（有価証券報告書の虚偽記載）の容疑で、1月23日に逮捕した堀江前社長ら4人を再逮捕し、さらに熊谷史人代表取締役を逮捕した。容疑はライブドア本体に向けられたものだった。

特捜部の調べによると、ライブドアの2004年9月期連結決算に際し、堀江前社長らは、本来なら売り上げへの計上が認められず、資本に組み入れなければならない自社株の売却益約37億6,700万円を売り上げに計上していた。さらに、子会社にする予定だった2社（キューズ・ネットとロイヤル信販）の預金計15億8,000万円を、ライブドア本体などの売り上げに付け替えた。この結果、実際は約3億円余の経常赤字だったにもかかわらず、約50億3,400万円の黒字だったと虚偽の記載をした有価証券報告書を提出した。逮捕を受け、ライブドアは熊谷史人代表取締役を解任し、後任に山崎徳之取締役を据えた。

3月13日、証券取引等監視委員会は、法人としてのライブドアと逮捕された堀江前社長ら5人を、証券取引法違反（有価証券報告書の虚偽記載）の容疑で東京地検特捜部に告発した。これを受けて東京証券取引所は同日、ライブドアとライブドアマーケティングの株式を4月14日に上場廃止することを決定した。またライブドアも、山崎徳之代表取締役・羽田寛取締役・熊谷史人取締役の3人が退任することを発表した。

翌3月14日、東京地検特捜部は法人としてのライブドアと逮捕された堀江前社長ら5人を、証券取引法違反（有価証券報告書の虚偽記載）の罪で東京地裁に起訴した。

4月14日、ライブドアとライブドアマーケティングは上場廃止となった。ライブドアの時価総額は986億円になっていた。

その後の経緯

幹部らの逮捕以降、ライブドアグループは解体が進んだ。2006年2月9日にはライブドアオート（現カーチス）とメディアエクスチェンジが離反を表明した。ライブドア本体については、3月16日、有線放送最大手のUSENがインターネット事業で業務提携したうえで、同社の宇野康秀社長が個人でフジテレビが保有するライブドア株をすべて買い取ると発表した。

裁判の行方

堀江被告の裁判にあたっては、裁判の迅速化のために、検察と弁護側が事前に争点や証拠を開示し整理する「公判前整理手続き」が取られた。5月から3ヵ月以上にわたって続けられた手続きでは、弁護側と検察側が真っ向から対立した。

堀江被告の初公判が東京地裁で開かれたのは2006年9月4日。以降、25回にわたって行われた集中審理の場で、堀江被告は一貫して起訴事実を全面否認し、無罪を主張した。12月22日、検察側の論告求刑が行われ、堀江被告に懲役4年が求刑された。2007年1月26日に開かれた公判の最終意見陳述でも堀江被告は改めて起訴事実を否認し、「嫌疑がないと主張しても全く聞き入れてもらえなかった」と検察を批判した。

東京地裁は、３月16日、堀江被告に懲役２年６月（求刑懲役４年）の実刑判決を言い渡した。判決は起訴事実をすべて認め、「粉飾した業績を公表して株価を不正につり上げた」と非難し、堀江前社長の「指示、了承なしには各犯行はあり得なかった」と判断。「証券市場の公正性を害する悪質な犯行」として実刑が相当とした。

堀江被告以外の被告と法人の裁判は、堀江被告の裁判とは分離して行われた。公判は11月22日に結審し、宮内被告ら3人は起訴事実を認め、最終陳述で謝罪した。熊谷被告は一部無罪を主張した。

宮内被告に対する求刑は懲役2年6月、その他の元幹部3人と公認会計士2人には、それぞれ同1年6月が求刑された。法人としてのライブドアに対しては罰金3億円、ライブドアマーケティングに対しては同5,000万円が求刑された。証券取引法違反事件としては最大級の罰金だった。

東京地裁は2007年3月22日、宮内被告に対して懲役1年8月（求刑は懲役2年6月）の実刑判決を言い渡した。宮内被告側は控訴した。 また、元取締役の岡本被告、元執行役員の中村被告については懲役1年6月、執行猶予3年に、元代表取締役の熊谷被告は懲役1年、執行猶予3年（求刑はいずれも懲役1年6月）とした。

参考文献

webサイト

◆基礎からわかるライブドア事件
http://www.yomiuri.co.jp/atmoney/special/96/index.htm　（参照2007.6.12）

雑誌・書籍

◆「ニッポン放送・ライブドア事件が提起した証券取引法・会社法上の問題について（特集株式市場の法制度をめぐる諸問題）」『証券アナリストジャーナル』 2005.7

◆「M＆Aの最新税務問題（第4回）株式交換の税務とその問題点--ライブドア証券取引法違反事件を題材に」『税務弘報』 2006.4

category　ガバナンス ―経営者関与

CASE 043 村上ファンドインサイダー事件

date　2006年（平成18年）6月5日

commercial name　株式会社MACアセットマネジメント

scandal type　証券取引法違反（有価証券報告書の虚偽記載、インサイダー取引）

事件の背景

MACアセットマネジメント（通称村上ファンド）は、企業価値を高める資産の有効活用や株主への配当の増額などを掲げて、株主配当が不十分かつ優良資産の有効活用が図られていない企業の株を取得、株主利益の軽視を株主総会で批判してきた。

他方で、経営権を取得された企業の経営者からは、無理な高配当が要求されている、経営陣が経営に専念できない、経営や雇用の不安が社員に生じる、あるいは企業価値を高めると言いつつ株価が上がると売り抜ける、といった批判も挙がっていた。

事件の発端

東京地検特捜部は、証券取引法違反（有価証券報告書の虚偽記載、偽計・風説の流布）で2006年1月16日、ライブドアグループを捜査し、23日に堀江貴文代表取締役（33）、財務担当の宮内亮治取締役（38）、関連会社ライブドアマーケティング（現・メディアイノベーション）の社長を兼ねる岡本文人取締役（38）、金融子会社ライブドアファイナンスの中村長也社長（38）4名を逮捕した。その捜査の過程で、宮内元取締役などからライブドアがニッポン放送株を大量取得し、経営権を握ろうとした際、村上世彰代表にニッポン放送株を大量に買い集める情報を知らせて、協力を求めたとの供述を得た。

ライブドアがニッポン放送株を市場から買い集めていた時に、村上ファンドが保有していたニッポン放送株が大量に売却されていたことから、東京地検特捜部は証券取引法違反（インサイダー取引）で捜査を開始した。2006年5月以降、

keyword【キーワード】：ファンド　インサイダー取引　ライブドア

2度にわたり村上代表を聴取し、当初、同代表は容疑を否定していたが、取調の中で検察官から西武グループ堤義明元会長の証券取引法違反（有価証券報告書の虚偽記載、インサイダー取引）とライブドア堀江貴文元代表の取調の際の対応を比較され、ファンドやその社員を守るために容疑を認めたという。2006年6月4日夜に容疑を大筋で認め、検事調書に署名した。

この自供により東京地検特捜部はニッポン放送株のインサイダー取引で売却益30億円を得たとして、6月5日に証券取引等監視委員会と合同で六本木ヒルズにある村上ファンドのオフィスを家宅捜索し、村上世彰代表（47）を逮捕した。

事件の経緯、会社の対応

逮捕された日に村上代表は東京証券取引所記者クラブで会見し、ニッポン放送株をめぐるライブドア側とのやり取りを明らかにした。それによると、2004年9月15日にライブドア元社長堀江貴文被告と元取締役宮内亮治被告に、「ニッポン放送はいいよ。僕は一生懸命株を買うからあなたも少し買ってくれるとうれしいな」と話したという。

11月8日には、堀江、宮内被告から「ニッポン放送はいいですね。経営権が取得できたらいいですね。僕らもお金を準備するから」との話があり、2005年1月6日に両名と再び面談し、「もしニッポン放送株の公開買い付けをしたら村上さんは協力してくれますか」、「経営権が欲しい」との話を聞いたという。

村上ファンドは、2004年12月から2005年1月にかけて大量のニッポン放送株を購入したことがインサイダー取引になるか否かの記者の質問については、「聞いちゃったかと言われれば聞いちゃった」とインサイダー取引であったことを暗に示唆した。

村上代表逮捕前後、村上ファンドは経営権を握ろうとしていた阪神電鉄をめぐり阪急ホールディングと阪神電鉄株の取得を競っていた。阪急ホールディングは阪神電鉄株の公開買い付けを行っていたが、村上代表はそれに応じて阪神電鉄株を売却すると記者会見で表明した。さらに自身の進退についても触れ、「証券取引市場のプロ中のプロを自任する私が、万が一でも法を犯してもいいのか。プロ中のプロとしての認識が甘かった。罪を甘んじて受けようと」述べ、証券業界から去ることを明らかにした。

村上ファンドについては代表逮捕前には運用資産残高は4,444億円に達していたが、出資者の解約が相次いだことから保有株式を売却して、近く解散すると11月7日の新聞で報道された。

村上容疑者は2006年6月23日に起訴され、その3日後の26日に保釈保証金5億円を支払い保釈されたが、その後、起訴事実を一転して否認したことから9月19日に東京地裁は争点を整理して裁判の迅速化を図る公判前手続きを適用すると決定した。

このインサイダー取引容疑の余波として、2006年6月13日、福井俊彦日本銀行総裁が参議院財政金融委員会において自身の富士通総研理事長時代に村上ファンドへ1,000万円投資し、公表後、元本以外に1,473万円の運用益があったことを明らかにした。低金利の折、金利政策の要人が多額の利益を得たことに国民から強い批判の声があがった（153ページ参照）。

なお、2006年5月12日、MACアセットマネジメントは、投資顧問業の廃業届を提出したことが明らかになった。

裁判での争点

2006年10月16日に第1回公判前手続きが行われ、ライブドアからニッポン放送株の大量取得方針をどの段階で聞いたかが争点となった。

検察側は、ライブドアからニッポン放送株の大量取得する方針を2004年11月8日に聞き、その翌日9日から2005年1月26日までに約193万株、約99億5,000万円を買い増ししたことがインサイダー取引にあたると主張した。

弁護側は11月8日にはニッポン放送株の大量取得の方針を聞かされていないと反論し、さらに①インサイダー取引の故意性はない、②ライブドアがニッポン放送の経営権を取得する重要事実を知って、ニッポン放送株を買い集めた訳ではない、③買い集めたことはすべて村上被告の指示ではない、と反論した。

初公判は11月30日に開廷され、村上被告は容疑事実を否認し、検察側が2004年11月8日にライブドアからニッポン放送株を大量に買い集める方針を聞かされたという点については、「時価総額1,800億円のニッポン放送の経営権を本気で取るつもりだとは到底思えなかった」とし、「ライブドア一流の思いつきの面白おかしい大言壮語を聞いたという受け止め方だった」と述べた。また、一旦、容疑を認めたことについては、「堀江さんは否認したので多くの幹部社員が逮捕された」と言われ、「事実に反して有罪だと認めて私一人の逮捕で済ませた」と釈明した。

これに対して検察側は冒頭陳述で、11月8日にニッポン放送の経営権取得について村上ファンドの会議室で堀江元社長、宮内元取締役とニッポン放送の経営権取得の具体的方策を協議したとし、村上被告は用意した「N社について」という書面を用いて、ニッポン放送の経営権を取得すればフジテレビを含むフジサンケイグループが掌握できると述べたという。ライブドア側は、「3分の1以上の議決権を取ったら、村上さんは自分のところの株を持ち続けてくれますか」などと申し入れられたが、村上被告は「大丈夫だから信じろ」などと返したという。そして、この協議の後、村上被告は部下に「ニッポン放送株は買えるだけ買え」と指示し、ネット取引を使って27万株を買い増した。

さらに検察の冒頭陳述によると、ライブドア側は2006年1月6日に村上被告と会い、資金調達に目途が立ったことを説明し、公開買い付けを実施したいと伝えたという。1月17日にはフジテレビがニッポン放送株を1株あたり5,950円で公開買い付けを行うと公表したことを受けて、村上被告はライブドアの議決権行使に協力することを翻し、実現益を確定するためにファンドが保有する同放送株の半数を高値でライブドアに売却する方針に転換した。ライブドア側はこの方針転換に困惑したが、やむを得ず村上被告の申し入れを受け入れたという。

2007年5月11日、東京地裁で論告求刑があり、村上前代表に、懲役3年、罰金300万円が求刑された。

参考文献

雑誌・書籍

◆「敵対的買収は企業業績にどのような影響を与えるか－村上ファンド保有二二社の実証分析－株価上昇するも企業業績の向上は確認できず」『金融財政事情』 2006.1.16
◆「財界レポート 昔、総会屋。今、乗っ取り屋！？金に物言わせる投資ファンド 阪神電鉄の買い増しで苦慮する村上ファンド－"行動する投資家"村上社長に死角はないのか」『財界にっぽん』 2006.3
◆「福井俊彦日銀総裁と村上ファンドの「深い縁」－かつて「アドバイザリーボード」に」『Themis』 2006.4

◆板垣英憲『村上世彰「私の挑戦」』 あさ出版　2005
◆水島愛一朗『村上ファンドの研究－巨大メディアを狙う「ヒルズ族」の野望』イースト・プレス　2005
◆須田慎一郎『マネーゲーム崩壊－ライブドア・村上ファンド事件の真相』新潮社　2006

category ガバナンス ―経営者関与

CASE 044 東横イン 不正改造問題

date 2006年（平成18年）1月27日

commercial name 株式会社東横イン

scandal type 不正改造

事件の背景

東横インは、2006年3月末時点で全国に126店を展開。所有者から不動産を借り受けてホテルの運営を行う「土地建物賃借方式」を採用。設計・内装も自社グループ東横開発が一手に行うなど出店費用を抑制してきた。

運営費についても、ドアマン、ベルボーイ、ルームサービス要員を配置せず、また、女性をパートで雇用するなど人件費を抑制。さらに、水道・電気代などのコストダウンで、徹底的に無駄を省いた経営を行ってきた。

一方の行政は違法建築のチェックは工事着工前に設計図をもとに行われ、工事後は防火設備について定期的に確認するのみ。建築後の違法改造に対しては監督が行き届かない仕組みがあった。

事件の発端・経緯

2006年1月27日、朝日新聞は、同月23日に開店した東横イン横浜日本大通り駅日銀前が建築完了検査後、機械式駐車場を撤去。また、法律で定められている身体障害者用設備を取り去り、建築基準法、横浜市駐車場条例およびハートビル法に違反する、と報道。不正改造は、開店直前の2006年1月11日から短期間に行われたという。

不正改造発覚を受けて、西田憲正東横イン社長は27日に記者会見を行ったが、「身障者用客室を造っても、年に1、2回しか来なくて一般の人には使い勝手が悪い」、「(身体障害者用駐車場は）ない方がすてき」などと発言。違法性については、「時速60キロ制限の道を67～68キロで走ってもまあいいかと思っていた」と述べ、その態度はニュースやワ

keyword【キーワード】：コストダウン　不正改造　身体障害者用設備　ハートビル法

イドショーを通して社会に報道された。

同27日には国土交通省が調査に乗り出し、横浜市、大阪市などの地方自治体でも東横インのホテルを立ち入り検査した。横浜では東横イン横浜日本大通り駅日銀前を含む市内にある8棟のホテルに横浜市職員が立ち入り、うち横浜日本大通り駅日銀前、横浜西口、関内阪東橋の3棟について不正改造が確認された。

横浜日本大通り駅日銀前については、7台分の駐車場が必要であったが、すべて撤去。身体障害者用の客室については職員ロッカーに改造されていた。横浜西口については、駐車スペースであった1～3階を1階は貸事務所に、2、3階は客室20室に改造。その結果、容積率が法定値をオーバーしていた。こうした東横インの不正改造は関連会社東横イン開発が行い、社内で「E工事」と称され、常態化していたという。

地方自治体の立ち入り検査により、条例違反の実態が次々と明らかになる中、新たに開店する東横イン神戸市三ノ宮Ⅱは是正工事が間に合わず、兵庫県の「福祉のまちづくり条例」が定める障害者用客室を備えないまま違法状態で営業を始めた。神戸市は東横イン側に違法である事を説明したが、条例には営業を差し止める強制力がないことから東横インは行政の指導を振り切って開業した。

2月2日には西田社長が日本身体障害者団体連合会を訪れ、同会長らに陳謝。同会側は、「社会参加を推進していこうとする障害当事者の思いを踏みにじるもの。身体障害者の人権をも軽視したもので許し難い」との抗議文を読み上げた。これに対して、西田社長は「本当に申し訳ない。体の不自由な方にやさしい、あたたかいホテルをめざし、社会に貢献したい」と述べた。

2月6日には国土交通省が現状の調査結果を公開し、全国122物件（123棟）のうち60件で建築基準法やハートビル法などに違反していたとし、悪質な違反については刑事告発を含めた厳しい処置を採るよう地方自治体に文書で通知した。

この国土交通省の調査結果を受けて、西田社長は「関係法令の精神を顧みる姿勢に著しく欠けていた」などと述べた後、ひたすら「全部私の責任」、「反省したい」と繰り返し、詳しい説明や自らの進退についての明言を避けた。

2月16日には法務省が東横インのハートビル法違反について、「人権擁護上、見過ごせない」とし、施設の早急な改善、職員への法令の周知・徹底を刑事告発に次いで重い勧告の措置を採った。

会社の対応

これら行政の調査や処分を受けて、東横インは、次のような是正措置を公表した。

1.高齢者および身体障害者の自立と社会的活動への参加の促進を目的とした「ハートビル法遵守委員会」を社内に設置します。

2.お体の不自由な方の雇用、社会進出への支援を積極的に促進します。

3.社外の有識者を中心とした「施設法令監視委員会」を新設します。

東横インは不正改造を是正する工事に着手し、6月23日に終了。さらに、組織のガバナンス強化のために、5月31日開催の第21期株主総会で監査役設置会社から委員会設置会社に移行を表明。西田社長は業務執行権がない会長に退き、社外取締役を迎えた。

なお、不正改造により2006年度の東横イングループ全体の客室稼働率は80.4％と前期83.1％から2.7％低下したが、依然高い稼働率を維持。高いサービスを低価格で提供する路線は利用者から支持されている。

参考文献

新聞記事

◆朝日新聞2006年1月27日
「東横イン、二重図面で偽装工事条例違反の状態」

webサイト

◆「新しい経営組織・社内体制への変更」
http://www.toyoko-inn.com/news.html#3 （参照2007.6.6）

雑誌・書籍

◆「ニュース トラブル 東横インが全国のホテルで完了検査後に不正改造 容積率オーバーなど法令違反が相次ぎ判明」『日経アーキテクチュア』 2006.2.13

◆「特別寄稿「東横イン・不正改造問題」から学ぶこと」『月刊ホテル旅館』 2006.3

category ガバナンス―経営者関与

CASE 045 日本銀行総裁 村上ファンド投資問題

date 2006年（平成18年）6月13日

commercial name 日本銀行

scandal type インサイダー取引

問題の背景

私募ファンドへの投資はリスクを伴い、法律や日銀内のルールに触れないのであれば、自己責任の範囲で行われるものである。しかし、日銀内のルールは役員が私募ファンドに私財を投資することの定めが不十分であった。

また、国民は金融政策を統括する日本銀行総裁がリスクを伴うとはいえ、低金利下において高い利回りで資産を運用していたことを不平等と考え、さらに福井総裁の当初の説明が小出しであったことも国民からさらに不評を買った。

問題の発端

日本銀行は、2006年3月10日に量的緩和解除を実施し、次はゼロ金利政策終結のタイミングを図っていた最中の2006年6月13日、福井俊彦日本銀行総裁は参議院財政金融委員会で国会議員からの質問を受けて、富士通総研理事長時代の1999年にいわゆる村上ファンドに1,000万円を投資し、数か月前に解約を申し出たことを明らかにした。村上代表は、ニッポン放送株の取引をめぐって東京地検特捜部に証券取引法違反容疑で逮捕されていた。

問題の経緯

福井総裁は、6月13日の財政金融委員会で村上ファンドへの投資を、ファンドの活動を通して日本におけるコーポレートガバナンスを刷新する志に共感し、富士通総研の有志と出資したものと説明。また、「帳簿上の利益は出ているが、この利益については私自身の確定申告の際、納税している。巨額にもうかっているということではない」と述べた。

さらに、民間時代に村上ファンドのア

keyword【キーワード】：村上ファンド　インサイダー取引　内部規程

ドバイザリーボードのメンバーであったことについては、「具体的な投資活動についてのアドバイスはしていなかった。アドバイスによる契約も報酬も存在していない」とし、金銭上の利害関係はなかったことを強調した。

福井総裁の国会での発言を受けて、報道各社は総裁への記者会見を求めたが、日本銀行は同日午後に投資は「服務ルールに違反していない。また、ファンドへの拠出から得た所得などはルールに基づき適正に報告されているものと認識している」とのコメントを出して、記者会見の開催を断った。

6月15日参院予算委員会において民主党議員から村上ファンドへの投資でどの程度の運用益が発生したか質問されたが、福井総裁は「答えは精査して、お出ししたい」と述べ、また村上ファンドへの投資以外で所有する株式の銘柄を問われた際には、「売り買いせず凍結している」と答えて、所有する株式銘柄などは公表しなかった。更に、3月10日の量的緩和解除前であったことから一種のインサイダー取引ではないかと追求された。

6月16日の衆議院財務金融委員会では、投資による利益は、「(毎期の利益は)数字を明確に覚えていないが、数十万から数百万と振れがある。確定したものではなく、再投資される」とし、最終的な利益は6月末の解約までわからないと説明。また、投資は一定の利益が保証されていたものではなく、利殖のためのものではないと改めて主張した。

世論の批判をうけ、6月20日に福井総裁は記者会見を行い、これまでは内部情報を使ってのインサイダー取引を防止することに重点を置いていたコンプライアンス・ルールに職務の公平性を確保する観点を加え、役員の資産公開のあり方や金融取引等の規制といった内部ルールを、武藤敏郎副総裁が議長となる検討会議（「役員の金融取引等に関する内部規程等の見直しに関する諮問会議」）で見直すと公表した。

さらに、総裁就任後も村上ファンドに投資を継続したことが不適当であったと認め、報酬の月額3割を6か月返納するとの処分を表明した。そのうえ、商船三井など社外取締役を過去に努めた3社計2万株、顧問を務めた新日鉄など2社計1万5千株を保有しているとし、保有株式すべての内容を公開することでインサイダー取引との疑念を払拭しようとした。

しかし、この記者会見では村上ファンドへの投資した元本・運用益額の経緯も明らかにしたが、2002年には元本から41万円を割り込んだものの、6月に解約した際には元本と運用益の総額が2,473万円に上ることが判明。福井総裁は、元本1,000万円と運用益1,473万円ともに全額慈善団体に寄付することを明らかにした。元本をも寄付することについては、福井総裁が投資した金額が村上氏によるインサイダー取引に使われた可能性があるためと説明した。

また、福井総裁は自身の資産内容を国民に開示し、6月27日に衆議院財務金融委員会へ自身と妻の資産を報告。さらに、「役員の金融取引等に関する内部規程等の見直しに関する諮問会議」は、7月7日、「役員は在任中に預貯金、個人向け国債、一定額以下の外貨建て流動性預金、投資目的でない保険・年金商品を除いた金融商品、投資目的の不動産の取引、さらに、役員退職後1年間は株式などの売買を禁止する」、という答申を日本銀行に提出。

この答申の1週間後、日本銀行はゼロ金利政策を解除し、市場の短期金利の誘導目標を実質0%から0.25%に引き上げた。

なお、この問題についての国民の評価は、日本銀行の2006年6月（問題発覚前に調査）と9月の生活意識に関するアンケート調査によると、日本銀行を信頼するとの回答は6月（43.3%）に比べて1.9%減の41.4%、日本銀行を信頼しないとの回答は6月（9.1%）に比べて7.3%増の16.4%であった。

参考文献

webサイト

◆「日本銀行役員の金融取引等に関する内部規程のあり方について」、2006年7月7日
http://www.boj.or.jp/type/release/zuiji_new/un0607c.htm#betsu
（参照2007.6.15）

雑誌・書籍

◆「福井俊彦日銀総裁と村上ファンドの「深い縁」--かつて「アドバイザリーボード」に」
『Themis』　2006.4

◆「総裁の村上ファンド出資問題 常識とずれる日銀の危機対応」
『Jiji top confidential』　2006.6.27

category ガバナンス ―経営者関与

CASE 046 日興コーディアルグループ不正会計処理問題

date 2006年（平成18年）12月18日

commercial name 日興コーディアルグループ

scandal type 不正会計処理

事件の背景

日興コーディアルグループは、1944年設立の日興証券を母体にした証券持株会社。1990年代の証券不況を生き残るために、2001年、それまで関係の深かった三菱グループを離脱し、アメリカのシティグループと資本提携して日興コーディアルグループを設立した。傘下にリテール部門の日興コーディアル証券、ホールセール部門の日興シティグループ証券、資産運用・管理業務を行う日興アセットマネジメント、投資業務を行う日興プリンシパル・インベストメンツなど多数の子会社を持つ。

事件の発端

2006年12月18日、証券取引等監視委員会は、日興コーディアルグループが2005年3月期の有価証券報告書に約188億円の利益を水増し計上していたとして、課徴金5億円の納付命令を出すよう金融庁に勧告した。

監視委の調べによると、2004年8月から2005年1月にかけて東証1部上場の電話代行大手「ベルシステム24」（05年1月に上場廃止）の買収に際し、同グループの子会社「日興プリンシパル・インベストメンツ（NPI）」と、同社の100％子会社「NPIホールディングス（NPIH）」がデリバティブ付きの取引（NPIがNPIH発行の債券を買い取る）を行った。それはNPIが利益を出せばNPIHは損失を被る取引であり、両社共に同グループの連結決算対象になることから、本来なら同グループ内で利益が相殺されるはずだった。

ところが同グループはNPIHを連結決算から不当に除外し、約188億円の利益を架空計上した。その結果、2005年

keyword【キーワード】：連結決算対象　善良な管理者としての注意義務　TOB

3月期の有価証券報告書では、約589億円の経常利益が約777億円に、約352億円の税引き後利益が約469億円に水増しされた。同グループは2005年11月にこの報告書を基に社債を発行し、市場から500億円を調達した。証取法では虚偽の報告書を基に社債で資金調達した場合、調達額の100分の1を課徴金として課すことになっている。

日興コーディアルグループは同日、報告書を自主的に訂正し、担当役員の辞任と有村純一社長ら6人に対し役員報酬の50%返上（半年間）などの社内処分を発表した。一方、東京証券取引所は同日、東証1部に上場している同グループの株式を、上場廃止の可能性がある監理ポストに割り当てた。国内大手証券株の監理ポスト入りは、1997年の山一証券以来の出来事だった。東証の基準では、「有価証券報告書等に虚偽記載を行い、かつ、その影響が重大である場合」に上場が廃止される。1月19日の東京株式市場で、同グループの株は売りが殺到しストップ安となった。

指摘された問題

NPIHは「特別目的会社」であり、ベンチャー企業を育成するために一時的に株を持つ場合は、例外的に連結決算の対象から外すことができる（VC条項）。しかしそもそもベルシステム24は上場企業であり、ベンチャー育成という名目は成り立たない。NPIHを連結対象から外すことには最初から無理があった。同社の監査を行っていたみすず監査法人（旧中央青山監査法人）はこの点を見過ごし、結果的にNPIHの連結対象外しを認めることになった。

2007年1月18日に記者会見を行った日興コーディアルグループは、当初、問題の原因を「NPIHが債権を発行する際に手続き上のミスがあり、それを隠すためにNPIHの担当者が書類を偽造した。利益水増しの意図はなかった」と説明した。

しかし証券取引等監視委員会の説明は違っていた。監視委は、NPIがNPIHから買い取った債券の日付を問題視していた。NPIはこの債権をベルシステム24の株式に交換すれば利益を受け取ることができる。その際、ベルシステム24の時価と債権発行時の権利行使価格の差が大きければ大きいほど、利益は大きくなる。NPIは債権の発行日を実際よりさかのぼり、ベスシステム24の株が値上がりする前に債権を引き受けたと偽って評価益を水増ししていた。この事実を掴んだ監視委は、日興コーディアルグループには評価益水増しと連結外しによる利益水増しの意図があったと判断し、金融庁への勧告に踏み切ったのだった。

結果的に同グループは監視委の事実認

定を受け入れ、金融庁に対する異議申し立ても行わなかった。

その後の経緯、会社の対応

2006年12月25日、日興コーディアルグループは臨時取締役会を開き、金子昌資会長と有村社長が26日付で引責辞任することを決めた。後任の社長には桑島正治取締役が昇格することになった。有村社長は不正会計処理に会社の組織的な関与があったことを認め、「資本市場の担い手がこうした事態を引き起こして申し訳ない」と陳謝したが、「会社としては利益水増しの意図はなかった」と釈明した。また、外部の専門家を中心とした特別調査委員会を設置し、問題の原因を究明して再発防止策を策定することを決めた。

12月28日、同グループは辞任した金子前会長と有村前社長を含む6人から、企業業績に連動して支払われる報酬の一部（総額6,600万円）を返上するという申し入れがあったことを発表した。6人はいずれも2005年3月期に執行役を務めていた。

2007年1月5日、金融庁は同グループに対し、証券取引法に基づき5億円の課徴金納付命令を下した。これは課徴金制度が導入された2005年4月以来の最高額だった。同グループは9日付で課徴金を支払った。

1月30日、特別調査委員会は同グループの不正会計処理問題に関し、「評価益を水増し計上するために意図的な操作を行った。操作は関係者によって組織的に進められた」との調査結果を発表した。有村前社長については「関与の証拠はない」としながらも、「今回の事態を招いた重大な経営責任がある」と厳しく指摘。

2月1日、日興コーディアルグループは2005年3月期と2006年3月期の会計処理が不適切だったとして、2度目の決算訂正を行った。連結経常利益を1度目の訂正から2005年3月期は48億円を、2006年3月期は191億円をそれぞれ減額した。また、特定目的会社全20社（2004年4月時点）を連結対象に改め、不適正に計上していた利益を取り消した。さらに同グループは、旧経営陣に対する法的措置も含めて検討する「責任追及委員会」を同日付で設置した。

グループのその後

2月20日、日興コーディアルグループの会計監査を行ったみすず監査法人が、7月を目途に全業務を新日本、トーマツ、あずさの大手3監査法人に全面移管することが明らかになった（135ページ参照）。

不正会計処理問題の発覚後、日興コーディアルグループは預け入れ資産の流出が続き、単独での生き残りが難しくなっていた。国内の大手金融グループとの資本提携も模索されたが、2月23日、米金融大手のシティ・グループが日興コーディアルグループを事実上傘下に収める方向で交渉に入ったことが明らかになった。シティはTOB（株式公開買い付け）によって現在の保有比率4.94％を33.4％以上に引き上げる予定で、同グループを日本での営業基盤拡大の足がかりにする。また2月26日、みずほコーポレート銀行も同グループに対し、出資比率の引き上げを含めた提携を提案する方向で検討に入った。

2月27日、日興コーディアルグループは、不正な利益で水増しされた2004年9月中間期～2006年9月中間期決算の訂正報告書を関東財務局に提出した。監査を行ったあらた監査法人も、訂正報告書を「適正」と判断した。また同日、有村前グループ社長、山本元・前グループ財務部門執行役常務、平野博文・日興プリンシパル・インベストメンツ元社長の3人に対し、会社法が定める「善良な管理者としての注意義務」を怠ったとして、総額31億円の損害賠償請求訴訟を起こすことを発表した。金子前会長に対しては提訴を見送ったが、監督責任があるとし、3億円の私財提供を求めた。

報告書提出をうけた東京証券取引所は3月12日、日興コーディアルグループの上場維持を決定したことに関連して、上場廃止基準に抵触する組織的関与は認められなかったとの見解を示した。

5月9日、シティグループが日興コーディアルグループの株の61.08％を保有する筆頭株主となったことで、事実上同社の傘下となった。

参考文献

webサイト

◆「当社グループの信頼回復に向けた取り組みについて」
http://www.nikko.jp/GRP/news/2007/pdf/20070213_3.pdf （参照2007.6.10）

雑誌・書籍

◆**「特集 日興コーディアル事件の教訓」**『財界』 2007.1.30
◆**「インタビュー/桑島正治（日興コーディアルグループ社長）北林幹生（日興コーディアル証券社長）」**『週刊ダイヤモンド』 2007.2.3
◆**「SCANDAL 日興コーディアル事件の闇 疑惑は深まるばかり 監査法人の罪も重大」**『金融ビジネス』 2007.Win.

◆アカウンタビリティと内部統制

官民を問わず、組織にとってアカウンタビリィ（説明責任）と内部統制は密接な関係がある。役所の施策や民間企業の営利活動が社会に認められるには、それらを決定するに至ったプロセスを透明化したり、社会的意義を説明したりする必要がある。そして、その説明に虚偽や誇張がないことを決裁文書などの意思決定を記録する文書で挙証しなければならない。そのためには組織の縦割りを廃して、いかなる情報も共有できる風通しの良い組織づくりや文書の改竄を牽制するといった仕組みが十二分に機能していなければ、現場が実情と異なる報告を上層部に上げたり、現場が正しい情報を報告しても上層部が隠蔽したりする余地が生じる。現場の判断で賞味期限切れの原材料でシュークリームなどの洋菓子を製造した不二家や上層部の判断で粉飾決算を行ったライブドアや日興コーディアル証券はその例だろう。

ところで、アカウンタビリティや内部統制が社会的に問われたのは、日本ではここ10年来のことである。アカウンタビリティについては国の行政改革委員会が1996年に公表した「情報公開法要綱案（中間報告）」の中で「国政を信託した主権者である国民に対し、政府がその諸活動の状況を具体的に明らかにし、説明する責任」として、民主主義を構成する重要な要素として位置付けたことから日本でもその概念が広まった。

そもそもアカウンタビリティは、民主主義の歩みとともに18世紀後半から形成され、1789年のフランス人権宣言においては、「社会は、すべての公の職員に、その行政に関する報告を求める権利を有する」とし、統治を付託した公僕に対して国民が説明責任を求める権利を保証するといった民主主義の根幹として捉えられていた。

それから2世紀近くを経る間に、国民として政治に参加できたのが貴族、資産家および名望家であったものが成人男性、次いで成人女性が含まれ、国民の裾野が広がるに従って統治の正当性を強化する必要が生じ、諸施策の形成過程をオープンにすることで国民からの合意を得ているとして諸施策を執行する仕組みとなった。

現在、各国がアカウンタビリティの範としているのは1966年に制定されたアメリカの情報自由法（Freedom of Information Act：FOIA）である。1993年にクリントン大統領がFOIAについて「開かれた政府は説明責任を果たすために不可欠なものであり、本法律はそのプロセスのなくてはならない一部となっている」と述べ、民主主義国家において十二分な説明責任が統治の正当性を確保し、また施政者の不正を牽制する役割があることを謳っている。

こうして、民主主義という仕組みにおいてアカウンタビリティは統治の正当性を担保する役割を担う一方で、民主主義とともに発展した資本主義下において公害問題といった環境問題や昨今では不具合製品を出荷して、健康や人命を脅かすなど民間企業の不適正な営利活動が社会に大きな影響を及ぼすようになった。さらに、IT技術の進歩を背景に決済行為が距離の遠近や金額の過少を問わずに行えるようになると、商品の流通が量的に拡大して、さらに複雑な計算処理が可能となったことで多様な金融商品が生まれた。IT技術での処理能力増加に伴って民間企業の規模も拡張し、一民間企業の会計不祥事が一国の経済状況を左右するような事態も発生した。エンロンのような不正会計処理は国の経済成長を阻害しかねないことから、アメリカでは民間企業の会計状況とその会計報告の内容が真正であることを投資家などの関係者に保証する法律、いわゆるSOX法（上場企業会計改革および投資家保護法：Public Company Accounting Reform and Investor Protection Act of 2002：サーベンス・オクスリー法）が2002年7月に制定され、日本でも冒頭のライブドアなどの会計不正事件もあって2005年7月に会社法改正、2006年6月に金融商品取引法が制定された。

しかしながら、アメリカでは監査の基準や範囲が明確でない部分があり、投資家や消費者からの訴訟対応のコストが重いことから、民間企業の内部統制負担が過重で競争力を削いでいるといわれている。また、ディスクロージャーは、民間企業は正しい情報を公開するという性善説に立っており、意図的に悪事をなす企業に対して牽制が効かない。さらに、同種の不正を根絶するために、一つの不正会計があると次にその不正を行う余地をなくすためにさらに厳しいルールが定まって、不正を犯した民間企業以外の優良企業がさらなる対応コストを強いられ、これまた競争力を低下させている。民間企業の競争力を保ちつつ、その営利活動が適正かどうかをチェックするアカウンタビリティや内部統制のあり方が現在、問われている。

category ガバナンス ―従業員関与

CASE 047 滋賀銀行横領事件

date 1973年（昭和48年）2月19日

commercial name 株式会社滋賀銀行

scandal type 横領

事件の発端

滋賀銀行山科支店の行員（42）は1965年、元タクシー運転手（32）に金を貢ぎ、銀行の金に手をつけるようになった。1966年11月、行員は客の定期預金100万円を偽造証書で中途解約した。1968年にも定期預金に手をつけ、1972年には架空名義のものをつくりあげ、100万円単位で引き出しを始めた。

発覚の経緯とその後

山科支店では億を越す巨額の金額が行員によって詐取されていることを知った。1973年2月19日に逃亡した行員の逮捕状が出て、全国に指名手配された。

1973年10月15日朝、滋賀県警捜査2課は元タクシー運転手をぞう物収受の疑いで逮捕した。

同課はさらに、山口県警・福岡県警の協力を得て、下関市内居住の元タクシー運転手の実弟（31）と北九州市に住む実兄（43）の自宅を家宅捜索を行ない、両名を参考人として事情を聴いた。

元タクシー運転手は1971年4月13日、行員が支店からだまし取った金と知りながら、山口銀行の普通預金口座に70万円の送金を受けていた。滋賀県警行員の交友関係を洗っていたところ元タクシー運転手が浮かんだ。

10月21日午後、行員は大阪市城東区のアパートに潜伏していたところを、滋賀県警捜査員に詐欺の容疑で逮捕された。被害額はこの時点で4億8,000万円と見られていたが、2人の供述から7億円を越していることが分かり、その後の裁判所の認定では8億9,400万円ということが判明した。

1976年6月29日、大津地裁にて行

keyword【キーワード】：横領　事務水準の向上

員に懲役8年、元タクシー運転手に懲役10年の判決が言い渡され、一方銀行への賠償としては行員が1,000万円、元タクシー運転手には3,000万円が命じられた。

その後の銀行の対策

創立40周年（1973年）に当たり、また1969年度からの第2次長期経営計画の最終年度として長期計画における総預金5,000億円達成を目指して総力を挙げて全店的運動を展開していた矢先の不祥事に、銀行は大きな衝撃を受けた。廣野頭取は「今回の如き不祥事件を今後絶対に起さぬように、全行員が綱紀の粛正をはかり、正確な事務処理と事務管理の徹底を行い、もって株主、顧客および地域社会の人々の絶大なる信頼に応えなければならない」（『滋賀銀行五十年史』1985年）と全行員に強く要請した。

銀行はこの不祥事件の反省の上に立って、管理体制の大幅な改正を実施し、事務管理の強化、監査牽制体制の確立など、事故防止のための種々の対策を推進した。まず1973年7月23日、常務室に直属の頭取室をもうけ､総合企画部門･事務管理部門・検査部門を相互に、有機的に結合させた。

実行面では、事務管理部門では規程・取扱要領を整備し、事務規程を改刷、従来の綴じ込みをバインダー式に改めた。特殊朱肉台・スタンプ台の制定、預り通帳・証書の取扱厳正化、店舗外現金授受の厳正化、重要用紙・重要鍵類の保管厳正化などを実施した。各支店の内部管理のため、指示された8項目を中心に特別重要項目65項目について総点検した。

1973年7月の改革では、同時に事務の機械化・集中化に伴う事務集中部門の拡大に対処して事務部の機能を分化した。コンピュータ部と事務集中部を分離し、それぞれを独立させた。業務改善を徹底し､頭取の述べる「事務水準の向上」をめざし、また併せて全行員の「士気の高揚」を求めた。

参考文献

雑誌・書籍

◆「大正・昭和を彩った女の事件簿」（創刊801号記念特集・女の性は解放されたか）『婦人公論』 1982.10

◆滋賀銀行『滋賀銀行五十年史』 1985

category ガバナンス 一従業員関与

CASE 048 足利銀行詐欺事件

date 1975年（昭和50年）7月20日

commercial name 株式会社足利銀行

scandal type 詐欺、有価証券偽造

事件の発端

1975年7月20日、足利銀行栃木支店貸付係（23）は架空の預金証書を以って2億1,190万円を引き出したことで栃木県警捜査2課と栃木署に逮捕された。容疑は詐欺、有価証券偽造など5つの罪状による。同時に同県警らは行員に金を貢がせていた国際ユニオン開発センター（東京都港区）社長阿部誠行（25）を上記容疑の共犯として全国に指名手配した。

行員は、1973年夏、友人と東北旅行をして、この時車中で「国際秘密警察員」と称する男と知り合った。男は、やがて借金を要求した。行員は次第に男に貢ぐ金に困るようになり、銀行の金に手をつけるようになった。職場で隙をみて融資調査役の検印を白地の手形に押して自宅に持ち帰り、金額と定期預金名を書き込んで職場の忙しい時を狙って現金化したのである。行員は4年間にわたって定期預金を担保に貸付をする部門を担当していた。

一方の秘密警察員と名乗っていた男と阿部誠行（25）は、行員から貢ぎ取った2億1,000万円で競馬情報会社やクラブを経営しており、愛人を持って派手な生活をしていたという。

事件の発覚

事件が発覚したのは銀行内の抜き打ち審査によるものであった。本店の監査人が栃木支店の帳簿を監査して、不審な担保貸付多数を発見したのである。貸付係責任者や関係者に確認したところ、行員の犯行が発覚し、銀行は警察に届け出た。

銀行が気づいたのは、犯行が始まって1年半の後の同年7月15日のことである。銀行は貸付伝票とその副伝票に記載

keyword【キーワード】：有価証券偽造　担保貸付

の担保となる定期預金証書の照合を怠っていた。

その後の経緯

阿部は指名手配を知って愛人と逃亡した。阿部と同行し、運転手役の共犯、国際ユニオン開発部センター専務の稲葉富美雄（26）は7月26日午前1時頃、東京・綾瀬署に出頭し、同署は犯人隠匿と逃走ほう助罪の容疑で緊急逮捕した。

1975年9月17日、金沢で阿部の愛人が警察に逮捕され、阿部は翌18日東京で逮捕された。

裁判では行員が懲役3年6月、阿部は詐欺・有価証券偽造・同行使で懲役8年とされた。

参考文献

雑誌・書籍

◆「銀行OL犯罪私の情状酌量」『婦人公論』1981.11

category ガバナンス ―従業員関与

CASE 049 日本航空逆噴射事件

date 1982年（昭和57年）2月9日

commercial name 日本航空株式会社

scandal type 墜落事故

事件の背景

日本航空の事故は重大なものだけを数え上げても、それまでに以下のようなものがあった。①1952年4月9日、「もく星」号マーチン2－0－2型機が伊豆大島の三原山に墜落。搭乗者37名全員死亡。②1966年8月26日、コンベア880－22Mが羽田沖で訓練中、離陸直後に墜落炎上し、乗員4名と運輸省航空局職員1名の全員が死亡した。③1972年6月14日、DC8－53型がニューデリーのパラム空港への着陸進入中に、空港手前のジャナム河畔に墜落した。搭乗者89名中86名と工事作業員4名が死亡した。④1972年11月28日、DC8－62型がモスクワのシェレメーチェヴォ国際空港を離陸直後に失速し墜落した。搭乗者76名中62名が死亡した。⑤1977年9月27日、DC－8－62型がクアラルンプール国際空港に着陸進入中、墜落。搭乗者78名中34名が死亡した。

事件の発端

1982年2月9日午前8時45分頃、福岡発羽田行きの日本航空350便DC－8－61型（JA8061）が羽田空港への着陸進入中、突然失速して東京湾に墜落した。搭乗者174名中、乗客24名が死亡した。現場は川崎市の沖、水深1.1メートルの浅い海であった。当機は滑走路の手前1.8キロの地点を通過するまでは正常な姿勢をとっていた、と管制関係者は言う。高度約100メートル、速度240～250キロ。ところが通過直後に高度は急激に下がり、海上に突き出た着陸進入燈に激突し、海中に突っ込んだ。

keyword【キーワード】: 機長　逆噴射　心身症　健康管理問題

事件の経緯

この日の天候は晴れ、視程は5キロで向かい風という絶好の操縦条件下にあった。大事故の原因については、当初から人為ミス説が強かった。機長が着陸直前に逆噴射をするという異常な行動によったものとされる。

この機長はかねて数度も異常な言動や操縦が行なわれていたというが、社内では問題にされることもなかった。事故の前日、飛行中の機体を意味もなく急旋回させていたという。事故の時と同じ副操縦士はこの時すばやく回避の操作を行なって事故にはならなかった。

事故原因を調べていた警視庁東京空港署の捜査本部は、1982年2月15日、機長が「着陸直前に操縦桿を前に倒した」という供述を得た。エンジンを逆噴射したことについては「覚えていない」と供述した。

機長は1976年秋頃から精神的な変調が気づかれており、1978年には異常な言動さえ見られた。1979年12月DC-8国内線の機長となり、1980年5月国際線機長になっているが、言動の異常から乗務をはずされたこともあった。医師の診断ではうつ病あるいは心身症として治療も受けた。しかし「通常勤務可能」という診断を得て、1981年4月から国内線副操縦士として乗務に復帰。その後「機長としての乗務」も差し支えないという診断が下され、同年11月には国内線機長にも復帰した。1982年ふたたび症状は悪化、事故前日2月8日の飛行では管制官の指示を取り違えたり、飛行中異常旋回することもあった。

機長は過失致死罪の容疑で逮捕されたが、妄想性統合失調症と診断され、検察は不起訴処分とした。一方、1982年2月23日、衆議院法務、運輸両委員会は初めてこの事故について取上げ、日航の高木養根社長、野田親則専務に事故責任について問いただした。日航幹部は「心身症と機長の異常行動は直接は結びつかない」と述べた。警察庁は、機長の健康管理問題に関して今後会社の刑事責任を追及する方針とした。

参考文献

雑誌・書籍

◆松永憲生「日航機事故の真相――コックピット戦慄のドラマ――『機長、何をするんだ！』」『現代』1982.4
◆三輪和雄『空白の五秒間――羽田沖日航機墜落事故』（新風舎文庫）新風舎　2004

category ガバナンス ―従業員関与

CASE 050 日本航空 御巣鷹山墜落事件

date 1985年（昭和60年）8月12日

commercial name 日本航空株式会社

scandal type 墜落事故

事件の背景

日航は大事故を起こす度に経営体質の問題、として批判を浴びてきた。社会の批判もさることながら、労働組合はさらに、会社に鋭い指摘を続けてきた。また、小説『沈まぬ太陽』（山崎豊子）では、労働組合委員長が受けた不条理な社内の内情を描き、社内倫理についても問題を抉り出した。社内改革はなかなか進んでいないことが周知の事実になっていた。

事件の発端

1985年8月12日18時12分、日本航空の羽田発大阪行き123便ボーイング747SR-100型機が羽田空港を離陸した。

事件の経緯

1985年8月12日、日本航空123便、東京（羽田）発大阪（伊丹）行のボーイング747SR－100ジャンボ機は、18時00分羽田を出発して南西に進み、大島で西に向き、串本で北西に向かって18時56分大阪に着くというフライトプランであった。コックピットクルーは機長（49）、副操縦士（39）、航空機関士（46）の3人、客室乗務員は男性1人、女性11人の12人で乗務員は合計15人。乗客は509人であった。

当日機長席に坐って操縦していたのは機長昇格訓練を受けていた副操縦士だった。機長は副操縦士席に座り、副操縦士の指導と無線交信など副操縦士の行なう業務を担当していた。

乗員乗客524人を乗せたこの123便は18時4分18番スポットを離れ、18時12分羽田空港を離陸した。離陸12分後の18時24分、相模湾上空を巡航高度の7,200メートルへ向けて上昇中に

keyword【キーワード】：ボーンイング747　金属疲労　圧力隔壁　御巣鷹山

異常事態が発生した。垂直尾翼が垂直安定板の下半分を残して破壊されたのである。その際油圧操縦システムの4系統すべてが損傷し、昇降舵、補助翼はほとんど操作不可能となった。こうして油圧使用の操縦は不可能となり、機体は迷走を始めた。上昇・下降を繰り返し、17分間は高度6,000メートル以上で飛行を続けるが、18時40分頃降下手段として着陸脚を降ろした。その後富士山東麓を北上、山梨県大月市上空を右旋回、一気に4,600メートルも降下した。その後埼玉上空で左に旋回、群馬県南西部の山岳地帯へ向い出した。そして機内では衝撃音が響いた。各座席には酸素マスクが落下し、予め録音してある緊急事態発生時の警告の声が流れた。

コックピットでは衝撃音があった直後、機長は地上への無線交信で羽田空港への引き返しを要求している。ボイスレコーダーには18時24分12秒から18時56分28秒までの間の音声が残っている。18時24分35秒頃、ボイスレコーダーには何らかの衝撃音が入る。航空機関士は油圧が異常に低下していることに気付く。コックピットは客室の気圧減少を知らす警報音に気付き、機体を低空にと降下させたが、すでに機体をほとんどコントロールできない状態であり、降下・上昇を繰り返した。18時40分頃脚は出たが、機は山岳地帯を迷走しており、54分クルーは自ら現在位置を見失い、羽田に尋ねている。

18時56分14秒、降下し続けていた機体は対地接近警報装置が作動している。僅かに機体は上昇したが、56分23秒には樹木と接触し、56分26秒右翼が地面に激突、56分30秒には高天原山の斜面に前のめりに反転する形で墜落衝突した。この衝撃で機体は前部から主翼付近の客室は完全につぶれて炎上、客室後部と尾翼は山の稜線を超えて斜面を滑落した。しかしこの客室後部は他部分と比して衝撃が少なく、奇跡的に4名の生還をみた。

当機の機影は墜落直前18時56分02秒にレーダーから消失している。関係者はレーダーに映らない低空飛行を続けていることを願い呼び出しを続けたが情報はなく、墜落はほぼ確実とみられた。墜落地点はレーダー消失地点から推測して群馬県と長野県の県境付近と見て、この地域での捜索が開始された。ヘリコプターが21時過ぎ群馬県上野村山中で激しい山火事を発見した。これが墜落現場であった。

翌朝一番に地元の消防団員が到着した。生存者の証言によると、墜落直後はなお多くの生存者があった模様だという。現場は悲惨な状態だった。盛夏であったから損傷していた遺体の腐敗は早く、識別の困難な遺体が多かった。最終的な身元確認の作業は約4カ月を要した。初動から救助支援まで、空・海・陸の自衛隊の諸協力もあり、アメリカ軍の協力もあった。

その後の経緯、会社の対応

当時の航空事故調査委員会の出した事故原因は次のようなものであった。①1978年6月2日、同機は伊丹空港でしりもち事故を起している。②ボーイング社のその後の修理が不適切だったため、圧力隔壁に金属疲労が蓄積した。③そのために飛行中に圧力隔壁が破壊されて、後部4系統の油圧操縦システムがすべて失われ、操縦不能に陥ったものである。しかし生存者の証言によれば、この「圧力隔壁破壊」があった時に起きる急減圧、室温低下などが発生してはいないようであり、この事故調査委員会の結論はなお疑問視されている。

この事故に関して日本航空は総額600億円の賠償金を支払っている。また事件以後の数年間は競合会社の全日本空輸、東亜国内航空に利用者が移り、さらに新幹線にも相当の客は移ったとみられ、日本航空の業績は大幅に悪化した。

墜落現場の「御巣鷹の尾根」には慰霊碑が建てられた。毎年8月12日には慰霊登山が行なわれてもいる。

この事故から20年目に当たる2005年8月12日、JALウェイズの福岡発ホノルル行きのDC—10が離陸直後にエンジンから発火し、部品が市街地に落下した。ちょうどこの日の午前には慰霊の行事で二度と事故は起さないと挨拶した直後のことであり、この年以降にも日本航空の事故は多発して、遺族や他方面からも批判の声があがった。

2006年4月24日、日本航空は「安全啓発センター」を開設した。社外有識者からなる諮問機関「安全アドバイザーリーグループ」の提言に基づいて開かれたのである。これは当JAL123便事故に関する展示を主とする。事故の直接原因とされる後部圧力隔壁を始め、残存機体やコックピットボイスレコーダー、デジタルフライトレコーダーなど、さらに当時のマスコミ報道などの資料が展示されている。本来、この安全センターは社員の安全意識の確立を目的とされたものであった。過去の事故と正面から向かい合い、安全運行の大切さを知識だけではなく、「こころ」で理解してほしいという意向であった。

スタッフは安全啓発センター長以下3名のスタッフが運営し、航空機事故部品の管理・展示、航空安全に関する文献・資料などの収集·管理、あるいはセンターの案内業務を行なっている。(場所は羽田空港第2綜合ビル内。展示場の広さは約622㎡、一般見学者も受け入れている。)

参考文献

雑誌・書籍

◆藤原源吉「事故の真因はどのようにして分かったか（日航ジャンボ機御巣鷹山墜落事故（18））『技術と人間』1999.10

◆藤原源吉「日航ジャンボ機御巣鷹山墜落事故（18）」『技術と人間』 2000.12

◆「御巣鷹山が語るもの（特集　御巣鷹山事故から20年JAL――現場不在の咎）」『日経ビジネス』 2005.6.20

◆柳田邦男『死角　巨大事故の現場』 新潮社　1985

◆吉原公一郎『ジャンボ墜落』 人間の科学社　1985

◆吉岡忍『墜落の夏　日航123便事故全記録』 新潮社　1986

◆一九八五・八・一二日本航空ジャンボ機御巣鷹山墜落事故審査申立書. 8.12連絡会事務局〕 1989

◆朝日新聞社会部編『日航ジャンボ機墜落――朝日新聞の24時』〔朝日文庫〕朝日新聞社　1990

◆山崎豊子『沈まぬ太陽（三）御巣鷹山編』 新潮社　1999

◆飯塚訓『墜落遺体』 講談社　2001

◆深田祐介『決断』（講談社文庫） 講談社　2002

◆菊地定則『遺恨-御巣鷹』 菊地定則　2002

◆藤田日出男『隠された証言　日航123便墜落事故』 新潮社　20003

◆米田憲司『御巣鷹の謎を追う』 宝島社　2005

◆8・12連絡会議『茜雲総集編　日航機御巣鷹山墜落事故遺族の20年』本の泉社　2005

その他の資料

◆群馬県立図書館の資料展示「日航機墜落事故から20年」（平成17年7月20日～9月4日）関係報告書・小説・追悼文集・ルポルタージュ・その他、視聴覚資料など。
https://www.library.pref.gunma.jp/tenji/listH17-2a.html
（参照2007.6.10）

category ガバナンス ―従業員関与

CASE 051 東芝機械ココム違反事件

date 1987年（昭和62年）4月30日

commercial name 東芝機械株式会社

scandal type 外為法違反（不正輸出）

事件の背景

共産圏の軍事能力強化防止のため、1950年1月、「対共産圏輸出統制委員会（略称ココム）」が設置され、活動を開始した。軍事技術・戦略物資の輸出規制のための委員会である。本部はパリで、加盟国はアイスランドを除く北大西洋条約機構（NATO）加盟の諸国と日本、オーストラリアであった。しかし、物資や技術の輸出は外資獲得の手段でもあったから、輸出統制対象リストをめぐっては加盟国間で対立を起すことが少なくなかった。

事件の発端

1982年から1984年にかけて、大手電機メーカー東芝の関連会社東芝機械から共産圏に向けて輸出された物件について、1987年4月30日、警視庁生活経済課と外事1課は外為法違反の容疑で東芝機械の本社など関係14カ所の捜索を行なった。同社は上記の期間中、ココム違反に当たる船舶推進用プロペラ表面加工機4台をソ連に不正輸出していたという容疑である。同社は加工機が9つの軸を同時に制御できる能力があるものはそのまま輸出するとココム違反になるので、2軸だけしか制御できないようにして輸出許可を得ていた。

その後の経緯

1987年5月15日には、通産相が東芝機械に対して共産圏向けの1年間輸出停止の行政処分を下している。また5月27日には外為法違反により、東芝機械の材料事業部鋳造部長（52）と工作機械事業部工作機械第1技術部専任次長（50）の2人が逮捕された。

翌1988年3月22日、東京地裁から

keyword【キーワード】：ココム　原子力潜水艦　スクリュウ音

外国為替及び外国貿易管理法違反で判決が下った。東芝機械は罰金200万円、被告はそれぞれ、懲役10月・執行猶予3年、懲役1年・執行猶予3年というものであった。

この時輸出された工作機械は、同時九軸制御が可能という高性能なもので、原子力潜水艦のスクリュウを削るとスクリュウ音が出なくなるというものだった。

しかし1990年代初めのソ連崩壊による情報公開により、輸出された機械と潜水艦との関係や、工作機械の納入先が明らかになり、事件の真偽に疑問が投げかけられている。

参考文献

雑誌・書籍

◆清水欣一「なぜ、東芝機械はココム違反事件を惹き起したか（財界レポート）」『財界』1987.7
◆「日本的恭順方法で打開図る東芝の賭け――東芝機械ココム違反事件（IN THE NEWS）」『エコノミスト』1987.7
◆牧野昇「〝ココム違反事件〟から学ぶ（時代の先を読む・科学技術）」『VOICE』1987.10
◆横川新「東芝機械ココム違反事件――東京地判昭和63.3.22」『ジュリスト』 1988.6.15
◆細川忠義「ココム違反事件捜査」『警察学論集』 1990.5
◆奥島孝康「事件に学ぶ会社法入門―6―東西冷戦のトバッチリ＝東芝機械対ソ連ココム違反事件――親子会社」『法学セミナー』 1992.9

◆熊谷独『モスクワよ、さらば――ココム違反事件の背景』 文芸春秋　1988
◆加藤洋子『アメリカの世界戦略とココム　1945－1992――転機にたつ日本の貿易政策』有信堂高文社　1992
◆春名幹男『スクリュー音が消えた――東芝事件と米情報工作の真相』 新潮社　1993

category ガバナンス ―従業員関与

CASE 052 住友銀行青葉台支店事件

date 1990年（平成2年）10月5日

commercial name 株式会社住友銀行

scandal type 出資法違反（浮き貸し）

事件の背景

1982年から86年にかけて住友銀行新宿新都心支店の取引先課長（のち副支店長）の行員（45）は、株の仕手集団「光進」の小谷光浩社長（53）と知り合い、支店の顧客から光進など2社への合計228億円の融資を仲介していた。小谷は国際航業株の買占め、乗っ取りを図っていた。

行員は1988年1月、同行青葉台支店長に赴任した。ここでは同年3月から9月1日までの間に、支店の顧客の地主ら3者を小谷容疑者に引き合わせ、113億円を融資させている。

1990年1月、同行大塚支店長に転勤。小谷から紹介された経営コンサルタント業「バンコープ」の秋山清社長（40）と共謀、支店取引先の会社経営者を、株投資組織「誠備グループ」主宰の加藤暠氏に紹介した。加藤氏の関係する不動産会社東成商事は会社経営者らから合計115億円の融資を受けたという。

東京地検特捜部は同年7月31日、国際航業の株式買占めを行なっていたとされる小谷容疑者と住友銀行の関係について行員容疑者の浮き貸し容疑をつかみ、任意取調べを行なった。

容疑者はこの後8月、健康上の理由として支店長更迭を求め、本店総務部調査役となり、9月28日付けで退職した。

事件の発端

1990年10月5日午後、東京地検特捜部は、住友銀行元青葉台支店長を出資法違反の容疑で逮捕した。地検の狙いは、国際航業の株買占め・乗っ取り事件の立役者小谷光進代表と住友銀行との関係を明らかにすることであった。

光進は住友銀行の株約300万株を買

keyword【キーワード】：誠備グループ　光進　浮き貸し　仕手株

い集めてこれを担保として融資を求め、1985～86年あたりは蛇の目ミシン工業株を買占め、これで資金をつくり、次の仕手戦を展開するなどの方法で資金を膨らませた。その株ころがしの元資金を住友銀行が支えていたことになる。

その後の推移、会社の対応

1990年10月7日、住友銀行の磯田一郎会長（77）と巽外夫頭取（67）は東京丸の内の同銀行東京本部で記者会見を行なった。同銀行の元青葉台支店長が光進の小谷社長に巨額の融資を不正に仲介して出資法違反で逮捕された事件の責任をとり、近く磯田会長は退任すると発表した。

この後、10月26日、東京地検特捜部は元支店長と経営コンサルタント会社社長秋山清を、ともに出資法違反の罪で東京地裁に起訴した。同時に元支店長の後任の青葉台支店長容疑者（41）を同罪で在宅のまま起訴した。元支店長は光進などから融資仲介の謝礼として現金1億4,500万円を受け取っていたほか、仕手株の情報に便乗して株売買をし、これでも約1億円の利益をあげたとされる。

1996年5月13日、東京高裁で、両名に関する控訴審判決があった。一審で懲役1年6月、執行猶予3年の有罪判決を受けた元支店長の被告については被告・弁護側、検察側の控訴はともに棄却した。一審で無罪になった前支店長被告については原判決を破棄し、懲役8月、執行猶予2年の逆転有罪とした。一審の東京地裁判決では顧客の支店離れを防ぐのが動機とみたが、二審では、共謀の動機として前支店長は同期のトップで支店長になったのに、就任直後から青葉台支店の業績が急激に減少したことが業績評価につながることを恐れて共謀の話にのったものであり、この動機が自らの地位保全にあったものと判断された。

参考文献

雑誌・書籍

◆**「出資法3条に違反する金銭貸借の媒介の成立要件--住友銀行青葉台支店事件最高裁決定を契機として」**『旬刊金融法務事情』 2000.4.25

◆**山下彰則『住友銀行支店長の告白』** あっぷる出版社　1995

category ガバナンス 一従業員関与

CASE 053 サクラダ橋桁落下事件

date	1991年（平成3年）3月14日
commercial name	株式会社サクラダ
scandal type	業務上過失致死傷罪

事件の背景

広島市安佐南区の高架式軌道「新交通システム」工事現場で、鋼製の箱桁が県道に落下し、多数の死傷者を出した。この工事の発注者は広島市、元請会社は建設会社のサクラダ（本社・千葉市）、一次下請けは川鉄物流（本社、神戸市）、二次下請けを大成建設工業（本社、山口県徳山市）という形で工事を担当していた。

事件の発端

1991年3月14日14時5分頃、広島市の新交通システムの工事現場で、長さ63.4メートル、重さ60トンの鋼製橋桁が10メートル下の県道に落下した。この事故で、県道に信号待ちしていた11台の車両が押しつぶされた。一般市民10人、現場作業員5人の合わせて15人が死亡し、8人が重軽傷を負った。

この工区では、県道の上を新交通システムが通る。架設用地が乏しいため、橋の主桁を「横取り降下工法」を用いていた。橋桁を橋脚上でそれと直角に移動し、順々に降下させるという工法である。当日、橋脚上の仮受け台とジャッキと交互に加重を預けながら主桁を支承上に降ろす作業をしていた。ところが主桁を支えていた3台のジャッキの受台が支えきれなくなって同時に倒壊した。橋桁は橋軸回りに回転しながら県道に落下した。この事故で直接的な原因と考えられるのは、①ジャッキ受台がH型鋼を3段同方向に重ねていたこと。②集中荷重が作用する部材箇所に、せん段補強リブを配置せず、他のところにジャッキを当てたこと。③降下作業時、桁の転落防止用のワイヤも設置していなかったこと、などが考えられた。また間接的には④監督者が

keyword【キーワード】：新交通システム　高架式軌道　橋桁

工法に対して経験不足、作業不慣れということ。⑤橋桁は景観重視ということで南側に重点がかたよっていたこと。⑥降下作業の作業計画が作成されていなかったこと。——などであった。

その後の経緯、会社の対応

新交通システムの橋梁落下事故を受けて、滋賀県と京都市は1991年3月16日、この工事を請け負ったサクラダに対し、当面の指名を見合わせることを決めた。

1992年4月27日、広島地検はこの落下事故で、元請業者サクラダの元橋りょう工事部長（53）ら同社社員を業務上過失致死傷罪で起訴、また下請け業者の川鉄運輸機工部水島機工課の経理庶務係長（40）を重過失致死傷罪で起訴した。適切な作業計画と桁の転倒防止措置があれば、本件事故は防げたはずのものであるという見解によるものであった。

参考文献

雑誌・書籍

◆「広島新交通システムの事故-人手不足が招き寄せた大惨事（フラッシュ）」『東洋経済』　1991.3.30

◆広島市橋げた落下事故訴訟弁護団・広島自治体問題研究所編著『「公共工事」の安全を考える——広島市橋げた落下事故訴訟をめぐって』　自治体研究社　1999.8.1

category ガバナンス 一従業員関与

CASE 054 大和銀行、ニューヨーク支店巨額損失事件

date 1995年（平成7年）7月

commercial name 株式会社大和銀行

scandal type 重罪隠匿罪と文書偽造罪

事件の背景

大和銀行（現·りそな銀行）ニューヨーク支店の現地採用嘱託行員は、1983年頃、変動金利債の取引で5万ドルの損失を出した。この発覚を恐れた行員は、損失を取戻そうと考えてアメリカ国債の簿外取引を行ない、書類を偽造して利益が出ているように装った。国債のトレーダーと支店の取引をチェックする者が同一人物という支店の管理体制の不備から、不正は長く発覚しなかった。

1986年、大和銀行はミッドタウンにオフィスを新設したが、「証券売買業務」がミッドタウン、「保管・管理業務」は既設のダウンタウンオフィスに、と業務分離をしたと届出た。1992年11月ニューヨーク連銀が立ち入り検査に入った折、支店は届出通りであるとした。越えて1993年10月、支店が内部監査を実施した折、担当の現地スタッフ（米国人）はダウンタウンでの売買業務継続を問題視した。業務が分離されていなかったことを見逃したとして、1994年初め、大和銀行は歴代同支店長・副支店長クラスを譴責処分にした。1994年4月には大蔵省が業務改善指導を行ない、大和銀行は頭取名で改善を約束している。1994年5月大蔵省が検査を実施。1994年12月には日銀が考査を実施した。

事件の発覚

1995年7月、11億ドルもの巨額の損失が大和銀行上層部に発覚した。銀行上層部は大蔵省への報告を行ない、アメリカの金融当局へはなお報告せず、隠蔽を画策した。しかしFRB（連邦準備制度理事会）の知るところとなり、大和銀行は340億円の罰金を払い、そして米

keyword【キーワード】: 簿外取引　FRB　内部統制　善管注意義務　株主代表訴訟

国からの撤退を余儀なくされた。

その後の経緯、会社の対応

1995年10月9日、大和銀行は臨時取締役会を開き、ニューヨーク支店のアメリカ国債不正売買事件と、アメリカ信託子会社の不祥事の責任をとって、藤田彬頭取の退任を決めた。国際部門担当の安井健二副頭取と山路弘行常務も辞任した。後任の頭取には海保孝副頭取が昇格した。藤田頭取はこの日午後の記者会見で、アメリカ国内でのアメリカ国債売買をすべて中止してアジア地域での業務を強化するという国際部門における施策を明らかにした。

10月23日、大和銀行は、2株主から経営陣に対し、損害賠償を求めた通知書が届いたことを明らかにした。

12月27日、ニューヨーク連邦地裁大陪審は前支店長（45）を重罪隠匿罪と文書偽造罪で起訴した。起訴状によれば、同支店元特別嘱託行員被告が11億ドル（約1,100億円）の損失を出していることを知った前支店長被告は、事件を隠蔽するための文書を偽造した。被告は11月にはすでに逮捕されていたが、無罪を主張し、10万ドルの保釈金で保釈中であった。

1996年10月29日、前支店長被告は禁固2月、罰金10万ドルの実刑判決を受けたが、控訴は断念し、量刑を受け入れる方針を明らかにした。

1997年1月14日、元特別嘱託行員被告は控訴した。

この事件は後に大きな問題を提起した株主代表訴訟とそれに続く日本版SOX法などの議論のきっかけになった。

遡って、1995年11月、兵庫県の株主らが大和銀行に対して株主代表訴訟を行なった。その内容は、1984年から11年間にわたり同行ニューヨーク支店で行員が同行保有の米国債を簿外取引し、11億ドルの損失を与えた。当時の代表取締役およびニューヨーク支店長らは、行員による不正行為を防止するための内部統制システムを構築すべき善管注意義務および忠実義務があったに関わらず怠ったため、事件となった。さらに、その他の取締役と監査役はこれを監視する善管注意義務および忠実義務があったに関わらずこれを怠ったため事件発生を阻止できなかった、そのために銀行が受けた約11億ドルの損害賠償を求めたものである。

さらにニューヨーク支店はこの約11億ドルの損害発生を米国当局に隠蔽したための刑事訴追を受け、結果、罰金3億4,000万ドルを支払った。代表取締役その他取締役は、内部統制システムの構築とその監視を怠ったため行員の行為を防止できず、さらに無断売買や無断売却を知った後も直ちに米当局に報告をせず虚偽の報告をしたために巨額の罰金を支払うことになった。この罰金3億4,000万ドルと弁護士報酬1,000万ドル、合計3億5,000万ドルの損害賠償を求めてあらためて株主は代表訴訟を行なった。

2000年9月20日、大阪地裁は要旨次のような判決を出した。まず取締役ニューヨーク支店長であった安井健二被告は、取締役としての注意義務および忠実義務に違反しているので、その損害のうち5億3,000万ドルおよび遅延損害金を同行に賠償することを命ずる。また同行が罰金の支払いと弁護士報酬を遭わせて3億5,000万ドルの損害を生じたことについては同行安井取締役ら11人には、取締役としての注意義務および忠実義務に違反したので、以下の金額と遅延損害金の賠償を命ずる。安井健二、及び山路弘行常務(前ニューヨーク支店長)2億4,500万ドル。津田昌弘(取締役ニューヨーク支店長) 1億5,750万ドル。安部川澄夫顧問(会長)、藤田孝顧問(頭取)海保孝頭取(副頭取)、川上敏朗(専務)、砂原和弥(同) 1億500万ドル。源氏田重義(同)と勝田泰久副頭取(常務)、黒石輯副頭取(取締役企画部長) 7,000万ドル。

この事件ではニューヨーク支店行員の巨額損失を見抜けなかったことについて、取締役・監査役の「善管注意義務」または「忠実義務」が問われ、大阪地裁は代表取締役および担当取締役の「内部統制の構築義務」ならびにその他の取締役・監査役の「監視義務」を認めたのである。取締役のリスク管理体制を構築する義務を「内部統制」という言葉を用いて初めて明示的に認めたことが、後の実務に大きな影響を与えることになった。

9月27日、大阪地裁が計7億7,500万ドル(約830億円)の賠償を命じた件で、49人の被告中11人しか責任を問われなかったことを不服として、原告2人は株主代表訴訟で大阪高裁に控訴することを決めた。

10月11日、海保孝・大和銀行頭取は代表訴訟で1億500万ドル(約113億400万円)の賠償を命じられて、これを不服とし、大阪高裁に控訴した。

2001年11月10日、同行株主が当時の経営陣の49人に対し計14億5,000万ドル(約1,760億円)の損害賠償を求めていた件につき、大阪高裁で被告役員側が和解金計2億5,000万円を支払うことで和解が成立した。。

なお、本件の後、こうして「内部統制」は判例上の概念として登場したものであったが、2002年の商法改正によって「委員会等設置会社」については内部統制構築が義務づけられることになった。また2003年の証券取引法改正により、有価証券報告書に「内部統制システムの整備の状況」を記載することが義務づけられた。さらには、2006年5月1日に施行された会社法においては大会社に対して「内部統制構築義務」が認められ、6月7日成立した「金融商品取引法」では、内部統制の報告書の作成および監査人による監査証明が義務づけられることとなった。

参考文献

雑誌・書籍

◆「現地報告・「嘘つき大蔵省」と「組織ぐるみの隠蔽」に非難の嵐！大和銀行NY支店で何が起ったか」『現代』 1995.12

◆「大和銀行ニューヨーク事件の教訓」『神奈川大学国際経営論集』 1997.12

◆「大和銀行元行員アメリカ獄中での「憂国」」『新潮45』 1998.12

◆「司法と政治のギャップを浮き彫りにした大和銀判決（目覚めよ司法〔12〕）」『Foresight』 2000.10

◆「疑問残る大和銀行株主代表訴訟判決（インサイド・アイ）」『実業界』 2000.12

◆「大和銀行事件判決と株主訴訟の意義（世界の潮）」『世界』 2000.12

◆「最新判例演習室 商法 銀行員による不正な簿外証券取引と取締役の対会社責任--大和銀行ニューヨ-ク支店損失事件（大阪地判平成12.9.20）」『法学セミナー』 2001.1

◆「大和銀行ニューヨ-ク支店損失事件株主代表訴訟第一審判決--内部統制と取締役の責任について」『彦根論叢』 2001.6

◆「判例研究 青山学院大学企業法研究会 判例研究（12）大和銀行ニューヨ-ク支店損失事件株主代表訴訟事件（大阪地判平成12.9.20）」『青山法学論集』 2002

◆「告発手記 大和銀行頭取との我が闘争-830億円賠償からなぜ私は和解に応じたか」『文芸春秋』 2002.5

◆「労働判例編 大和銀行ニューヨーク支店事件（コンプライアンス体制の整備は取締役の責任）（大阪地裁判決 平成12.9.2）（特集:コンプライアンスと人事・労務管理）」『月刊人事労務』 2004.10

◆「組織構造の研究（3）（4）（5）大和銀行ニューヨーク支店巨額損失事件の研究（上）（中）（下）」『捜査研究』 2005.12　2006.1　2006.2

◆吉垣実『会社訴訟の研究』（大阪経済大学研究叢書） 成文堂 2003

◆寺田一彦『実録 大和銀行株主代表訴訟の闘い-被告が書いた詳細記録』中経出版 2002

◆山田剛志『金融自由化の法的構造-説明義務・銀行取締役の注意義務・破綻処理』信山社出版 2002

◆ディック・K.ナント〔ほか著〕・C-NET〔訳〕『大和銀行事件:背景と政策課題』（米国議会調査局報告書） C-NET（東京） 1996

◆水野隆徳『ニューヨーク発 大和銀行事件－日本の銀行が陥った国際金融犯罪の全貌』ダイヤモンド社 1996

◆金融再生委員会事務局編『（株）大和銀行 経営の健全化のための計画』大蔵省印刷局 1999

category ガバナンス ―従業員関与

CASE 055 アメリカ三菱自動車製造、セクハラ訴訟

date 1996年（平成8年）4月9日

commercial name アメリカ三菱自動車製造

scandal type セクシャルハラスメント

事件の背景

1985年、三菱自動車はアメリカ、イリノイ州ブルーミントン・ノーマル市に製造子会社のアメリカ三菱自動車製造（MMMA）を設立した。この頃、日本の自動車メーカーは次々とアメリカに進出し、工場を建設して現地の労働者を大量に採用するようになっていた。同社も男性約3,300人、女性約700人の従業員を雇用していた。

問題が起こった90年代初め、同社は慢性的な赤字体質に陥っていた。経営状況の悪化は従業員の待遇に直結するので、現場の不満を招きやすい。この頃のMMMAも日本的な職場管理が機能せず、従業員の士気低下、モラル低下を招きやすい職場環境にあった。

アメリカでは、1964年に制定された公民権法第七編に基づき、セクシャルハラスメントは違法行為と規定されている。被害者はまず米雇用機会均等委員会（EEOC、1964年設立）に救済を求めるが、問題が深刻な場合、EEOC自体が被害者に代わって民事訴訟を起こすことも珍しくない。90年代以降、訴訟の数は増加の一途を辿っていた。

事件の発端と経緯

1996年4月9日、EEOCはMMMAが数百人の女性従業員に対し、セクシャルハラスメントと性別を理由に不平等な扱いを行っていたとして、同社に対し被害者1人あたり最大30万ドルの補償を求める訴えをイリノイ連邦地裁に起こした。提訴の内容は、同社では1990年から男性従業員が女性従業員をわいせつな言葉でからかったり、体に触れたりしていた。また、昇進の面でも女性差別があったというもの。被害を受けた女性従業員

keyword【キーワード】：セクシャルハラスメント　公民権法　全米女性機構　EEOC

は上層部に問題解決を要求したが、適切な是正措置は取られなかったという。過去に類を見ない大規模なセクハラ集団訴訟だったため、この提訴は社会的に大きな話題となった。

4月22日、問題をさらに大きくする事態が発生した。MMMA全従業員の約6割に当たる約2,600人がシカゴのEEOC事務所にバス59台で乗り付け、提訴が不当であるとの陳情デモを行ったのである。従業員側はEEOCに「会社側は適切に対応した」というメッセージと署名を提出したが、EEOCは陳情を「EEOCの名誉を傷つけようとする三菱の挑戦的､組織的行動」であるとみなし、「デモにかかる全費用が会社負担であることも問題だ」と指摘した。労使の利益が明確に異なるアメリカでは、デモに対する協力は会社側が従業員を動員したとみなされるのである。

従業員のデモは会社のイメージダウンが自分たちの雇用に影響することを心配しての行動だったが、このデモが逆に問題を大きくしてしまった。5月1日、民主党のパット・シュローダー議員ら7人の超党派下院議員はワシントンで記者会見し、「会社が（訴訟のために）従業員を人間の盾に使うのを初めてみた」と、MMMAを激しく非難した。5月11日には、アメリカ最大の女性団体である「全米女性機構」が、同社に対する全米抗議キャンペーンを開始した。また有色人種支援組織「虹の連合」も、「MMMAは不当に少数民族を差別している」と主張し、全米女性機構と連動して三菱自動車に対する不買運動を開始した。

欧米で起きた日本企業のセクハラ訴訟はMMMAが初めてではなかったが、問題が不買運動や少数民族差別にまで飛び火したケースは、これが初めてだった。

その後の経緯、会社の対応

1996年5月14日、MMMAは、女性差別問題や労働問題の権威であるリン・マーチン元労働長官を団長に、社外専門家から成る独立調査団を設置すると発表した。外部調査機関の設置は提訴前からEEOCがMMMAに要求していたことだったため、本格的な和解交渉の第一歩と期待されたが、EEOCの委員長は「調査団の設置は訴訟に影響しない」と語り、シュローダー議員も「調査団は問題を解決できない」と批判的な態度を見せた。

6月21日、今度はMMMAがイリノイ州連邦地裁にセクハラ訴因を否認する反論書を提出した。ただしMMMAは反撃に出たわけではなく、最終的な目的はEEOCとの和解にあった。7月16日、独立調査団はMMMAに対し、社内に雇用の機会均等を促進するための部署を設置する、セクハラ防止のためのトレーニング計画を全従業員に実施するなど7

項目の改善策を要求し、MMMAもこれらの要求を速やかに実施する意向を示した。一方、同時期に来日していた虹の連合の代表はこの中間報告に不満を表明し、アメリカでの三菱自動車不買運動はその後もしばらく続いた。

事態が沈静化したのは翌1997年の1月15日になってからだった。この日、全米女性機構と虹の連合は、MMMAが少数民族や女性の雇用拡大などの改善策に応じることを条件に、不買運動を中止すると発表した。合意内容は、全米の三菱系ディーラーは5年以内に2億ドルを投じて少数民族と女性従業員の数を5%増やし、同時に工場従業員へのセクハラ防止トレーニングを実施するというものだった。事態はさらに進展し、2月12日には独立調査団がMMMAに対し、セクハラを監視する会長直属特別チームの設置、全従業員のセクハラ防止セミナーへの参加など、34項目にわたる職場改善勧告を発表した。MMMAはこの勧告を全面的に受け入れた。

4月15日、EEOCは今回のセクハラ訴訟の被害者が289人であることをMMMAに通知した。その中には直接の被害者だけでなく、セクハラの現場を目撃することで被害を受けた女性も含まれていた。その後、MMMAの会長とアメリカ三菱自動車販売の社長が6月27日付で三菱自動車本社の常任顧問に異動することが決まった。

事件の結末

1998年6月11日、MMMAとEEOCはシカゴで共同会見を開き、両者が和解に達したと発表した。合意の結果、MMMAは米公民権法に基づき、セクシャルハラスメントの被害を受けた女性従業員289人に対し、総額3,400万ドル（当時のレートで約48億6,000万円）の損害賠償を支払うこととなった。これはアメリカのセクハラ裁判史上、最高額となる金額だった。

参考文献

雑誌・書籍

◆「成功する海外投資戦略<第15回>アメリカ三菱自工のセクハラ問題と対米投資の曲り角」『New finance』 1996.6
◆「セクハラ訴訟が日本企業を襲う―アメリカ三菱のはまった罠」『フォーブス日本版』 1996.8

category ガバナンス―従業員関与

CASE 056 住友商事 銅不正取引事件

date 1996年（平成8年）6月14日

commercial name 住友商事株式会社

scandal type 有印私文書偽造罪、詐欺罪

事件の背景

住友商事の源流である住友家は、古く別子銅山を中心に銅の生産を事業の根幹としていた。しかし国際的な銅の取引分野においては、実績としては乏しかった。1980年代、住友商事は銅のディーリングに積極的に進出した。

1985年夏、住友商事はフィリピン産の銅買い付けで10億円の損失を出した。これを隠蔽するために、ロンドン金属取引所（LME）で銅先物取引を使って先送りを行なった。1987年頃には10億が65億円にもなったともいわれる。

これを行なっていた非鉄金属部長は「ミスター・カパー（銅）」とか「ミスター・5パーセント」といわれるほど、世界の銅取引において知名度があった。しかし1991年12月には682億円の損失を被っている。

1993年には、不正取引が発覚しないよう取引先あての契約確認書などを偽造し、さらに94年、米国の銀行との銅取引で生じた損失を穴埋めするため、架空のワラント取引を指示しだまし取った。

事件の発覚

1996年6月14日、秋山富一住友商事社長は、自社ロンドン支店における巨額の銅取引に関する不正簿外取引が同年4月発覚し、責任の部長の職務を解任して非鉄金属本部長付としたことを公表した。損失は2,850億円に達した。

その後の推移、会社の対応

同日（1996年6月14日）、秋山社長は、事態の重大さに鑑み社長を辞任、27日付けで会長に就任と発表した。

keyword【キーワード】：銅取引　ミスター・5パーセント　行動指針

10月22日、東京地検特捜部は元非鉄金属部長（48）＝懲戒解雇＝を有印私文書偽造・同行使容疑で逮捕した。特捜部は、一連の不正取引に同社の上層部が関与していたかどうかについても調べを進める方針を示した。

11月18日、住友商事の銅取引をめぐる巨額の損失事件について、同社株主である大阪府泉南市の会社経営者は、同社に対して損害賠償請求訴訟を起すよう求める通知書を出した。内容は被告が不正取引をしたとされる12年間の担当役員、監査役らを相手とする26億ドル（約2,850億円）の損害賠償請求である。さらに1997年4月、秋山富一前社長に2,000億円、他の担当役員5人に各1億円を、それぞれの監督責任を問い、提訴した。2001年3月15日、本件に関し、大阪地裁において、元役員側が遺憾の意を表明して4億3,000万円を支払うことで和解した。

1998年3月26日、東京地裁は、元部長の被告に懲役8年（求刑・懲役10年）を言い渡した。裁判長は「一連の犯行は不正取引の発覚を防止するための工作で、決算を黒字に装い社会的名誉や評価を獲得し、それを維持するため不正を継続、拡大しており、酌量の余地はない」と述べた。さらに住友商事の管理責任について「被告に過大な信頼を置き、監督、管理をおざなりにしたまま長期に取引を担当させており、落ち度は少なくない」と指摘した。

1999年6月25日、被告に対する東京高裁の控訴審は、1審の懲役8年を支持して、被告の控訴を棄却した。

2000年5月24日、住友商事は本件の取引を仲介したアメリカ大手証券会社メリルリンチ社から2億5,000万ドル（約294億円）の支払いを受けることで和解した。

2001年5月10日、アメリカの電力会社など計51社が同社を相手取って、アメリカ・カリフォルニア州サンディエゴ郡地裁に起していた損害賠償請求訴訟で、住友商事が原告側に8,750万ドル（約110億円）を支払うことで和解が成立した、と発表した。

なお、現在の住友商事ホームページでは、「経営トップ直轄型のコンプライアンス」として、「企業の不祥事では、経営トップに法令違反の情報が迅速に上がらず、適切な対応が取れなかったことが指摘されています。当社では、「行動指針」等を通じて「法令遵守」を明確に示しており、2000年11月には社長直轄のコンプライアンス委員会を設置しました。」との説明がされている。

参考文献

webサイト

◆経営トップ直轄型のコンプライアンス
http://www.sumitomocorp.co.jp/compliance/index.shtml
（参照2007.5.30）

雑誌・書籍

◆「住友商事ミスター五%のどうにも成らない巨大損失額（英エコノミスト誌特約）」『ダイヤモンド』 1996.7.6
◆「米国から見た住友商事事件（インサイド・ワシントン）」『東洋経済』 1996.7.13
◆「住友商事、損失拡大で株主代表訴訟も巨額に？（トレンド＆ニュース　銅取引）」『日経ビジネス』 1996.9.30
◆「住友商事にみる巨額損失事件の教訓」『経営コンサルタント』 1996.11
◆徳本栄一郎「住商・浜中泰男を喰った銅マフィア――巨額損失事件を起こした浜中の背後で暗躍した男たち」『文芸春秋』 1998.5
◆梅本剛正「市場間競争と規制のあり方――住友商事不正取引事件は何を問いかけているか？（特集・暴かれた経済犯罪の構図）」『法学セミナー』 1998.8
◆浜川一憲「経営責任についての一考察――住友商事銅取引巨額損失事件を題材として」『経営研究』 大阪市立大学経営学会 1999.2

◆日本経済新聞社編『銅マフィアの影――ドキュメント・住商事件』日本経済新聞社 1997
◆青柳孝直『住商事件――相場を通して検証するその真実』 総合法令出版 1999

category ガバナンス ―従業員関与

CASE 057 日本銀行接待疑惑事件

date 1998年（平成10年）3月11日

commercial name 日本銀行

scandal type 機密情報漏えい、収賄

問題の背景

銀行は資金不足を生じた場合、銀行間で資金を融通し合う「短期コール市場」か、あるいは「日銀貸し出し」などの方法で資金を調達している。日銀貸し出しを受ける場合は自行にある企業の手形を担保に差し出し、その評価は日銀のいわばさじ加減によるもので、日銀担当者を接待することは銀行の浮沈が掛かっていたといっても過言ではなかった。銀行各行は俗に「MOF担」といわれる大蔵省担当者を置いていたが、それに倣って「日銀担」を置いて日常から日銀に出入りし、幹部と接触し接待を試みていた。

事件の発覚

1998年3月11日、東京地検特捜部は日本銀行営業局証券課長の吉沢保幸容疑者（42）を収賄容疑で逮捕した。併せて日銀本店（東京都中央区）など8カ所で家宅捜索を行なった。調べによると、吉沢容疑者は営業局課長などを勤めていた1993年5月17日から1997年6月2日にかけて、興銀総合資金部長から計59回、約318万円相当の、また1993年6月19日から1997年6月2日にかけては三和銀行企画部次長から約30回、約112万円相当の、それぞれゴルフや飲食の接待を賄賂として受け取った疑いが持たれた。その他を加えると収賄額は約1,000万円になるという。収賄の見返りとして、吉沢容疑者は日銀の行なう公開市場操作（オープン・マーケット・オペレーション）の情報を洩らしたり、あるいは日銀が金融機関に直接融資する際に銀行側が差出す手形の評価について銀行により有利な判定をしてやるなどの便宜を図っていたとされる。「オペ」の動向が事前に分かれば、銀行側は株式や

keyword【キーワード】：日銀貸し出し　日銀担　公開市場操作

債券の売買、あるいは円・ドルの売買でも利益を上げることができ、また損失を回避することも可能である。短観や通貨供給量（マネー・サプライ）、卸売り物価指数など経済統計資料も事前に入手できれば景気判断などには重要な材料になる。株式の動きや債券の値動きをも予測でき、いわばインサイダー取引まがいの取引も可能とされる。

その後の推移

日銀は疑惑報道を受けて1998年2月6日には「服務準則」と「行員心得」を発表、9日には行内調査を始めた。

1996年11月の中央銀行研究会では職員の身分や規律についてルールを設けるべき、との指摘を受けていたが、規程をつくることもなかった。

日銀の松下康雄総裁は逮捕当日の3月11日夕、日銀内で緊急会見し、捜査と日銀の内部調査による事実解明、再発防止策の作成などの状況を見極めた上で、3月中にも引責辞任する考えを示唆した。事件の実態解明と再発防止措置を通じて信頼回復を図ることで責任を果たしていきたいと強調､即時辞任は否定した。同時に、4月1日の改正日銀法施行に触れ、今月内に進退を最終判断する考えを示した。

11月20日、政府は日銀の松下康雄総裁の退任を認め、後任には速水優・前経済同友会代表幹事を起用することを決めた。

12月15日、吉沢被告は、東京地裁で懲役2年6月、執行猶予3年（求刑は懲役3年、追徴金約433万円）の言い渡しを受けた。裁判所は「機密性の高い日銀内部の情報を教示したこと、日銀の業務の公正さを損なったこと、国民の信頼を失ったことなどは強く非難されなければならない」と述べた。

日銀職員が汚職で有罪判決を受けたのは、同行創立115年以来のことであった。

参考文献

雑誌・書籍

◆「背景と構造-証券・金融業界と大蔵省・日銀の構造汚職（特集・暴かれた経済犯罪の構図）」『法学セミナー』 1998.8

◆石井正幸『日銀崩壊』 毎日新聞社 1998

category ガバナンス 一従業員関与

CASE 058 三菱自動車工業リコール隠し問題

date 2000年（平成12年）7月18日

commercial name 三菱自動車工業株式会社

scandal type 道路運送車両法違反（虚偽報告）

事件の背景

三菱自動車工業は1970年に三菱重工業の自動車部門から分離して、自動車メーカーとしてスタートした。1990年代前半のパジェロのヒットにより、1995年にはトヨタ、日産に次ぐ国内乗用車市場3位の地位を獲得した。しかし、1996年にはアメリカ子会社でのセクハラ訴訟事件（182ページ参照）、翌年1997年には総会屋への利益供与事件が発生するなどガバナンスの問題が指摘されていた。

また、三菱自動車と同社から分社した三菱ふそうは、リコールは三菱ブランドを大きく傷つけ、損益にもマイナス影響を与えるものと捉えていた。三菱ブランドの信頼を損なわない程度に2、3件のリコールを行っていた。

さらに、ヒット車種パジェロを含み国内で15～16車種を製造し品質担当部門の規模が小さく、クレーム対応が十分処理できなかった。

事件の発端

2000年7月18日、運輸省は三菱自動車工業が車の欠陥情報を隠蔽し、9件のリコールなどの届け出を怠り、道路運送車両法違反（虚偽の報告）の可能性があるとして調査を始めたと公表した。運輸省によると、2000年7月上旬に匿名情報がもたらされ、それに基づき、三菱自動車工業に立ち入り検査をしたところ社員のロッカールームから数百通のクレーム報告書などが発見された。それらが年1回の定例調査で三菱自動車工業が提出した書類と内容が異なったことから、この段階で運輸省に届ける必要があるリコール9件と改善対策対象5件の14件が未届けであることが明らかに

keyword【キーワード】：Hマーク　品質改善対策委員会　ダイムラー・クライスラー　株主オンブズマン

なった。

事件の経緯

2000年7月26日、三菱自動車工業は運輸省（現国土交通省）の立ち入りで発覚した不具合約535,000台のリコール、改善対策対象車種を届け出た。この中には運輸省に届け出ずにユーザーに告知して無償修理していた、いわゆる「ヤミ改修」のケースや、リコール対象と認識していながら放置したケースなどが含まれていた。

三菱自動車工業のリコール対応は、全国のディーラーに寄せられた顧客からのクレームを本社の品質保証部に集め、同部が安全性に関わる案件をクレーム対策会議に諮る。そして、リコールや改善対策を要するものについてはリコール改善対策検討会に上げられて、対応を決定していた。しかし、品質保証部では1998年頃からクレーム隠しを始め、クレーム情報を管理するコンピューターにおいて外部に秘匿する情報や対応に時間を要する案件を「ひとく」、「ほりゅう」の頭文字を意味する「H」という分類に収め、運輸省に提出する定例報告から数万件のクレーム案件を除外していた。運輸省にリコールなどを申請した7月26日に行われた記者会見において河添克彦社長は「Hマークの存在を部長級の社員も知っていたが、運輸省に隠していた事実は把握していなかった」と説明し、クレーム情報隠しについては「担当者が習い性になっていたのか」と語った。

また、8月22日にも運輸省の立ち入りによって見つかったリコール、改善対策対象車種約176,000台を届け出たが、このうち2件については運輸省はリコール漏れではなく、リコール隠しと認定した。

9月8日、三菱自動車工業は同日に運輸省からリコール隠しについて警告文書による厳重注意及びリコール業務適正化指示、品質管理業務が適正に実施されているか報告を行うといった行政処分が下ったことを明らかにした。合わせて、ダイムラー・クライスラーとの提携契約を強化したこと（7月28日公表）を受けて、川添社長は取締役相談役に退き、11月1日に園部孝氏が取締役社長兼CEOに、ダイムラー・クライスラー出身のロルフ・エクロート氏がCOOに就任するなど他3名を上級執行役員として受け入れることを明らかにした。

また、リコール隠しの再発防止を図るために、品質改善対策委員会を8月10日付で設置し、その中の4つの分科会で、保安品質確保策の策定と具体的判断基準明確化、リコール案件登録判断基準の明確化などを検討・実施し、さらにコンプライアンス意識の徹底教育の具体化などの施策を公表した（この対応策をベースにして10月20日に運輸省へ改善策として報告)。さらに、品質諮問委員会を9月1日付で設置し、藤島昭弁護士、露野孝彦・南條宏監査役および自動車評論家をメンバーとして、改善対策項目の評価や勧告、改善対策の実施状況について監査を行うとした。

9月22日には第1回品質諮問委員会を開催し、同月28日に取締役社長・CEOの報酬を40%、取締役副社長・CFO・取締役三菱トラック・バスカンパニー社長の報酬を35%減額することなどを公表した。

そして、社内で不具合情報の調査を進め、翌年2001年2月15日に三菱自動車工業はエアーバッグに欠陥があるなどの理由でギャラン、パジェロミニなど11車種、約40万台のリコールを国土交通省に届け出、同省もこれをもってリコール隠しについての三菱自動車工業の対応は終えたとの認識を示した。

このリコール申請について会見を行った園部社長は、新たなリコールが生じたことに対して陳謝し、「国内で15~16車種も製造しており、企業規模に比べ開発、製造、販売の負担が大きいことが大量のリコールに至った原因」として、販売車種の削減を検討していると述べた。さらに、同社広報部を社長直轄にするとリコール隠しをめぐる追加対応策を公表した。

三菱自動車工業に対する法的責任の追及は2000年8月27日に道路運送車両法違反(虚偽の報告)の疑いで警視庁の捜査を受けたことから始まり、2001年2月1日に警視庁交通捜査課と中央署などが、①リコール経費の削減、②イメージダウンの回避、③社内処分逃れ、などを理由にリコール隠しを行ったとして、法人としての三菱自動車工業と本山彦一元副社長(64)ほか、遠山智前副社長(62)、中神達郎前取締役、技術部門副社長補佐(58)、前品質・技術部門市場品質部長(54)ら9名を道路運送車両法違反(虚偽報告)で書類送検し、2001年4月25日には三菱自動車工業(罰金40万円)と、本山元副社長、遠山元副社長、中神元取締役ら4名(罰金20万円)を略式起訴し、その他5名は会社の方針に従ったとし起訴猶予とした。なお、河添前社長については関与がみられなかったとした逮捕を見送った。

リコール隠しによる三菱自動車工業の経営への影響は甚大であった。2000年夏からの無料点検キャンペーンで最低約215億円の費用を要し、2001年2月15日のリコールで新たに国内外にて約170億円が必要になるという。国内での販売もトヨタは2000年秋以降、新車投入などで好調に販売高を伸ばしている一方で、三菱自動車工業はリコール隠しが発覚後、販売高は前年比減が続き、2001年1月には2桁減となっていた。海外でも中国においてはパジェロのブレーキ欠陥をめぐっての拙速な広報対応もあって三菱自動車工業への反発が広がるなど国内外で信用が失墜した。

三菱自動車工業は、リコール問題対応やその販売への影響、2004年3月期には北米事業の失敗などで多額の損失を計上することとなり、三菱グループでは最大1,500億円の資金を融資し、筆頭株主ダイムラー・クライスラーも出資比率を37％から50％超に引き上げて子会社化するなどして、総額7,500億円規模の資金を支援するとしていた。しかし、2004年4月、ダイムラー・クライスラーは株主からの反対もあり、三菱自動車工業への支援を打ち切った。ダイムラー・クライスラーは三菱自動車工業から分社した子会社化した三菱ふそうトラック・バスにおいて、分社前の三菱自動車工業時代のリコール隠しが2004年に発覚したことに伴い、実質よりも高い株価で株式を取得したとして、その目減り分の補償を2004年6月8日に求めていることが明らかになった。

さらに、2001年3月12日には市民団体・株主オンブズマンのメンバーが株主代表訴訟を起こし、リコール隠しに責任がある河添前社長ら現・元役員11名に対して約11億7,700万円を三菱自動車工業に返還するよう求めた。

参考文献

雑誌・書籍

◆「運輸省 三菱自工を警視庁へ告発--リコール隠し事件を最終処分へ/運輸省 リコール対策で総点検を直接指示--メーカー、輸入業者の役員・担当部長に」
『自動車セミナー』 2000.1

◆「三菱自工「リコール隠し」は運輸省も「共犯」だ」『THEMIS』 2000.1

◆「第二の雪印乳業！！「三菱自動車」が晒け出した構造的欠陥」
『実業界』 2000.1

◆「砕けたスリーダイヤの威信」『Foresight』 2000.1

◆「「走る棺箱を作っていやがった！」(平成仕置人寺さんが斬る！！)」
『政界往来』 2000.11

◆「情報公開 三菱自動車は悪くない（特集・無責任社会の末路)」
『Voice 』 2000.11

◆「三菱自工・雪印「名門社長」の時代錯誤ーなぜ伝統ある名門企業のトップが失敗するのか」『文芸春秋』 2000.11

◆「許されざるは運輸省、JAFであるー三菱自動車リコール隠しの深層を撃つ」
『現代』 2000.11

◆「くり返された人命軽視のリコール隠し（暮らしの焦点)」『前衛』 2000.12

◆「「三菱自動車」欠陥車クレーム隠しの"深層海流"」『実業界』 2000.12

◆産経新聞取材班『ブランドはなぜ墜ちたかー雪印、そごう、三菱自動車 事件の深層』(文芸シリーズ) 角川書店 2001

◆六角弘『内部告発の研究ーあなたの知らない告発者と企業のその後』
日本実業出版社 2005

category ガバナンス―従業員関与

CASE 059 味の素インドネシア事件

date 2001年（平成13年）1月3日

commercial name 味の素株式会社

scandal type 消費者保護法違反（虚偽表示）

事件の背景

「味の素」の名は、インドネシアやタイなどのアジア諸国に広く浸透している。1969年、味の素はインドネシアに現地合弁会社「インドネシア味の素」を設立した。以来、庶民が買いやすいよう調味料を小袋に分けて販売し、インドネシア語に堪能な社員を派遣するなどして営業活動を続けてきた。事件が起こった当時の年間売上高は約120億円で、インドネシアはアジアではタイに次ぐ主要拠点となっていた。味の素は、イスラム社会に溶け込んだ代表的な企業と目されていたのである。

事件の背景には、宗教をめぐる当時のインドネシアの社会状況があった。外国文化の流入や工業化社会を受容するワヒド大統領に対し、イスラム導師評議会など、コーランを重んじる保守派の不満が高まっていたのである。そのため、事件は日本の当事者側が想像していたよりはるかに大きな社会問題になった。

事件の発端

2001年1月3日、インドネシア保健省は、化学調味料「味の素」が現地工場の製造工程で、イスラム教で禁じられている豚肉から抽出した成分を使用したことを明らかにした。イスラム導師評議会の検査によって、インドネシア味の素が2000年10～11月の間、味を引き出す酵素を作るためのバクテリアの培養に、本来使われる牛肉ではなく、豚肉から抽出した成分を使用していたことが判明した。同評議会は加工食品について、イスラムの基準に合っているかどうかを2年ごとに検査し、基準に合っていれば「ハラル」（神が許したもの）の認証マークを表示している。味の素はハラルを表

keyword【キーワード】：イスラム導師評議会　化学調味料　ハラム

示していながら、実は「ハラム」（禁じられたもの）だったと指摘されたのである。

同社は事実関係を認めながらも、「豚肉の成分は製造の媒介物に過ぎず、最終的な製品には含まれていない」と説明し、問題の工程を大豆成分に切り替えた。保健省、宗教省、同評議会は、2ヶ月間に国内に出荷された3,000トンの味の素を3週間以内に回収するよう命じた。

事件の経緯、会社の対応

ところがインドネシア味の素に対する国内の批判は同社の予想を越えて拡大し、東ジャワ州の工場ではイスラム教徒の抗議行動が予想されるまでになった。2001年1月5日、インドネシア産業・貿易省は調味料だけでなく、即席ご飯など全製品の回収を命じた。同社は役員会名で「全国民に深くおわびする」との声明を発表し、すぐさま回収に着手した。

1月6日、インドネシア警察当局は現地法人の日本人役員1人を含む6人を消費者保護法違反の疑いで拘束した。工場の周辺に暴徒を警戒して警官が配置されたり、スーパーの店頭から味の素製品の撤去が進められるなど、事態は当初予想されたよりも急速に深刻化しつつあった。現地の工場は全面的な操業停止状態に入り、日本の味の素本社は担当幹部を急遽インドネシア入りさせるなど、対応に追われた。

1月7日には、インドネシア警察当局が同社の荒川満夫社長を消費者保護法の虚偽表示の疑いで事情聴取したことを発表。続く8日には荒川社長と小田康副社長を同容疑で逮捕したと発表した。

その後の経緯

2001年1月9日、ワヒド大統領はジャカルタ訪問中だった高村正彦法相に対し、「味の素製品は『ハラル』である」と言明し、問題がないと語った。同時に、「味の素製品を食べるか食べないかは個々のイスラム教徒が判断すること。事件が長期化して新たな対立を生むことを心配している」との認識を示した。同日夜、逮捕されていた小田副社長は嫌疑不十分として釈放された。また荒川満夫社長ら残る同社関係者も、1月11日までには全員が釈放された。

事態が徐々に沈静化しつつある中、インドネシア味の素は1月12日付の地元主要新聞に大々的な謝罪広告を掲載した。その内容は、「当社はインドネシア国民の皆さん、特にイスラム教徒の皆さんにご迷惑をおかけしたことを深くお詫びします。当局の指示に従い、すでに全味の素製品の回収を進めています」というものだった。また同社は1月24日の期限までにすべての製品回収作業を完了することを明言し、ハラル認証の再申請、工場の再開に向けても動き出した。

2月19日、味の素に対してハラムだと糾弾していたイスラム導師評議会は、豆成分を使って新たに製造された味の素について、ハラルの認証を与えると発表した。現地合弁会社社長らの逮捕・拘束や製品回収騒ぎに発展した一連の騒動は、一月半の時間を経て、ようやく決着した。

参考文献

雑誌・書籍

◆「ジャカルター味の素事件が象徴する"厳格"イスラム派の恐怖（ワールド・インフルエンシャル）」『ダイヤモンド』 2001.1.20

◆「「味の素事件」の背景（ホットアングル）」『世界』 2001.3

◆「現代世界の動向とイスラーム インドネシアの「味の素」騒動の顛末」『イスラム世界』 2001.8

◆「あまりに甘かった企業の危機管理-雪印乳業・食中毒事故/JR西日本トンネル壁剥離事故/住友商事・銅巨額損失事件/三菱自動車・リコール隠し事件/インドネシア味の素「豚混入」事件/理研・産業スパイ事件/JCO東海事業所・臨界事故（特集・徹底追跡 日本を狂わせたあの人・あの事件）」『ダイヤモンド』 2001.10.27

◆「事例研究 インドネシアにおける「味の素ハラール事件」」『青山マネジメントレビュー』 2002.10.1

◆「「うま味」と「豚」のあいだで--インドネシア・「味の素」事件に関する一考察」『名古屋大学人文科学研究』 2003.3

category ガバナンス 一従業員関与

CASE 060 マルハ タコ脱税事件

date 2001年（平成13年）5月9日

commercial name マルハ株式会社

scandal type 関税法違反

事件の背景

日本は世界一のタコ消費国である。通関統計によると、1997年に7万9,000トンだった冷凍タコの輸入量は、事件が起こる前年の2000年には11万6,000トンにまで拡大していた。そのうち9割はモロッコやセネガルなどの西アフリカ産である。国内では回転ずし店などの外食産業やスーパーなどに卸され、その需要は年々高まりつつあった。価格競争も激しく、1997年には100gあたり175円だった消費者平均購入価格が、2000年には141円にまで落ちていた。少しでも安く輸入しないと競合他社に負ける――水産会社は厳しい競争にさらされていた。

事件の発端と経緯

東京地検特捜部は2001年5月9日、水産会社最大手のマルハがタコをアフリカから輸入する際、過去3年間にわたり約4億円を脱税したとして、当時の水産第2部長の容疑者ら現職社員3人を関税法違反容疑で逮捕した。

具体的な容疑は、タコをモロッコから輸入する際、通常なら5％の関税がかかるところを、原産地によって関税が減免される「特恵関税制度」を悪用し、税率がゼロとなる後発開発途上国のガンビアやモーリタニア産と偽った証明書を税関当局に提出し、関税を免れたというものだった。同制度をめぐる脱税の摘発は初めてで、証明書の提出は1996年6月から1999年12月まで、計281回にわたって行われていた。

会見を行ったマルハは「会社として管理責任はあるが、元部長が自分の判断で行ったこと」と、会社上層部の関与を否定した。

keyword【キーワード】：特恵関税制度　タコ消費国　水産会社

その後の経緯、警察の動き、裁判

東京地検特捜部の調べにより、逮捕された元部長ら3人が、過去の水産物取引で出した巨額の赤字を埋めようとして不正行為に及んだことが判明した。さらに、マルハの元役員らが3人の不正行為を知りながら放置していたことも分かり、2001年5月29日、3人に加えて法人としてのマルハを関税法違反で起訴した。

8月23日に東京地裁で行われた初公判では、3被告は起訴事実を認め、法人としてのマルハも争わない姿勢を示した。翌2002年の1月16日、東京地裁は元部長に懲役2年、執行猶予5年、残り2人の被告にはそれぞれ懲役1年6月、執行猶予4年を言い渡した。法人としてのマルハには、罰金1億円の判決が下った。裁判長は、「規模が大きく常習性も顕著で、強い非難に値する。マルハはわが国有数の水産会社であり、社会的悪影響も考慮すると刑事責任は重大」と指摘した。

タコの輸入を巡る関税法違反事件は、マルハだけに止まらなかった。東京税関は5月29日にトヨタグループの総合商社である豊田通商を、6月7日に大手総合商社の丸紅を、6月20日に大阪の魚介類卸売会社の神戸（かんべ）を、いずれも関税の一部を逃れていた疑いが強いとして強制調査した。その結果、豊田通商と丸紅に対しては行政処分（過少申告加算税や罰金相当額）を通告し、悪質と判断した神戸を東京地検に告発した。

参考文献

雑誌・書籍

◆「**根が深いリーダー不在の病巣 起こるべくして起こった、名門「マルハ」脱税事件の暗部**」『経済界』 2001.6.12

category ガバナンス 一従業員関与

CASE 061 理研 研究員遺伝子スパイ事件

date 2001年（平成13年）5月9日

commercial name 特殊法人理化学研究所（現・独立行政法人理化学研究所）

scandal type 経済スパイ法違反

事件の背景

米国では研究機関と研究者は、研究試料の所有権や成果の帰属について契約を結ぶことが多く、その所有権が研究所にあるという契約がされている。日本の大学や研究機関では研究者が研究機関を移る時には暗黙の了解で試料を持ち出すことが多いとされている。この事件は、日米の知的所有権に関する考え方の違いなどが大きな問題となった。

米国オハイオ州のクリーブランド・クリニック財団（CCF）で勤務中だった研究員は、本国の理化学研究所に移籍が決まった1999年7月頃、アルツハイマー病の研究に関するDNAや細胞株の試料を無断で持ち出し、残りは破壊、廃棄した。9月には米国より刑事告発を受けていた。元カンザス大助教授に一時預けて、後、日本に持ち帰ったとされる。

事件の発覚

2001年5月、文部科学省は、被告が理化学研究所に雇用された1999年9月には刑事告発されていたにも関わらず、理研が不問に付していたのは問題と指摘し、関係者の処分を検討した。一方の理研は研究内容の聞き取りや研究試料の購入リストのチェックなどをに留め、米国から持ち出した遺伝子試料を当の理研での研究に使うことはないと判断していた。同省はこれに対して、事実の解明には研究チームの実験ノートや週報、月報、パソコン内の磁気データなど、実験データの精査が必要であるとした。

理研の調査チームは、第三者の立ち場から調査に加わる外部の専門家として、東京都老人総合研究所所長と国立精神・神経センター名誉総長を選任した。両氏は最新のアルツハイマー病の研究に詳し

keyword【キーワード】：クリーブランド・クリニック財団　遺伝子試料　経済スパイ法

く、本件での疑惑とされる研究試料の持込みがあったのかどうか、また調査が適切に行なわれるかについてのチェックを行った。

2001年6月8日、理研は調査の中間報告として、CCFの試料が理研内に持ち込んだかは分からず、しかし内部で使われた形跡はなかったとした。しかし、7月31日の理研の最終的な報告書は、被告が理研に移籍する際、CCFの遺伝子試料を持ち込んだ事実を認めたが、試料が用いられたとか、理研の組織ぐるみの関与については否定的な見解を示した。

その後の経緯

2001年5月9日、オハイオ州連邦地検は両被告を、CCFの遺伝子試料を盗み出し、日本に持ち込んだとして経済スパイ法違反の罪で起訴した。

7月31日、理化学研究所はこの事件の最終的な調査報告書をまとめて文部科学省に提出した。これによると、被告は遺伝子試料を理研に持ち込んだことを認めていた。

同日被告は辞職願を出し、研究所はこれを受理した。これに対し、理化学研究所脳科学総合研究センターのセンター長は、8月1日、「基礎科学の研究に、経済スパイ法が適用されるとすれば重大な疑問を抱く。研究者の自由な活動より経済的利益を優先させるということだ」と指摘した。

2002年3月、米政府は主犯として起訴した研究員の身柄引き渡しを日本に要求した。これに対し、東京高裁は「試料の持ち出しは同僚への嫌がらせであり、経済スパイ容疑はない」として拒否した。

10月、東京地裁に対し、元助教授は「何も知らされずに保管したのであって、この件で研究者の道を断たれた」と、元研究員に77万ドル（約8,000万円）の賠償請求を提訴した。

2003年12月、法務省は、主犯とされた被告（43）の身柄を米国側に引き渡す手続きを開始する方針を固めた。被告の行為は「日本国内で行なわれた場合でも窃盗、器物損壊罪に当たる」と断定し、日米犯罪人引渡し条約に基づいて身柄を引き渡せるケースと判断したことによる。

2004年2月2日、東京高検は被告の身柄を拘束し、後は高裁の判断に委ねたいとした。外国との身柄引き渡しについては逃亡犯罪人引渡法で規定されている。米国との間では日米犯罪人引き渡し条約によるが、両国でいずれも処罰の対象になる（双罰性）ことが必要である。被告は日本にない経済スパイ法違反であったが、外形的な試料持ち出し行為などは本人が認めており、法務省は刑法の窃盗や器物損壊罪の適用で双罰性の要件は充たされていると見た。

しかし3月29日、東京高裁は、本件は逃亡犯罪人を引き渡すことができない場合に該当する旨の決定を出した。米側が主張した経済スパイ罪については「被告が、上記試薬等の持ち出し、損壊行為に及ぶに際して、理研の利益に資することを意図し、またはこれを知っていたと疑うに足りる相当な理由があるとは認められない」としている。

日米犯罪人引き渡し条約が発効してから日本人8人を含む31人が米国側に引渡されたが、請求が認められなかった初めての事例となった。

参考文献

雑誌・書籍

◆「非はどちらにあるか？“遺伝子スパイ事件”というミステリー（特集“遺伝子スパイ事件”強まる“基礎研究も契約重視”の流れ)」『日経バイオビジネス』 2001.7

◆飯田信次「医薬品法務・バイオ法務先端米国遺伝子スパイ事件と企業防衛策」『Law & technology』 2003.1

◆「産業・企業・騒然――バイオ新時代を象徴する遺伝子スパイ事件。それでも残る不可解さ」『東洋経済』 2002.5.26

◆久 智行「医学･医療と知的財産権 遺伝子スパイ事件にみる米国の知的財産保護の姿勢」『国際医薬品情報』 2005.11.7

◆松井 章浩「営業秘密の国外漏洩に対する刑事罰の意義--「遺伝子スパイ事件」からの示唆」『Law & technology』 2005.7

◆浦川 紘子「犯罪人引渡手続における有罪証拠要件の評価--遺伝子スパイ事件に照らして」『熊本大学社会文化研究』 2005

category　ガバナンス―従業員関与

CASE 062 全農チキンフーズ偽装鶏肉事件

date　2002年（平成14年）3月4日

commercial name　全農チキンフーズ株式会社

scandal type　不正競争防止法違反（原産地・質量等を誤認させる取引）

事件の背景

2002年3月に発覚した食肉販売会社・全農チキンフーズの偽装鶏肉事件の背景には、同社とその母体である全農業共同組合（全農）の組織体質が、法令を遵守する意識にほど遠いものであったことが挙げられる。これは同じ年に起きた雪印食品の牛肉偽装事件（206ページ参照）とも共通する。この時期は食品を扱う企業のコンプライアンスのあり方が大きな問題になった。

また、鶏肉の供給が「無薬飼料飼育産直若鶏」だけに過度に集中し、仕入れ先も特定産地に限定されていたことも問題だった。被害者であるコープネット事業連合と生協店舗が作り上げた「安全な食品」の供給システムが、機能しなかった。

事件の発端

全農チキンフーズは、2001年11～12月、タイ産と中国産の鶏肉を使ったスペアリブ数トンを「薩摩無薬飼料飼育産直若鶏手羽中スペアリブ」や「国産」と表示されたビニール袋に詰めて集荷。鶏肉は「コープネット事業連合」を通じて、同生協の宅配や店頭で販売された。この時期、BSE（牛海綿状脳症）の影響で、鶏肉の需要が前年比3割もの伸びがあったため、注文に対応できなくなることを恐れ偽装工作を行なったのである。

さらに全農チキンフーズでは、輸入肉7トンの他、国産鶏肉200トン以上についても、生後直後には抗生物質を与える「長期無薬」にもかかわらず、抗生物質をまったく与えない「無薬」と偽って出荷していた。

keyword【キーワード】：鶏肉偽装　コープネット事業連合

佐々木勝夫社長（61）と望月浩平専務（60）らは、雪印食品の牛肉偽造発覚直後の同年1月下旬、社内の噂をきっかけに調査を行ない、偽装を確認。しかし、佐々木社長らは経営への影響を考え、生協の問い合わせに対して、輸入原料は一切使用していないとの、虚偽の回答をすることを容認した。

発覚の経緯

2002年2月23日、「さいたまコープ」に、全農チキンフーズが鶏肉表示偽装を行なっているという匿名の電話があった。同日、全農に対して調査を要望した。

25日、全農より「偽装なし」の回答を得たが、3月になって再び偽装の情報が寄せられ、現地へと職員を派遣した。

3月4日、コープ職員が、製造元である鹿児島くみあいチキンフーズ本社並びに鹿屋加工工場へ立ち入り、スペアリブにタイや中国から輸入した外国鶏肉を国産として混入させていることが判明した。全農チキンフーズはその夜に記者会見をし、マスコミが事件を一斉報道することとなった。

その後の経緯、生協、警察の動き、裁判

2002年3月5日、コープネット事業連合は、生協組合員の共同購入商品から問題のスペアリブを外すことに決定、店頭からの商品撤去、組合員の自宅訪問によるお詫びを開始した。

事態を重く見た農林水産省は、3月6日、全農チキンフーズ本社と鹿児島くみあいチキンフーズにJAS（日本農業企画）法に基づく立ち入り検査を行なった。

3月7日、全農の大池裕会長が責任をとって辞意を表明、その後、4月には4役員の辞任を決定した。

埼玉県警と鹿児島県警は4月22日、不正競争防止法違反（原産地・質量等を誤認させる取引）容疑で本社や鹿児島くみあいチキンフーズ、役員宅など30カ所を一斉捜査。6月10日、全農チキンフーズ首都圏支店長（52）と鹿児島くみあいチキンフーズ専務、楠元清和（52）ら7容疑者を不正競争防止法違反で逮捕した。

初公判は、9月25日さいたま地裁で開かれ、被告らは起訴事実を全面的に認めた。

11月12日、検察側は「消費者の信頼を裏切る悪質な行為」として元支店長の被告に懲役1年6月を求刑し、その他の被告にも求刑を行なった。

12月4日、さいたま地裁は、元支店長の被告に不正競争防止違反の罪で懲役1年6月、同支店の企画管理部長（49）と営業部長（46）に懲役1年、全農チキンフーズに罰金1,800万円を言い渡した。

参考文献

雑誌・書籍

◆「「全農よ、お前もか」鶏肉偽装もう1つの衝撃ー食肉追跡システムが暗礁に（時流超流 News & Trends 深層)」『日経ビジネス』 2002.3.18

◆「大池裕氏・全国農業協同組合連合会会長-改革に魂入れば引責辞任で結構（敗軍の将、兵を語る)」『日経ビジネス』 2002.4.1

◆「総力ルポ 雪印食品、スターゼン、全農チキンフーズ、丸紅畜産…これらは氷山の一角にすぎない。今日もどこかで食肉偽装が！（DIAS式「安全でまっとうな食」研究「安心」を食べたい！)」『DIAS』 2002.4.4

◆「業界の動き コンプライアンス確立への課題など提起--全農チキンフーズ問題調査報告書まとまる」『鶏卵肉情報』 2002.4.10

◆「不沈神話の崩壊ーチキンフーズ事件、雪印救済だけでない「全農」の苦悩」『エコノミスト』 2002.4.23

◆「鶏肉偽装で「全農チキンフーズ」に排除命令--「鹿児島くみあいチキン」にも、原産国などの不当表示で」『公正取引情報』 2002.5.6

◆「食品安全システムの確立へ向けて--全農チキンフーズ鶏肉表示事件からの考察」『21世紀社会デザイン研究』 2003

category ガバナンス —従業員関与

CASE 063 雪印食品 偽装牛肉事件

date	2002年（平成14年）1月23日
commercial name	雪印食品株式会社
scandal type	食品衛生法違反

背景

2001年9月11日、農水省は、千葉県の酪農場から、脳の組織が変化してしまう牛海綿状脳症に感染した疑いのある乳牛一頭を確認した、と発表した。世間を騒がした、いわゆる狂牛病事件の始まりである。感染が正式に確認されれば狂牛病の発生は国内ではじめてのケースとなり、対応が急がれた。

10月26日、全頭検査を始めた以前のすでに解体された牛を市場に流通させず、最終処分することに決定、事実上の買取りを発表した。

発端

2002年1月23日付、毎日新聞朝刊は、「雪印食品、豪州牛「国産」と偽装？ 狂牛病救済、申請の疑い——昨秋、兵庫・西宮で」と報じた。

狂牛病対策として、市場から隔離されている牛肉を国が買い上げる制度（国産牛肉買い取り制度）では、業界団体がいったん買い上げることになっており、国産牛に偽装して同制度に申請した疑いがあった。

同日、雪印食品は、東京本社で会見し、偽装工作を全面的に認め謝罪した。吉田升三社長は、関西ミートセンター長が事実を認めたこと、オーストラリア産牛肉を国産牛肉に詰め替えた量は、13.8トンであること、すでに280トンを申請しており、全体で約900万円分が入金されているが、返還すること、社内に調査委員会を設置し、全国4か所のミートセンターを調査することを表明した。

事件の経緯

2001年10月31日、雪印食品の社員が偽装のため西宮冷蔵に入った。それ

keyword【キーワード】：狂牛病　国産牛肉買い取り制度　偽装

を見た同社の社員が本社に告発したか、西宮冷蔵の社長はじめ関係者が直接本社に告発したか、いずれかが指摘された。こののち、雪印食品は、幹部を関西ミートセンターに急行させるが、調査はおざなりであった。

西宮冷蔵によると、問題の牛肉はオーストラリア産で、2000年9～10月に入庫した計663箱。10月下旬になって、雪印食品の関西食肉センターの職員らが同冷蔵を訪れ、1日がかりで用意した国産牛用の622箱に詰め替えた。

会社の対応、警察、検察の動き

2002年1月28日、国産牛肉の産地も偽装していたことが発覚した。

1月29日、社内の調査委員会は、本社ミート営業調達部や関東ミートセンターでも偽装牛肉を業界団体に買い取らせていたことを明らかにした。吉田升三社長は、同日責任をとって辞任した。

1月30日、雪印食品の国産牛偽装問題で兵庫県警、警視庁、埼玉県警は合同捜査本部を設置する方針を固める。

1月31日、経団連の今井会長は、大阪市内で会見し、雪印食品の国産牛肉偽装事件について、「世の中を欺いて、税金をだまし取ろうという姿勢は、もはや企業とも経済人とも言えない」と痛烈に批判。「解散して出直す気持ちでないと（体質は）直らない」と語った。

2月1日、本社を含む2部門でも偽装工作に関与していたことが発覚。同日、農水省は、詐欺容疑で前関西ミートセンター長を告発した。

2月2日、兵庫県警などの合同捜査本部が、本社および関西ミートセンターなどを家宅捜索。

2月4日　関西ミートセンターでの偽装を指示したとされる前センター長（47）が兵庫県警などの合同捜査本部に対し、昨年10月に本社からあった牛肉買い上げ制度の連絡を「偽装してから申請しろという意味と受け止めた」と供述していることが分かった。

2月22日、取締役会を開き、会社再建を断念し、4月末を目処に臨時株主総会を開催、商法に基づき会社を解散することを決めたと正式発表。

3月14日、偽装にかかわった関西ミートセンター前センター長ら計19人を懲戒解雇などに。

4月2日、BSE問題に関する調査検討委員会（労働大臣私的諮問機関）が農水、厚生労働両相に報告書提出。

4月26日、臨時株主総会で会社解散を決議。

4月30日、雪印食品が解散。清算業務にあたる約150人を除く、約800人の社員、約千人のパート・嘱託社員が解雇されたが、5月時点で約7割の再就職先がみつかっていない。再就職内定者数は、社員319人、パート・嘱託社員244人となっており、全体（1,950人）の3割程度にとどまっている。

5月10日、合同捜査本部が元本社ミート営業調達部長（55）ら同社元幹部5人を詐欺容疑で逮捕した。また、本社など同社関係先8カ所の捜索も始めた。

他に逮捕されたのは、元本社デリカハム・ミート事業本部長付部長（54）、元本社ミート営業調達部営業グループ課長（51）、元関西ミートセンター長（47）、元関東ミートセンター長（56）の各容疑者であった。

調べでは、容疑者ら5人は共謀し、2001年10月末～11月、本社営業調達部で12.6トン、関西ミートセンター（兵庫県伊丹市）で13.9トン、関東ミートセンター（埼玉県春日部市）で3.5トンの輸入牛肉計30トンを国産牛肉に偽装。これらを業界団体「日本ハム・ソーセージ工業協同組合」に国産の買い上げ対象肉と偽って買い取らせ、代金の一部として約1億9,600万円を詐取した疑いだった。3部署での偽装は、それぞれの責任者が部下に指示して主導。容疑者は偽装を黙認し、偽装分を含む計280トンを買い取り申請したとされる。その結果、同社は代金の一部として、本来より約2,100万円多い約1億9,600万円を同組合から受け取っていた。合同捜査本部は、偽装牛肉が含まれていると知っていれば同組合は代金全額を支払わなかったとして全額を被害額とした。

7月24日、元専務ら初公判で無罪主張。「他社が輸入牛肉を買い上げ制度に混ぜ込むらしい」。業界内のうわさを報告した部下が「うちもやることになります」との決意を聞かされた食肉部門のトップ、桜田元専務は「やり方はそっちに任せる」「他社がやっているなら、うちだけやらないのは損だ」「検査は甘いでしょうから」と指示したとされた。冒頭陳述では検察から、偽装の「謀議」や隠ぺい工作が再現された。

11月22日、元ミート営業調達部長ら5人に対して、神戸地裁は、いずれも懲役2年、執行猶予3年の判決。

2004年7月13日、同社元専務の桜田弘巳被告（63）と元常務の井上正躬被告（62）の判決公判が神戸地裁であった。裁判長は「共謀したとする元部下の供述は裏付ける証拠もなく、信用できない」として、桜田被告（求刑懲役3年）と井上被告（同2年6月）に無罪を言い渡した。判決は「両被告は雪印乳業の食中毒事件で社会的非難を浴びる行為に抵抗感があり、偽装を承諾するとは考えにくい」と指摘。部下の供述も、「上層部の関与をほのめかして責任を軽減したいと考えても不思議でなく、不自然な変遷や虚偽がある」と信用性を否定。「両被告は5人の偽装・詐欺に関与していない」

と判断した。7月28日、神戸地検は控訴を断念、2人の無罪が確定した。

参考文献

新聞記事

◆毎日新聞　2002年1月23日
「雪印食品、豪州牛「国産」と偽装?狂牛病救済、申請の疑い――昨秋、兵庫・西宮で」

webサイト

◆雪印食品の教訓:
http://tokaic3.fc2web.com/rc/rc166.html
（参照2007.6.13）

雑誌・書籍

◆**「重要判例紹介 会社の業績悪化と解散による株式の無価値化と取締役の対株主責任--雪印食品事件・東京高裁平成17.1.18判決 / 和田 宗久」**
『商事法研究』 2006.4.1

◆**内部統制・検証（File.2）雪印食品輸入牛肉偽装 / 鳥羽 至英**
『月刊監査役』 2005.11

◆**金融商事判例研究 株式会社の業績悪化による保有株式の無価値化について株主が取締役に直接損害賠償請求することの可否（消極）--雪印食品損害賠償請求事件控訴審判決--東京高判平成17.1.18本誌〔金融・商事判例〕1209号10頁 / 藤原 俊雄**
『金融・商事判例』 2005.9.15

◆**最新判例演習室 商法 業績悪化による株式の無価値化と取締役の対株主責任--雪印食品株式会社事件--東京高判2005.1.18 / 鳥山 恭一**
『法学セミナー』 2005.7

◆**最近の裁判動向2 雪印食品株主代表訴訟事件判決（東京地裁平成17.2.10）**
『資料版商事法務』 2005.7

◆**取締役らに対する株主の損害賠償請求を認めなかった東京高判平成17.1.18について--雪印食品損害賠償請求事件控訴審判決（本誌〔金融・商事判例〕1209号10頁）について / 近衛 大** 『金融・商事判例』 2005.5.15

category ガバナンス 一従業員関与

CASE 064 丸紅畜産 鶏肉偽装事件

date 2002年（平成14年）3月12日

commercial name 丸紅畜産株式会社

scandal type 不正競争防止法違反（虚偽表示）

事件の背景

丸紅畜産は丸紅の畜産事業を担う会社として、全国複数の営業所で牛肉・豚肉・鶏肉の生産・製造・加工・販売を行ってきた。

食肉の輸入量が急増したのは1985年頃だった。6年後の1991年、輸入自由化に向けて国内には大量の輸入肉が入り、低価格で市場に流通した。輸入自由化が開始され、輸入肉はさらに増えた。しかし、品質や安全性の面から国産を志向する動きが強く、国産品の価格は上昇傾向にあった。

そうした中、2001年9月に国内初のBSEが発生した。牛肉に代わる食肉として同年11月から12月にかけて鶏肉の需要が急増し、取引価格もそれまでの約30％増に跳ね上がった。

事件の発端

2002年3月12日、丸紅の子会社「丸紅畜産・仙台営業所」と取引先である加工業者「杉山商店」が、前年までの2年間に輸入鶏肉を国産鶏肉と偽装して販売していた疑いがあることが発覚した。これを受けて公正取引委員会は、2社に対する立ち入り検査を実施した。

同時に丸紅畜産でも内部調査を開始、偽装を確認したため、15日に全国7営業所での鶏肉の加工・出荷を停止した。同日開かれた謝罪会見で、西園仁社長は「欠品対策として仙台営業所所長の指示で行った。本社では把握していなかった」と釈明した。

事件の経緯

2002年3月17日、農水省はJAS法違反で同社に改善指示を出し、仙台営業

keyword【キーワード】：輸入鶏肉　JAS法違反　偽装

所の営業自粛を命じた。その後の調査で、偽装は仙台営業所を含む全国9つの営業所で行われており、大量の偽装鶏肉が販売されていたことがわかった。

4月24日、公正取引委員会は同社に対し、景品表示法違反で排除命令を出した。農水省では2度目の改善指示を出すとともに、新たに偽装が判明した8営業所の営業自粛を求めた。同日の記者会見で、西園社長は、本社の偽装関与を否定し、偽装に関わった幹部ら約20人の処分と自らの辞任を発表した。同時に6月末までに全営業所を廃止することも明らかにした。

その後の経緯、裁判

2002年4月26日、仙台営業所の偽装表示は、丸紅畜産本社や丸紅など組織ぐるみで行われていたことが判明した。

調べによると、仙台営業所は2001年9月から同年12月にかけて、外国産の輸入鶏肉約40トンを国産銘柄の「ネッカチキン」などと偽装表示し、宮城県内のスーパーなどに販売した。1999年からの3年間で販売された偽装鶏肉は約113トンにも上った。

偽装が始まったのは1991年頃で、取引先に対し、「国産銘柄の鶏肉を連日納入できる」と報告したことがきっかけだった。当初は冷凍国産鶏肉を解凍して、「生鮮肉」として販売していたが、1997年頃から偽装鶏肉は国産からブラジル産に代わり、販売が続けられた。

2003年1月23日、宮城県警は不正競争防止法違反（虚偽表示）などの疑いで、元東北営業部長ら5人を逮捕した。

2月28日、仙台地検は同社札幌出張所元所長と、偽装に加担した取引先の鶏肉加工販売会社「住田フーズ」の元業務部長および丸紅畜産を、不正競争防止法違反（原産地・質量等を誤認させる取引）で仙台地裁に起訴した。

3月17日、仙台地裁で同社元東北営業部長被告ら7人と、丸紅畜産、杉山商店の2法人に対する初公判が開かれ、全員が起訴事実を認めた。裁判長は「消費者をだました罪は重い」とし、同社元仙台営業所長被告／懲役2年・執行猶予3年、丸紅畜産／罰金3,600万円をはじめとした判決を言い渡した。

参考文献

雑誌・書籍

◆「丸紅畜産株式会社に対する排除命令（平成14年（排）第12号）」
『公正取引情報』　2002.5.6

category ガバナンス ―従業員関与

CASE 065 東京電力 自主点検記録改竄事件

date 2002年（平成14年）8月29日

commercial name 東京電力株式会社

scandal type 組織的隠蔽

問題の背景

東京電力が建設・運転している原子力発電所は、国内に3カ所ある。最も古いのが福島第一原子力発電所で、1号機は1971年に運転を開始し、現在の原子炉は6号機まで。次に古いのが福島第二原子力発電所で、1982年に運転を開始し、現在は4号機まで運転中である。最も新しいのは新潟県の柏崎刈羽原子力発電所で、1985年に運転を開始している。原子炉は7号機まで運転中で、合計出力も3カ所中、最も大きい。

東京電力が次々と新しい原子炉を建設していった1980年代後半から90年代にかけては、世界的規模で原発事故が相次いだ時期だった。1986年には旧ソ連でチェルノブイリ原発事故が起き、国内でも1995年には旧動力炉・核燃料開発事業団の高速炉「もんじゅ」でナトリウム漏れ事故が、1999年には茨城県の核燃料加工会社JCOの臨界事故（67ページ参照）が起きている。原子力業界全体が、厳しい批判の目にさらされていたのである。

事件の発端

2002年8月29日、経済産業省の原子力安全・保安院は、東京電力の福島第1、第2、柏崎刈羽の3原発の原子炉計13基で、国へ提出する自主点検の作業記録に、部品のひび割れや摩耗を隠すなど、改竄の疑いがある記載が29件あったと発表した。虚偽記載が見つかったのは1980～90年代の点検記録で、問題の機器は原子炉内の炉心を覆う筒状隔壁（シュラウド）や冷却水を炉心に流すジェットポンプなど、原発では重要なものばかりだった。29件のうち18件は既に機器が交換・修理されていたが、残り

keyword【キーワード】：原子力発電所　自主点検記録改ざん　原子力安全基盤機構

8基11件については、そのまま使われている可能性が残っていた。

国の立ち会いの下で行う定期点検とは異なり、自主点検は電力会社が自主的に実施する検査だが、トラブルや不具合が見つかった場合は、国への報告が原子炉等規制法で義務付けられている。保安院は「原発の運転に直ちに影響はない」としたが、東京電力の南直哉社長は、「地元との信頼関係を損ねて申し訳ない。秋に予定していたプルサーマル計画の実施も延期する」と謝罪した。

8月30日、東京電力のトラブル隠しが発覚したのは、ゼネラル・エレクトリック社の元社員だった米国人技術者の内部告発によるものだったことが分かった。元社員は東京電力の検査を請け負ったゼネラル・エレクトリック・インターナショナル社（GEII）に派遣されており、そこで自らが関与した作業について2000年7月、通産省に内部告発の手紙を送っていた。

次々と明らかになる事実

その後の保安院の調べによって、一連のトラブル隠しが1987～1995年に行われていたことが判明した。1986年のチェルノブイリ原発事故以来、日本国内でも原発の安全性が論議の的になっており、通産省は電力会社に対して厳しい指導を行っていた。電力各社もまた、わずかな水漏れであっても極度に神経質になっていた時期だった。

2002年9月2日、南社長が記者会見し、トラブル隠しに東京電力の社員が関わっていたことを初めて認めた。また、1995年以降もトラブル隠しの可能性があることを示唆した。同時に、問題の責任を取って南社長ら経営首脳が総退陣することも発表された。

9月2～4日にかけ、保安院は3原発への立ち入り検査を行って、不正が行われた経緯を調べると共に、関係者への事情聴取を行った。また同月6日からは東京電力本社への立ち入り検査も開始した。一方、調査委員会を設けて事実解明に当たっていた東京電力からも、現場担当者が「米国基準からすれば問題のない程度の軽微な傷」と判断して、あえて報告書に記入しなかったことや、本社の原子力管理部門幹部だった複数の現職役員が関与していたことなど、トラブル隠しにまつわる実態が次々と明らかにされた。

9月13日、保安院は調査結果の概要をまとめた。自主点検記録の改竄が指摘されていた29件のうち、ひび割れを報告せずに行ったシュラウド交換などの6件について法令違反の疑いがあると判断したが、「明確に違反しているとは言えない」として、刑事告発や行政処分をしない方針を明らかにした。

9月17日、東京電力の南社長は記者

会見し、原子炉内の機器のひび割れなどを意図的に隠したケースが16件あったこと、本社の原子力本部長の関与が部分的にあったことなどの社内調査結果を発表した。トラブル隠しが組織的だったことを認めた形だが、誰がどういう形で改竄に関わったのか、具体的な発表はなかった。社長は「責任は個人にではなく、あくまでも制度や組織全体にある」と強調した。また管理職計35人について、降格や減給などの社内処分が決まった。

さらなるトラブル隠しが発覚

2002年9月18日、日立製作所が東京電力の指示を受けてトラブル隠しに協力したことが新たに分かった。1992年に福島第1原発4号機のICMハウジングを点検した際、実際にはひび割れを発見したにも関わらず、「異常なし」と虚偽の報告書を東電に提出していた。

9月20日には、東京電力が新たに8件の隠蔽があることを発表した。原発8基の再循環系配管に多数のひび割れの兆候が見つかったが、報告義務がある箇所であるにも関わらず、国に報告していなかった。また同日、中部電力と東北電力も、東京電力と同じように原発の再循環系配管でトラブル隠しがあったことを公表した。これらを受け、保安院は同月21日、新たなトラブル隠しが発覚した5原発11基を対象に、立ち入り検査を行った。

一方、問題の調査を行っている保安院に対しても、経産省の評価委員会が調査の妥当性を検証した。その結果、保安院が告発者の氏名などを東電に伝えていたこと、調査が2年もかかったことなどを問題視し、9月27日、平沼赳夫経済産業相が佐々木宜彦院長を戒告にするなど、計6人の処分を発表した。

処分は行政指導のみ

2002年10月1日、平沼赳夫経済産業相は、自主点検記録改ざんの疑いがあった29件について、刑事告発を見送ると発表した。6件は法律違反の疑いがあったが、どれも立証困難だと判断された。刑事告発は見送ったが、同日、経済産業省は東京電力を厳重注意し、電気事業法などに基づいた業務改善命令を出した。

12月11日、電気事業法と原子炉等規制法の改正案と、独立行政法人「原子力安全基盤機構」を新設する法律が参院で可決・成立した。これにより、電力会社まかせだった原発の自主点検は法的に位置付けられ、記録の保存も義務付けられることになった。また、軽微な傷なら運転継続を認める「維持基準」の導入も決まった。

12月12日、東京電力は福島第1原発1号機の密閉性試験不正操作にかかわった現場担当者9人の処分を発表した。これにより、発覚から4カ月以上にわたって続いてきた東京電力のトラブル隠しは、ひとまず終止符が打たれる形となった。

また同日、東京電力は安全性の点検や修理のため、福島、新潟両県の全原発を2003年4月までに停止すると発表した。同社の発電出力の29％が不足するが、冬場の電力需要は休止中の火力発電所の再開などで補うことになった。

12月13日、反原発団体の関係者ら3,180人が、詐欺や偽計業務妨害などの容疑で東京電力の原子力部門の責任者だった元副社長ら8人を福島、新潟、東京の各地検に告発したが、2003年10月3日、東京地検特捜部は「嫌疑はなかった」と判断し、全員不起訴処分とした。

参考文献

雑誌・書籍

◆「東京電力の原発補修記録不正問題について経済産業省および原子力保安院への質問（DATA & INFORMATION 社民党政策審議会データベース）」
『社会民主』 2002.11

◆「座談会 東電の情報隠ぺい事件--問題点と対応策（特集 原子力発電所の維持・保守）」
『エネルギーレビュー』 2002.11

◆「「安全」と「安心」の確保を求める--原発トラブル隠しの報道を通して（特集・「隠ぺい」の構造）」『新聞研究』 2002.12

◆「東京電力福島第一原子力発電所（1）再発防止へ『させない仕組み』,『しない風土』づくり--地域とのコミュニケーションに全力投球（特集 原子力の安全確保に向けて）」
『エネルギー』 2003.5

◆「ルポ 東京電力の一連の不祥事に対する立地自治体の対応と現状（1）福島県の「エネルギー政策検討会」の考え方」『原子力eye』 2003.5

◆「現場で有用なHE防止対策とそのための研究--原子力発電分野からのメッセージ（第2回）東京電力原子力発電所不正事件（その1）」『高圧ガス』 2003.7

◆「日本のエネルギー政策は「空っぽの洞窟」--国と電力会社はいったい何をやっていたのか」『論座』 2003.8

◆「インタビュー 服部拓也（東京電力常務）開かれた透明な発電所づくりが信頼回復への第一歩（総力特集「原子力」信頼回復への道標）」
『エネルギーフォーラム』 2003.11

◆「この人に聞く 原子力の信頼回復は一歩ずつ,運転再開には安心レベルを保持--東京電力社長 勝俣恒久氏 」『原子力eye』 2003.11

category ガバナンス 一従業員関与

CASE 066 伊藤忠フレッシュウナギ産地偽装事件

date 2002年（平成14年）10月10日

commercial name 伊藤忠フレッシュ株式会社

scandal type JAS法違反（産地偽装）

事件の背景

日本は世界一のウナギ消費国で、その量は年間約10万トンに及ぶと言われている。ただし国内生産量は約2万トンで、残りの約8万トンは中国と台湾からの輸入に頼っている。国内生産、輸入品ともそのほとんどが養殖で、国内の生産量では鹿児島県が最も多い。事件発覚当時、蒲焼きの値段は輸入品の方が国産よりキロあたり400円ほど安かった。

ウナギの原産地表示に関しては、2002年2月にJAS（日本農林規格）法が変更になるまで、厳密な表示義務が規定されていなかった。輸入した蒲焼きでも、国内の工場で味付けすれば国産と表示できたのである。

伊藤忠フレッシュは伊藤忠商事の子会社で、1998年に設立された。食品卸事業を行っていた6社が合併してできた会社で、ウナギの輸入販売は旧東京鰻販売から引き継いだ事業だった。

事件の発端と経緯

2002年10月10日、伊藤忠商事は社内調査により、子会社の伊藤忠フレッシュの九州営業所が台湾産のウナギの蒲焼き約100トンを国産と偽って販売し、約4,000万円の利益を不当に得ていたと発表した。偽装表示を行っていたのは2001年1月から2002年1月にかけての約1年間。蒲焼きを包装する際に「鹿児島産」と記載したシールを貼り、主に九州地区の卸売市場で販売していた。記者会見した同社の真鍋陽社長は、「偽装は九州営業所長が独断で行ったことで、本社は関与していない。JAS法が改正される前は原産地表示に関する明確な規定がなく、業界では偽装が横行していたと聞いている」と語った。

keyword【キーワード】：JAS法　偽装表示　ウナギ消費国

農水省は同日、JAS法違反の疑いで東京都港区の伊藤忠フレッシュ本社を立ち入り検査した。

事件の結末と行政処分

2002年10月25日、伊藤忠商事は社内調査の結果と処分を発表した。それによると偽装は九州営業所長の独断で行われ、2000年9月から2002年1月までの1年5ヵ月にわたっていた。偽装した量は計113.8トンで、総額2,800万円の不当な利益をあげていた。伊藤忠フレッシュの真鍋社長は11月21日付で辞任、九州営業所長は10月25日付で懲戒解雇となった。

12月16日、公正取引委員会は景品表示法違反（優良誤認）で、伊藤忠フレッシュに排除命令を出した。これを受け同社の高橋順正専務は、「命令を厳粛に受け止めている。今後は管理体制を強化して再発防止に努めたい」と語った。12月24日には、農水省がJAS法に基づく改善を同社に指示した。

参考文献

雑誌・書籍

◆「伊藤忠子会社のウナギ産地偽装（時流超流 News & Trends）」
『日経ビジネス』 2002.10.21

◆「ニュースファイル-「ウナギ事件」発覚！伊藤忠は危機管理にどう動いたか（情報スクランブル）」
『プレジデント』 2002.11.18

◆「産地偽装の「伊藤忠フレッシュ」に排除命令 公取委--台湾産うなぎ蒲焼を「鹿児島産」と表示して販売」
『公正取引情報』 2002.12.23

category　ガバナンス ―従業員関与

CASE 067 名鉄バス 無免許運転隠蔽事件

date　2003年（平成15年）2月19日

commercial name　名鉄バス株式会社

scandal type　道路交通法違反（無免許運転）、犯人隠匿

事件の背景

名鉄バスは名古屋鉄道を親会社とする名鉄グループの一社である。名古屋鉄道は名古屋を拠点に鉄道、バス、トラック、タクシー、船舶等の運輸事業を展開するほか、不動産、レジャー・サービス、流通事業なども手がけるなど、中京地区での存在は大きかった。

なかでも創立以来の事業である運輸事業分野は強く、事件が勃発した岡崎市内のバス路線も名鉄バス1社が独占するほどの勢いだった。

事件の2年後の2005年には、中部国際空港の開港や愛・地球博の開催も予定されており、現地では空港や博覧会会場へのバス運行は名鉄抜きには考えられない状況だった。

事件の発端

2003年2月19日、岡崎市内のバス停に止まっていた名古屋鉄道岡崎統括自動車営業所の路線バスに、軽自動車が追突した。軽自動車の運転手がこの事故を岡崎署に届け出たため、同署は事情聴取のため、同社に追突された路線バス運転手の出頭を求めた。

この時点で所内では、バスを運転していた運転手の免許証が期限切れだったことを確認したが、上司は運行記録を書き直し、運転手の身代わりとして、別の運転手を出頭させた。

無免許運転が発覚した運転手は、翌月に退職した。

事件の経過

その後の調べで、運転手は免許が失効したことを隠したまま、1年4ヶ月にわ

keyword【キーワード】：無免許　免許停止処分

たり、路線バスの運転を続けていたことがわかった。

2003年6月24日、愛知県警交通指導課と岡崎署は、同容疑者を道路交通法違反（無免許運転）の容疑で逮捕し、身代わりとなった運転手も、犯人隠匿の容疑で逮捕した。

同社はこの時点で元運転手の無免許運転のもみ消しを認めたが、隠蔽工作に関わったのは一部の上司で、その上の役員は関与していないと説明した。

この供述の真意を確認するため、捜査当局では上層部の事件関与の有無を含め、組織的な隠蔽工作の解明を進めた。

その結果、名鉄本社元企画管理部長および自動車事業本部課長、同営業所職員、同営業所元運行主任、元運転手の上司である同社岡崎統括自動車営業所の総務主任の5人が、犯人隠避に関与していたことがわかり、逮捕に至った。

逮捕された幹部らは、隠蔽の理由について、「名鉄の社会的地位を守るためだった」と供述した。

捜査当局がさらなる捜査を進めたところ、すでに逮捕された課長の上司である同本部副本部長・竹内良吉取締役が、隠蔽工作を知りながら黙認していたことが判明し、7月3日に逮捕された。

同日、同社では竹内取締役を解任するとともに、事件の責任を取って木村操社長ら上層部10人を減給、降格、諭旨解雇などの処分にした。

その後の経過、関係当局の動き、裁判

2003年7月10日、国土交通省中部運輸局は一連の不祥事を起こした同社に対し、以下の行政処分を命じた。

岡崎統括自動車営業所の路線バス5台に対する240日間の使用停止、安全運行のための改善策の報告と、監査などによる業務・管理体制の確認。

これにより、同社では道路運送法に基づいて以後2年間、新規バス路線の開設や事業拡大の申請が原則として認められなくなった。

8月29日、同社では会見を開き、事件後、自動車事業本部のバス運転手全員に対し、過去3年間の免許証更新履歴を調べたことを発表した。その結果、更新を忘れたまま無免許状態で乗務していた運転手がいたことや、勤務外の交通違反で免許停止処分となっていた運転手が多数いたことがわかった。

9月1日、同社元運転手被告の論告求刑公判が名古屋地裁岡崎支部で開かれ、懲役1年6ヶ月が求刑された。9月19日には、執行猶予4年付きで刑が確定した。

事件から2年後の2005年には、中部国際空港が開港し、名古屋での愛・地球博も開催され、いずれの運行ルートも名鉄バスが確保した。

行政処分により、事件後2年間新規バ

ス路線の開設ができないはずだった同社が路線を確保できたのは、国土交通省が「地元自治体などからの要請があれば路線開設を認める」と行政処分に例外を設けたためだった。

参考文献

雑誌・書籍

◆「日本経団連が活動自粛処分を下したバス無免許運転不祥事「名鉄」のお家事情」『実業界』 2003.12

category　ガバナンス—従業員関与

CASE 068 JR西日本 新幹線運転士居眠り事件

date　2003年（平成15年）2月26日

commercial name　西日本旅客鉄道株式会社

scandal type　業務上過失往来危険

事件の背景

JR西日本の運転士居眠り事件が発覚する約1週間前、韓国では大惨事となった地下鉄火災事故があった。この事故は鉄道会社の対応が被害を拡大させた背景もあり、日本でも交通機関に対して安全管理・危機管理を求める世論が高まっていた。

また、JR西日本の事件については、その原因が運転士の「睡眠時無呼吸症候群（SAS）」によるとされ、新たな波紋を広げた。SASは、就寝時に呼吸が何度も止まる睡眠障害で、夜熟睡できないため昼間に強い眠気を催す。SASはこの事件をきっかけに広く知られるようになった。

事件の発端

2003年2月26日午後3時20分頃、JR岡山駅のホームに入ってきた広島発東京行きの新幹線が、所定の位置より100メートル手前で緊急停車した。車掌らが運転席にかけつけると、運転士（33）が席に座ったまま眠っていた。その後の調べで運転士は、新倉敷駅の手前から岡山駅までの約30キロを約9分にわたり居眠り運転していたことがわかった。

新幹線はATC（自動列車制御装置）が正常に作動していたため、岡山駅の手前で自動的にブレーキがかかり、ケガ人などは出なかった。この事件は皮肉にも新幹線の安全性を証明する結果にもなった。

緊急停車した新幹線は、9分遅れで岡山駅を出発。運転は居眠りした運転士が続行し、当初の予定通り、新大阪駅まで運転してから別の運転士と交代した。

keyword【キーワード】：睡眠時無呼吸症候群　ATC

その後の経緯、JR西日本の対応

JR西日本の運輸部長は、2003年2月26日夜に記者会見し、「誠に申し訳ない。指導の徹底を図る」と謝罪。翌27日には居眠りした運転士を当面運転業務から外すと発表した。

岡山県警などは27日、業務上過失往来危険などの疑いで、運転士から任意で事情聴取を始めた。県警は、居眠りの原因は、気の緩みだったとの見方を強めた。

28日、当初のJR西日本の発表に誤りがあったことが判明した。居眠り発覚後に運転を再開した際、「運転免許のある車掌を付き添わせて走行した」としていたが、実際には添乗者のいない時間帯があった。同社の対応について国土交通省は、「居眠りした運転士を1人にするのは認識が甘い」、「正確に状況を把握すべき」と批判した。

3月5日、JR西日本は、検査入院していた同運転士が、重度の「睡眠時無呼吸症候群（SAS）」と診断されたと発表。同社は居眠りとSASに因果関係があったとして、今後、同社の全運転士に対して調査を行うとした。また国道交通省も、SAS対策を検討する「連絡検討会議」の設置を決めた。

JR西日本の南谷昌二郎社長は翌6日、国土交通省の石川裕己鉄道局長を訪れ、事件について謝罪した。

9月1日、岡山県警は、元運転士（この時点では広島新幹線運転所事務係）を業務上過失往来危険の疑いで岡山地検に書類送検した。県警は「普段から眠気に襲われる自覚症状があり、何らかの措置をとれたはず」と判断した。一方、JR西日本に対しては、本人からの申告がなく過失はなかったとし、送検を見送った。

翌2004年3月18日、岡山地検は、「過失はあったが、運転士にSASの自覚はなく、ATCの作動によりで実害はなかった」として、元運転士を起訴猶予処分にした。

参考文献

雑誌・書籍

- **「安全を踏まえた睡眠時無呼吸症候群対策の方向性について」**
  『ワークサイエンスリポート』 2003
- **「睡眠時無呼吸症候群の社会的影響」** 『予防時報』 2003.秋
- **「睡眠時無呼吸症候群（コメディカルのための** 『呼吸器ケア』 2003.冬期

category ガバナンス―従業員関与

CASE 069 新日本石油精製 安全検査測定値捏造事件

date 2003年（平成15年）8月4日

commercial name 新日本石油精製株式会社

scandal type 測定値捏造

事件の背景

1991年に勃発した湾岸戦争の影響で原油の価格は一時高騰したものの、1998年にはアジア経済の不況で下落。2000年秋には再び高騰したが、2001年9月に起きたアメリカ・テロ事件と暖冬が重なり、2002年初頭にかけて再び下落した。しかし、翌年の4～11月には米国経済の回復により上昇し、キロリットルあたり20,000～24,000円で推移するなど、前年（15,000～19,000円／キロリットル）と比べ高騰していた。

こうした影響もあり、2003年度の大手石油会社の売上高経常利益率は軒並み低下した。なかでも新日本石油の経常利益は2.4％と、昭和シェル（4.7％）、出光興産（3.6％）、コスモ石油（2.5％）、東燃ゼネラル（4.2％）と比べ低く、業績アップのために、社内ではコスト削減や効率化が図られていた。

事件の発端

2003年8月4日、新日本石油の子会社である「新日本石油精製」の麻里布製油所（山口県）と大阪製油所が、法令で定められている保安検査データを捏造していたことが発覚した。

高圧ガス保安法により、製油所には年に一度、鋼管の腐食度合いを超音波や放射線で確認する肉厚検査が義務付けられている。しかし、2つの製油所では、これを無視して過去の検査を省略したとの疑いが持たれた。そこで同社では内部調査を実施し、以下の事実を確認した。

麻里布製油所では1998～2001年の4回、大阪製油所は2000年に1回当検査を怠り、検査データに虚偽の数値を

keyword【キーワード】：保安検査データ　高圧ガス保安法　虚偽報告

記入して「合格」としたうえで、監督官庁に報告していた。

不正を行った理由について両製油所では、「外部業者に支払う検査費用約1,000万円を削減するためだった」と説明した。同社ではデータの捏造を経済産業省原子力安全・保安院に報告するとともに、両製油所の操業を停止した。

これを受けて経済産業省原子力安全・保安院は、両製油所への立ち入り検査を実施した。

事件の経緯、会社の対応

検査データの捏造が発覚したのは、新会社誕生から1年4ヶ月後のことだった。

合併後も両製油所では検査を怠り、虚偽の報告を行っていたことが、その後の内部調査でわかった。

事件発覚から50日後には、大阪製油所では操業を再開していたが、事態を重く見た経済産業省は2003年10月3日、同社に対し都道府県知事に代わって保安検査を自社で済ますことができる資格の取り消しを実施した。

これを受け、新日本石油精製は同日、虚偽報告の原因調査結果と再発防止策を発表した。

虚偽報告の原因としては、「急激なコスト削減の中で順法意識が薄れた」「不正行為を防ぐ検査管理組織が機能しなかった」の2点を挙げた。再発防止策としては、「従業員教育による法令順守の再徹底」と「親会社・新日本石油による監査、指導の強化」を行うとした。

このほか、社内処分も発表され、同社の掛札勲社長が役員報酬の2ヶ月分、常務取締役2人が同1ヶ月分を返上することになった。

この時点でもなお、再開の見通しがつかない麻里布製油所の所長ら3人は、事件の責任をとって10月3日付で辞任した。

参考文献

新聞記事

◆毎日新聞　2003年8月4日
新日本石油精製が検査データねつ造　国に虚偽報告、操業停止

category ガバナンス―従業員関与

CASE 070 JRバス関東 高速バス飲酒事件

date	2003年（平成15年）8月18日
commercial name	ジェイアールバス関東株式会社
scandal type	道路交通交法違反（酒酔い運転）

事件の背景

大手バス会社であるJRバス関東は、高速バスを中心に全国に幅広いネットワークを展開していることがひとつの強みである。安価で速い高速バスは、電車や飛行機に代わる便利な交通手段として多くの人に利用されており、バス運転手には旅客の安全を守る使命が課されていた。

ところが2002年にバス運転手による飲酒運転が頻発、7月にはJR東海バスの高速バス運転手が、続いて8月には神戸市の市営バス運転手が酒気帯び運転で事故を起こし、10月には成田空港行きシャトルバスの運転手が酒気帯び運転で逮捕された。

これら一連の事故をふまえ、日本バス協会は再発防止に向け、同年10月に飲酒運転防止対策を講じ、各バス会社に安全対策及び管理体制の見直しを強く求めた。

事件の発端

2003年8月18日、静岡県内の東名高速道路で、高速バスを運転していたJRバス関東の運転手（32）が、静岡県警に道交法違反容疑（酒気帯び運転）の現行犯で逮捕された。

同容疑者は宇都宮支店所属だが、当日は東京支店の応援要員として東京発大阪行きの高速バスに乗務しており、逮捕時には呼気から多量のアルコールが検出された。本人の鞄や運転席から、複数のアルコール類も見つかった。

19日、JR関東バス東京支店と宇都宮支店では静岡県警による家宅捜索が行われたほか、東京支店では国土交通省関東運輸局による特別監査も行われた。その結果、同支店では社内規である乗務前の

keyword【キーワード】：飲酒運転　日本バス協会　飲酒運転防止対策会議

アルコールチェックが行われていなかったことが判明した。

事件の経緯、会社の対応

容疑者から検出された多量のアルコールと蛇行運転を重視した静岡県警は、容疑を酒酔い運転に切り替え、取調べを行った。

同容疑者は社内規を破り事件前夜に宿舎で多量の飲酒をしたうえ、乗務日も点呼を受けた後、アルコールを飲みながらバスを運転していた。そのため、静岡の手前の神奈川県内で車線変更する際、接触事故も起こしていた。さらに、過去に自家用車で酒気帯び運転し、免許停止処分を受けた前歴があることも確認された。

度重なる飲酒運転を受け、日本バス協会は2003年8月21日、飲酒運転防止対策会議を開催し、各都道府県のバス事業者に、防止策の実施状況を再点検させるとともに、運転手の管理強化対策などまとめさせることを決定した。

8月23日、神奈川県警は接触事故を起こした容疑者を道交法違反（安全不確認、事故不申告）などの容疑で立件するとした。

事件後、同社では全支店に対し、酒気帯び状態での出勤をやめさせるように口頭で注意したほか、8月28日には役員らの処分も発表した。これにより、山村陽一会長と東海林保社長が役員報酬の3分の1を4ヶ月返上、同じく常務は2ヶ月、営業部長は1ヶ月返上するとした。容疑者は懲戒解雇となった。

また、再発防止対策として、アルコール検知器を増設し、全運転手に出発時および乗務終了時の2回、係員の前でのチェックを義務付けた。

一方、国土交通省関東運輸局も安全強化のために、9月中に関東1都6県と山梨県の高速バス事業者49事業者に対し、抜き打ち査察すると決めた。

9月1日、神奈川県警は容疑者を道路交通法違反（当て逃げなど）容疑で横浜区検に書類送検した。静岡地検浜松支部も9月8日、同容疑者を道路交通法違反（酒酔い運転）容疑で静岡地裁浜松支部に起訴した。

こうした処分を受け、日本バス協会は9月16日、以下の再発防止措置を発表した。

- バス帰庫時に全運転手がアルコール検知器でのチェックを行う、
- 高速バス路線の中間地点と、貸し切りバスの宿泊先での出発時に検知器による抜き打ちチェックを行う、
- 飲酒が常習化している者は乗務停止にし、専門医の診断を受けさせる。

その後の経緯、関連省庁・運輸局の動き、裁判

同社の管理体制の甘さを重く見た国土

交通省は、飲酒運転防止対策の徹底を図るため、2003年8月21日、自動車交通局長および日本バス協会会長の出席のもと、「飲酒運転防止対策会議」を開催した。さらに10月14日、同社の東京～大阪間の高速バス8台すべてを35日間、運行停止処分にした。宇都宮支店でもバス2台が27日間運行停止となった。

10月22日、道交法違反の罪に問われた被告の初公判が静岡地裁浜松支部で開かれ、被告は起訴事実を認めた。

12月16日、静岡地裁浜松支部で被告に懲役2年の判決が言い渡された。被告はこれを不服として東京高裁に控訴したが、翌年3月30日、一審の判決通り懲役2年が決定した。

参考文献

新聞記事

◆毎日新聞　2003年8月19日

高速バス・酒気帯び運転　静岡県警、JRバス支店を捜索――国交省は特別監査を実施

category　ガバナンス ―従業員関与

CASE 071 新日鉄名古屋製鉄所タンク爆発事件

date　2003年（平成15年）9月3日

commercial name　新日本製鐵株式会社

scandal type　労働安全衛生法違反

事件の背景

「鉄は国家なり」のかけ声とともに、高度成長時代を支えてきた鉄鋼各社も、バブル崩壊後は鉄鋼業界にも不況や海外メーカーとの競争激化の波が押し寄せ、生産現場では人員削減やコスト削減を余儀なくされていた。機器類の点検は先送りされる傾向にあった。

こうした状況の中、2003年の夏時点で、全国の製鉄所での労災死者が15人に達した。この事態を重くみた厚生労働省などでは、同年7月、日本鉄鋼連盟に安全管理の徹底を要請していた。

事件の発端

2003年9月3日午後7時40分頃、愛知県東海市の新日本製鉄名古屋製鉄所でコークス炉ガスタンク1基が爆発、炎上した。東海市消防本部では近隣の各消防本部に応援を要請し、消防車33台で消火活動を行った。火は一時隣接する2基に燃え移ったが、4日午前3時26分に鎮火した。

この事故で、同製鉄所設備部の従業員15人（のちに17名と判明）が負傷した。また、爆風でタンク周辺の事務棟4棟の窓ガラスが吹き飛んだほか、現場近くの住宅3棟の窓ガラスが割れるなど被害が出た。

愛知県警東海署などの調べで、爆発したタンクは1964年に設置されたもので（高さ50メートル、直径35メートル、体積4万立方メートル）、石炭からコークスを作る過程で発生する燃料ガスを貯蔵していたことがわかった。

同製鉄所では、事故直後にすべての操業を停止した。

同製鉄所では年間約588万トン（2003年度）の粗鋼を生産しており、

keyword【キーワード】：ガス爆発　コークス炉ガスタンク　高圧ガス保安法

製品の大半はトヨタ自動車など大手自動車メーカーに納品されている。しかし、当時はコスト削減のために鋼板の在庫を減らしており、この時点で2～7日程度の在庫しか保有していなかった。そのため、操業停止が1週間以上続けば、各自動車メーカーの生産に支障が出る恐れもあるとみられた。

事件の経過、会社の対応

鎮火後の2003年9月4日午前、愛知県警と愛知県消防本部が現場周辺の実況見分を行ったところ、大爆発の数分前に規模の小さい爆発が起きていたことがわかった。

これについて専門家は、「小爆発でタンクに亀裂が入ってガスが漏れ、爆発しやすい混合気体ができた可能性がある」とコメントした。消防研究所でも「漏れたガスが燃え続け、タンク内部の気体が熱せられたことで大爆発が起きたのでは」と分析した。

爆発はタンク内部で起きたとみられたが、愛知県警などでは、「内部には発火源になるものはないため、タンク内の設備の摩擦（ガスを空気から遮断する浮き蓋と内壁）が原因で引火した疑いがある」として調べを続けた。

同日、総務省消防庁の特殊災害対策室では、調査のために職員を現地に派遣した。

その後の調べで爆発したタンクは、

①国や都道府県など第三者機関による検査対象外の施設で、

②外壁部分の損傷は少なく、内部から外へ向けて力が加わった形跡がある、ことがわかった。

①について総務省消防庁、経済産業省、厚生労働省などは次のように説明した。

10気圧以上の高圧ガスを貯蔵・製造する「高圧ガス貯蔵施設」は、高圧ガス保安法により、都道府県などによる年1回の保安検査が義務づけられている。しかし、爆発を起こしたタンクの内圧は8気圧程度であることから、検査の対象にはならない。また、タンク内部に蓄えられたコークス炉ガスも、消防法上の危険物には指定されていないため、国への届け出などは義務づけられていない。企業には2年以内の自主点検が定められているだけである。

これらに基づき同製油所では、タンク設置以来39年間、自主点検を行っていた。点検については、「10日に1度、自主検査をしていた。また、爆発の約3ヶ月前には大規模な修理を行っており、この時点で異常はなかった」と説明した。

9月4日、名古屋製鉄所の総務部長らは、朝と夜の2度にわたり会見を開いた。所長は朝の会見で謝罪し、「原因究明と復旧に全力を尽くす」とした。爆発原因については「わからない」と述べた。夜の会見で総務部長らは、爆発の原因について「タンク内部で何らかの原因で熱が発生し、それがガスに引火した可能性が高い」と説明した。操業再開については、「応急措置により6日朝から再開し、7日から製品を供給できる態勢にする」との見通しを示した。これにより、「トヨタ自動車など、取引先の生産ライン停止を回避できる一定のメドが立った」とした。

このほか、製鉄所内の被害について、約1,000枚ガラスの破損と屋根や壁など20数ヶ所の破損があった、

②爆発したタンクと、隣接するタンク2基は修復不可能、新設の必要がある、とした。

さらに、周辺の民家28戸から爆風でガラスが割れたり、ふすまが外れたりしたとの苦情がきたことも明らかにした。これらへの対応については、「電話で謝罪した。修理費用は補償したい」と説明した。

9月5日、同製鉄所から鋼板を仕入れているトヨタ自動車では、以後の供給の見通しが不透明なため、8日の車両組み立てラインの一部の残業を取りやめると発表した。9日以降の操業については、「鋼板の在庫状況などを見ながら、8日の午前中に判断したい」とした。

9月6日、同製鉄所では生産を止めていた2基のコークス炉のうち、1基を再稼動させた。同時に鋼鉄を引き延ばす加工工程の一部も稼動させるなど、生産体制は徐々に整いつつあった。

9月8日、同社の三村明夫社長が東京の本社で記者会見し、操業停止により50万トンの減産及び最大約300億円の減益となる見通しを明らかにした。

また、操業の見通しについて、「9月末までに事故前の9割程度まで戻し、2003年末までにフル操業を目指す」としたほか、納期が迫った鋼材は、「他の製鉄所への振替えや他社への応援の要請、納期の調整で対応する」と説明した。

その後、顧客や近隣の住民に陳謝した上で、安全対策と再発防止に誠実に取り組む考えを示した。

9月9日、愛知県警と東海市消防本部、半田労働基準監督署はタンク内部の実況見分を実施した。

9月18日、同製鉄所が2基目のコークス炉を再稼働させた。これにより高炉の銑鉄生産は事故前の約9割、自動車用鋼板生産など製鉄所全体の操業水準は8割程度まで復旧したと発表した。

その後の経過

その後の調べで、爆発事故の原因は以下にあるとみられた。

①タンク内のガスを密閉する内蓋下側にある金属製フレームが腐食で外れ、その上に載っていた重りが落下した、

②これにより、バランスを崩した内蓋

が傾きながら落下した際、タンク側板との間で摩擦が起き、ガス爆発の引き金となった。

同製鉄所では、事故の約3ヶ月前に定期点検を実施しており、老朽化したタンクの側板や内蓋などの腐食は詳細に把握していた。しかし、落下したフレーム部分は目視にとどまっていた。

ところが、半田労働基準監督署の調査では、同社では法令で2年以内に1回、化学設備の点検が義務付けられているのに、1998年9月以降、詳細な点検を実施しなかった疑いがあるとされた。

2004年9月8日、東海署捜査本部は、老朽化したタンクの点検が不十分だったなどとして、業務上過失傷害の疑いで同製鉄所の保守点検担当者ら数人を書類送検する方針を固めた。

同日、半田労働基準監督署はタンクの定期点検を怠ったとして、同社と同製鉄所エネルギー設備課長を労働安全衛生法（事業者の定期点検義務）違反容疑で書類送検した。

この処分について名古屋製鉄所総務課では、「爆発したタンクは経産省所管のガス事業法に基づいて点検しており、書類送検には困惑している」と述べた。

参考文献

雑誌・書籍

◆「新日鉄名古屋製鉄所の事故の経験から 最高の安全対策を行ってきたのに、なぜ、大事故は起きてしまったのか?（どこへ行ったの?日本の安全神話！）」『連合』 2003.12

◆「新日鉄・名古屋製鉄所のガスタンク爆発事故（リストラ下で続発する大事故・労働災害)」『新世紀』 2004.1

◆「事故は語る 新日鉄名古屋製鉄所でタンク爆発 ボロボロに腐食した吊り棚が引き金に」『日経ものづくり』 2004.1

category ガバナンス 一従業員関与

CASE 072 ブリヂストン工場火災事件

date 2003年（平成15年）9月8日

commercial name 株式会社ブリヂストン

scandal type 業務上失火

事件の背景

ブリヂストンの製品は、国内の大手自動車・トラックメーカーに納品されており、国内生産量の1割以上を占める製品が栃木工場で生産されていた。

同工場での火災が発生する5日前、新日本製鉄名古屋製鉄所が爆発事故を起こしていた。（228ページ参照）

事件の発端

2003年9月8日朝、栃木県黒磯市のブリヂストン栃木工場から出火した。大規模な消火活動が行われたが、昼になっても火災が鎮火しないため、黒磯市では同日昼過ぎに現場周辺の728世帯、2,140人に避難指示を発令した。その後、指示範囲は1,708世帯、5,032人に拡大された。

出火元はタイヤ用ゴムを造るバンバリー棟1階とみられ、夕方までに鉄筋3階建ての施設（延べ床面積約4万1,000平方メートル）をほぼ全焼したほか、材料の天然ゴムやカーボンなど475トンと、施設側に野積みされた出荷用タイヤ約2万本を焼いた。

火災が発生した同日午後、ブリヂストンでは緊急対策本部を設置し、夜には対策本部長の富樫功副社長らが現地入りして、近隣住民に詫びた。

事件の経過

火災発生から約24時間を経た2003年9月9日、火はようやく鎮静化し、市では避難指示を解除した。長時間の火災による大気汚染が懸念されたため、環境省による検査も行われた。

同夜には鎮火の確認とバンバリー棟の全焼及び出荷用タイヤ15万本前後の焼失など、火災による被害が報告された。

keyword【キーワード】：タイヤ用ゴム　出荷用タイヤ　失火容疑　バンバリー棟

消防本部や県警は、目撃証言などからゴムを練る機械である3号機付近が火元との見方を強め、業務上失火容疑で同機を中心に現場検証を行った。

売上低下を防ぐため、一刻も早い操業の再開に向けて同社では9月11日、黒磯那須消防本部に再発防止策などを提出したが、内容不十分で却下された。これにより、12日に予定していた工場の操業再開は延期となった。

その後の経過、警察の動き、同社の損失、裁判

出火原因を突き止めるため、工場の検証が続いていた2003年9月14日、栃木県那須町の那珂川河川敷で、ブリヂストン栃木工場の男性従業員の遺体が発見された。近くに止めてあった車から、会社と家族あての遺書が発見されたことから、黒磯署では自殺とみて調べを開始。

その後の調べで、自殺した従業員は出火当日の8日、出火したバンバリー棟の精錬機付近で溶接工事をしていたことがわかり、これが火災の原因とされた。

火災の原因が判明した後の20日、同工場ではバンバリー棟を除く工程での操業を再開した。

翌年2004年6月24日、同社は火災事故の引責として社内処分を発表した。内容は、富樫功副社長と奥雅春常務執行役が月額報酬の5％を3ヶ月減額、渡辺恵夫社長も同様の内容で自主返納するというものだった。

遡って5月24日、栃木県警は防火の安全管理義務を怠ったとして、同工場の工場主任と職長代行を業務上失火容疑で宇都宮地検に書類送検している。出火当日に溶接作業をしていた従業員も、同容疑で被疑者死亡のまま書類送検した。

12月13日、大田原区検は、業務上失火の罪で当時の工場主任と職長代行を大田原簡裁に略式起訴するとともに、それぞれに罰金50万円を求刑した。男性従業員は、被疑者死亡で不起訴処分とした。

12月27日、大田原簡裁は業務上失火の罪で略式起訴された2人に、求刑通り罰金50万円の略式命令を出した。

参考文献

雑誌・書籍

◆「「JR尼崎事故」検証レポート 第2弾 一流企業を覆う「日本病」の危機--雪印乳業「食中毒」、新日本製鉄「名古屋製鉄所爆発」、ブリヂストン「栃木工場火災」、関西電力「美浜原発配管破裂」、三菱自動車「欠陥トラック」--事件・事故の連鎖が物語る日本の劣化」『現代』 2005.8

category ガバナンス 一従業員関与

CASE 073 荏原製作所経理仮装事件

date 2003年（平成15年）9月18日

commercial name 株式会社荏原製作所

scandal type 経理仮装

背景

大量生産・大量消費・大量廃棄による環境破壊が問題視され、2000年頃からごみや廃棄物処理が国の大きな課題として浮上した。

環境庁では2000年6月に「循環型社会形成推進基本法」を公布し、廃棄物等の発生抑制や循環資源の循環的な利用の促進を呼びかけた。その一環として、全国各地にごみ処理施設や下水処理施設が建設されるようになった。

公共の建造物工事の減少に伴い、業績が低迷していたプラント大手メーカーにとって大規模な工事は願ってもない売上増のチャンスであり、受注を巡って激しい入札競争が繰り広げられていた。

事件の発端

2003年9月18日、大手プラントメーカー·荏原製作所の裏金工作が発覚した。同社では2001年に千葉県流山市の「リサイクルプラザ・ごみ焼却施設」建設工事を請け負い、工事代金の一部である3億円を下請けの佐藤工業に水増し請求させ、それを裏金として受け取ったとされた。

裏金の使途について、荏原製作所側は佐藤工業に「地域対策費」と説明していた。

一方、支払い側である佐藤工業では、3億円を「使途秘匿金」として税務処理していたが、その後経営悪化により、2002年3月に東京地裁に会社更生法の適用を申請した。

この更生手続きの過程で、リサイクルプラザ・ごみ焼却施設の下請け工事が赤字であったことや、使途秘匿金があることが指摘され、裏金工作が発覚した。当時の担当者は、荏原製作所側からの要求

keyword【キーワード】：循環型社会　プラントメーカー　リサイクルプラザ

で、裏金作りに協力したことを認めた。

これを受けて東京国税局は9月23日、荏原製作所に対し税務調査を行い、同社が2002年3月期までの2年間に、約3億円の所得隠しを行っていたことを明らかにした。同社では地元業者などへの支払いや、入札競争から降りてもらった他の業者へのお礼を「地域対策費」「受注協力金」の名目で経費として処理していた。

このほか、経理ミスなどによる約12億円の申告漏れも指摘された。しかし、同社の同期決算は約160億円の赤字だったため、追徴税額は約500万円であった。

事件の経緯

事件の背景となったリサイクルプラザ・ごみ焼却施設の建設工事における入札の流れについて、流山市では以下のように説明した。

2001年4月、指名業者選定審査会は、焼却炉建設に実績がある荏原製作所など7社のプラントメーカーを入札指名業者の候補に選定した。ところがその後、このうち6社が過去に公正取引委員会から独占禁止法違反で排除勧告や警告を受けていたことがわかり、入札は取りやめとなった。

そこで新たに荏原製作所など警告にとどまった業者を含む4社を指名し直して入札を実施した。その結果、荏原製作所が約113億9,200万円で落札し、同社は下請け業者として佐藤工業を指名した。

その後の経緯

工事着工から約3年が経過した2004年4月28日、東京国税局の調査により、荏原製作所が流山市のリサイクルプラザ・ごみ焼却施設建設などを巡り、2003年3月期までの3年間で裏金など約5億4,000万円の所得隠しを行っていたことが発覚した。この際も決算が赤字だったため、追徴税額は2千数百万円にとどまった。

参考文献

雑誌・書籍

◆「どこに消えた? 3億円 荏原製作所、裏金疑惑の顛末--未だ晴れない名門プラントメーカーの闇」
『月刊タイムス』 2004.1

category　ガバナンス 一従業員関与

CASE 074 出光興産 北海道製油所火災事件

date　2003年（平成15年）9月26日

commercial name　出光興産株式会社

scandal type　製油所火災

事件の背景

大手石油精製メーカーである出光興産では、北海道、千葉、愛知、徳山の4ヶ所に製油所を有し、原油、灯油、石油化学製品などの製造を行っている。このうち、北海道製油所では2000年2月と同年12月、2002年4月、2003年4月と、3年間に4件もの火災を発生させており、消防当局などではその都度、安全意識の向上と安全管理の徹底を指導していた。そうした中、2003年9月3日に新日本製鉄名古屋製鉄所のコークス炉でガスホルダーが爆発し（228ページ参照）、従業員ら15人が軽傷を負った。続いて8日にはブリヂストン栃木工場から出火、46時間にわたり燃え続けた（230ページ参照）。

大企業による相次ぐ大事故が続出した9月26日、北海道十勝沖で大地震が発生した。この影響で出光興産北海道製油所から火災が発生した。

事件の発端

2003年9月26日未明、北海道十勝沖でマグニチュード8.0を記録する強い地震（十勝沖地震）が発生した。この影響で、苫小牧市の出光興産北海道製油所の原油貯蔵タンク1基と付近の配管から出火、約7時間後に鎮火した。

同日、同社では同製油所内と本社の2ヶ所に対策本部を設置、情報収集にあたった。

2度目の火災

火災鎮火後の28日、同製油所では地震によるナフサタンクの損壊を調べた。これにより、105基のタンクのうち29基に損傷や油漏れが発生していること、ナフサの一部が露出していることを確認

keyword【キーワード】：コンビナート　ナフサ　スロッシング現象　十勝沖地震

した。ナフサは気化しやすく、静電気で引火、爆発する恐れがあるため、応急措置として、中の液体が気化しないよう上部から消火用の泡を注入して液面を消火剤で覆う作業を行った。

この過程で突然タンク上部から出火、石油化学原料のナフサ用貯蔵タンク2基が炎上した。火は2日間燃え続け、2万6,000キロリットルのナフサを燃やし尽くし、30日に鎮火した。

この火災で苫小牧市内では、すすや消火剤の飛散、異臭などが発生した。

その後の経緯

コンビナート史上に例のない大規模な火災を発生させた同社に対し、道警と消防本部は刑事責任と管理責任を厳しく追及した。

道警は危険なナフサの遮断方法に問題があったことや、火災の届け出が大幅に遅れたこと、1回目の火災後に他のタンクの損傷を発見しながら、地元消防などへの報告を怠っていたことを指摘し、「2回目の火災は、人災の疑いがある」として強制捜査に踏み切った。

同社も「泡消化剤の作業方法などに、管理ミスや人為ミスがあった」ことを認めた。

同製油所の所長は2003年9月28日、30日の両日に会見を開いて相次ぐ火災の発生を陳謝し、安全管理体制の不備を認めた。

出光興産・遠山壽一副社長らも都内で記者会見を開き、操業停止となった北海道製油所における以後の灯油の供給についての対応策を発表した。

30日、総務省消防庁は、大規模工業地域内の消防防災体制を強化するため、石油コンビナート等災害防止法を改正する方針を発表した。改正案には、

①消火用泡薬剤の貯蔵量などを大幅に増やす、

②既存の大型放水車の数倍の消火能力を持ち、大口径ノズルで消火用泡薬剤を吹き付けることができる大量泡放射砲と、タンクの底から泡薬剤を注入する消火設備の設置を新たに義務づける、

などが盛り込まれた。

石油コンビナート等災害防止法の抜本改正は1976年の施行以来初のことだった。

同社の対応、関係者の動き

その後の調べで、1回目の火災の原因は、地震によるスロッシング現象（容器が揺れると、中に入っている液体も揺れる）によるものとみられた。振動により、浮き蓋上に溢れ出した重油やナフサが、浮屋根と側壁の接触により発生した火花に触れて引火したとされた。

2003年10月1日、同社の天坊昭彦社長は道庁、苫小牧市役所を訪問し謝罪

した。その後、会見を開き、「安全確保を優先し、万全体制をとる」とし、当面は火災の原因究明と安全対策の構築を優先する方針を示した。自らの進退については「その後に考える」とした。

2002年に社長に就任した天坊社長は、2006年度の株式上場を目指し、財務体質の改善に取り組んでいた。その最中の事故だった。

この時点で同社では、製油所の稼働再開の遅れによる業績への影響に加え、地元からの強い批判を受けていた。また、港湾の物流に影響が出た海運業者や地元住民などから、損害賠償請求を受ける可能性もあるなど、業績の低下や企業ダメージへの影響は避けられそうもなかった。

2日、同社の稲井清男常務は、2回目の火災は天災ではなく、人災であると認める発言を行った。

この間、現場では損傷のある原油貯蔵タンクの原油抜き取り作業が進んでいた。9月26日に出火した原油タンクに重油をゴム状にするゲル化剤の投入も行われた。

6日、東京消防庁は東京都内にある出光興産東京油槽所の屋外貯蔵タンク10基の立ち入り検査を実施した。同時に500キロリットル以上の屋外貯蔵タンクを持つ事業所の検査も行った。

8日、今回の火災で苫小牧西港の入港が制限され、迂回を余儀なくされた苫小牧付近の海運会社4社は、同製油所に対し、運搬費や人件費など総額1億円以上の損害賠償を請求する意向を示した。

14日、同社では再発防止対策として、10月末に放水能力世界最大級の米国製の大容量泡放射砲2基（空輸代含む6.5億円）を北海道製油所に導入すると発表した。石油連盟も業界としての再発防止策を講じ、大容量泡放射砲1基を調達することを決めた。

地震と火災との関係、同社の損失

2004年2月、十勝沖地震の際、出光興産北海道製油所で記録された地震の加速度と配管の破裂の関係が発表された。それによると、同地震の加速度は86ガルで、同製油所の社内耐震基準・180ガルを大きく下回っていた。にもかかわらず、火災を起こした原油タンクに直接つながる配管4ヶ所が破断したと報告された。配管の破断とタンク全体の火災との関係は不明とされた。

5月7日、同社では北海道製油所の火災事故による損失が約300億円に上ることを明らかにした。

5月20日、石油元売り大手4社の2004年3月期連結決算が出そろった。2005年3月期は、新日本石油を除く3社は増益が見込まれたが、出光興産は火災事故によるタンク復旧費など50億円を前倒しで特別損失に計上したため、赤字転落する見通しになった。

参考文献

雑誌・書籍

◆「苫小牧の石油タンク火災--出光興産北海道製油所タンク火災」
『技術と人間』 2003.11

◆「出光興産（株）北海道製油所火災（最終報）」
『エネルギー関連行政情報』 2003.11

◆「出光興産（株）北海道製油所火災（災害詳報 十勝沖地震（M8）現地調査）」
『近代消防』 2003.12

◆「出光興産「家族主義経営」挫折の元凶--タンク火災は「授業料」になるか」
『Themis』 2003.12

◆「出光興産北海道製油所火災を検証する なぜ出光ばかりで災害が起きる（特集 重大災害を検証する）」
『働くもののいのちと健康』 2004.冬季

◆「被災地調査報告 平成15年十勝沖地震被災地レポート（付）出光興産（株）北海道製油所火災について」
『月刊フェスク』 2004.1

◆「出光興産（株）北海道製油所火災《調査レポート》」
『設備と管理』 2004.2

◆「解説 出光興産（株）北海道製油所タンク火災に係る調査概要について（中間報告）」
『消防研究所報告』 2004.3

◆「特集 出光興産（株）北海道製油所屋外タンク火災における消火活動」
『月刊消防』 2004.4

◆「火災調査 出光興産北海道製油所野外タンク 貯蔵所火災の火災原因調査結果」
『消防通信』 2004.9

◆「出光興産（株）北海道製油所における石油タンク火災の概要について」
『火災』 2004.1

◆「Information 消防行政 出光興産（株）北海道製油所屋外タンク貯蔵所火災の火災原因調査結果」
『月刊消防』 2004.1

◆「平成15年十勝沖地震に関連して発生した出光興産（株）北海道製油所タンク火災に係る火災原因調査結果（特集 危険物事故関連情報特集）」
『Safety & tomorrow』 2004.11

◆「出光興産（株）北海道製油所タンク火災に係る調査概要について（最終報告）」
『消防研究所報告』 2006.3

category　ガバナンス ―従業員関与

CASE 075　JR東日本　中央線ポイント配線ミス

date　2003年（平成15年）9月28日

commercial name　東日本旅客鉄道株式会社

scandal type　コンピューター配線ミス

事件の背景

巨額債務の解消やサービス向上などを目的に1987年、国鉄が分割民営化された。しかし、国鉄時代から受け継がれた古い体質や縦割り組織は、依然として改善されなかった。

各部門や協力会社との連携も思うように進まず、業務上必要な指示も末端まで届きにくかった。そのうえ、工事等は現場任せになっていた。

事件の発端

2003年9月28日未明、JR中央線の高架化に伴う線路切り替え工事で5ヶ所のポイント故障が発生、8時間にわたり三鷹～立川駅間（約13キロ）が不通となった。このトラブルで特急や快速列車など234本が運休、18万人の足に影響が出た。

トラブル発生後、JR東日本では東京～三鷹駅間、立川～高尾駅間で折り返し運転を行ったほか、代行バスによる振替輸送も行なった（午前9時過ぎで打ち切り）。しかし、ダイヤの乱れは運行再開まで続き、平常にもどったのは同日夜だった。

本工事は、三鷹～立川駅間の高架化を目的とするもので、2010年度末の完成をめざし、8回に分けて着工する計画だった。当日はその1回目の工事として、27日夕から三鷹～国分寺駅間（6キロ）の上り線を隣接の仮線路に移す作業が行われた。そのために、三鷹～立川駅間を中心に列車を止め、28日の午前6時過ぎには全線の運行を再開する予定だった。

しかし、午前3時25分ころ、武蔵小金井駅近くで電気関係のトラブルが原因とみられるポイント故障が発生。午前8

keyword【キーワード】：縦割り組織　高架化　ポイント故障

時30分過ぎにも、配線ミスで踏切3ヶ所の警報機が鳴り続けるというトラブルが発生した。そこで同駅周辺のポイント33ヶ所と踏切5ヶ所を総点検することになり、この作業に5時間を要した。このため、運行再開は予定より約8時間も遅い午後2時前となった。

事件の経緯

2003年9月29日、午後2時からJR東日本本社で緊急会見が開かれ、広報部長ら4人の幹部が陳謝した。故障の発見状況などについて問われると、「工事の対策本部からの情報が入っておらず、確認していない」と答えた。また、午前9時過ぎに代行輸送を打ち切ったことについて営業部担当部長は、「工事延長は最大1時間までしか見込んでいなかったため、車両を確保できなかった」とし、見通しが甘かったことを認めた。

同社のその後の調査で、故障の原因はレールとレールに切り替えるポイントを制御するコンピューターの配線ミスと、コンピューターの指示を受けるポイントのモーターの配線ミスという二重のミスによるものとわかった。

このほか、配線については三重の確認が義務づけられていたが、それが実施されていなかったこと、1,900人もの作業員を使う大工事にもかかわらず、工事のリハーサルが行われていなかったこと、責任者も部長ではなく、1ランク下の部次長クラスが務めていたことも判明した。

同日、JR東日本の大塚陸毅社長は記者会見し、陳謝するとともに、今後は万全の体制をとるとの意向を示した。

国土交通省関東運輸局では29日、JR東日本の工事担当者らから直接事情を聞いた。局長は、「輸送再開が大幅に遅れ、多数の人に影響を与えたことは遺憾である」として、同社に対し、工事の管理体制、事前の準備やリハーサルの体制、対策本部の対応状況、利用客への広報方法など問題点の解明と再発防止策を講じることを命じた。

その後の経緯

事態を重く見たJR東日本では、2003年12月17日、役員と社員計22人に対する減給などの処分を決めた。これにより、鉄道事業本部長の副社長と担当常務が「譴責」、建設工事部長や現場責任者らは「口頭注意」処分となったほか、大塚社長も役員報酬の1割を、1ヶ月分自主返納することになった。また、施工業者2社に対し、合計約1億円の損害賠償を請求するとした。

さらに、残る中央線の工事は、2004年7月と秋の2回に分けて実施すると発表した。その際、再発防止策として、

①工程管理の統括は、事前に社内に設

置した総合対策本部が行う、

②施工業者への指示・報告を口頭から文書に変える、

③リハーサルが当日にずれこんだ場合は、JR社員立ち会いのもとで二重チェックする、

などを講じるとした。

同年12月19日、国土交通省はJR東日本に対し、石原伸晃国交相名で事業改善命令を出した（国交相名の命令は初のケース）。

2004年7月19日、JR中央線三鷹～立川間の第2回目の高架化工事が行われ、大きなトラブルもなく三鷹～国分寺間の下り線が仮下り線に切り替えられた。

参考文献

新聞記事

◆読売オンライン2003年9月28日
JRの甘い判断に重なるミス、「休日台無し」怒りの声

category ガバナンス―従業員関与

CASE 076 イオン、ショッピングセンター生ごみ処理室爆発事件

date 2003年（平成15年）11月5日

commercial name イオン株式会社

scandal type 業務上過失致死

事件の背景

「生ごみ再利用」は国が目指す循環型社会の実現には欠かせないプロジェクトである。食品リサイクル法（2001年5月施行）は、食品廃棄物の年間排出量が100トン以上の企業に、2006年度までにごみ排出量の20％以上の削減を求めている。

イオンは、食品リサイクル法の施行前、90年代中ごろから店舗から出た生ごみの再生処理を始め、2004年までに全国の直営店舗に計約100台の生ごみ処理機を導入した。地域のごみ拾いや植樹活動も展開し「環境にやさしいスーパー」をアピールしてきた。同社にとって、「店舗での生ごみ処理」は企業戦略の一環だった。

事件の発端

2003年11月5日、午前4時50分ごろ、神奈川県大和市のスーパー「イオン大和ショッピングセンター」から「生ごみ処理室に煙が充満している」と119番通報があった。市消防隊員らが駆けつけ、消火の準備をすると、午前5時10分ごろ突然爆発が起こり、建物の南側面が吹き飛んだ。その破片は付近約20メートル四方に散乱。消防隊員1人が胸の骨を折る重傷を負ったほか、消防隊員8人、警察官1人、警備員1人が軽傷を負った。

生ごみ処理室（160平方メートル）は、処理機（高さ5メートル）で生ごみを発酵させて堆肥にする設備である。微生物を使った脱臭槽や温風送風設備を使い、生ごみを特製チップなどとかき混ぜる。店内から出た野菜くずなどを随時運

keyword【キーワード】：ショッピングセンター　生ごみ処理室　循環型社会

び込み、24時間稼働していた。爆発前日の4日は賞味期限切れの食品を午前に約300キロ、午後に約60キロ入れ、粉状に処理されたごみを5日正午に取り出す予定だった。

爆発のあった処理機は、可燃性のメタンガスを発生させるタイプではなく、ごみの約8割を水に分解、残りを不燃性の二酸化炭素とアンモニアに変えるタイプであった。処理中の機内の温度は40～50度前後。処理機を製造した松下電工は11月5日「安全で無害という点を考慮してこのタイプの処理システムを選択しており、これまでに爆発などのトラブルはなかった」と説明した。

イオン本社は「爆発原因を解明できるまでは、事故のあった店の営業は見合わせる」とした。

事件の経緯、会社の対応

2003年11月6日、県警の調べで、爆発が起きたのは生ごみ処理機内ではなく、処理室内で火災が起きた可能性が高いことが判明した。製造元の松下電工は「空気を遮断した状態で発酵させた場合はメタンガスが発生する可能性があるが、この機器は常に内部に空気が送られる仕組みになっている」と、爆発を起こした可燃性ガスが処理機から発生した可能性を否定した。

消防隊員によると、放水した後、いったん室外に出て、数分後に鎮火確認をするために室内に入ったところ、突然爆発したという。

11月10日、イオンの岡田元也社長は爆発のあったイオン大和ショッピングセンターで会見し、「地域住民や関係者にご迷惑をかけた」と謝罪。事故機と同タイプのごみリサイクル施設5基の使用を停止し、調査することを明らかにした。同社は事故後、社内に調査チームをつくり、ごみリサイクル施設全108基の一斉点検を実施したが、この時点で不備は見つかっていなかった。

同日、独立行政法人消防研究所の調べで、処理機の中から微量のメタンガスなどが検出されていたことが分かった。

生ごみ再利用を促進する環境省は同様の事故が起こりうる可能性があると、同日、全都道府県に対し、熱風などで強制乾燥させる業務用生ごみ処理機の設置者に、温度管理の徹底の周知を求める通知を出した。

11月13日、消防研究所の調べで、爆発による破損が室内上部に集中していることが判明。同研究所は、空気より軽いメタンガスが室内の上部にたまって爆発を引き起こしたとの見方を強めた。

11月14日、テンプラかすや針金など、投入を禁じられていた異物が生ごみ処理機内に混在していたことが、神奈川県警などの調べで分かった。イオンは事故後に行った社内調査でも「禁じられている異物の分別はルール通り行われていた」と話していた。

11月16日、ごみ処理機内が100度を超える異常高温になっていたことが判明。原因を究明する焦点に浮上した。

2004年4月23日、イオンは爆発の原因として「発酵槽内の撹拌装置が停止してごみの乾燥が進み、高温となったごみが発火し、たまったメタンや一酸化炭素など多量の可燃性ガスに引火した」との調査結果を発表。同社が委託した「安全工学協会」の調査によると、熱風で生堆肥化された生ごみは、発酵槽内で135度になると発火することが確認された。メタンなどの可燃ガスが、生ごみの炭化の過程で大量発生したとしている。

2005年3月11日、大和市消防本部は、ごみをかき混ぜる撹拌装置が停止したまま150度の熱風がごみに当たり続けたため、ごみの過熱が加熱され出火した、とする調査結果を発表。調査を依頼された消防研究所によると、かくはん装置が停止していたのは、前日午後6時ごろ、作業員が投入したごみが処理機のふたの縁にひっかかり、ふたが閉まりきらない状態だったからと結論づけた。この「ミス」が爆発の遠因だったのである。

その後の経緯、警察・検察の動き、裁判

2005年3月29日、神奈川県警捜査1課と大和署は、処理機製造会社と作業員の業務上過失致傷容疑での立件を見送る方針を固めた。処理機が全国初の大型機で、事故の前例がないためマニュアルにも危険性への言及がなく、両者とも爆発を予見できなかったと判断したためであった。

参考文献

新聞記事

◆毎日新聞　2003年11月5日
「生ごみ処理室で爆発　消防士ら11人けが―神奈川・大和のスーパーイオン」

category ガバナンス 一従業員関与

CASE 077 トヨタ 試験問題漏洩事件

date 2003年（平成15年）12月1日

commercial name トヨタ自動車株式会社

scandal type 国家試験問題漏洩

事件の背景

2002年から始まった「1級小型自動車整備士技能検定」は高い技術力の証として、自動車メーカー、販売会社ともに合格率アップに力を入れる技能資格の一つであった。

トヨタ自動車の2002年の合格率3.88%は全体平均の3.6%よりは高かったもののライバル日産自動車の5.85%を下回っていた。試験後には、系列の販売会社からトヨタに「合格率が低すぎる」との苦情や、「技術指導する立場のメーカー側が傾向と対策をきちんと示してほしい」との声が寄せられていた。

事件の発端と経緯

2003年11月30日、全国で約7,300人が1級小型自動車整備士技能検定の試験を受験した。翌12月1日、複数の受験者から「トヨタのディーラー店で行った練習問題とそっくりだった」との匿名の電話やメールが国交省に寄せられた。

試験後、国交省が調べたところ、50問中38の設問が「てにをは」を除いてトヨタの練習問題と酷似していた。試験には国交省が作成する試験問題をチェックする検定専門委員会があり、そのメンバーは学識経験者と自動車メーカーの関係者計25人であり、ここにトヨタの社員も含まれていた。

その後の経緯、会社の対応

2003年12月2日、国土交通省は「筆記試験で問題の多くがトヨタ自動車から全国の同社系列ディーラー店に事前に漏洩した」と発表。事実関係の調査に乗り出した。

12月3日、社内調査で、関与したと

keyword【キーワード】：系列ディーラー店　国家試験問題　事前漏洩

される技術人材開発室長の関与が明らかになった。専門委のメンバーであるトヨタ本社のアフターマーケット本部の課長が、本社内で練習問題を作成する部門の関係者と接触する過程で出題内容が漏れ、同部門から全国約300のディーラー店にメールで流されたことが明らかになった。

12月4日、日本経団連は、同社を厳重注意処分にすると発表。日本経団連の会長は奥田碩トヨタ自動車会長であり、現職会長会社が処分されるのは初めてであった。

12月12日、風岡典之国土交通事務次官が「国家試験の信頼を損なうもので遺憾、とコメントした。検定専門委員のトヨタ社員から試験問題が漏れた点については「メーカーの意見を聞かずに試験を実施するのは難しい。要はやり方の問題」とし、メーカーからの検定専門委員の選出は見直さないまま、再発防止策を考える方向性を示唆した。

また同日、国交省の調査により、国交相から技能検定専門委員に任命された同社の社員が昨年9月に問題を作成後、うち8問を同室の室員が事前にトヨタ関連の販売店向けの練習問題集4,000部とコンパクトディスクに掲載し配布したこと。および、03年7月にも 同様に問題が配布されていたことが新たに判明した。国交省はトヨタに検定の信頼回復と再発防止を求める警告書を渡した。

同じく12日、岩月一詞副社長は会社ぐるみではなかったことを強調、関係した社員や担当役員の処分を発表した。

この日はまた、トヨタ系列の受験者3,291人全員が国交省に受験辞退届を提出し、同日受理された。

12月27日、トヨタは再発防止策のために、翌年1月に漏洩を引き起こした技術・人材開発室を解体し、人材育成室とサービス技術室に分割すると発表した。国家試験の練習問題など技術資料を作成する部署と、実際に販売店を教育する部署が同一であったことが漏洩の原因であったとし、組織を細分化して再発防止に生かすという方針を決めた。

参考文献

雑誌・書籍

◆「トヨタの国家試験漏洩処分は甘すぎないか--奥田会長から実行社員までこの程度でいいのか」『政財界』 2004.4

category ガバナンス 一従業員関与

CASE 078 ヤフーBB 個人情報大量流出事件

date 2004年（平成16年）1月23日

commercial name ソフトバンク株式会社

scandal type 個人情報大量流出（恐喝未遂、不正アクセス禁止法違反、電気通信事業法違反）

事件の背景

IT社会の発達につれ、キーボード1つで、万単位の個人情報が短時間で記録できるようになると、それらの個人情報の売買を目的にした「ビジネス」も盛んになった。企業や役所の管理する個人情報が10万件単位で外部に漏洩する事件があいついで勃発。それは迷惑メール、ダイレクトメール、おれおれ詐欺など、さまざまな犯罪の温床にもなった。

事件の発端

2004年1月23日、ソフトバンクはブロードバンドサービス「ヤフーBB」の顧客情報242件が社外に流出していたと発表。外部からもちこまれた紙に記された、サービスを申し込んだ個人の氏名、住所、メールアドレスなど5項目が、顧客情報の一部であることを確認したと公表した。

発覚の経緯

2004年2月24日、ヤフー BBの顧客情報を記録したDVDを入手し、同社から30億円を脅し取ろうとした3人の容疑者（ヤフーBB代理店「エスエスティー」社長・竹岡誠治 、同副社長・湯浅輝昭、出版会社経営・森洋）が恐喝未遂容疑で警視庁に逮捕された。DVDには460万人分の個人情報が入力されていた。3人は1月21日、ソフトバンク本社で、印字した138人分の顧客情報を同社役員に示し「情報を外部に流されたくなければ、20億～30億円を合弁会社に投資してほしい」と現金を脅し取ろうとした（本項ではこれを「東京ルート」とする）。

竹岡容疑者の経営するエスエスティーはヤフーBBの1次代理店で、全国に1千

keyword【キーワード】：個人情報　顧客情報　DVD

を超える2次・3次代理店を抱える。森容疑者は都内に本部を置く政治結社の創設者であり、暴力団に所属していたこともあった。

警視庁は、これとは別に、顧客情報を示し、子会社の「ソフトバンクBB」（東京都）から現金を脅し取ろうとした愛知県の会社員も同じ容疑で逮捕した。容疑者は1月 から2月にかけ、104人分の顧客情報を記載したメールを同社に送り1,000万円を脅し取ろうとした疑い（本項ではこれを「愛知ルート」とする）。同容疑者は03年6月までソフトバンク関連会社で派遣社員として苦情受け付けをしていた。

警察は同容疑者の自宅から少なくとも数十万人分のデータが入ったフロッピーを押収。先の3人のものとは内容が異なっており、大量の加入者情報が2つのルートで流出していたことが明らかになった。

同日、ソフトバンクは2回にわたり記者会見を開いたが、宮内謙副社長は流出経緯について「わからない」を連発。同じ日、総務省はソフトバンク幹部を呼び、早急な原因究明に基づく再発防止措置と、適切な顧客対応を指示した。

2月25日、東京株式市場でソフトバンク株が急落し、一時、前日終値比300円安の3,890円まで下げた。

2月26日、警視庁捜査1課の調べで、東京ルート·森容疑者が入手した情報は、ソフトバンク・グループのデータベースから複数回にわたって引き出されていたことが判明した。 ソフトバンクによると、データベースにアクセスできるパスワードを知りえたのは、2002年秋時点で社員ら132人。うち90人ほどは、業務委託された派遣社員だった。

同社には25日までに、1,900件の苦情が殺到した。約327万人の個人会員に対してお詫びの電子メールを送付。流出情報の真偽は「調査中」とし、陳謝した。

2月27日、ソフトバンクBBは、2つのルートで流出した個人情報は、重複分をのぞき約450万人分と発表。ヤフーBBの運営会社であるソフトバンクBBの孫正義・同社社長ら責任者7人の懲戒処分を発表した。実際に情報が流出した加入者ら全員に500円の金券を送ることも決定した。郵送代を含めた費用は約40億円にのぼった。

3月3日、ソフトバンクBBは、外部の有識者3人で構成する個人情報管理諮問委員会を設置、個人情報管理の運用の監視や改善策の提言を期待した。

同日、東京地検は、東京ルートの容疑者、愛知ルートの容疑者を恐喝未遂罪で東京地裁に起訴、16日には、東京ルートの別の容疑者も起訴した。

3月18日、ソフトバンクBBは、ヤフーBBの全利用者に対して、個人情報の流出やコンピューターウイルス感染を防ぐ有料オプションソフトを、9月末まで無料で提供すると発表し、安全対策の強化をアピールした。

3月19日、孫正義社長は自民党の調査会で「(情報流出を) 反省している」としながらも、「実態は窃盗事件」「情報を盗んだ者を直接処罰する法律がない」と制度面の不備も訴えた。

4月14日、総務省は、孫正義社長を呼び、「大量の個人情報の流出は極めて遺憾」と厳重注意した。

4月26日、愛知ルートの被告の初公判で検察側は、被告は人材派遣会社からソフトバンクBBに派遣されていた2002年5月から翌年6月の間に、同社内のデータベースにアクセスし、約90万件の顧客情報を入手したと陳述。被告も大筋で事実関係を認めた。

5月30日、警視庁は、東京ルートの新たな容疑者として2人を恐喝未遂容疑で逮捕。警視庁の調べによると、容疑者は、サーバー接続に必要な5種類のパスワードやIDの情報は、すべてソフトバンク・グループで勤務していた元派遣社員Aを通じて入手し、事件発覚の約8か月前から同グループのサーバーに侵入、経営情報や顧客情報などの内部情報を閲覧していた。

元派遣社員Aは、2003年3月にソフトバンクBBを退社していたが、事件発覚までパスワードなどが変更されていなかったため、パスワードが使用できた。これらの情報は、事件が表面化するまで、数十人の派遣社員の間で使い回しにされていた。

6月18日、東京ルートの容疑者の自宅から、IP電話サービス「BBフォン」利用者の通話情報が記録された内部資料が押収されていたことも明らかにされた。資料には推計140万件分の通話記録が あった。ソフトバンク調べによると、被害者数は、最大で約9万人にのぼった。

同容疑者らのグループがソフトバンクBBから抜き取った加入者情報は660万人分であり、1月に同社のデータベースにあった全ての加入者情報が抜き取られていたことが判明した。

7月9日、東京地裁は、愛知ルートの被告に懲役3年、執行猶予5年の判決を言い渡した。

7月16日、警視庁などは、元派遣社員を不正アクセス禁止法違反や電気通信事業法違反（通信の秘密の侵害）の疑いで東京地検に書類送検した。

8月11日、東京地裁は、東京ルートの湯浅輝昭被告に懲役3年、執行猶予5年の判決。「ソフトバンクの顧客情報の管理の甘さも否定できない」とも指摘した。

10月15日、東京地裁は、東京ルート

の主犯格・森洋被告に懲役4年の判決。

11月30日、東京地裁は、東京ルートの被告に懲役2年6月、執行猶予5年、森被告に懲役2年、執行猶予4年を言い渡した。

同日、ソフトバンクは「ヤフーBB」の会員情報900件が流出していたと発表。最大8万6,000人の氏名、住所、電話番号、携帯電話番号が漏れた可能性もあるとした。

2006年5月19日、大阪地裁は、大阪市の会社員ら5人が、ソフトバンク・グループの「BBテクノロジー」「ヤフー」両社に、情報流出による慰謝料など1人当たり10万円の損害賠償を求めた訴訟で、BBテクノロジーに1人6,000円の賠償を命じた。

参考文献

雑誌・書籍

◆「ソフトバンクに黄信号 ヤフーBB「個人情報流出事件」の非常事態」
『財界展望』 2004.5

◆「狙う側の論理--独占告白 ヤフーBB顧客情報流出--不正アクセス事件のキーマンが明かす真相（特集 なぜ漏れる機密情報--油断一瞬、被害甚大）」
『日経ビジネス』 2005.2.28

◆「入退室管理の不備 不正アクセス ヤフーBB 事件から500日--なお続く戦い--個人情報へアクセスできる権限者を大幅に絞り込み（第2特集 5つの失敗事例に学ぶ 情報漏洩はこう防げ！）」『週刊東洋経済』 2005.8.20

◆佐々木俊尚『徹底追及 個人情報流出事件-狙われる個人情報、「プライバシー」が消滅するネット社会の恐怖』 秀和システム 2004

◆八木勤『ソフトバンクの3年後を読む！ー孫正義は何を見据えているか』
中経出版 2004

◆岡崎昂裕『個人情報の現場-あなたの秘密はここまでバレている』（角川oneテーマ21）
角川書店 2004

category ガバナンス ―従業員関与

CASE 079 大阪港埠頭ターミナル野菜産地偽装事件

date 2004年（平成16年）7月26日

commercial name 大阪港埠頭ターミナル株式会社

scandal type 不正競争防止法違反(原産地誤認表示)／JAS法違反(品質表示義務違反)

事件の背景

大阪港埠頭ターミナル（以下「ターミナル社」）では、2001年12月、トンガ産のカボチャをメキシコ産の箱に入れていたことが発覚。担当者を懲戒処分にした上で、弁護士などで構成するコンプライアンス委員会を設置し、産地偽装の再発防止につとめていたはずだった。

事件の発端、発覚の経緯

2004年7月26日、大阪府流通対策室が、JAS法違反の疑いでターミナル社を立ち入り調査した。下請け会社のオー・エス・サービス（以下「オー社」）に指示し、米国産のブロッコリーに中国産を混ぜたうえ米国産と偽って出荷させていた容疑であった。

3月上旬と4月中旬、2回にわたってターミナル社に同一人物から匿名の投書があって発覚した。

その後の経緯、警察、検察の動き、裁判

また同日（2004年7月26日）、ブロッコリーの荷主である青果商社ローヤル（京都市）が「偽装工作にはかかわっていない」とした上で、ターミナル社に対して、損害賠償請求などの対抗措置を検討していることを明らかにした。

7月28日、ターミナル社は、「荷主の指示で偽装した」という内部調査結果を発表し、同社の広部公一社長が引責辞任を表明した。

7月30日、大阪府警生活経済課は、不正競争防止法違反容疑でターミナル社やオー社など5カ所を家宅捜索した。ローヤル社の営業所が、ターミナル社の加工場と近接していることも判明。府警は荷主の関与について捜査を始めた。

7月31日、大阪府警生活経済課の調

keyword【キーワード】：産地偽装　JAS法　ブロッコリー

べに対し、偽装に関与した関係者が「ブロッコリーの偽装は、残留農薬問題で在庫がだぶついていた中国産を混入して、米国産を水増し出荷するためだった」「荷主の輸入青果卸業者ローヤル社の指示で偽装を行った」と、供述していることが分かった。

8月27日、ローヤル社の内田昌一社長（73）は記者会見で、カボチャの偽装について、「元社員がターミナル社にファクスで指示した」と、初めて関与を認め、9月3日にはブロッコリー偽装についても認めた。

9月24日、ターミナル社が事件に関する調査結果と再発防止策をまとめ、同日、監督者の市港湾局が市議会に報告した。同社によると、ブロッコリーの偽装時期は当初「2002年2～3月」としていたが、偽装を撮影した写真の発見などを理由に、「2001年春ごろ」と訂正した。これをうけ、大阪府警生活経済課は、ブロッコリー偽装はすでに公訴時効（3年）が成立しているため、容疑をカボチャ偽装に切り替えて再捜査することを決定した。

2004年10月21日、大阪府警はカボチャ偽装に関連して、不正競争防止法（原産地誤認表示）の容疑で、ターミナル社の青果営業課長（47）、総務部事務主任（35）、ローヤル社の元野菜部主任（31）ら、6人を逮捕した。

11月22日、大阪地検は、ターミナル社の容疑者ら3人と法人としてのターミナル社、ローヤル社を不正競争防止法違反（原産地誤認表示）の罪で起訴した。

2005年3～5月にかけて、大阪地裁で各被告の判決公判があり、ターミナル社の被告にそれぞれ懲役10月（執行猶予3年）、懲役10月（執行猶予3年）。ローヤル社の被告に懲役1年6月（執行猶予3年）の有罪判決をそれぞれ言い渡した。

11月19日、ターミナル社は、青果部門を東証一部上場の東洋埠頭とその子会社に営業譲渡する契約を結び、12月6日付けで正式譲渡した。

参考文献

新聞記事

◆毎日新聞　2004年7月23日
「大阪・野菜産地偽装：雪印食品事件直後に、また消費者裏切り--会社ぐるみ否定」

category ガバナンス 一従業員関与

CASE 080 関西電力美浜原発蒸気噴出事故

date 2004年（平成16年）8月9日

commercial name 関西電力株式会社

scandal type 業務上過失致死傷

事件の背景

1999年1月29日、関西電力大飯原発2号機で、原子炉の出力を調整する制御棒が落下するトラブルが発生した。関西電力は自社のホームページでトラブルについての発表を行い、原因を制御棒の「挿入」としていたが、最終報告では「落下」と修正発表した。

1999年5月26日、関西電力美浜原発3号機で、人為ミスにより耐震装置を破損した事故について、県や国への連絡が遅れ、県民生活部長から口頭で注意を受けた。

この2件以外にも、1973年の燃料棒破損事故、1990年の使用済み核燃料輸送容器の放射能汚染事故についても報告が遅れ、関西電力には、情報公開を怠るケースが頻出していた。

事件の発端

2004年8月9日、福井県美浜町の関西電力美浜原発3号機のタービン建屋内で、2次冷却水が噴出し、関西電力との契約で定期検査の準備作業をしていた木内計測の作業員4人が死亡、2人が重体、5人が重軽傷を負った。福井県警は業務上過失致死傷の疑いで捜査を始めた。

その後の経緯、警察、検察の動き、裁判

2004年8月9日、関西電力の原子力発電部長が記者会見を開き、事故の原因について、高温高圧の水流で配管の厚みが削られる「減肉摩耗」の可能性が高いとの見方を示した。破損部分の厚さは設計上、約1センチだったが、事故後の現場検証では、最も薄い部分が技術基準で定める最小肉厚は4.7ミリを大きく下回る約1.4ミリだったことが判明した。関

keyword【キーワード】：原子炉　蒸気噴出　保安院　減肉摩耗

西電力は1976年の発電開始以来、破損場所の超音波検査を行ったことはなく、今回の定期検査で初めて測定する予定だった。

8月10日、関西電力は、破損個所が主要な点検場所だったにもかかわらず、管理システムに登録せず、検査対象から漏れていたことを明らかにした。

関西電力によると、登録漏れは、美浜3号機の点検システムの作成を委託した三菱重工業からシステムが納入された時点ですでにあった。点検を受託した関西電力の子会社・日本アームが2003年4月にこれ気づき、同年11月に関西電力に報告した。しかし、関西電力は、破損部分の前後にある別の点検部位が1996〜1998年の点検で「残りの寿命は20年」とされていたため、8月14日からの定期検査まで破損個所の点検は必要ないと判断し、運転を継続していた。

同日、福井県警敦賀署の捜査本部が、蒸気が噴出したタービン建屋2階の破断した復水配管を中心に、約4時間にわたり現場検証した。

8月11日、経済産業省原子力安全・保安院（以下「NISA」）の事故調査委員会が開かれ、事故原因は、配管の厚みが薄くなっていく「減肉」が局所的に起きたとの見方で一致した。

8月12日、関西電力は、問題のあった配管が13年前にはすでに計算上の寿命を超えていたことを認めたが、刑事責任に発展する可能性があるため、会社や特定の個人にかかわる責任に関しては、情報の公開を控える方針を示した。

8月13日、事故で破損した配管は、肉厚が2カ所で0.6ミリまで薄くなっていたことが、NISAの立ち入り検査で分かった。また、今回の蒸気噴出事故で破損した配管の点検対象リスト漏れに気づいたのは「事故発生後だった」と説明し、「2003年11月に日本アームから検査漏れを指摘されていた」とする従来の見解を撤回した。

8月16日、関西電力は、美浜3号機で事故が起きた配管以外にも、同機と高浜原発1号機、大飯原発3、4号機の計4基で、配管の厚みの検査漏れがあったと発表した。

8月17日、福井県警敦賀署の捜査本部が、業務上過失致死傷容疑の立件へ向け、配管の破損個所を切り出して押収する方針を固めた。

8月20日、関西電力が18日にNISAに報告した11カ所の検査漏れ評価報告について、NISAは関西電力の説明には合理性がないとして、再報告を求めることを決めた。同日、34市町村でつくる「全国原子力発電所所在市町村協議会」会長の河瀬一治・敦賀市長は、中川経済産業相らにあてて、再発防止や、配管の安全基準の抜本見直しなど5項目の安全確保要望書を提出した。

8月21日、日本アームが2003年11月に関西電力に提出した点検計画書の分類表には、今回破損した配管について「未点検」を意味する「0（ゼロ）」と記され、点検履歴も空欄だったことが、日本アームの関係者の証言で分かった。福井県警捜査本部が日本アームから点検計画書の任意提出を受けた。

8月23日、福井労働局と敦賀労働基準監督署は、関西電力が破損した配管の検査を怠り、同社職員を危険にさらしたとして、労働安全衛生法違反（安全管理義務違反）の疑いで関西電力を書類送検する方針を固めた。

8月27日、美浜原発2号機でも2次系配管の肉厚が不足した状態のまま、8カ月間も運転を続けていたことが、NISAの調査で分かった。同日、関西電力は、藤洋作社長の報酬を9月から5割返上するなど、4人の役員を含む計7人の処分を発表した。

8月30日、NISAは、関西電力が肉厚を検査していなかった他の原発の11カ所の配管と、独自の解釈で安全だとしていた美浜2号機の2カ所の配管の計13カ所について、関西電力の説明に合理性はない、と断定、同日開かれた原子力安全委員会に報告、了承された。

8月31日、衆院経済産業委員会が事故の調査のため、関西電力の藤洋作社長らを参考人招致した。

9月4日、福井県警捜査本部は、業務上過失致死容疑で、関西電力美浜発電所と日本アーム美浜作業所など数カ所の捜査を始めた。

9月25日、NISAは、関西電力が主張する独自の安全確認手法を認めず、国の技術基準の順守が確認されるまで同原発の運転を認めない方針を固めた。

9月27日、関西電力は、事故調査委員会の中間報告が出たのを受け、当面の再発防止策をまとめ、発表した。

9月28日、福井県警は、業務上過失致死傷容疑で美浜原発を統括する関西電力若狭支社の捜索を始めた。

10月25日、福井労働局と敦賀労働基準監督署は、美浜原発の所長に対し、再発防止へ必要な改善措置を講じるよう行政指導した。

11月17日、福井県捜査本部は、兵庫県西宮市にある関西電力の計算センターを、業務上過失致死傷の疑いで家宅捜索した。

明けて2005年3月1日、関西電力は、事故原因や再発防止策を盛り込んだ最終報告書を経済産業省に提出した。

3月25日、関西電力は、事故の責任をとり、藤洋作社長が6月末の株主総会後に辞任し、後任に森詳介副社長を昇格させる人事を発表した。

3月30日、NISAの事故調査委員会は、

「国が配管の肉厚管理を各電力会社の社内基準にゆだねてきたのも原因のひとつ」とする最終報告書をまとめ、中川経済産業相に提出した。報告書は、事故の直接の原因は、破裂個所が点検リストから漏れていたため、浸食と腐食によって配管の肉厚が薄くなる「減肉」が長年にわたって見落とされていたこととした。

5月9日、関西電力は、2005年3月期の役員賞与を半分に減額する方針を固めた。

6月1日、関西電力は、再発防止対策の細目にあたる「実施計画」をまとめ、事故のあった2次系配管の保守管理費を、従来から大幅に増やし、2009年度までの5年間に約200億円を投入することを決めた。

8月10日、福井県警の調べで、破損個所が28年間未点検のまま放置されていたことに、同発電所が事故1カ月前に気づいていたことが分かった。

2006年5月10日、6月29日の株主総会後に秋山喜久会長が相談役に退き、前社長の藤洋作取締役が取締役相談役となる人事を発表した。関西電力は株主総会後に執行役員制度を導入し、取締役を26人から18人に減らし、役員退職金と監査役の賞与制度を廃止した。

5月26日、西川一誠・福井県知事と山口治太郎・美浜町長が、美浜原発3号機の運転の再開を了承した。

9月21日、美浜原発3号機が試験運転を行い、事故から2年2か月ぶりに起動した。

参考文献

webサイト

◆原子力資料情報室：美浜3号配管事故・事故調最終報告について
http://cnic.jp/modules/news/article.php?storyid=147 （参照　2007.6.7）

雑誌・書籍

◆**「関西電力 美浜原発 事故が覆した"安全常識"（特集 企業不祥事と労働組合）」**『ひろばユニオン』 2004.1

◆**「関西電力（株）美浜発電所3号機タービン建屋蒸気噴出事故の救助救急活動状況について」**『近代消防』 2004.11

◆**「倫理委員会報告 東京電力自主点検記録不正問題および関西電力美浜発電所二次系配管破損事故への倫理委員会の対応」**『日本原子力学会誌』 2005

category　ガバナンス 一従業員関与

CASE 081

三菱地所、三菱マテリアル土壌汚染隠蔽事件

date　2004年（平成16年）10月28日

commercial name　三菱地所株式会社、三菱マテリアル株式会社

scandal type　宅地建物取引法違反（重要事項の不告知）

事件の背景

2002年、おもに有害物質による土壌汚染を防止する「土壌汚染対策法」が施行された。

一方、この事件で土壌汚染が指摘された大阪市北区天満橋の複合施設、大阪アメニティパーク（以下「OAP」）は、三菱金属（三菱マテリアルの前身）の旧大阪製錬所の跡地に立ち、同精練所は土壌汚染対策法の施行2年前の1989年に閉鎖されていた。このため、汚染事実の公表の責任は"法律的"には問われなかった。これに、汚染事実の公表によるマンションの資産価値の下落を懸念した企業トップの思惑が重なった。

事件の発端

2004年10月28日、大阪府警生活経済課は、土壌汚染の事実を知りながらマンションを販売したとして、三菱地所と三菱マテリアルの各大阪支社などを、宅地建物取引法違反(重要事項の不告知)の容疑の関係先として家宅捜査した。

発覚の経緯

三菱地所と三菱マテリアルは、汚染の事実を30数年前から把握していた。

1972年頃、三菱金属大阪製錬所近くの団地住民の間で、かゆみや発疹が出る皮膚病が続出した。調査した医療機関が大阪製錬所の煙突から排出したセレンが原因という結論を出した。

1989年、大阪製錬所が閉鎖し、三菱地所と三菱マテリアルによるOAPの開発が始まった。

1994年、土壌からセレンなどが検出。三菱地所と三菱マテリアルは、土壌の撤去作業を行なった。

1997年1月、三菱地所と三菱マテリ

keyword【キーワード】：土壌汚染　ヒ素　土壌汚染対策法

アルが地下水の検査を開始した。同時に、三菱地所と三菱マテリアルは、マンションの販売を始め、1998年3月よりマンションへの入居が始まった。

2001年夏、三菱地所の大阪支店長は、三菱マテリアルより「地下水がヒ素によって汚染されている」との報告を受け、高木茂社長（65）にその事実を告げた。だが、高木社長はその公表を見送った。

2002年5月、土壌汚染対策法が施工された。同年9月、三菱地所と三菱マテリアルは「地下水排水基準の6.5倍のヒ素を検出した」と発表した。

2003年10月、三菱地所と三菱マテリアルは「土壌から環境基準値の64倍以上の重金属セレンを検出」と公表した。その1年後、大阪府警の家宅捜査が行われたのである。

警察、三菱地所・三菱マテリアルの動き

2005年2月、三菱地所と三菱マテリアルは、マンション住民に解決金として15億円の支払いを提示した。さらに、45億円をかけて土壌の入れ替えを行なうことを提案した。

3月29日、大阪府警は三菱地所と三菱マテリアルの現旧幹部10人と、法人としての三菱地所、三菱マテリアルを、宅建業違反の疑いで書類送検した。

同日、三菱地所と三菱マテリアルは記者会見を開き陳謝したが、「当時、土壌汚染を告知しなければならない法的義務はなく、法律違反はなかった」ともコメントした。

5月27日、三菱地所は土壌汚染隠蔽事件の責任をとって、高木社長が取締相談役に退くと発表した。同時に三菱マテリアルの西川章会長（70）も辞任した。

6月10日、大阪地検は、三菱地所と三菱マテリアルの現旧幹部7人と法人としての三菱地所と三菱マテリアルを、違法性の認識は必ずしもなかったとして、不起訴処分にした。

参考文献

雑誌・書籍

◆ **「大阪マンション土壌汚染事件でついに送検 三菱地所・三菱マテリアル経営陣は即刻退陣せよ！」**『財界展望』 2005.6

category ガバナンス 一従業員関与

CASE 082 三井物産、ディーゼルエンジン向け粒状物質除去装置のデータ捏造事件

date 2004年（平成16年）11月22日

commercial name 三井物産株式会社

scandal type 捏造、詐欺

事件の背景

1999年夏、東京都は「ディーゼル社NO作戦」を宣言し、環境確保条例を制定、2003年10月から近隣自治体（埼玉県、千葉県、神奈川県、横浜市、川崎市、千葉市、さいたま市）とともに、排ガス基準を満たないディーゼル車は当該地域を走れないことを決めた。この基準を満たすために必要な大型トラックやバスに付ける装置が「ディーゼルエンジン向け粒状物質除去装置（以下「DPF」)」だった。

排ガスに含まれる粒子物質をフィルターで集め、熱や触媒で除去するDPFは80年代から自動車メーカーが開発に着手したが、安定した性能の開発が難しく各社はいずれも開発を断念していた。

2003年の規制開始が近づく中、DPFの開発・販売に三井物産が参入、24台が都バスに試験装着された。三井物産のDPFは、民間工場で性能試験が実施されていた。

事件の発端

2004年11月22日、三井物産は東京都から承認を受け販売をしていたDPFの試験データを捏造していたと発表。実際には粒子状物質の除去率が40％しかないのにもかかわらず、基準値（除去率60％以上）を満たしているとの偽りのデータを提出し、都から承認を受けていた。三井物産はDPFの製造・販売から撤退し、2003年以降販売した約2万1,500台について、無償で代替え品を提供するとした。

捏造に関与していたのは、三井物産の元先端技術事業室長（47）、同事業室元室員（29）、子会社でDPF販売会社「ピュアース」元副社長、豊田哲郎の

keyword【キーワード】：ディーゼルエンジン　粒状物質除去　データ捏造

（47）の3人。

2002年2月、都へDPFの指定承認を申請する際、別の装置の高性能データを提出し同年4月に指定承認を受けた。同年7月、DPFの形状変更申請をした際にも虚偽データを提出。いずれも豊田元副社長が三井物産の元室員にデータ改竄を指示していた。元室長は、2回目の改竄後の2002年12月頃、元室員からデータ捏造の報告を受けたが、上層部に報告しなかった。

元室長らは、自社のDPFが都の排ガス規制基準を満たしてないにもかかわらず、捏造データを示すことで2003年2月、都交通局にDPF62台を販売、計約5,700万円を騙しとった。

発覚の経緯

三井物産の子会社でDPFの販売会社ピュアースの豊田元副社長は、部下の元社員と共謀し、2003年5月と2004年6月、下請け会社にDPFの開発業務を委託した際、発注額を水増しして、計946万円をキックバックさせていた。

豊田副社長らに関する内部告発を受け、三井物産は内部監査を開始。その結果、発注額の水増し工作がわかった。さらに調査を続けていく中でDPFのデータ捏造工作が発覚した。

その後の経緯、警察、東京都の動き、裁判

三井物産が事件を公表した翌日の2004年11月23日、東京都は三井物産に対して販売済みのDPFの無償交換を命じた。

同月28日、東京都はDPF購入者に支給した補助金総額約18億円に当る損害賠償請求をする方向で検討していると発表した。三井物産のDPFの販売価格は1台80～135万円、この装置を取り付けたトラックやバスを使用する企業には、東京、神奈川、千葉、埼玉の4都県や国土交通省などから1台に付き約30万～40万円の補助金が交付されていた。

12月4日、東京都は都発注の全事業で三井物産の入札参加資格を停止した。

12月5日、三井物産は、国や首都圏8都県市が補助金としてDPF購入者に支払った約80億円を、それぞれの自治体などに返還すると発表した。

12月6日、長崎市で2003年1月に行なわれた性能確認検査の際、実験に立ち会うために派遣された東京都の職員2人のうち1人が、実験中に三井物産の社員と出かけていたことが判明。東京都の審査体制も問われた。

12月7日、東京、神奈川、埼玉、千葉の1都3県は、三井物産や子会社の担当社員を氏名不詳のまま、詐欺、偽計業務妨害、免許不実記載の容疑で告発する書面を警視庁に提出した。

12月24日、三井物産は、捏造には

ピュアース社の社員を含む同社社員4人が関与していたとする調査委員会報告書を公表。すでに辞職したピュアース元副社長を除く3人を、同日付けで懲戒解雇した。三井物産は事件を解明するため、外部の弁護士を委員長とする調査委員会を作り、DPFの開発の関係者20数人に事情聴取を行ない報告書を作成。その調査結果による処分だった。

12月27日、警視庁捜査2課と交通捜査課が、三井物産本社と子会社ピュアースなど十数カ所を詐欺容疑で家宅捜査した。

あけて2005年2月9日、三井物産はDPFの補償問題で、装置だけでなく車両の買い替えの場合も対応すると発表した。

2月17日、東京都は、補助金相当額約18億円を三井物産から返還させるだけでなく、違約金約2億円も課す方針を決定した。

同月23日、首都圏の8都県市は支出した補助金相当額に年10.95％を違約金として加算し、三井物産に総額約70億の損害賠償請求することを決定。三井物産は請求通り支払うことを表明した。

同月26日、三井物産はDPFデータ捏造事件に関する経営陣の処分を発表。槍田松瑩社長の3月以降の役員報酬を3カ月間50％減額、DPF事業担当の取締役専務執行役員とコンプライアンス担当の取締役常務執行役員は3カ月間30％、他の常勤取締役全員は3カ月間20％、それぞれ役員報酬を減額するとした。また、都が補助金相当額や違約金として賠償請求した約20億円を全額支払ったことも明らかにした。

3月25日、国土交通省は三井物産に対し、国が負担した補助金の返還など、総額約13億5,800万円の賠償請求を行なった。

4月22日、環境省はバスを保有する東京都、京都市、大阪市に交付した補助金など約6,945万円の返還を三井物産に請求した。

6月14日、警視庁捜査2課は、三井物産の元室長、同社元室員、ピュアースの豊田元副社長ら3人を詐欺容疑で逮捕した。

6月24日、三井物産の株主総会で、槍田社長が謝罪した。総会では事件に関する批判が集中した。

7月6日、警視庁捜査2課はDPFのデータ捏造事件で元室長、豊田ピュアース元副社長を詐欺罪で起訴した。三井物産元社員は従属的な立場と判断され、起訴猶予処分とされた。同日、槍田社長は本社で記者会見を開き、ユーザーや国や地方自治体への謝罪を行なった。

9月21日、元室長、子会社の豊田元副社長ら初公判が東京地裁で開かれた。二人は起訴事実を認め、検察側はいずれも懲役2年を求刑した。

10月26日、東京地裁は、詐欺罪に問われた元室長と子会社の豊田元副社長にいずれも懲役2年（執行猶予3年）を言い渡した。

参考文献

新聞記事

◆毎日新聞　2004年11月23日
「三井物産：排ガス浄化性能を偽る　装置2万台、交換へ??1都3県ディーゼル車規」

category ガバナンス 一従業員関与

CASE 083 石原産業 フェロシルト不正処理事件

date 2004年（平成16年）11月

commercial name 石原産業株式会社

scandal type 産業廃棄物法違反（委託基準違反）

事件の背景

酸化チタン（二酸化チタン）は軽量、頑強かつ錆びないため、自動車の塗装に利用されるなどで消費量が増加している。石原産業は酸化チタン事業の競争力を強化するため、製造過程で副生する使用済み硫酸を製品として有効活用することを検討し、その一環として埋め戻し材、フェロシルトを開発した。2000年に商標登録し、2001年に販売、2003年には三重県がリサイクル製品と認定した。

事件の発端

2004年11月、大雨により愛知県北丘地区でフェロシルトが流出し、付近の河川を赤濁させた。岐阜県でも同様にフォロシルトが流れ出した。微量の放射線量を含む酸化チタンから生まれるフェロシルトは微量の放射線を含むこともあり、岐阜県は環境調査を実施し、放射線については問題なかったが、土壌環境基準を超えて発がん性物質である六価クロムと、長期的に摂取した場合に健康を損ねることがあるフッ素化合物が検出された。岐阜県は石原産業に自主回収を要請した。

会社の対応

岐阜県の自主回収要請を受けて、石原産業は岐阜県内のフォロシルト回収に着手し、愛知県、三重県においても自主回収を行った。当初、石原産業は、「フォロシルトと検出された土壌環境基準を上回る重金属等との関係については明確でなく、この解明には多大の期間を要しますが、施工地域での不安の解消を優先することがメーカーとしての社会的責務であるとの観点」から自主回収を行ってい

keyword【キーワード】：土壌汚染　土壌環境基準　フェロシルト　リサイクル製品

るとのコメントを出した。

岐阜県、三重県ではフェロシルト問題検討委員会を設置、石原産業でもフェロシルト対策委員会を設けて、社内調査を開始した。社内調査の過程で、廃液のph値の変化などによって化学変化し、六価クロムが生成される場合があることや、リサイクル商品として三重県が認定した製法と異なり、廃液から凝固作用があるシリカを分離・回収してフェロシルトの製造工程で加えたため、フッ素化合物が組成されていたことが明らかになった。フェロシルトを製造していた四日市工場では、異なる製造方法に対して部下等から疑問の声が挙がったが、同工場の副工場長は三重県の了解を得ているとして生産を続けていたことも明らかとなった。

そのうえ、石原産業の子会社、石原テクノを通じて、1トンあたり150円で販売する際に、用途開発費などなる名目で平均3,000円を販売先に支払っていた。三重県はこれを産廃処理費と判断した。

石原産業などへの調査で、取締役会議事録の提出を拒まれたことなどから三重県は事実関係の解明には警察当局の強制捜査が必要とし、産業廃棄業の認可を受けていない2業者に産業廃棄物、フェロシルトの処分を委託したとして、三重県警に産業廃棄物法違反（委託基準違反）で石原産業、同社四日市工場元副工場長を2005年11月6日に刑事告発し、三重県警は、8日、石原産業本社と四日市工場を家宅捜索した。三重県の刑事告発を受けて、岐阜県でも11月8日に産業廃棄物法違反で刑事告発した。

一連の刑事告発を受けて、石原産業は組織的関与を否定し、不正行為は元副工場長が独断でやったとし、販売先へ過剰な金額を支払ったことについては、運搬費であり通常の商行為と改めて釈明した。捜査の結果、元副工場長はフェロシルトに有毒物質が含まれていることを認識していたと判断され、他の社員とともに2006年11月6日逮捕された。逮捕を受けて、2005年9月期の中間決算発表にて田村藤夫社長は2006年9月までに辞任する意向を示した。

参考文献

雑誌・書籍

◆ **「特別レポート 石原産業のフェロシルト、リサイクル製品が実は産廃」**『Indust』 2005.12
◆ **「地域 日本から世界から（133）あやまちをくりかえす公害の四日市--石原産業四日市工場の産廃問題」**『歴史地理教育』 2006.6

category ガバナンス ―従業員関与

CASE 084 アイフル 違法貸し付け事件

date 2004年~2005年（平成16年~17年）

commercial name アイフル株式会社

scandal type 貸金業規制法違反

事件の背景

貸金業への業務停止命令は2004年度を境に454件と激増した。違法行為の摘発が増えた背景には、2003年の「ヤミ金融対策法」の成立、2004年の「改正貸金業規制法」の施行がある。金融庁や自治体が、消費者金融の違法に目を光らせるようになっていた。

アイフルは強引な取り立てで知られていた。企業としては、現社長が一代で築き上げた会社であり、支店の業績とボーナス支給額が連動する"成果主義"が社員を違法行為に走らせる原因になった、と社長自らが述べたように、営業ノルマも厳しかった。

事件の発端

2005年4月17日、兵庫、熊本、大阪などの約10府県の弁護士と司法書士、顧客約170人が、アイフルの違法行為に対する「被害対策全国会議」を設立した。

その後の経緯と業務停止命令

2005年6月、金融庁がアイフルの立ち入り検査を開始。検査は10月まで及んだ。

7月25日、被害対策全国会議の呼びかけで、アイフルから融資を受けた多重債務者ら448人が、同社を相手に、取引履歴の不開示に対する慰謝料の支払い、利息上限法の上限を超えた利息の過払い金の返還を求めて、全国28府県の地裁、簡裁に訴訟を起こした。請求総額は約3億4,000万円だった。

10月3日、大阪府内のひとり暮らしの認知症の女性が、不要なリフォームを押しつけた業者によって、自宅を担保にしたアイフルの借金の連帯保証人にさせ

keyword【キーワード】：ヤミ金融対策法　成果主義　被害対策全国会議

られたとして、業者とアイフルを大阪地裁に提訴。慰謝料など約500万円の損害賠償や抵当権抹消を求めた。

11月7日、483人が過払い利息分の返還を求めていた訴訟で、アイフルが4割近い186件で和解していたことが、被害対策全国会議によって公表された。

2006年3月10日、アイフルとそのグループ会社から融資を受けた多重債務者ら305人が、同社に利息の過払い金の返還を求めて大阪地裁などに提訴した。請求総額は約3億円。

3月15日、アイフルを含む消費者金融大手5社が、4月からテレビCMを自粛する時間帯を延長することがわかった。

4月14日、金融庁は、違法な契約や悪質な取り立てが改善されないとして、アイフルの約1,900の全店舗に対し、5月8日から3～25日間の業務停止命令を出した。処分の理由となる次の問題事件を起こした5店舗・施設は20～25日間、そのほかの店舗は3日間の停止を命じた。

1)2004年3月から9月、五稜郭店（北海道）は、契約の判断能力が不十分な相手（家庭裁判所で補助開始の審判を受けている者）に対して貸し付け、借主の代理の補助人が、契約取り消し通知をアイフルに出したにもかかわらず、その後も支店長らが本人に対して取り立てを行っていた。

2)2004年6月、カウンセリングセンター九州は、正当な理由なく債務者の勤務先に電話し、債務者から電話をやめるよう申し出を受けた後も、執拗にかけ続けた。

3)2004年11月～12月、新居浜店（愛媛県）は、債務者に対する取り立ての際、第三者から弁済資金を調達するよう執拗に求めた。また、妻や母親に交渉に参加するよう執拗に迫った。

4)2005年2月25日、諫早店（長崎県）は、貸し付けの際、顧客から委任を受けていないにもかかわらず、貸金業務取扱主任者が顧客の名義で委任状を作成し、これを使って顧客の公的証明書類を取得していた。

5)2005年5月、西日本管理センター3係（滋賀県）は、債務者の母親の家に何度も督促書面を発送したうえ、電話でも数回にわたり母親に弁済を迫った。

会社の対応

業務停止命令の同日、アイフルの福田吉孝社長は記者会見で陳謝し、自身の報酬を30％減（3か月）、5人の担当役員の報酬20％減（3か月）、その他取締役10名の報酬10％減（3か月）、違法行為に関与した社員1人の諭旨退職など計37人の処分を発表した。

5月8日、全店舗が業務を停止した。

5月31日、アイフルは業務改善計画を近畿財務局に提出した。外部機関によるコンプライアンス監査の導入、顧客の公的書類を代理取得することの禁止などを盛り込んだ。

明けて、2007年1月9日、信頼される企業として生まれ変わるために、

- 「お客様第一主義」を徹底し、お客様と社会の声を経営に生かします。
- 「組織」と「人」を再生します。
- 透明性の高い、安心できる企業を目指します。

の3項目を実施中と発表した（詳細はHpに記載）。

さらに、4月2日、「企業理念の改定と体系の再構築について」を発表した。

参考文献

webサイト

◆企業理念の改定と体系の再構築について
http://www.ir-aiful.com/data/current/newsobj-1168-datafile.pdf
（参照2007.6.10）

雑誌・書籍

◆「第二回アイフル被害全国対策会議in松山報告（シリーズ2 サラ金・商工ローン--アイフル）」『消費者法ニュース』 2005.10

◆「業界からもつまはじき「アイフル」の傲慢経営--金融ジャーナリスト匿名座談会」『Verdad』 2006.5

◆「アイフル業務停止命令で始まる 激震！消費者金融」『エコノミスト』 2006.6.13

◆「オリコ、日本信販にも波及する「過払い請求」問題「アイフル撃沈」金融庁も見捨てた 消費者金融「超優良銘柄」神話の崩壊」『財界展望』 2006.6

◆「大森泰人金融庁参事官vs.消費者金融「最後の闘い」--アイフル処分には裏がある」『Themis』 2006.6

◆「消費者金融 上限金利引き下げとアイフル問題…… 何のための"消費者金融"かを考えよ！」『エルネオス』 2006.6

◆「「アイフル」違法取り立ての裏--消費者金融の隆盛で増殖する日本経済の病巣」『月刊タイムス』 2006.6

category　ガバナンス―従業員関与

CASE 085　JFEスチール、汚水排出と水質データ改竄事件

date	2005年（平成17年）2月3日
commercial name	JFEスチール株式会社
scandal type	水質汚濁防止法違反（排水基準違反）

事件の背景

JFEスチール（東京）の前身、川崎製鉄は1975年、千葉工場による大気汚染で被害を受けた公害病患者の団体から「公害発生企業」として提訴され、1992年に和解に応じた際、「公害発生に対する反省と防止への努力」を表明していた。その後十数年にわたるデータ改竄を見抜くことができなかった千葉市など監視体制の甘さにも問題があった。

事件の発端

2004年12月、千葉県海上保安部がJFEスチールの東日本製鉄所千葉地区近くの海上が白く濁っているのを発見した。

12月16日、千葉県海上保安部が、高アルカリ水漏水の疑いでJFEスチールの工場を家宅捜査した。その結果、鉄の製造過程で生じる鉄鋼スラグの堆積場から、Ph値11.9の高アルカリ水が海中に流れ出ていたことが確認された。また、基準値を超える1リットルあたり最大7.57mgのシアン化合物も検出された。さらに、JFEスチールが千葉県や市に対する過去の報告に多数の虚偽報告をしていたことも確認された。

発覚の経緯とその後の経緯

2005年2月3日、JFEスチールは、東日本製鉄所千葉地区で、水質汚濁防止法や公害防止協定で定められた基準値を超える汚水を海に排出していたこと、さらに千葉県と千葉市へ提出した報告書で水質測定データを改ざんしていたことを発表した。2001年4月から2004年12月の間、JFEスチールは、排水の水質は「基準内」とする虚偽記載を1,109件行なっていた。

keyword【キーワード】：高アルカリ水　公害防止協定　水質測定データ改ざん

2月4日、JFEスチールは、基準値以外の汚水排出とデータ改竄が十数年前から行なわれていたことを明らかにした。JFEスチールによると、担当の環境防災室の社員は、少なくとも8年前から、水質測定の結果をコンピューターに入力する際、シアン化合物や六価クロム化合物など有害物質の数値が基準値を超えた場合は、すべて基準内に書き換えていた。

2月7日、JFEスチールは、汚水排出の基準値違反と排水データ改竄に関する社内処分として、東日本製鉄所千葉地区所長の内田繁孝専務執行役員が辞任、半明正之会長と数土文夫社長の報酬カットを行なうことを発表した。現場担当者3人にも出勤停止を命じた。

2月14日、JFEスチールは、千葉県と千葉市に再発防止に向けた改善報告書を提出した。

3月8日、千葉海上保安部と千葉地検は、水質汚濁防止法違反の容疑でJFEスチールの東日本製鉄所千葉地区の家宅捜査を行なった。

3月10日、千葉市はJFEスチールに対し、水質汚濁防止法に基づく改善命令を出すことに決定した。

4月15日、千葉市は、JFEスチールが改善命令を受けいれた施設の一部を勝手に撤去していたと発表した。撤去されたのは、ステンレス製造の過程で発生したダストをリサイクルするダスト精錬炉に関連する冷却塔だった。

また、同日、JFEスチールがダスト精錬炉から移動した汚水の保管場所に亀裂があり、有害なシアン化合物が漏れ出ていることが判明した。最大濃度は環境基準の5.4倍だった。

10月24日、千葉県海上保安部は、JFEスチールと社員4人を水質汚濁防止法違反（排水基準違反）容疑で千葉地検に書類送検した。

10月26日、千葉区検は、JFEスチール社員3人を水質汚濁防止法違反などで略式起訴した。3人に罰金20万～30万の略式命令を出し、いずれも納付された。

参考文献

雑誌・書籍

◆「**特別寄稿 大企業による公害規制違反とデータ改ざん問題を考える**」
『資源環境対策』 2006.9

◆「**JFEスチール 排水データ改ざんから1年半、体制一新。 一滴の油漏れも見逃さない（特集 どの企業にも潜む落とし穴 環境不祥事を防ぐ）**」
『日経エコロジー』 2006.12

category：ガバナンス―従業員関与

CASE 086 兼松日産農林、建材用ビス認定書偽造事件

date：2005年（平成17年）2月23日

commercial name：兼松日産農林株式会社

scandal type：有印公文書偽造

事件の背景

2004年6月、兼松日産農林は、新商品の「ビス打ち機」の販売を開始した。この後、これに使うビスの販売に向けて、国土交通省の認定が必要であった。

都道府県が行なう建築確認申請時のチェック体制も指摘された。建築確認の窓口で、認定番号の審査などを怠り、5年間で17通にもおよぶ書類偽造があった。

事件の発端

2005年2月23日、建材メーカー、兼松日産農林の主任技師（47）が、ビスや釘を壁パネルに使用した際の耐震強度を評価する認定書を偽装していたことが、国土交通省の調べでわかった。

国土交通省によると、1999年から2004年の間、技師は、国土交通省指定の評価機関から出されるべき認定書類11通を偽造していた。兼松日産農林は、この偽造認定書を使って、ビスや釘などを住宅メーカーや小売店に販売、そのビスを使って家屋が建てられていた。

3月3日、兼松日産農林は、内部調査の結果、新たに6通の偽造認定書類をみつけ、合計17通の偽造認定書が判明したと発表した。

発覚の経緯

兼松日産農林の調査によると、2004年9月、国土交通省指定の性能評価機関は、兼松日産農林製ビスを使用した壁パネルの耐震強度を示す壁倍率を「1.0」と評価した。

2005年2月17日、性能評価機関から国土交通省に、兼松日産農林製ビスの認定書が、上記の認定書と同じ仕様にもかかわらず壁倍率の数値が「1.5」と記

keyword【キーワード】：耐震強度　偽造認定書　建築基準法

載されているとの報告があった。

国土交通省はただちに兼松日産農林に事実確認を命じ、兼松日産農林の調査の結果、技師がこの偽造認定書だけでなく過去にも同様の認定書を作成していたことが判明した。偽造の手口は、会社のパソコンで認定書を作成、認定番号は他社のものを引用し、国土交通大臣の印は他社の認定書からコピーして貼付けるというものだった。

警視庁の動き、兼松日産農林の動き

2005年3月29日、警視庁捜査2課は、有印公文書偽造容疑などで、兼松日産農林本社など関係先十数カ所を家宅捜索した。

同日、国土交通省は、兼松日産農林のビスや釘を使用した家屋のうち、約380戸が建築基準法の耐震基準を下回ると発表した。

3月30日、国土交通省は、有印公文書偽造の疑いで、主任技師ら社員数人を警視庁に告発した。

4月22日、兼松日産農林は、問題のビスを使用した可能性のある1万174戸のうち408戸が建築基準法の耐震基準を下回っていることを明らかにし、この408戸を含む計997戸について、兼松日産農林の負担で補強工事を行なうと発表した。兼松日産農林の富永紀彦社長は、記者会見で謝罪したが、「担当者の主任技師が1人でやったこと」と組織的関与は否定した。

5月27日、兼松日産農林は、認定書偽造事件を起こした責任をとって担当役員2人が辞任、偽造した技師を懲戒解雇、直属の上司4人を減給にすると発表した。

6月7日、警視庁捜査2課は、技師を有印公文書偽造·同行使容疑で逮捕した。調べに対し、容疑者は「上司や営業担当者から『早く認定を取得しろ』と迫られていた」と供述した。

6月28日、東京地検は、容疑者を有印公文書偽造・同行使の罪で起訴した。

9月6日、兼松日産農林の被告は、東京地裁の初公判で起訴事実を認めた。検察側は懲役2年6月を求刑した。

10月25日、東京地裁は、有印公文書偽造·同行使の罪に問われた被告に対し、懲役2年6月(執行猶予4年)を言い渡した。

参考文献

雑誌・書籍

◆「**トラブル 大臣認定書でも信用はできない?--兼松日産農林製ビスの偽造問題が実務に及ぼす影響**」『日経アーキテクチュア』 2005.5.2

category ガバナンス—従業員関与

CASE 087 明治安田生命保険 保険金不払い事件

date 2005年（平成17年）2月25日

commercial name 明治安田生命保険相互会社

scandal type 保険業法違反

事件の背景

バブル崩壊以降の生命保険業界は、低金利のあおりで資金運用が逆ザヤとなり、経営状態が悪化していた。

事件発生の遠因には、旧明治生命と旧安田生命の合併があげられる。合併の2004年1月から溯ること2年の2002年4月、明治生命は合併を控え、金子亮太郎社長主導による「死差益」拡大を掲げた中期経営計画をスタートさせた。死差益とは、見込み死亡率による支払額より実際の支払い金額が小さいときに生じる利益のこと。その拡大のため、保険金不払いが行なわれていた。

合併後もその方針は変わらず、数値目標を設けるなどしてさらに推進され、5年間で保険金・給付金の不当不払いは1,053件、総額約52億円に達した。

生命保険会社の多くは、保険の契約者を社員とする「相互会社」という特殊な組織形態をとり、一般企業の株主に当たる「総代」の多くは、明治安田生命保険を大株主にいただく企業関係者である。このため、経営に対するチェックのききにくい体制であったことも事件発生の遠因としてあげられる。

事件の発端

2005年2月25日、金融庁は、契約者に保険金を支払わず、不十分な説明のまま保険商品を販売する保険業法違反の営業活動を5年余り行なったとして、明治安田生命保険全店に対して、個人向け保険の募集を、3月4日から17日までの2週間、全面的に禁止するという業務停止命令を出した。

金融庁によると、明治安田生命保険は、顧客が病歴などを説明しない「保険金詐欺」の該当基準を幅広く適用し、支払う

keyword【キーワード】: 死差益　相互会社　総代会　業務停止

べき死亡保険金の支払いに応じなかった。また、保険契約者本人が重病にかかっていると認識していなくとも、契約者死亡後、保険金詐欺と断定した例もあった。

発覚の経緯

2002年1月、旧明治生命の金子社長が、保険金支払い額を大幅に抑制した支払い部門を表彰した。

2002年3月、旧明治生命は支払う保険金を減らして収益を拡大させる"死差益拡大"による中期経営計画を策定し、4月からスタートさせた。これにより、計画開始以前では年間10件程度だった保険金の不払い件数は、2002年以降は年間数百件にも上った。

2004年1月、明治生命保険相互会社と安田生命保険相互会社が合併して明治安田生命保険保険相互会社が誕生。金子旧明治生命社長が新社長に就任し、死差益拡大化路線は継続した。増加する契約者とのトラブルや苦情には「2回苦情を受けたら支払いに応じる」などとするマニュアルを策定するなど、保険金支払いを抑制するために組織的に対応していた。

2004年秋、金融庁が明治安田生命保険に、保険金不払いが増大していることを指摘した。明治安田生命保険は内部調査を開始した。

2005年2月18日、明治安田生命保険は記者会見を行ない、不当不払いが162件あったことを公表した。

その後の経過、金融庁、会社の対応

2005年3月4日、明治安田生命保険は、2週間の業務停止に入った。

3月16日、保険金の不当不払いの責任を負って、金子社長の役員報酬を4月から半年間カット、違法営業当時の保険金部門担当・平田滋専務、法務部長・上山一知取締役が辞任という社内処分を発表した。

4月20日、金融庁が明治安田生命保険の立入検査を開始した。

4月26日、保険金不払い問題の再発防止策として、外部の外部有識者を交えたサービス改善の提言組織「お客さまの声推進諮問会議」を創設したと発表した。

5月31日、3月期の新規契約高が、前期比16.2％の大幅減になったと発表した。業務停止により3月の新規契約高が6割減ったためだった。

7月5日、総代会で金子社長は契約者に陳謝し、不当不払いの責任をとって辞任をすると表明した。160人の総代から批判の声はほとんどなかった。

同日、金子社長は記者会見で、2004年度中、保険金詐欺以外の理由で保険金を支払わなかったもののうち、保険金を支払うべき件数は90件以上、約7億円に上り、入院保険料の不払いも64件あったと発表した。

7月25日、不祥事の原因などを調査する「コンプライアンス委員会」の初会合を開いた。

10月20日、保険金不払いに関する社内調査書の中で、不払いが起きた原因は、経営陣が示した保険金支払額の圧縮方針を現場責任者が「誤解」したためと指摘し、経営陣が意図的に不払いを指示していた事実は認められなかったとした。

10月21日、保険金・給付金の不当な不払いが、過去5年間で計1,053件、52億円になると発表した。これを受け、すでに辞意表明している金子社長のほか、宮本三喜彦会長、小沢副社長も引責辞任を表明した。

10月28日、金融庁は、明治安田生命保険保険に対して、11月4日から2週間の新規保険契約と募集停止（業務停止）と、新商品の開発と販売の無期限の業務停止を命じた。

11月4日、専務以上の全役員11人の退陣を決定、新社長に松尾憲治常務を決定した。

11月18日、松尾社長の報酬カットなど、役職員120人の処分を発表した。同日、業務改善計画を金融庁に提出した。

11月26日、2005年度上半期の新規契約高が、業界4位に転落したことがわかった。3位の座を失うのは合併以来、初めてだった。

12月5日、日本経団連は、明治安田生命保険を3ヶ月間の活動自粛処分にしたと発表した。

12月16日、違法営業をしていた子会社、明治安田生命保険代理社を、2006年3月末付で解散すると発表した。

2006年1月、「お客さま大切にする会社」の実現に向けて、「明治安田再生プログラム」の実施を決定、その一環として、「適切なお支払」につき、実行に移した。

2006年2月24日、2005年10～12月に契約者から寄せられた苦情件数が急増し、2万638件に上ったと発表した。初めて公表した2005年4～9月と比べると、月平均で2.4倍となった。

3月17日、2006年3月期決算を発表した。減収減益で、死亡保障の新規契約高は40.9％減、業界3位から5位となった。

7月4日、総代会で、契約者の代表である総代の専任に、業界初の立候補制の導入を決定した。また、指名、監査、報酬の3委員会が経営をチェックする制度を作ることも決定した。

8月21日、契約者の代表として経営をチェックする総代の立候補を9月から受け付けると発表した。

参考文献

雑誌・書籍

◆「明治安田生命/保険金不払問題で対応策」
『インシュアランス 生保版』 2005.11.10

◆「REPORT＆INTERVIEW 旧明治、旧安田の綱引きで後任会長選びが難航 顧客軽視も甚だしい明治安田生命保険」『経済界』 2005.11.15

◆「Interview 松尾憲治・明治安田生命保険社長/甘かった経営のリスク意識 総力戦で信頼回復目指す」『週刊ダイヤモンド』 2005.12.10

◆「インタビュー 明治安田生命保険 松尾憲治社長 死にものぐるいで顧客の信頼を取り戻す（生保--信頼度ランキング--Part2 不払い問題の衝撃）」
『エコノミスト』 2005.12.20

◆「明治安田生命保険金の不当不払い事件における企業法務対応--メディア報道/インターネット情報ベースでの分析（企業不祥事における社内弁護士の責任--明治安田生命の不当不払い問題について）」『企業と法創造』 2006.3

◆「インタビュー 明治安田生命保険社長 松尾憲治 経営と現場の距離を縮めるよう、第一線社員との対話を進めていきたい（再生への取り組み）」
『財界』 2006.3.14

◆「詐欺師も唖然?大手金融機関会社ぐるみの不祥事の手口（特集・儲ける「人と企業」の盲点）」『諸君！』 2006.9

◆「内部統制・検証（File6）明治安田生命保険金不払い」
『月刊監査役』 2006.11

◆「明治安田生命保険 松尾憲治社長 経営の品質を高め信頼回復を図る（間違わない 保険の選び方--大手4社トップに聞く経営戦略）」
『エコノミスト』 2006.12.19

category ガバナンス—従業員関与

CASE 088 いすゞ自動車 無届け公道テスト事件

date	2005年（平成17年）3月1日
commercial name	いすゞ自動車株式会社
scandal type	道路運送車両法違反

事件の背景

無申請の改造車の公道テストは、40年もの長きにわたって行われていた。自動車メーカー担当者は法律上、申請の必要を知りながら怠っていた。長年、それを見て見ぬふりをしてきた道路行政との慣れ合いもあった。

この事件が起きた前年、2004年は、三菱ふそうのリコール隠しが大々的に報道され、自動車メーカーがリコールなどのクレーム報道に神経質になっていた時期だった。いすゞ自動車は2004年4月に、「コンプライアンス強化」のために業務監査グループを設置したが、事件発覚のきっかけになった内部告発を事前に吸収するには至らなかった。

事件の発端

2005年3月1日の新聞報道で、いすゞ自動車が、「道路運送車両法」に違反し、無届けの改造試作車の公道テストを長期にわたって行っていたことが発覚した。

問題のあった自動車は、試作エンジンを載せ替えるなどの改造をした大型トラック。2004年9月に新車として登録し、同社の開発部門がある神奈川県藤沢工場で改造をした。同法により、改造後は15日以内に変更登録を申請する義務がある。しかし、申請をしないまま11月から改造車の公道走行テストを行っていた。

発覚の経緯

2005年3月31日の同社プレスリリースによると、問題となった改造車の公道テストに関し、2004年12月に、「実用走行試験に関して法令違反の可能性があるとの匿名の電話があり、当該車

keyword【キーワード】：公道テスト　実用走行試験　大型トラック

両の運行を停止しましたが、結果として、平成17年（2005年）1月25日の国土交通省の立ち入り監査時点まで殆ど放置状態となっておりました」とある。テスト中止の理由を、社内向けには「開発費の予算が足りなくなったため打ち切った」と説明していた。

しかし、その1ヶ月後の2005年1月25日、いすず自動車は国土交通省の立ち入り検査を受けることになる。国交省への告発者は、新聞報道においては、同社に匿名で電話した者と同一人物と見なされている。

開発部門に保管されていた資料などから、無届けで公道テストを行っていたこと、試験車両1台に関して保安基準に抵触しているなどの違反が明らかになった。

その後の経緯、会社の対応

2005年3月31日、いすゞ自動車は社内調査の結果を発表、国交省へ提出した。同社が40年近く、計74台の無届け改造車の公道テストを行ってきたことを明らかにした。

事件原因には「法令に関する理解不足」、「法令遵守意識の希薄さ」などを挙げた。処分としては、試験担当だった開発部門総括取締役や審査室長、同部長ら6人を減俸1～2ヶ月5～20％、同社長ら取締役9人全員を2ヶ月を目処に、役員報酬20～30％返上とする。再発防止策としては、監査機能の独立、開発部門以外の部署による監査を行うこと。また、コンプライアンス体制を整えるため、社内からの匿名の問題提起を受け付けるインターネット窓口を設置することを決めた。

4月29日、同社の井田義則社長（61）が神奈川県警から任意で事情聴取を受けた。同社長は、公道走行テストに関する法律問題の担当が社内で明確になっていなかった、と明かした。

5月9日、道路運送車両法で義務づけられているエンジン型式の変更登録申請を怠ったとして、神奈川県警交通捜査課と藤沢北署は、いすゞ自動車と、技術本部開発部門の前審査部長（47）、同部耐久審査課長（50）、同課員（39）の3人を横浜地検に書類送検した。

調べにより、同社は1968年から約40年間、取引先の運送業者などに依頼して、東名高速や国道1号などの公道で、74台の無届け改造車の走行テストを行っていたことがわかった。県警の事情聴取に対し、同課員は「手続きをしなければいけないという認識はあったが、長年の慣行だったので、いいのかなと思っていた」と、話した。

7月19日、横浜区検はいすゞ自動車を横浜簡易裁判所に略式起訴した。裁判所は、同社に罰金50万円、前部長と課長にそれぞれ罰金20万円の略式命令を出した。

なお、この事件は他社へも広く波及した。ホンダ、ダイハツ、日産、スズキの4社も2000年以降、1～5台が無届けで公道テストを行っていたことが判明した。5月20日、ホンダは再発防止策を国交省に提出するとともに、常務ら4人を1ヶ月10％の減俸などに処した。

7月1日にスズキの社員6人が静岡地検に、つづいて8月19日、日産と同社の社員3人が横浜地検に書類送検された。さらには9月1日、ホンダ技術研究所が無車検・無保険の大型バイクを公道で走らせたとして、道路運送車両法違反と自動車損害賠償保障法違反の疑いで、さいたま地検に書類送検されている。これら一連の摘発で、自動車業界は公道テストに関する法認識の甘さを露呈した

参考文献

webサイト

◆いすゞ自動車　プレスリリース平成17年3月1日
法令に基づく手続きの懈怠等に関するお詫び
http://www.isuzu.co.jp/press/2005/3_1oshi.html

◆いすゞ自動車　プレスリリース平成17年3月31日
実用走行試験、法令手続き漏れ等への再発防止について
http://www.isuzu.co.jp/press/2005/3_31oshi.html

◆いすゞ自動車　プレスリリース
実用走行試験に関する報告
http://www.isuzu.co.jp/press/2005/3_31oshi_2.html

（以上参照2007.6.7）

category ガバナンス 一従業員関与

CASE 089 全国小売酒販組合中央会裏金流用・横領事件

date 2005年（平成17年）3月12日

commercial name 全国小売酒販組合中央会

scandal type 業務上横領、裏政治献金、背任行為

事件の背景

バブル経済崩壊による財務悪化により、多くの年金事業が破綻した。海外のハイリスク・ハイリターンを狙った金融商品に投資し、失敗した例が多いが、この事件もそのひとつである。

一方、酒の小売業免許の規制緩和の流れから、スーパーやコンビニでも酒が販売できるようになり、同会は酒販店の生き残りを賭けて、規制緩和の延期を求める陳情と政治献金を自民党および関係議員に繰り返していた。

年金資金の使い込み、政治家への裏献金など、そのすべてが年金管理者だった元事務局長の手で為された。事務局長ひとりに年金という業務を任せた上、チェック機能が曖昧な組織体制そのものが事件を生む土壌だった。

事件の発端

2005年3月11日、国税庁から全国小売酒販組合中央会（以下、「中央会」）に、酒類業組合法に基づく業務是正命令が通達された。翌12日の新聞報道で、組合員の年金資金約144億円が、海外の投資先の倒産で焦げ付いていることが発覚した。さらに4月4日、国税庁は約1億4,000万円の使途不明金を指摘し、年金資金の不正流用が取り沙汰されるに至った。

その後の経緯、会社の対応

中央会の年金制度は、1983年に発足。バブル崩壊後、2001年には元本割れし、03年1月にクレディスイス銀行を通してカナダの金融商品を144億円で購入した。年間約10億円の利回りが入るはずだったが、再投資先のイギリス

keyword【キーワード】：年金事業　クレディスイス銀行　説明義務違反

の会社が倒産し、ほぼ全額が焦げ付いていた。

中央会は内部調査を進め、91～99年ごろに年金資金から「脱退清算金」名目で約9,090万円が架空の名義口座に振り込まれていたこと、当時の経理記録が不正確であること、元事務局長らが横領した疑いがあることを明らかにした。

10月26日、中央会は警視庁捜査2課に、元事務局長を業務上横領の容疑で告訴した。

11月8日、警視庁が中央会などを家宅捜査した。元事務局長が管理していた架空の名義口座に1億9,700万円が振り込まれ、使途不明金は計4億4,700万円にも上っていた。また同会の政治団体、全国小売酒販政治連盟が2001年と2002年に、計8,200万円の架空支出を報告していたこともわかった。この時期すでに、自民党の小杉隆衆議員への献金疑惑が発覚しており、年金資金の横領と政界への裏献金の関係がクローズアップされた。

11月16日、警視庁が元事務局長を業務上横領容疑で逮捕した。1999年10月に架空名義口座に振り込まれた1,650万円を横領した疑い。容疑者はそれを認めた。また、年金の投資失敗について、同会傘下の支部長が背任容疑で警視庁に告発した。

その後の調べで、中央会が先の小杉議員の元私設秘書を「政策顧問」として一時雇っていたことがわかった。また、容疑者が年金事業だけでなく、政界への裏金捻出や議員の接待に深く関わっていたことも明らかになった。

12月21日、警視庁は、容疑者を1999年12月にも年金資金から850万円を着服した疑いで追送検した。

12月22日、中央会は、年金事業の管理がずさんだったとして元専務理事（68）と被告相手に20億円の賠償を求め、東京地検に提訴した。

しかし、事件は横領・裏金に留まらなかった。2006年2月16日、リベートがらみの背任容疑で容疑者が再逮捕された。

調べによると、容疑者にカナダの投資先を勧めたのは、金融コンサルタント会社社長。その社長を容疑者に紹介したのは、小杉隆議員の元私設秘書（38）である。この3人が、投資先から投資額の4%にあたる約5億6,000万円を投資先から受け取っていた。このうち被告が受け取ったリベートは1億4,000万円だった。

しかし、その後の警視庁の捜査では、元私設秘書は背任行為の認識がなかったとして立件を見送られた。社長も、いったんは背任容疑で逮捕されたが、同様の理由で不起訴となった。被告は、5月10日の公判で背任の起訴事実を否認。

投資の失敗に関しては「当時の専務理事の判断」などと無罪を主張している。（2006年8月23日現在）。

一方、同会は2006年8月22日に、投資を仲介したクレディスイス銀行や金融ブローカーなどを相手に、賠償訴訟を東京地検に起こした。投資契約の際に、リスクを十分説明をしなかった「説明義務違反」だとして、約160億円の損害賠償を求めている。

参考文献

webサイト

◆平成17年5月19日通常総会における 年金調査・回収委員長の調査報告
http://www.zensyukyo.or.jp/zeninfo/nenkin_06.htm
◆国税庁　平成17年3月11日の是正命令
http://www.nta.go.jp/category/press/press/3063/pdf/01.pdf
（以上参照2007.6.7）

雑誌・書籍

◆**「全国12万「酒屋さん」の老後資金が海外ファンドでパー！「全国小売酒販組合中央会」の144億円が海外に消えた」**『財界展望』 2005.7

category ガバナンス―従業員関与

CASE 090 東武伊勢崎線 竹ノ塚踏切事故

date 2005年（平成17年）3月15日

commercial name 東武鉄道株式会社

scandal type 業務上過失致死傷

事件の背景

事故のあった踏切は、東武伊勢崎線、竹ノ塚駅（東京都足立区）のすぐ近く、上り方向50mのところ。上下それぞれ2本の線路が通り、長さが33.2mもあるため、大人でも渡りきるのに30秒程度かかる踏切であった。

平日で922本もが通過し、ピーク時には1時間のうち56分が閉まっている、地元で有名な「開かずの踏切」だった。しかも遮断機は旧式の手動式で、人為的に上げ下げが可能だった。そのため、待たされて苛だつ通行人が遮断機を早く上げるよう、係員に訴えることもよくあった。東武鉄道がダイヤの増発に伴い、踏切の自動化や高架化の設備投資を先送りしてきたことも、事故の要因と見られた。

事件の発端

2005年3月15日午後4時50分頃、竹ノ塚駅近くの踏切で、女性2人が上り準急電車にはねられ死亡した。ほかにも2人が転倒して怪我をした。遮断機は手動式で、女性は遮断機が上がったため渡ろうとしたところ、近づいてきた電車にはねられた。

遮断機の操作をしていた東武鉄道の保安係（52）は、「上り準急が通過することは知っていたが、その後の下り準急に気を取られ、下りていた遮断機を上げてしまった」と供述した。

事件の経緯

東武鉄道によると、いったん遮断機が閉まると、遮断機を昇降させるハンドルは自動的にロックされる。社内規定ではロックは駅長の許可がない限り解除でき

keyword【キーワード】：開かずの踏切　遮断機　手動式踏切

ない。しかし約10分間にわたり遮断機が下りたままだった事故当時、保安係が通行人を通すために自己判断でロックを解除し、遮断機を上げた。

2005年3月16日、警視庁捜査1課と竹の塚署は、保安係を業務上過失致死傷容疑で逮捕した。また同駅の駅長室と東武鉄道本社を同容疑で捜索した。

その後の経緯、会社の対応

その後、同保安係が1年前にも同じ過失を犯していたことが判明。ロック解除が常態化し、現場の保安係の裁量で遮断機の昇降が行われていた実態が露見した。

2005年4月13日、警視庁は「東武鉄道が事実を隠蔽している可能性もある」として、本社に3回目の捜索を行った。

竹ノ塚駅の歴代駅長は任意の事情徴収に対し、「手動式踏切の危険性を再三にわたって本社側に訴え、改善を申し入れてきた」と供述した。しかし、東武鉄道幹部は、「そのような訴えは聞いていない」と応えた。同社からの関係資料の提出が遅れていることから、警視庁では「事件の隠蔽工作を行っている」との見解も発表した。

5月24日、東京地裁で保安係の初公判が行われ、保安係の被告は起訴事実を認めた。

6月24日、運転課の課長補佐（57）と、竹ノ塚駅元駅長（56）の2人が業務上過失致死傷容疑で書類送検された。容疑は、課長補佐は2002年秋頃から、保安係が遮断機のロックを解除する内規違反を認識していたというもの。元駅長も同様に知っていた疑い。このため、2人は危険性を認識しながら安全対策を講じてこなかった過失責任を問われた。

7月27日、東武鉄道は事故原因を、「遮断機操作の実態を把握して事故を防止する機能が、社内に十分浸透していなかった」などとする社内調査結果を公表した。これに基づき、事故当事者の保安係を懲戒解雇。営業部長、運輸部長、運輸部運転課長の減給、元駅長の降格、根津嘉澄社長ら取締役4人の役員報酬を3ヶ月20％カットなどの処分を行った。

また再発防止策として、06年春までに現場近くにエレベーター付き陸橋を整備すること、安全対策の専門部署の新設、踏切の自動化を進めることなどを発表した。

9月5日、東京地裁で保安係の公判が行われた。元同僚が「保安係の多くが遮断機を上げる作業の危険性を駅側に伝えていたが、改善されなかった」と証言した。

2006年2月3日、東京地検は元保安係に禁固1年6ヶ月（求刑禁固2年6月）の実刑を下した。また、「踏切保安係の精神的重圧を解消する対策を施さなかった」と、会社責任にも言及した。

3月27日、書類送検されていた運転課の元課長補佐と、同駅元駅長の2人は、「事故を予見することは困難だった」との嫌疑不十分で不起訴となった。

8月1日、遺族がこの処分を不当として、東京第1検察審査会に審査を申し立てた。

再発防止策として同社が挙げた踏切の自動化は、05年9月に実現された。また、竹ノ塚駅直近のエレベーター付き陸橋は、06年3月9日に開通している。

参考文献

webサイト

◆2006年3月8日の東武鉄道のリリース
http://www.tobu.co.jp/news/2006/3/060308.pdf （参照2007.6.7）

雑誌・書籍

◆「まちづくりと街路 東武伊勢崎線竹ノ塚駅付近の踏切事故とその対応」
『都市と交通』 2006.1

category ガバナンス 一従業員関与

CASE 091 みちのく銀行顧客情報紛失事件

date 2005年（平成17年）4月20日

commercial name 株式会社みちのく銀行

scandal type 顧客情報紛失

事件の背景

みちのく銀行は、この事件の前から横領や不適切な融資、事件の隠蔽行為などの法令違反を重ねていた。1993年から2006年の間に着服などの不祥事は7件、約1億4,000万円が不正に扱われている。その該当者は一般行員から幹部、支店長にまで及び、2002年と2003年に金融庁から業務改善命令を受けていながら、改められることはなかった。

事件の発端

2005年4月20日、みちのく銀行（青森県）の本店業務推進部で個人や法人など約131万件（5月20日に128万件に訂正）の顧客情報の入ったCD-ROM3枚が紛失していることが判明した。CDには顧客の名前や住所、生年月日、預金残高、貸出金残高などの個人情報が記録されていた。4月22日、みちのく銀行がこれを公表した。

発端の経緯

みちのく銀行では毎月上旬に、顧客情報の入ったCD約300枚を同行事務センターから本店と支店の関係部署計140カ所に送る。受け取った担当者は、受取証を事務センターに送り、受け取り確認を行う。事件のあった2005年4月は12日に配送された。しかし8日後の4月20日になっても、本店業務推進部から同センターへCDの受領証が届かないことから紛失が発覚した

その後の経過、会社の対応

事件が公表された2005年4月22日、栗田貢副頭取が青森県庁で記者会見を開き、謝罪した。

みちのく銀行の調査結果から同副頭取

keyword【キーワード】: 業務改善命令　顧客情報　CD-ROM　個人情報保護法

は、CDは「ゴミ箱に落ちて焼却処分された可能性が高い」と述べた。またCD情報の外部への流出の可能性はゼロではないとしながらも、「パスワードを設定しているため、情報漏洩の懸念、内部の持ち出し、盗難の可能性は極めて低い」とした。同日、みちのく銀行は東北財務局青森財務事務所に事件を報告するとともに、青森署に遺失届けを出した。

5月20日、金融庁はみちのく銀行に、個人情報保護法に基づき個人情報の漏洩を防ぐ措置を取るよう是正勧告を出した。また、行員の横領を隠蔽するなどの多数の不正が認められるとして、銀行法などに基づく業務改善命令を下した。

みちのく銀行は2002年と2003年にも法令遵守に関する業務改善命令を受けており、これが3度目となる。

みちのく銀行の原田和夫頭取（67）は会見で「思い切って経営体制を改める」と話し、自身を含めた大道寺小三郎会長ら首脳陣の辞任を表明した。

5月30日、大道寺会長、原田頭取らを含む代表取締役2名と取締役3名が辞任した。

6月20日、同行は業務改善案計画を金融庁と東北財務局に提出した。同時に役員8名が辞任した。

この後、みちのく銀行がらみで発覚した不祥事は次のとおり。

1)2001年に約3万9,000人分の顧客情報を紛失していた。（2005年7月1日発表）

2)2005年8月に元行員が預金を着服した。（2006年1月23日発表）

3)2006年2月に着服など3件の不祥事があり、行員を解雇するなど処分した。（2006年4月4日発表）

参考文献

webサイト

◆みちのく銀行ホームページ　2005年5月20日リリース
http://www.michinokubank.co.jp/news_release/20050520_pdf/20050520.pdf
（参照2007.6.7）

雑誌・書籍

◆「国内 金融 金融庁および東北財務局、みちのく銀行に勧告・行政処分（金融資料/2005年5月中旬-6月中旬）」『金融』 2005.7

category ガバナンス 一従業員関与

CASE 092 全農あきた米横領事件

date 2005年（平成17年）4月21日

commercial name JA全農あきた

scandal type 業務上横領、背任罪

事件の背景

農家から販売委託された米を横流しした当事件は、農協の旧態依然とした体質を浮き彫りにした。横流しを可能にした要因に、農協特有の会計方法「共同計算勘定」がある。会計期間が複数年度にわたるため、不正会計の温床となっていたのだ。米の販売先である子会社と全農秋田のトップが同人物であることも不正を容易にした。

逮捕された全農秋田県本部長が「横領の意識はなかった」と供述していることから、コンプライアンス意識の欠如とともに不正が以前から行われていたと考えられる。農家からも「横流しなどは昔からあった」との発言が出ている。

事件の発端

2005年4月21日、農林水産省経営局が「全農秋田県本部の『米横流し事件』及び『米架空取引疑惑』について」プレスリリースした。農水省で記者会見が開かれ、同日、新聞各紙が報道した。

事件の経緯

農水省が発表した、全国農業協同組合連合会（全農）秋田県本部（＝JA全農あきた。以下、全農秋田）の不正事件は次の2件。

1)2004年3月、全農秋田は、子会社の米販売会社「パールライス秋田」（以下「パ社」）の赤字補填のため、2003年産の米約760トン、約2億5,300万円分を農家に無断でパ社に横流しした。農家に損害を与えるとともに、国の補助金約200万円を不正に受け取っていた。

2)2004年5月～6月に2回、あきたこまち約3,000トンをパ社と民間の米

keyword【キーワード】：米横流し　パールライス秋田　国の補助金

卸業者に販売。その際、通常よりも高い8億8,000万円で売れたとしていたが、取引は行われておらず、あきたこまちの価格を釣り上げる「架空取引」だった疑いがある。また、倉庫代などの名目で補助金約1,200万円も不正に受け取っていた。

警察、検察の動き、裁判、会社の対応

2005年5月13日、全農秋田は、子会社パ社の社長を兼任していた全農秋田県本部長を懲戒解雇した。

6月2日、全農の種市一正会長（63）が引責辞任する意向を表明した。同時に、田林聡理事長（62）、岡阿弥靖正専務理事（61）、古川泰典常務理事（57）も辞任を表明。さらに、理事7人を10～40％、副会長2人の20％の減給処分も発表した。

6月6日、農水省は田村前県本部長とパ社の斉藤誠吾・元専務（61）の2人を背任容疑で秋田県警に告発した。容疑は上記（1）の約760トンの米横領について。（2）の補助金不正受領に対する告訴は、この時点では見送った。

6月30日、全農秋田は「再生計画」を発表した。再発防止策として、「子会社役員体制の改善」「年3回の委託米の棚卸数量と共同計算勘定収支の報告」「委員会の委員重複の禁止」などを挙げた。

10月15日、秋田県警は全農秋田の前県本部長、元副本部長、パ社専務の3人を、業務上横領の容疑で逮捕した。

警察の調べでは、パ社は兵庫県の民間会社S社と米の取引をしていたが、S社が経営不振に陥ったため納金が滞り、2003年度末までに約2億5,000万円が不良債権化した。この赤字を補填するため、田村被告らが共謀し、2004年3～5月にかけてパ社に米約760トンを横流しした。パ社はその売却代金約2億5,000万円を不良債権の穴埋めに使ったとしている。3人は容疑を認めた。

11月16日、秋田県警は、パ社の元営業課長でS社の取引担当者を、不良債権を拡大させた背任容疑で逮捕した。S社から数千万円のリベートを受け取っていた容疑もあった。

12月8日、全農は農水省へ事業の「改善計画」を提出した。人員削減や子会社を半減して管理体制の強化すること、米の販売対策費（リベート）の廃止が盛り込まれていた。

2006年1月27日、秋田地裁の初公判で、10月15日に逮捕、横領の罪に問われた3被告は全員、無罪を主張した。横流しの経緯はおおむね認めたものの、横領の意図は否定した。

1月30日、パ社の元営業課長は初公判で容疑を認めた。S社から2,000万円以上のリベートを受け取っていたとされる。

2月27日、秋田地裁は被告に背任罪で懲役3年6月の実刑判決を下した。パ社に対しても「不十分な管理体制が事件の遠因にある」と指摘した。

3月31日、パ社が解散し、業務は全農秋田に移管された。

6月2日、パ社が不要な取引で多額の損害を被ったとして、元営業課長を相手に、6,048万円の損害賠償を求める訴訟を秋田地裁に起こした。

7月14日、秋田地裁は、「全農に対する生産者の負託と信頼を裏切る独善的な行為」として、元県本部長に懲役3年（執行猶予5年）、元副本部長とパ社元専務に懲役2年6月（同4年）の判決を下した。

3人は7月28日までに控訴しなかったため、判決が確定した。

9月27日、秋田地裁は、パ社が被告に求めた損害賠償の訴えに対し、請求通り、被告に6,048万円の支払いを命じた。

参考文献

webサイト

◆農水省ホームページ
全農秋田県本部の「米横流し事件」及び「米架空取引疑惑」について
http://www.maff.go.jp/www/press/cont2/20050421press_5b.pdf
（参照2007.6.7）

雑誌・書籍

◆「農林水産省版 米穀・水田 全農秋田県本部 米取引で2疑惑事件発覚 空売りで米価つり上げ操作--赤字穴埋めに米横流し粉飾決算」
『週刊農林』 2005.5.15

category ガバナンス—従業員関与

CASE 093

JR西日本 福知山線脱線事故

date 2005年（平成17年）4月25日

commercial name 西日本旅客鉄道株式会社

scandal type 業務上過失致死傷容疑

事件の背景

JR福知山線は、私鉄阪急宝塚線との激しい競合関係にあり、JR西日本は顧客確保のため秒単位の過密ダイヤを編成していた。そこに、日本の交通機関に共通した特徴ともいえる1分たりとも遅れを認めない「ダイヤ厳守」の重圧ものしかかっていた。JR西日本では、運行中に生じた遅れを、速度を上げて取り戻す「回復運転」が常態化しており、遅れを出してはいけないという運転士の精神的圧迫が、事故につながったとされる。

さらに、非常ブレーキを作動させる自動列車停車装置「ATS」が旧式だったことも大きな問題だった。新型が整備されていれば、事故が防げた可能性が高い。JR西日本が、そのドル箱である新幹線「のぞみ」などに予算を割いていた一方で、福知山線のATS整備を置き去りにしてきたこと、安全対策予算を十分に確保していなかったことも要因である。

事故の発端

2005年4月25日、午前9時20分頃、兵庫県尼崎市のJR福知山線塚口-尼崎間の第1新横枕踏切の手前のカーブで、宝塚発同志社前行きの快速電車が脱線した。1～2両目が線路脇のマンション「エフュージョン尼崎」（9階建て）の1階に激突し、大破した。死者は107名、負傷者は555名に上った。事故原因の鍵を握る運転士（23）も死亡した。

その後の経緯、会社の対応

事故の起きた2005年4月25日、JR西日本は午前11時15分と午後1時過ぎの2度、本社で記者会見を行った。事故電車は、直前の伊丹駅でオーバーランをしたため1分半遅れで発車していたこ

keyword【キーワード】: 回復運転　日勤　ATS　安全軽視体制

と、事故当時、制限速度をはるかに上回る時速110キロ以上で走行していたことなどを明らかにした。

その後の調べで、運転士が過去にもオーバーランを起こしていたこと、厳重注意処分を受けていたことがわかった。また同社では、ミスをした運転士らに「日勤」と呼ばれる懲罰的な意味合いの強い教育を行っていたことが明るみに出た。これには処罰減給も含まれ、処罰や減給を恐れた運転士が無謀な「回復運転」を行ったとする見方が強まった。

同日、兵庫県警捜査本部は、事故の主原因は人為ミスと判断し、業務上過失致死傷害の容疑でJR西日本を捜索する方針を固めた。

同日、JR西日本の垣内剛社長（61）は辞任の意向を発表。時期は、「事故原因の究明などのメドがついた時点」とした。同様に南谷昌二郎会長（64）、井出正敬相談役（70）も引責辞任する見通しとなった。中でも、JR西日本発足後、社長と会長を歴任し、運営効率化の旗振り役だった井出相談役は、退任後に予定されていた同社顧問の就任も辞退せざるを得なかった。また27日には、3月期の役員賞与を全額カットすることを発表した。

4月28日、国土交通省はJR西日本の東京本部副本部長に「安全対策性向上計画」の策定を命令した。

しかし、この後、JR西日本から事故に付随した「不適切行為」が次々と発覚して、世間を驚き呆れさせた。ひとつは、事故電車にたまたま乗り合わせていた同社運転士2名が、事故後に負傷者の救助もせず、その足で出勤していたこと。もうひとつは事故当日に、天王寺車掌区で非番の職員らが事故を知りながら親睦会としてボウリング大会を開いていたこと。同社は、天王寺車掌区長とそれを管轄する大阪支社長らの処分を即日に発表した。

5月6日、兵庫県警が運行実態解明のために、運転士らの聴取を始めた。2003年12月のダイヤ改正で、快速電車の宝塚-尼崎間で停車駅が1つ増えたにもかかわらず運行時間は改正前と同じ17分だったことがわかり、過密ダイヤの異常ぶりがあらためて明らかになった。

5月9日、厚生労働省がJR西日本の労務管理や運転士の健康管理などの調査に乗り出した。特に所属していた大阪市京橋電車区などで、異例の聞き取り調査を行い、労働基準法などに問題がなかったかを調査した。

5月13日、JR西日本と労組3組合が協同で、社員教育の専門委員会を設置することを決めた。労使が対等な立場で委員会を設置するという試みは、異例だった。

5月17日、参院国土交通委員会で開かれた事故の集中審議で垣内社長は、「安全確保への取り組みが不十分だった」ことを認めたが、過密ダイヤや運転士への日勤教育などの問題については、「事故に直接影響したのかは分からない」と話すにとどまった。

5月24日、JR西日本は再発防止策を発表した。大阪と神戸、京都を結ぶ「新快速」で所要時間を1分延長すること、新型の自動列車停止装置（ATS）の整備、安全対策を指示する社長直属の特別補佐を置くなどを柱に挙げた。

また、福知山線の運転再開においては、事故が起きた宝塚-尼崎間の駅停車時分を10～20秒延長すること、事故現場となったカーブ手前の直線の制限時速を120キロから110キロ程度に引き下げてダイヤ改正する方針を明らかにした。

5月31日、JR西日本は国交省に「安全性向上計画」を提出した。その中で

1）経営効率化のあまり安全への取り組みが形式的で現場任せだった。
2）現場と管理者の風通しが悪く、「事故の芽」をつめなかった。
3）他社との競争でダイヤに余裕が不足し、設備投資も遅れた、などを反省点に挙げた。

これを踏まえ、2005年度から4年間の安全関連投資額を事故前の計画より26％アップの600億円増、2,900億円とした。中でもATSの予算は、事故以前の約9倍にあたる181億円を投じ、1年以内にカーブ手前1,100カ所に設置することを盛り込んだ。

6月18日、JR西日本は遺族への合同説明会を開き、事故後初めて、補償についての説明を行った。その翌日19日、福知山線の事故区間の運転が再開された。

9月6日、国交省の鉄道事故調査委員会（以下、事故調）は、その中間報告を提出した。「制限速度が時速70キロの現場右カーブに110キロ以上で進入後、常用ブレーキをかけ始めた」などの異常運転が事故原因であるとした。

9月23日、兵庫県警がJR西日本の過去数年分の取締役会議事録を押収していたことがわかった。JR西日本が任意提出に応じなかったため、差し押さえ令状をもって押収した。

また国交省は、7月から10月にかけて本社と大阪支社に対する保安監査を行っていた。再発防止策の進捗状況を調べるのが目的で、鉄道本部部長らに抜き打ちの聞き取りも行われた。その結果、11月15日、国交省は、同社の再発防止策への取り組みが不十分だとして、社内体制の改善を求める「勧告」を行った。

12月27日、JR西日本は、垣内社長が2006年2月1日付けで退任し、後任に山崎正夫副社長（62）が昇格する人

事を発表した。垣内社長は、事故補償交渉担当の取締役に降格した。

2006年4月27日、労組の動きとして、運転士や車掌ら264人が、懲罰的な「日勤」教育で人格権を侵害されたとしてJR西日本を大阪地検に提訴した。1人当たり100万円の損害賠償を求めた。

10月31日、JR西日本は中期経営目標を発表した。

1)2008年度までに安全関連の投資額を2005年5月に発表した計画よりさらに800億円増額し、総額3,600億円とする。

2)「お客様の死傷事故ゼロ」「社員の重大労災ゼロ」を新しい経営目標にする。

3)人員合理化が事故を引き起こした一因との批判を受け、人員計画を見直し、人件費を90億円増の2,725億円とすることなどを明らかにした。この結果、2008年度の利益率などを下方修正した。

12月20日、事故調が「事故調査報告書」を公表した。事故の直接原因として、運転士が事故直前の伊丹駅で72メートルのオーバーラン。発車後、車内電話で車掌に「負けてくれへんか」とオーバーランの距離を司令所に過小申告してくれるよう要望。その後、車掌と司令所との無線交信に気を取られ、ブレーキ操作を誤った可能性を示唆した。

また、JR西日本の「安全軽視体制」を指摘した。具体的には、

1)ダイヤの「余裕時分」を全廃しており、ダイヤ通りの運転は困難であった。

2)過去に運転士らから、事故の予兆となる情報を複数得ていたにもかかわらず、「ヒヤリ・ハット報告は時期尚早」として、情報を集約しようしなかった。

3)ダイヤ作成時の入力データの誤り、速度計の誤表示、ATSの設置遅れ・ミスなどを指摘された。

事故調は2007年2月1日に開かれる事故関係者や学識経験者らによる「意見聴取会」を経て、最終報告をまとめる予定。

補償関連

激突されたマンション住民に対しては、事故から約1週間後に対応が取られた。住民の多くが引っ越しを希望したことから、JR西日本は転居先のあっせん、引っ越し費用の負担を発表した。

住居の補償については、2005年6月に垣内社長が説明会で謝罪をした上で、購入時価格での買い取りを提示した。通常、住居補償では時価が適応されることが多い。購入時価格の提示は、スムーズな補償交渉を期待したものだ。

死亡した遺族の補償に関しては6月18日、合同説明会を開き、JR西日本は「事故の重大性を鑑み、従来以上の補償を考えている」と表明した。鉄道事故の補償額は交通事故の基準で算出されるが、JR西日本は「慰謝料を過去の事故より増やし」「将来得られたはずの利益は、年齢や職業の有無などの算定方法で個々に検討する」とした。その後、補償額は2,000～3,000万円が提示された。そのほか、

1)親が死亡、重度の障害、重傷を負った子どもに対する奨学金制度の創設。
2)遺族、負傷者ら関係者の無料カウンセリング。
3)労災認定を希望する被害者への社会保険労務士のあっせんなどの支援策

を明らかにした。これらはすでに実施されている。

負傷者への補償は、治療費の負担を提示した。遺族の負った健康被害に対しても医療費を負担することを決め、2006年4月から支払いが開始された。

遺族らの健康被害と事故の関連づけは難しく、従来なら慰謝料として請求するほかなかった。医療費を負担するこの決定に対しては、遺族らで結成された団体「4・25ネットワーク」を支援する弁護士も評価するコメントを出している。

2006年4月時点での負傷者との示談成立は半数近く、遺族との補償交渉の成立については「数人」にとどまっている。

2006年12月22日、JR西日本は、電車が衝突したマンションの47戸をすべて買い取り、マンション住民との補償交渉は終了したと発表した。

参考文献

webサイト

◆ JR西日本ホームページ
安全性向上計画の進捗状況（平成18年11月1日現在）
http://www.westjr.co.jp/torikumi/progress/
福知山線列車事故について
http://www.westjr.co.jp/keikaku/content.html
（以上参照2007.6.7）

雑誌・書籍

◆「JR福知山線事故はなぜ起きたのか——企業の病根を検証する」
『予防時報』 2005.8
◆「時の視点 JR福知山線・脱線転覆事故（2）問われる企業風土」
『近代消防』 2005.8
◆「「西日本旅客鉄道株式会社福知山線列車脱線事故に係る鉄道事故調査について（経過報告）」から」『鉄道車両と技術』 2005.9
◆「JR福知山線脱線事故車両に乗り合わせて」『放送文化』 2005.秋
◆「特集 JR福知山線脱線事故と企業責任」『労働法律旬報』 2005.12.上旬
◆「活動報告 JR福知山線列車事故より1年を迎えて」『月刊地域医学』 2006.9

◆川島令三 『なぜ福知山線脱線事故は起こったのか』 草思社 2005
◆内藤友子『JR脱線事故からの生還—キャリア・カウンセラーが綴った再生の記録』
本の泉社 2006
◆畑村洋太郎『失敗学実践講義—だから失敗は繰り返される』 講談社 2006
◆吉田恭一 『福知山線5418M 一両目の真実』 エクスナレッジ 2006

category ガバナンス―従業員関与

CASE 094 オリエンタルランド、右翼関連会社への利益供与事件

date 2005年（平成17年）5月20日

commercial name 株式会社オリエンタルランド

scandal type 右翼・暴力団との関係

事件の背景

昭和30年代後半、浦安市（千葉県）沖の埋め立てのため不動産交渉を始めた頃からオリエンタルランド（以下、「OLC」）と右翼団体との関係は始まった。地元関係者は「OLCを仕切ってきたのが問題の右翼団体幹部というのは、われわれの間では常識だった」と話した。

大手マスコミも含め、業界では周知の事実だったこの関係が表沙汰になった背景について、OLCが「最近、コスト削減のため、下請けなどに厳しい取引条件を突きつけていると聞く。その不満が高まっており、内部告発も増えているようだ」と話す関係者もいた。

2005年始めに報道された、東京ディズニーランドの年間入場券購入者のリスト漏洩事件も、内部告発の可能性が指摘されている。

事件の発端

2005年5月20日、読売新聞が「オリエンタルランド、右翼関連企業に破格の利益」と報じた。毎日新聞など他紙でも報じられたが、この事件は読売新聞による特ダネだった。

事件の経緯

同記事は、読売新聞の調べとして、事件の概要を次のように伝えた。

- OLCは東京ディズニーランド開園翌年の1984年9月から本社社屋の清掃業務を、右翼関連の不動産会社「中央興発」（浦安市）に委託した。中央興発は全国の右翼団体で組織する「全日本愛国者団体会議」の名誉議長で指定暴力団「松葉会」の元最高顧問（志賀三郎）の関係会社で、一族が代表取締役や役員を務めてい

keyword【キーワード】：右翼団体　利益供与

た。

- 1998年から2004年の7年間の同社への委託費は毎年約1億1,000～1億4,000万円で、総額約9億円が支払われた。委託は随意契約だった。
- 中央興発は、その清掃業務を都内の大手ビルメンテナンス会社に丸投げしていた。その際、仲介料として約4割を受け取り、約3億7,000万円を得ていた。また、この間、中央興発の業務はOLCの清掃業務のみだった。

また、同記事は、OLCの元会長（故人）が志賀氏とともに東京千代田区の建設会社「京三建設工業」の設立発起人だったことも報じた。

同日の毎日新聞は、同社長は「中央興発への利益供与の疑いについて否定」と報じた。すでに5月9日に発表されていた6月の株主総会で社長から会長に就任する人事についても、この件との関係を否定した。

その後の経過、会社の対応

2005年5月20日、OLCは会見を開き、加賀見社長が「世間を広くお騒がせし、お詫びしたい」と述べ、

1)「客観的にみて、右翼関係企業との関係を疑われても仕方がない部分があった」として、中央興発との契約を8月末の契約満期とともに打ち切る。

2) 1984年以降に中央興発に支払った金額は約21億8,900万円と発表。

3) 中央興発との契約価格は、広報部が「世間相場と比較して妥当な金額」と判断していたこと、委託先は時機を見て子会社に切り替えるつもりであったとし、

4) 加賀見社長の責任は「全くない」と答えた。

5月21日、OLCは1983年～1984年当時の清掃業務の不透明な発注経緯を明らかにした。

5月25日、OLCは同社とグループ企業16社の取引先すべてについて、コンプライアンスの観点から反社会的な人物との関係がないか調査すると発表した。

6月2日、OLCは中央興発から志賀氏とその妻に報酬が支払われていたことを確認したと発表し、中央興発との契約の即時中止を発表した。OLCの調べによると、中央興発から志賀氏らへ支払われたのは7年間で約4,200万円だった。

6月17日、OLCは社内調査の結果として、右翼関連会社･京三建設工業と酒々井（しすい）開発の2社に、過去計3,000万円余りの出資が判明したと発表した。これに伴い、加賀見社長の役員報酬を1か月返上、代表取締役専務を同10％返上（1か月）、取締役を同5％返上（1か月）の処分とした。

6月27日、加賀見社長の親族が社長や役員を務める食品卸会社「マルカ商事」とOLCの間に、3年間で約7億6,000万円の取引があったことが判明した。

12月14日、OLCは取引先の調査結果として、反社会的人物との関係企業はないと発表した。

2006年3月29日、OLCが、東京国税局から約3億7,000万円の所得隠しを指摘されていたことが明らかになった。国税局は、同社が業務委託と称して元暴力団幹部側へ不当な利益を供与していたものと判断、中央興発へ供与した利益をすべて交際費と認定し、追徴課税（更正処分）とした。

同日、OLCはこれを不服として国税不服審判所へ審査請求書を提出する意向を発表した。

参考文献

新聞記事

◆読売オンライン　2005年5月20日
オリエンタルランド、右翼関連企業に破格の利益

webサイト

◆オリエンタルランドホームページ
2005年5月9日リリース
http://www.olc.co.jp/news_parts/2005050901.pdf
（参照2007.6.7）

雑誌・書籍

◆ **「加賀見社長を巡る「特別背任疑惑」の怪情報--オリエンタルランドの危」**
『Themis』　2005.2

◆ **「敗軍の将、兵を語る 加賀見俊夫氏[オリエンタルランド会長兼CEO] 夢を壊した闇勢力との関係」**『日経ビジネス』　2005.7.11

category ガバナンス ―従業員関与

CASE 095 コマツ、ヤナセ、JR保守作業車不正車検取得事件

date 2005年（平成17年）6月17日

commercial name 株式会社小松製作所、株式会社ヤナセ

scandal type 道路運送車両法違反・公正証書原本不実記載

事件の背景

新幹線、在来線両方の架線やトンネル等の鉄道保守作業時に使用する、公道と線路両方を走行できる特殊車両を1994～2004年にかけてJR西日本が大手建設重機メーカー「コマツ」（東京都）などに発注した。車両はわずかながら公道も走行するため、大型免許証取得者を配置する必要のない車両重量8トン以下の仕様にするよう、発注者側から注文が付けられた。

事件の発端

2006年4月に国土交通省は、2003～2005年までの3年間に、47社合計8,670台に及ぶ不正車検取得が行われたと発表した。不正は主に大型トラックやバスで行われていた。最大積載量を水増しするために、燃料タンクや備品を取り外し、車体重量を100キロ以上軽く偽り新車登録した後に、外した部分を再び取り付ける違法行為である。

発覚の経緯

2005年6月17日、石川県警は、車両の部品を取り外すなどして重量を軽量化し、8トン以下の車検証を不正に取得しているとして、コマツ本社と関連会社の家宅捜索を開始した。また、同じ容疑で、神奈川県警が輸入車販売会社大手のヤナセ（東京都）を、大阪府警が東洋車輌（大阪府）を家宅捜索した。コマツ広報グループは「捜査を受けたのは大変遺憾だが、捜査に全面的に協力する」と述べた。

その後の経緯、警察、検察の動き、会社の対応

2005年7月7日、神奈川県警の捜査で、1999年頃にヤナセから鉄道保守作

keyword【キーワード】：不正車検　特殊車両　鉄道保守作業車　車両軽量化

業車の発注を受けたメーカーが、車両軽量化を相談したさい、ヤナセが「特殊車両は詳しく調べられないから、装置を一時外せばよい」とアドバイスしていたことが判明した。

7月8日、ヤナセの古市宏幸社長は、神奈川県警の事情聴取で、担当課長が違法を承知でメーカーに不正車検取得を依頼していたことを認めた。

7月15日、国土交通省は、コマツ、東洋車輛、ヤナセの3社をそれぞれ石川県警、大阪府警、神奈川県警に道路運送車両法違反（不正車検取得）の容疑で告発した。一連の保守作業車の不正車検取得は、1994～2003年で約20社計321台にのぼるが、その内コマツは40台で重量最大1.9トンの過少申告、東洋車両は102台で重量最大2.7トンの過少申告をしていた。これを極めて悪質と判断したため。

また、全国の鉄道事業車が保有する計571台の作業車の内、JRを含む35社の206台に、車体部品やタイヤの許容重量が保安基準に違反する重量超過であることが判明し、国土交通省は各社に整備命令を出した。

8月1日、神奈川県警は、ヤナセの元機械事業部長（64）ら9人と発注先の保守作業車メーカー社長ら5人を道路運送車両法違反（不正車検取得）容疑で横浜地方裁判所に書類送検した。

8月2日、神奈川県警の調べで、ヤナセが、1994年頃からドイツ車をベースにして製造した鉄道保守作業車両すべてで不正車検取得を行っていたことが判明した。

8月17日、石川県警は、コマツと施工を請け負ったケー・エス・ビー（石川県）、前田製作所（長野県）の3社と、コマツの元鉄道事業部長（63）ら関係者16人を道路運送車両法違反（不正車検取得）の容疑で金沢地検に書類送検した。3社は2003年3月、JR西日本から受注した保守作業車5台から予備バッテリーを外すなどして軽量化し、石川運輸支局で不正に車検を取得した疑い。16人は2001～2003年にかけて計12台を石川、鳥取の運輸支局に過小重量申告し不正に車検を取得した。

9月21日、横浜地検は、ヤナセ社と元ヤナセ機械事業部長・岩崎勲被告（64）を道路運送車両法違反（不正車検取得）容疑で起訴した。

11月9日、横浜地裁で、ヤナセと、元ヤナセ機械事業部長に対する初公判が行われた。ヤナセ側は1994年頃から不正車検取得を行っていたという起訴事実を全面的に認めた。検察は被告に懲役6ヶ月をヤナセ社に罰金200万円を求刑した。

11月17日、金沢地検は、元コマツ鉄道事業部長と元コマツ鉄道副事業部長を電磁的公正証書原本不実記録などの疑いで逮捕した。

11月21日、横浜地裁は、不正車検取得は会社ぐるみで常習的な犯行として、ヤナセ社に罰金170万円、元ヤナセ機械事業部長に懲役6月執行猶予3年の有罪判決を下した。ヤナセ広報宣伝部は「二度と不正車検取得を起こさないように法令順守体制を強化したい」と述べた。

2006年4月20日、金沢地裁でコマツに判決が言い渡された。コマツ社に罰金200万円が、元コマツ鉄道事業部長に懲役8月執行猶予3年の有罪判決が下った。

参考文献

新聞記事

◆読売新聞2005年6月16日
「不正車検問題でコマツを捜索へ…石川県警」

category：ガバナンス―従業員関与

CASE 096 伊藤ハム 豚肉関税不正事件

date：2005年（平成17年）6月20日

commercial name：伊藤ハム株式会社

scandal type：関税法違反（贓物）

事件の背景

安い輸入豚肉の流入を防ぎ、国内の生産農家を守る目的で1971年に導入された差額関税制度は、安値で輸入する場合に基準額との差額分が課税されるため、低価格なほど高率の関税がかかる仕組みになっている。

業界では、差額関税を免れて不正に輸入した豚肉は「裏ポーク」と呼ばれ、国内で消費される豚肉の半分近くを占める約88万トン（2005年度）の輸入豚肉は「大半が裏ポーク」という指摘もある。

しかし、差額関税制度は自己申告制のうえ、不正輸入の豚肉は大手加工会社が購入するまでに10社近く経由することが多く、調査も難しい。このため食品業界には、差額関税制度を見直すべきだという意見が多いが、農水省は「制度を悪用する方をとがめるべきで、制度そのものを批判するのは本末転倒」という立場をとりつづけている。

事件の発端

2005年6月20日、東京税関は、伊藤ハムなど4社と、伊藤ハム幹部2人と食肉ブローカーら計6人を関税法違反容疑で東京地検特捜部に告発した。

豚肉不正輸入は、食肉卸業者「成幸」（兵庫県）と元中堅商社畜産部長の個人ブローカーが主導して行われた。輸入価格が自己申告制であることを悪用し、実際の価格より高く申告し、食肉ブローカーらは約9億4,000万円の差額関税を逃れた。

伊藤ハムは、この業者から2002年8月～2004年2月の間、関税法に違反しない限りあり得ない値段と認識しながら、計約3,029トンを計約13億5,800万円で購入した。不正を隠蔽するため、

keyword【キーワード】：差額関税制度　豚肉不正輸入

その過程で休眠会社など約10社を関与させた。

その後の経緯、警察、検察の動き、裁判

2005年6月1日、東京税関が食肉卸業者らを東京地検特捜部に告発、の新聞報道を受けて、伊藤ハムの伊藤正視社長は、記者会見で「法に触れる行為は一切ない」とコメントした。

6月17日、東京地検特捜部が伊藤ハムの伊藤正視社長を事情聴取。関税法の両罰規定で会社自体の刑事責任が問われるためだ。

6月20日、東京税関は、伊藤ハムなど4社と、伊藤ハム幹部2人と食肉ブローカーら計6人を関税法違反容疑で東京地検特捜部に告発した。伊藤ハムで告発されたのは、ミートディビジョン輸入ポークユニットゼネラルマネジャー（54）と、生産ディビジョン加工原料デパートメント原料企画室長（44）の部長級幹部2人。

6月22日、東京地検特捜部は法人としての伊藤ハムを関税法違反（贓物）で在宅起訴した。また、伊藤ハムの幹部2人も同法違反で略式起訴され、東京簡裁は同日付で罰金30万円の略式命令を出した。

7月19日、伊藤ハムは、法人としての在宅起訴、幹部社員2人の略式起訴をうけ、社内関係者の処分を発表。個人として起訴された幹部2人は諭旨解雇。伊藤研一会長と伊藤正視社長が役員報酬30％カット3カ月、ミートパッカー事業本部長の石田成雄取締役常務執行役員が取締役執行役員に降格の上、同30％カット3カ月など、関係役員7人を処分した。また、同日発表した再発防止策では、輸入豚肉の仕入れ先を、取締役会の承認を得た企業に限り、それぞれ法令順守を誓う「確認書」の提出を求めるとした。

9月9日、東京地裁の初公判で、法人の代理人として出廷した伊藤ハムの総務担当取締役は起訴事実を認めた。また、「（取引に関する社内の）内規は、発覚した時に弁明するための苦肉の策だった」とする伊藤正視社長の供述書も読み上げられた。

10月11日、公判で弁護側証人として出廷した藤原俊夫執行役員（59）は「現場任せでチェック機能が働かなかった。信頼できる業者から買い付けるという内規があったが、買い付けは専門性が高く、実質的に元社員2人に任せきりだった」と説明。能勢稔同社取締役（59）も「元社員を信頼しており、起訴の直前まで裏ポークと知らなかった」と証言した。

11月22日、検察側は、伊藤ハムに対し罰金1,000万円を求刑。論告で検察側は「最高責任者として責任の所在を明らかにしなければならない社長が公判に

出頭せず、代理の出頭で済ませた。再発防止は極めて疑わしい」と同社の姿勢を厳しく批判した。

12月22日、東京地裁は、伊藤ハムに対して、求刑（罰金1,000万円）を上回る罰金3,000万円の判決。大手食肉加工メーカーが同罪に問われたのは初めてだった。

参考文献

webサイト

◆ 伊藤ハム
輸入豚肉における関税法違反に関する再発防止策等についてのご報告
http://www.itoham.co.jp/news/050719.html （参照2007.6.13）

雑誌・書籍

◆「伊藤ハムの「闇ポーク」購入 厳しく問われた買い手責任」
『Jiji top confidential』 2005.7.8

◆「伊藤ハム「営業赤字予想」の衝撃--関税法違反、脱税疑惑が直撃か」
『Verdad』 2005.9

◆「敗軍の将、兵を語る 伊藤正視氏[伊藤ハム前社長] 反社長の空気に身を引く」
『日経ビジネス』 2006.5.29

◆「インタビュー 事実上解任された伊藤ハム前社長が激白 伊藤正視/伊藤ハム前社長 私が辞めなければならなかった理由」
『週刊東洋経済』 2006.6.3

category　ガバナンス ―従業員関与

CASE 097 クボタ アスベスト(石綿)被害

date　2005年（平成17年）6月29日

commercial name　株式会社クボタ

scandal type　有害物質による健康被害

事件の背景

耐久、耐熱、耐薬品、電気絶縁にすぐれた特性を持ち安価なアスベスト(石綿)は、日本では1970年以降の高度成長期に「奇跡の鉱物」と呼ばれ、建材、電気製品、自動車部品、水道管など様々な用途で大量に使用されてきた。

しかし、やがて、アスベスト繊維を吸引すると、約20～40年の長い潜伏機関の後に、中皮腫（ちゅうひしゅ）や肺がんなどを引き起こすことが明らかになった。さらに、2000年頃から、アスベストの危険性、患者の事例などを紹介した新聞記事が反響を呼び、全国に多くのアスベスト被害者が存在することが判明した。

2004年、アスベストの使用は一部をのぞき原則禁止となったが、過去に吸引したことが原因で中皮腫などを発症し死亡する人はいまもあとを断たない。

事件の発端

2005年4月下旬、中皮腫で治療中のクボタ旧神崎工場周辺住民3人が「中皮腫が発症したのは、工場で使用していた石綿が周辺地域に飛散したことが原因だ」とクボタに訴え出た。

発覚の経緯

2005年6月29日、毎日新聞が「"石綿死"クボタ社員ら10年で51人、工場周辺住民も2人」を報じた。毒性の強い青石綿を使用した石綿セメント管を製造していたクボタ旧神崎工場の社員や出入り業者に石綿関連病の中皮腫や肺がんが多く発症し、過去10年間に51人もの死者が出ていたという。

6月29日、記者会見したクボタの安全衛生推進部長は「これまで法令は守っ

keyword【キーワード】：アスベスト　中皮腫　断熱材　日本石綿協会

てきた。現時点では住民の病気と旧工場との関係は不明だが、石綿を扱ってきた企業の社会的責任として訴えには誠実に対応したい」と説明し、訴えのあった周辺住民3人に見舞金を支払うことを決定した。石綿関連企業が自社に職歴のない周辺住民に見舞金を支払った前例はなかった。

その後の経緯、会社の対応

2005年7月1日、経済産業省がアスベストを扱っていた企業65社に製造時期と種類、従業員の健康被害などの報告を提出するよう求めた。

7月5日、クボタは、環境庁の事情聴取に対し「青石綿を使用していた時期の大気データはないが、1982年以降の自社測定では大気汚染防止法の基準値は5分の1から10分の1程度に下回っていた」と述べた。

7月6日、クボタは、「夫が自宅に持ち帰った作業着を洗濯する際に石綿を吸引したことから中皮腫を発症し死亡した可能性がある」とする、旧神崎工場に勤務していた元社員の妻の証言を認め、補償金を支給した。

同日、日本石綿協会は臨時幹部会を開き「アスベスト被害に関する情報公開を積極的に行うよう」会員企業に求め、被害者（死亡）の数を新たに公開した。その数は、ニチアス141人、クボタ79人、ミサワリゾート24人、エーアンドマテリアル23人ほか23社358人に及んだ。

7月8日、厚生労働省は、例外的に認めてきた石綿製品の製造販売を、2008年までに全面禁止するとした。

海外では1955年に英国がアスベストと肺がんの因果関係を立証して以降、ノルウェーで1984年、フランスで1996年にアスベストの使用は全面的に禁止されている。

今回の事件に遡ること13年前の1992年、アスベストの原則禁止を提案した「アスベスト規制法案」を社会党（当時）が議員立法として国会に提出したが、日本石綿協会が「健康障害は起きない」と安全性を強調した文書を政党、省庁に配付したことで自民党などが反対し、審議されずに廃案となっていたことも明らかになった。

7月15日、アスベスト被害が造船や機械などの製造業、建築事業など21業種にもわたることが明らかになり、厚生労働省は2003年に中皮腫で死亡した878人について追跡調査を行う方針を決定した。

アスベストは断熱材として学校を始め公共施設に使用されていたことから、日常生活への影響も脅かす社会問題の様相を呈してきた。

7月20日、労働省（当時）が1976年に全国基準局にあてた通達に「アスベストを扱う工場周辺住民にも健康被害が出ている」とする報告を添付していたことが発覚し、細田官房長官は政府の対応が不十分だったことを認めた。

7月21日、クボタの幡掛社長は「周辺住民被害者への見舞金の上乗せを考えたい」と述べ、「法令違反はしていないが、もっと安全性に注意すべきだった。全国に波及し、事の重大さに驚いている」と答えた。

8月12日、環境庁が公表した、アスベストを扱う工場周辺で吸引により健康被害が起きた可能性のある住民の相談件数は20都道府県で145件。そのうち、101件を尼崎市が占めている。

8月24日、患者支援団体「尼崎労働者安全衛生センター」は、クボタが死亡した周辺住民6人の遺族に弔慰金、患者1人に見舞金各200万円を支払ったと発表した。

9月2日、厚生労働省は、アスベストの含有比率をこれまでの全重量「1%超」から「0.1%以上」に変更する規制強化を決定した。しかし、国連からはすでに2003年に「0.1%」を安全基準にとの勧告が出ていた。

10月24日、尼崎労働者安全衛生センターは、新たに11人の発症を確認したと発表した。クボタから8遺族に弔慰金各200万円が支払われたが、他3人は「居住地が工場より1km程度まで」という基準に満たないとの理由で支払いを拒否された。

11月29日、二階経済産業相は「アスベストによる健康被害者救済のための資金約270億円分をアスベストの使用有無にかかわらず全国の事業所に負担させ、使用量の多い企業は追加徴収することを決定した」と述べた。

12月25日、旧神崎工場周辺住民による患者と遺族らの会合に初めてクボタの幡掛社長が出席した。道義的責任を認めて謝罪し「社員と周辺住民で差をつけない補償を行いたい」として、労災保険に加え3,000万円前後を支給する考えを示した。

12月27日、アスベスト対策閣僚会合が開かれ300万円の支給を決定した。

2006年1月18日、厚生労働省は、アスベスト製品の輸入と、一部を除いた使用を全面的禁止にすることを決定し、年内施行を目指すと発表した。

1月21日、国際労働機関（ILO）はアスベスト関連病で死亡する人は世界で年間10万人、日本では2010年までに最大1万5,600人と公表した。

2月3日、アスベスト被害者救済法と被害拡大防止のための新法が参院で可決された。

4月18日、クボタは旧神崎工場周辺住民の健康被害者遺族と患者に救済金として各2,500～4,600万円を支払うと発表した。総額は32億1,700万円とされる。

6月6日、環境省は「新法では他からの補填がなされた場合給付金は支払わないとしているが、クボタ等企業からの救済金は見舞金と判断し、新法に基づき給付金を支給する」と発表した。

8月30日、環境庁はアスベスト関連で今後4年間に必要となる給付金は毎年90億5,000万円に上るとし、そのうち約74億円を全事業主が負担。被害を多く出した特別事業主4社は約3億4,000万円を負担するという案を提出した。

2007年6月8日、クボタは工場周辺に居住・勤務歴のある肺がん患者2人に救済金を支払うことを決めた。同社が肺がん患者に救済金を支払うのは初めてである。

参考文献

新聞記事

◆毎日新聞2005年6月29日
「アスベスト："石綿死"クボタ社員ら10年で51人、工場周辺住民も2人」

webサイト

◆中皮腫・アスベスト疾患・患者と家族の会ホームページ
http://www.chuuhishu-family.net/branches/kansai.html　（参照2006.6.12）

雑誌・書籍

◆「クボタ旧神崎工場アスベスト被害 徹底した事実解明 責任追及、十分な補償を！（特集/アスベスト被害）」『関西労災職業病』 2005.7・8

◆「幡掛大輔クボタ社長に聞く 言い逃れはしない、住民被害の因果関係解明に協力したい（スペシャルリポート 増殖するアスベスト被害 10万人死亡説でもまだ少ない！ 石綿"地雷"招いた官民の大罪）」『週刊東洋経済』 2005.7.30

◆「真相海流 成否 アスベスト（石綿）被害を公表したクボタの「危機管理」」『財界展望』 2005.9

◆「クボタ尼崎旧神崎工場アスベスト公害事件に至る経緯--「想像」をはるかに超えた「現実」を前に（特集2 問われるアスベスト対策）」『環境と公害』 2006.Win

◆「クボタ旧石綿管製造工場周辺に集積した中皮腫の疫学評価と教訓（第79回日本産業衛生学会講演集（2006年5月仙台）--シンポジウム2 アスベストによる健康影響と産業保健上の予防対策）」『産業衛生学雑誌』 2006.5

◆「尼崎市クボタ旧神崎工場周辺に発生した中皮腫の疫学評価（特集/尼崎クボタ・アスベスト公害新局面）」『安全センター情報』 2006.6

◆「クボタ旧石綿管工場周辺における中皮腫の疫学評価（特集 アスベスト飛散防止への実践）」『労働の科学』 2006.1

category ガバナンス ―従業員関与

CASE 098 三井住友銀行 デリバティブの不正販売

date 2005年（平成17年）8月6日

commercial name 株式会社三井住友銀行

scandal type 独占禁止法違反（不公平な取引方法）

事件の背景

銀行の法人営業部では、「金利スワップ」と呼ばれる金融派生商品（デリバティブ）が販売されている。バブル以降、超低金利が続き、貸出金の積み上げが難しい状況が続く中で、売り上げ目標達成する商品として、銀行が販売を強行に推進した商品である。

「貸し渋り」が続く状況では、取引銀行から融資を受けたい企業、特に中小・零細企業にとって、銀行からの新規の融資持ちかけは、多少の不利益や、デリバティブの内容がよく理解できなくても、その条件を飲まざるを得ない。こうして金利スワップは、半強制的に買わされていた。

事件の発端・発覚の経緯

2005年8月6日、公正取引委員会は、三井住友銀行が融資を行う条件で、複数の中小企業にデリバティブの金利スワップ購入を強要していた疑いがあり、独占禁止法の禁止する不公平な取引方法の「優越的地位の乱用」にあたるとして審査を開始した。

その後の経緯、行政処分

2005年11月27日、公正取引委員会審査の結果、三井住友銀行が優越的地位を利用して、融資額より高い元本の金融派生商品を買わせたり、その契約期間を融資期間より長く設定させるなど、借り手の弱みにつけ込む販売を行っていたことが判明した。

12月2日、公正取引委員会は三井住友銀行に排除勧告するとともに、金融派生商品の購入は融資の条件ではないことを融資先に知らせることを求めた。

2006年4月27日、金融庁は三井

keyword【キーワード】：金融派生商品　貸し渋り　金利スワップ

住友銀行に、同行法人営業部（全国約200か所）での金融派生商品販売を6ヶ月間停止し、法人営業部の新設を1年間禁止するなどの業務停止命令を出した。銀行が独占禁止法違反で業務停止命令を受けるのは初めてだった。

会社の対応

同日、三井住友銀行は内部調査の結果、2001年4月以降、不公平販売にあたるケースが17社、懸念されるケースが51社、商品の説明不足が181社あったことを明らかにした。

5月9日、参議院行政改革特別委員会で、三井住友銀行の前頭取西川善文氏（日本郵政会社社長）は、頭取を務めていた2001～2004年の間に不正が行われていたことに対し「知らなかった。利益を優先させる指導はしていない」と関与を否定した。また日本郵政会社社長を辞任するつもりはないと述べた。

5月10日、衆議院財務金融委員会で与謝野金融相は、西川善文氏の責任問題について「銀行業務全部に責任を持つのが最高責任者であり、責任を認めるべきだ」と述べた。同委員会に参考人として出席した三井住友銀行の奥正之頭取は、「西川善文前頭取ら旧経営陣の責任を明確化するとともに、現在の経営陣も処分も検討中」と述べた。

6月2日、三井住友銀行は、奥正之頭取ら現役の経営幹部24人の報酬をカットし、不公平販売に関係した本部部長、法人営業部長ら12人を懲戒処分にすると発表した。西川善文前頭取ら旧経営陣4人に報酬の一部返上を要請した。

同日、三井住友銀行は、外部の有識者による業務管理委員会の新設や、顧客第一主義の店舗運営を重視する内部評価制度の導入し、収益至上主義を改めるなどの改革を盛り込んだ業務改善計画を金融庁に提出した。

参考文献

雑誌・書籍

◆「三井住友銀行に対する勧告審決について--金利スワップの販売にかかる優越的地位の濫用」『NBL』　2006.3.1

◆「経済法判例研究会（第137回）大手都銀による金利スワップの購入強制と優越的地位の濫用--三井住友銀行事件--公取委勧告審決平成17.12.26」『ジュリスト』　2006.10.15

category ガバナンス ―従業員関与

CASE 099 東京三菱銀行 巨額着服事件

date 2005年（平成17年）8月26日

commercial name 株式会社東京三菱銀行（現・株式会社東京三菱UFJ銀行）

scandal type 詐欺、窃盗

事件の背景

金融ビッグバン後の1990年代後半から銀行業界は急速な統廃合を押し進め、2006年には現在の3大メガバンク体制が出来上がった。この頃、各行は大胆なリストラを行って正社員の数を減らし、派遣社員を積極的に導入していった。銀行など金融機関の場合、自らが出資して人事派遣サービス会社を作り、系列の金融機関にスタッフを派遣するケースが多い。この事件の場合も、問題を起こした派遣社員は東京三菱銀行の子会社から派遣されていた。

東京三菱銀行は1996年に三菱銀行と東京銀行が合併してできた。2006年にUFJ銀行を吸収して東京三菱UFJ銀行となり、総資産国内トップの三菱東京フィナンシャル・グループ傘下にある。

事件の発端と経緯

事件は2005年8月26日、金融庁が東京三菱銀行に対して出した業務改善命令から発覚した。それによると、東京三菱銀行港北ニュータウン支店（横浜市）に同行の子会社である人材派遣会社「ダイヤモンドスタッフサービス」から派遣されていた元女性行員が、1993年（当時は三菱銀行）5月から2005年5月までの12年間にわたり、顧客十数人の預金約9億9,000万円を着服していた。東京三菱銀行は同年6月にこの元派遣行員を懲戒解雇し、業務上横領容疑で神奈川県警に告訴した。また経営責任を明確にするため、畔柳信雄頭取と三木繁光会長を各2ヵ月間20％、関係役員5人を1～2ヵ月間10～20％の減俸処分とした。

同行の調査委によると、元派遣行員は顧客に対し「高い金利が得られ、利息も

keyword【キーワード】：業務改善命令　人材派遣会社　消費者金融

受け取れる長期預金がある」などと語って架空の金融商品を勧誘し、預金を引き出していた。一方で利息分を顧客の口座に振り込むなど、着服の発覚を遅らせるための工作もしていた。同行は被害額のうち、約2億5,000万円を元派遣行員から回収した。

金融庁は同行に対し、派遣社員の増加や職務内容の変化に伴う不正リスクに対する認識不足、長期間同一部署に在籍する派遣社員に対する管理不充分などを指摘し、抜本的な再発防止策の策定、法令順守体制の強化などを含む業務改善計画の提出を求めた。

11月17日、神奈川県警捜査2課は元派遣行員の容疑者を詐欺と窃盗の疑いで逮捕した。逮捕容疑は裏付けの取れた顧客1人分で、容疑者が着服したとされる約9億9,000万円のうち、約2億3,000万円分は既に時効になっていた。容疑者は調べに対し、「消費者金融や個人など10ヵ所以上から多額の借金があり、着服した現金はその返済に充てていた」と語った。また、着服は1993年4月、容疑者が同支店に渉外係として派遣された翌月から始めていた。同日、東京三菱銀行は「金融機関としてあってはならないこと。厳粛に受け止め、再発防止に努める」とのコメントを出した。

12月7日、神奈川県警捜査2課は容疑者の夫も詐欺などの疑いで逮捕し、容疑者（妻）も同容疑で再逮捕した。調べによると容疑者（夫）はギャンブルなどの遊興費で消費者金融などに多額の借金があり、港北ニュータウン支店に勤務したばかりの容疑者（妻）に着服を持ちかけていた。容疑者（夫）はその後も借金を繰り返し、金に困るたびに容疑者（妻）に着服を指示していた。容疑者（妻）は「夫の借金を何とかしないといけないと思ってやった」と供述し、容疑者（夫）も共犯関係にあったことを認めた。その後の調べにより、2人が着服した現金を海外旅行などの遊興費や生活費に使っていたこと、また容疑者（妻）が馬券購入やエステなどに使っていたことが明らかになった。

12月7日、横浜地検は容疑者（妻）を詐欺と窃盗の罪で横浜地裁に起訴した。また同月27日には容疑者（夫）を窃盗などの罪で横浜地裁に起訴し、被告（妻）を同罪などで追起訴した。

事件の結末と法的処分

2006年5月8日、両被告の公判が横浜地裁で開かれた。被告（妻）の弁護士は犯行の背景に被告（夫）の強い要求があったと主張するとともに、「銀行の管理体制にも問題があった」などとして寛大な判決を求めた。被告（夫）も「責任の大半は自分にある」と述べ、被告（妻）を擁護した。

5月30日、横浜地裁は被告（妻）に　　判決を言い渡した。

懲役8年、被告（夫）に懲役7年の実刑

参考文献

新聞記事

◆読売新聞2005年8月27日
「東京三菱銀の元派遣行員　預金10億円着服　金融庁が改善命令」

雑誌・書籍

◆**「ヘッドレポート 統合直前「東京三菱銀行」に問われる"モラル"の軽視」**
『実業界』 2005.11

category ガバナンス―従業員関与

CASE 100 東京証券取引所システム障害事件

date 2005年（平成17年）11月1日

commercial name 株式会社東京証券取引所

scandal type システム障害

事件の背景

東京証券取引所の株式・CB売買システム（以下、売買システム）は、富士通が開発し、富士ソフトABC傘下の東証コンピュータシステム（以下、TCS）がバグの処理など運用・管理を行っていた。

この取引障害につながったバグの処理にあたって、市場取引が行えなくなるバグであったことから、本来はTCSが対応するものをシステムを開発した富士通がバグを処理、試験運行し、TCSが本番環境に移行した。また、2005年11月、12月、2006年1月にかけて東京証券取引所の売買システムをめぐる障害が頻発したことから、システムが高度化、複雑化する中でそれに見合ったシステム担当要員が配置されていなかった可能性が考えられた。

事故の発端

東京証券取引所は製造元である富士通に、2005年10月11日より売買システムの注文受付処理目標値を1日620万件から750万件に増強するため売買システムの拡張を依頼。

売買システム拡張前の2005年10月9日に富士通の担当者は以前インストールした通知配信能力の改善のためのプログラムの中にバグを発見。本来は東京証券取引所から売買システムの運用・管理を委託されている東証コンピュータシステムが修正することとなっていたが、売買参加者関連情報の読み込みができなくなり、市場取引に影響を及ぼす可能性があるバグであったことから東京証券取引所の了解の上で富士通の担当者が修正した。

システムのプログラムを変更について

keyword【キーワード】：バグの処理　東証コンピュータシステム　売買システム

は、情報セキュリティ上の観点から直接システムに書き込んで修正せず、仮登録を行い、数日運行状況を検証した後に、本登録することとなっていた。そのためバグ修正プログラムの運行検証を終えた10月13日にTCSの担当職員が本登録した。その本登録作業は、富士通から送付されてきた資料に基づいて行われたが、その資料の中に記載漏れがあったことに気が付かずに登録。本来更新されて新たなプログラムとなるべき旧プログラムが更新されずに新旧プログラムが売買システムに並存し、相互に補完する形で売買参加者関連情報を引き出す機能をしていた。しかし、10月31日に行われたシステム運用速度を速めるための使用領域の拡張とリンクの付け替え作業において、この新旧プログラムの補完関係が切れて、旧プログラムがあたかも別プログラムと売買システムが認識し、売買参加者関連情報が読み出せなくなっていた。

結果、2005年11月1日午前6時47分に東京証券取引所の売買システムが正常に立ち上がらず、取引参加者からの注文入力ができない状況が発生。これにより、株券等全銘柄2401銘柄（ToSTNet取引を除く）、転換社債型新株予約券付社債券全銘柄118銘柄（ToSTNet取引を除く）、交換社債券全銘柄1銘柄の売買が午前9時から午後1時29分まで停止した。

事故の経緯

2005年11月1日システム障害が生じた直後から富士通、TCSが原因調査を開始。障害発生から22分後の7時9分に再度システムの立ち上げを試みたが、失敗。

午前7時48分には取引参加者に障害発生の連絡をFAXや証券取引所の諸連絡を電子的に行う東証所報にて通報し、午後0時55分のCB注文受付開始までの間に計16回にわたり経過連絡を行った。

午前8時14分には再び立ち上げを実施、午前8時36分にはエラー部分をスキップして立ち上げを試みたが、ともに失敗した。午前9時30分からはファイルの初期化を開始し、10時22分に終了した後、再立ち上げを行ったが、エラーを解消できなかった。

午前11時25分にようやく富士通が原因を特定し、プログラムを修正。11時49分に売買システムの立ち上げに成功。午後0時45分から注文受付を開始する予定であったが、売買システムの復旧手順に誤りがあり、午後0時10分に一部の注文を受け付けていたことから、それらの注文を午後0時45分の株式注文受付け開始時に有効注文として処理する手続きを取った。午後0時45分に株式、10分後の午後0時55分にはCBの注文受け付けを開始した。

会社の対応

復旧作業を終え、事故原因の調査に目途が付いた2005年11月10日、東京証券取引所は臨時取締役会を開催し、システム障害発生の処分を公表。その内容は、代表取締役社長は月額報酬の50％減額を6か月、代表取締役専務と売買システム管理担当常務は30％減額を6か月、システム企画担当常務は20％減額を6か月、常務取締役1名と執行役員4名は10％減額を3か月返納することとし、取締役会長については自主的に50％減額を6か月返納した。また、売買システム管理担当常務と売買システム部長を厳重注意とした。

所内処分後、証券取引法第151条に基づき、事故原因の報告書を金融庁に提出したが、その中で売買システムの運用と全般的なITセキュリティ等向上策を実施するため、次の対応を講じることとした。

1. 売買システムにおける再発防止策
   ①システム修正の際の運用手順、東京証券取引所とベンダーとの間の役割分担及びチェックの仕組みの見直し
   ②プログラム移行・正規登録に係るシステムチェック機能
   ③障害対応時間を確保するために、午前6時30分にシステムを立ち上げていたものを2時間早める
   ④臨時のシステム外部監査の実施
2. 全般的なITセキュリティ等向上策
   ①外部有識者による「システム諮問委員会」（仮称）の設置
   ②外部専門家による運用手順等の再検証
   ③情報セキュリティ管理に関する外部認証の取得
   ④システムバックアップ体制の見直し
   ⑤システム開発・運用体制の強化

参考文献

雑誌・書籍

◆「主張するCIO 鈴木義伯氏--東京証券取引所 常務取締役 最高情報責任者・システム本部長 "全体最適"と"検証"で障害防止へ 300億円次期システムで世界競争に勝つ」
『日経情報ストラテジー』2006.10

category　ガバナンス ―従業員関与

CASE 101 みずほ証券 ジェイコム株誤発注事件

date　2005年（平成17年）12月8日

commercial name　みずほ証券株式会社

scandal type　誤発注

問題の背景

2005年11月に東京証券取引所の株式・CB売買システム（以下、売買システム）はバグの対応ミスでシステム障害が発生し、半日、取引が中断した。その翌月に今後は誤発注の取り消しが行えないバグが発覚することとなった。2005年11月のシステム障害と同様にシステムが高度化、複雑化する中でそれに見合ったシステム担当要員が配置されていなかったことが問題の背景にあると考えられる。

問題の発端

2005年12月8日午前9時27分、みずほ証券営業部門の男性社員は、東京証券取引所の新興市場マザーズに同日新規上場した人材サービス会社ジェイコム株（発行済み株式総数1万4,500株）の売り注文を出す際に、「61万円で1株」と発注するところを「1円で61万株」と発注端末に入力した。

不適用な注文数量や価格については発注確定操作前に警告表示が出て、注意喚起する仕組みとなっており、この発注操作でも警告画面が表示されていた。しかし、端末には度々警告画面が表示されることから社員は慣れてしまい、営業部門の男性社員は警告を無視して発注した。

誤発注当時、ジェイコム株は67万2,000円の特別買気配であったが、東京証券取引所の売買システムは1円を呼値の制限値幅の下限57万2,000円と見なして次々と約定した。

大量の売り注文を不審に思った東京証券取引所マーケットセンターの担当者は、みずほ証券の緊急連絡先であるトレーディング部門に電話連絡した。トレーディング部門の担当者はみずほ証券

keyword【キーワード】: 売買システム　システム障害　誤発注　最高情報責任者

営業部門に確認に向かったが、同営業部門では誤発注の指示を出した別の社員が誤りに気付き、誤発注から1分25秒後に計3回取り消しを試みたものの失敗した。

東京証券取引所マーケットセンターの担当者はさらに2回電話して取り消しを催促し、また売買停止も検討した。しかし、経験もマニュアルもなかったことから躊躇し、東京証券取引所株式部に相談した。同部の担当者はあらためてみずほ証券に電話したが、みずほ証券側では依然として取り消しができない旨を返答し、みずほ証券から東京証券取引所にて売り注文の取り消しできないかの依頼があった。

発注の取り消しは証券会社にある発注端末でしか行うことができないため、東京証券取引所株式部の担当者はみずほ証券にて取り消し操作を行うよう返答した。みずほ証券と東京証券取引所の担当者で押し問答となる中、東京証券取引所株式部の上司が担当者に代わって、「このままでは売買停止にせざるを得ない」と述べたことを受けて、みずほ証券は午前9時37分、自己勘定でジェイコム株約47万株を買い戻した。だが、約13万株が買い戻せなかった。買い戻しの6分後、ジェイコム株はストップ高の77万2,000円となり、午後3時までストップ高のまま取引を終了した（9、10日、株価が不安定な動きをしかねないとして東京証券取引所はジェイコム株を終日売買停止した）。

このみずほ証券の誤発注を受けて、株式市場ではもともと高値を警戒する感があったところに誤発注の噂が市場関係者に広がって、証券会社や銀行株が連想で売られるなど利益確定売りを招き、日経平均株価は前日の終値に比べて301円30銭安の1万5,183円36銭で取引を終えた。

市場では、どの証券会社が誤発注を行ったか正確な情報が伝えられなかったことから一部の報道機関がみずほ証券以外の証券会社が誤発注を行ったと誤報した。その証券会社の株価が急落し、誤報された証券会社が誤発注の事実を否定するコメントを出すなど市場は終日混乱した。

会社の対応

2005年12月8日午後4時36分、みずほ証券は、ジェイコム株について誤って大量の売り注文を出したと公表した。同日午後11時36分に福田真みずほ証券社長が東京証券取引所で会見を行い、ジェイコム株の誤発注により270億円、場合によっては1,000億円の損失が生じた可能性があると説明し、陳謝した。

みずほ証券が誤発注を公表したことを受けて、東京証券取引所はジェイコム株の誤発注の原因をみずほ証券社員により発注端末の誤操作によると表明したことから、銀行系列で潤沢な資金を背景に急成長したみずほ証券に対して「誤発注という単純な人為的ミスを防ぐことができず、内部管理の甘さをさらけ出したことで、収益優先のツケが回ってきた」などの批判が集まった。

しかし、誤発注が発生した翌週月曜日の12月11日に東京証券取引所はみずほ証券が誤発注を取り消しできなかった原因が同取引所の売買システムの欠陥にあると発表し、みずほ証券が取り消し操作を行って以降の誤発注の責任は東京証券取引所側にあるとした。また、誤発注を東京証券取引所の担当者が把握し、みずほ証券に連絡していながら、対応をみずほ証券に対応を任せて、売買停止などの措置を講じることが事態を大きくしたと反省した。

2005年11月に売買システムがダウンしたことに続き、東京証券取引所のシステムの脆弱性があらためて明らかになったため、12月20日、東京証券取引所鶴島琢夫社長は同日付けで辞任し、東芝前会長西室泰三会長が21日付けで代表権がある社長を兼務すると発表した。また、代表権がある吉野貞雄専務が退任し、代わって飛山康雄常務が昇格し、システム担当天野富夫常務は退任。システム担当の執行役員として最高情報責任者（CIO）を新設し、さらに常勤役員の3か月10％減俸に加えて、奥田碩日本経団連会長など6人の社外取締役についても報酬を3か月10％自主返上するとした。

2006年1月31日、東京証券取引所は誤発注取り消し不能の再発防止策を含んだ業務改善報告書を金融庁に提出した。その内容は明らかな異常注文を自動的に排除する機能を4月末までに導入し、また異常な株取引の売買停止を踏み切るポストを新設するなど現場の判断で誤発注の被害拡大を防ぐというものであった。

発行済み株式の約42万倍にあたる誤発注の株券の決済は、2005年12月13日にみずほ証券が買い戻せなかった約9万6,000株について、1株91万2,000円で日本証券クリアリング機構を通じて現金決済され、みずほ証券の損失が約400億円（1月17日朝日新聞によると407億円）で確定し、14日にジェイコム株の取引は再開された。この決済の過程で、個人投資家、証券会社がジェイコム株の誤発注で利益を得たことが明らかとなり、個人投資家については千葉県市川市の男性が20億円超、あるいは東京都の男性が5億6,300万円の利益を上げたと話題になった。他方、証券会社については、「証券会社が他社の失敗につけ込んで利益を上げた」（東証関係者）、

「火事場泥棒」（自民党金融調査会）との批判が上がり、システム障害や天災などに備えたバックアップシステムの構築などに使用するため日本証券協会に利益を返上し、返上額は、50社で計209億円となった（UBS証券120億円、クレディスイスファーストボストン証券33億3,812万円など）。

誤発注の責任所在については、みずほ証券が東京証券取引所を「東証のシステム不具合が損失を拡大させた」として損失額407億円のうち、みずほ証券の誤操作での損失3億円を除いた404億円に訴訟費用などを含めた415億円の損害賠償を東京地方裁判所に2006年10月26日に提訴した。みずほ証券幹部は提訴の理由を、損失がグループの持ち株会社みずほフィナンシャルグループの連結決算に悪影響を与えたことから「透明性の高い決着をつけないと、みずほフィナンシャルグループが株主から株主代表訴訟を起こされるリスクがある」と説明した。

東京証券取引所は、みずほ証券の請求額が連結純利益の2年分以上にあたり、「故意または重過失がなければ賠償の責任はない」という取引参加者の内部規程の条文を理由に全面的に争う姿勢を示し、現在、東京証券取引所側に重過失があったか否かを焦点に係争中である。

参考文献

雑誌・書籍

◆**「みずほ証券株式会社の誤発注問題」**
『技術倫理研究』 2006
◆**「<東証・悪夢の四日間>みずほ証券「誤発注」の一部始終」**
『財界展望』 2006.2
◆**「怪文書も飛び出した！「みずほ証券誤発注」（COVER STORY 踊らされた株式市場 ライブドア・東証ショック--第3部 崩れ去った「東証」の信頼）」**
『週刊東洋経済』 2006.2.4
◆**「財界レポート 株誤発注で404億円の損害賠償を請求したみずほ証券の計算 売買システム「丸投げ」疑惑のなかで法廷闘争で決着をつける東証の胸算用--最後に泣くのはシステム開発を担当した富士通か」**
『財界にっぽん』 2006.11

category ガバナンス 一従業員関与

CASE 102 JR東日本 羽越線脱線事故

date 2005年（平成17年）12月25日

commercial name 東日本旅客鉄道株式会社

scandal type 脱線事故

事故の発端

2005年12月25日午後7時15分頃、山形県庄内町内のJR羽越線砂越（さごし）と北余目（きたあまるめ）間で秋田発新潟行きの特急「いなほ14号」が第二最上川橋梁を速度規制120キロのところを時速100キロで通過直後に脱線。車両6両のうち5両が高さ約4メートルの土手から転落。先頭車両は近くの養豚所の小屋のコンクリートに屋根から激突して、車内は上下に押し潰されて、60度に曲がった。2両目は1両目にぶつかって横倒しとなり、3両目は進行方向と逆向きになって横転。事故当時、乗客は40名ほどで事故直後、1両目に取り残された以外の乗客は、吹雪を避けて脱線を免れた最後尾の車両に集まり、救助を待った。

事故が起きた25日は山形地方気象台によると、午後3時24分に酒田地方へ暴風雪波浪警報を発令。事故が起きた時間にはみぞれ交じりの雨が降り、西南西の風21.6メートルの最大瞬間風速を観測していた。

事故の経緯

事故後直ちに、警察、消防の救急隊員や付近の消防団員が救助活動を行ったが、先頭車両には6名が閉じ込められていた。3人目の乗客が漸く車内から運び出された時には事故から9時間半が経過しており、事故車両の損壊具合から救出作業は難航した。12月26日朝までに閉じ込められていた乗客5名が事故車両から搬出されたが、骨盤骨折の重傷で病院に搬送された1名を除き、4名の死亡が確認された。27日午後7時55分頃に最後の乗客が救出されたが、外傷性ショックですでに死亡していた。

keyword【キーワード】：脱線　暴風雪波浪警報　最大瞬間風速

先頭車両には、生存者から幼児とその母親が取り残されているとの証言があり、31日までクレーン車で事故車両を引き上げるなどして捜索したが、29日朝に「自分と娘のことではないか」と居住地付近の交番に名乗り出があった。最終的な事故の死者は5名、負傷者は32名にのぼり、運転士も右目を負傷した。

事故原因の調査については、2005年12月25日午後10時10分に国土交通省が鉄道局長を本部長とする事故対策本部を設置（26日に本部長を国土交通大臣に格上げ）。26日朝からは鉄道事故調査委員会の委員と調査官の計8名が事故現場にて調査を開始。山形県警も26日午後から業務上過失致死傷の疑いで鉄道事故調査委員会と合同で現場検証を開始した。また、26日には松村龍二国土交通副大臣が、27日には北側一雄国土交通大臣がそれぞれ事故現場を視察した。

事故原因については、事故直後に運転士が「橋を渡ったところで突風にあおられた」と証言したことや事故現場から約5キロ離れた酒田市の気象測候所で事故発生の3分前の午後7時12分に当初から21.6メートルの最大瞬間風速を観測したことから突風の影響が指摘されていた。

さらに、事故現場に近い橋梁に残された傷跡や電柱の倒壊などから、列車は橋梁を通過して盛り土部分に差し掛かって脱線した模様。盛り土に風が当たり、行き場を失った風が異常な力を生んで列車を脱線させた可能性が有力で、現在もその方向で検証している。また、事故現場を含めた直線上8キロにわたって住宅や農機具小屋の屋根などが突風で引き飛ぶ被害が山形県警の調べで判明し、事故当時竜巻が発生した可能性もあるという。

会社の対応

事故に対するJR東日本の対応としては、救出活動に目途が付きつつあった29日に旧国鉄の分割･民営化を推進した松田昌士会長が引責辞任の意向を示し、2006年1月2日から150人体制で復旧作業を開始した。

事故予防策としては、事故現場前後2.3キロに防風柵を2006年11月末までに設け、柵の施工が終わるまでは45キロで徐行する運転規制を行うこととしたり、事故現場の第二最上川橋梁付近に3か所風速計を増設したり（2006年8月末までに運転規制を行っている区間で324基の風速計を増設済み）、運転規制を行う風速を5メートル下げ、さらに従来30メートルで運行停止していたものを25メートルとするなどの安全対策を講じた。この対応内容から2006年1月17日に国土交通省は運転再開を許可し、1月19日に運行が再開した。

さらにJR東日本では、1月31日に「羽

越本線事故原因究明・対策検討委員会」（委員長：京都大学大学院・松本勝教授）を設置し、事故原因の解明を現在も行っている。

参考文献

webサイト

◆「羽越本線「いなほ14号」列車事故を」受けた当面の対策の進捗状況について」
http://www.jreast.co.jp/apology/pdf/20061001_uetsu.pdf
（参照2007.6.8）

雑誌・書籍

◆「失敗を生かすシステムづくり--JR羽越線脱線事故に学ぶ（特集 鉄道の安全システムを問い直す--最近の事故、私はこうみる）」『土木学会誌』 2006.3

category ガバナンス—従業員関与

CASE 103 日本航空 続出するトラブル問題

date 2005年〜2006年

commercial name 株式会社日本航空

scandal type 管制トラブル、整備不良、エンジントラブルなど

問題の背景

日本航空（以下、「日航」）に整備不良や管制トラブルが続出し始めたのは2004年12月ころからのことだった。続出するトラブルの原因として、2004年4月の日航と日本エアシステムの完全統合による社内体制の不備、不明確な指示系統など、社内の風通しの悪さが、また、90年代から激しさを増す国内線のシェア争いや価格競争によりコストダウンを目指した人員削減、機体整備の外部委託化が挙げられた。

国土交通省は、2005年3月、日航に異例の「事業改善命令」を発した。

「事業改善命令」までの事故の経緯と日航の対応

2004年12月以降に起きた主なトラブルは、以下のとおり。

1)2004年12月、貨物機の部品の整備ミスを製造元のボーイング社から指摘されていながら1ヶ月間改修を怠った。

2)2005年1月、新千歳空港で日航の旅客機が管制官に無許可で離陸滑走し、別の旅客機と追突する危険があった。事故に準ずる「重大インシデント」の可能性がありながら、日航はこれを国交省への報告はなかった。

3)3月14日、韓国・仁川国際空港で、成田行き日航954便が管制官の指示を聞き間違えて無許可で進入した。

事故の続発と、日航の事故隠蔽体質を重く見た国交省は3月17日、国際線業務の日本航空インターナショナル対して、航空法上もっとも重い事業改善命令を発した。また主に国内線業務の日本航空ジャパンにも警告書を出した。

同日、日航はこれらトラブルの責任をとって、兼子勲会長兼グループCEO

keyword【キーワード】:重大インシデント　エンジントラブル　タービンブレード　安全啓発センター

(67）が代表権を返上、日本航空インターナショナルの羽根田勝夫社長（62）を副社長に下げるなど、5人の役員を降格とした。

その後の事故の経緯と日航の対応

2005年4月14日、日航は社内調査結果と再発防止策を国交省に提出。「旧JAS統合後の社内体制の不備と、効率優先で安全に対する認識不足」が生じていたことを認めた。具体的には「経営陣と現場の情報伝達不足」「定時運航を優先するあまり乗務員や整備員に大きな重圧が掛かっていたこと」「時間に追われて作業を誤った」ことを事故の原因と位置づけた。これらの改善を図るとともに、安全専門部門の新設など社内組織の見直しを発表した。しかし、その後も日航のトラブルは続いた。

4)5月8日、成田行き047便が、北海道付近で機内の気圧が低下、新千歳空港に緊急着陸した。

5)5月30日、シドニー空港で関西空港行き778便が、出発前の走行中に左翼主脚部品が破断した。

6)6月15日、羽根田行き1002便が、羽田空港着陸時に前輪車輪が破損。

3件はいずれも国交省およびオーストラリア当局から重大インシデントと認定され、事故調査委員会による調査を受けている（2006年11月現在継続中）。

国交省は6月、「外部の有識者の意見を採り入れる組織を作るよう」異例の行政指導を行った。

8月3日、日航は作家柳田邦男氏を座長にした「安全アドバイザリーグループ」を設置した。

8月12日、福岡発ホノルル行き日航系のJALウェイズ58便でエンジントラブル事故が起きた。58便DC10型機は福岡空港を離陸直後、左翼エンジンから火を噴いて福岡空港に引き返した。左翼から部品の金属片が福岡市内の数キロ範囲にわたって落下、数名の怪我人を出した。乗客に怪我はなかった。8月12日は、1985年に起きた日航ジャンボ機墜落事故から20年の節目の1日だった。日航批判は一段と厳しさを増した。

エンジントラブル事故のその後の経緯

2005年8月13日、前日の事故について日航は、「原因不明」としながら、エンジン後部のタービンブレードがすべて破損していたことを発表した。また、事故と同じエンジンを搭載するDC10型機4機について、エンジン検査を行い、不具合がないことを確認、発表した。

国交省はこのトラブルを、新たな怪我人が確認されない限り、事故ではなく「イレギュラー運航」として処理すると発表した。

8月26日、日航の新町俊行社長が福

岡市役所と福岡県庁を訪れ、事故を謝罪した。

9月30日、新町社長は「(1985年に起きた) 日航ジャンボ機墜落事故の残存機体の廃棄撤回」を発表した。日航は事故以来、事故機の残存機体を廃棄する方針を主張していた。しかし、上町社長は「(国交省からの) 事業改善命令を受け、反省の上に立って決めた」と説明した。残存機体は2006年4月24日に開設された東京・羽田の安全啓発センターで一般公開された。

11月、日航は安全運行のためのシステム整備などに約600億円の投資を発表。業績の悪化から、社員の賃金を平均10%カット、株主への無配なども同時に発表した。

翌2006年1月、トラブル防止専門組織を設置するなどの「追加再発防止策」を国交省に提出した。

2月10日、前年8月12日に起きたDC10型機のエンジントラブルについて国交省は、「エンジンの検査間隔が開きすぎだったこと」が事故の原因だとして、米エンジンメーカーの指示が不適切だったとする調査結果を発表した。事故は日航の落ち度ではないとしたが、検査間隔を短縮するよう指示した。

8月13日、落下した金属片で怪我人が出たため業務上過失傷害容疑で整備関係者の捜査を進めていた福岡県警が、日航の事故の予見は困難だったこと、日航が再発防止策をすでに取っていることから立件を見送った。この事故に関する日航社内の懲戒処分は発表されていない（2006年11月現在）。

参考文献

webサイト

◆安全啓発センター
http://www.jal.com/ja/corporate/csr2006/decision/decision6.html
（参照2007.6.7）

雑誌・書籍

◆**「Column 運航トラブル続出の日航機 国交省監視下の安全策は万全か（特集 日本航空 傷だらけの翼）」**『週刊ダイヤモンド』 2005.5.2

◆**「日本航空の連続トラブルと日本の安全の現状--インシデントの原因が完全に解明できたのか?」**『航空情報』 2005.6

◆**杉浦一機『地に墜ちた日本航空』** 草思社　2007

category ガバナンス 一従業員関与

CASE 104 東京証券取引所売買システム全面停止

date 2006年（平成18年）1月18日

commercial name 株式会社東京証券取引所

scandal type システム不具合

問題の背景

2005年8月以降、金融機関の不良債権処理が進展し、景気回復の期待感から銀行、不動産および電鉄関連株が値上がりし、11月以降にはハイテク関連株が株価をリードした。

この株価好調の背景には、インターネットの普及に伴い、個人投資家が売買比率の4割に迫る勢いで増加していたことが挙げられる。銀行などの株が好調であった8月以降、個人投資家は現金や持ち株を証券会社に担保として提供することで元手の数倍の取引ができる信用取引を利用していた。この信用取引では担保の株が値下がりすると追加担保を差し出す必要があることから、株価が下がる局面では個人投資家は追加担保の提供を嫌って手仕舞いのために、保有する株を売却する傾向がある。これが証券取引法違反容疑でライブドアへの家宅捜索が行われたことを機に、個人投資家が大量の売り注文につながった。

他方、証券会社では電算システムによって発注を行う、いわゆるプログラム売買を行っているが、電算システムによって細かく発注を行うスライス取引は注文、約定件数を増加させていた。そのうえ、景気が回復基調にある日本市場に外資系がプログラム売買で取引に参入して、注文、約定件数を押し上げていた。

取引件数の増加傾向に対して東京証券取引所は1月10日に株式・CB売買システム（以下、売買システム）の注文件数を900万件に拡張していた。しかし、売買システム設計段階から約定件数の見積りが甘く、取引件数の増加に対応できなかった。

ニューヨーク証券取引所では2006年までの3年間に取引増加に応じて、取

keyword【キーワード】：ハイテク関連株　プログラム売買　スライス取引　バックアップシステム

引システムの容量を3倍に増強して実際の取引量の4倍まで対応できるようにした。ロンドン証券取引所においても民間の取引監視機関が取引所のシステムを監視しており、東京証券取引所のシステム投資、監視体制は十分なものではなかった。

問題の発端

2006年1月16日、ライブドアおよびその関連会社が証券取引法違反容疑で東京地検特捜部に家宅捜索された。これを受けて、翌17日の東京証券取引所では個人投資家がIT関連株を売却したことから株価はほぼ全面安となり、東証一部日経平均株価は前日比462円8銭安い1万5,805円95銭の値を付けた。さらに翌17日には一時17日比で746円43銭安い1万5,059円52銭まで下がった後、機関投資家などの買い注文が入るなど注文、約定件数が激増した。

東京証券取引所では、2006年1月18日12時45分に売買取引の注文、約定件数が激増したことを受けて、売買システムが約定清算の処理ができなくなる可能性があるため、約定件数が限界の450万件を突破しないように400万件を上回った時点で全銘柄の取引を停止することを公表した。そして、13時30分に400万件を突破したことから、14時40分から全銘柄の売買を停止した。売買システムが全面停止した18日の取引件数は、発注件数が730万件（許容件数900万件）、約定件数が438万件（許容件数450万件）であった。

事件の経緯、会社の対応

2006年1月18日の取引停止後の19時に東京証券取引所は記者会見を行い、今後も発注件数が850万件、約定件数400万件のいずれかが超えた場合、売買を停止すると表明した。合わせて取引件数を抑える措置として取引件数が落ち着くまで、午後の立会時間を本来12時30分から開始のところを13時に延刻し、また証券会社にスライス取引を控えるよう要請した。そして、売買システムの能力アップについては、現在検討中と述べた。

翌日19日は取引時間を30分短縮していること以外は通常の運営に戻り、約定件数も約390万件（売買システムの限界の9割）、20日には336万件（限界の8割）と次第に落ち着いてきたが、東京証券取引所は21日の記者会見において、取引時間30分短縮措置を継続し、また23日から売買システムの約定件数を50万件増強して500万件とすることを表明した。

27日には日経平均株価が前日終値から569円66銭高い1万6,460円68銭となり、ライブドアへの家宅捜査から

11日を経て家宅捜索前の水準をようやく上回った。

国は2005年11月のシステム障害、12月のジェイコム株誤発注問題、および今回の取引全面停止といった東京証券取引所をめぐる問題が多発することを受けて、国でも対応に乗り出し、与謝野馨経済産業大臣は私的諮問懇談会「証券取引所のあり方等に関する有識者会議」を立ち上げ、2月6日に初会合を開いた。この中で出席者からは、「東京証券取引所のシステム容量の増大のスピードや市場の動きを見損なっていた」などの厳しい意見が出された。

東京証券取引所は4月24日に取引時間の短縮を解除し、翌25日の社長会見で、5月22日から売買システムを増強し、注文件数を900万件から1,200万件に、約定件数を500万件から840万件にするとした。また、証券会社などに株式市場の状況を伝える相場報道システムを2006年中に増強することを明らかにした。

7月25日の記者会見では11月6日に売買システムの注文件数を1,200万件から1,400万件へ能力を増強し、相場報道システムの拡張を終えたこと明らかにした。また、2006年から3年をかけて、現行システムの増強、バックアップシステムの確立および次世代システムの開発に必要となる約620億円の設備投資費に目処が付いたとした。8月22日の記者会見では、次期売買システムの開発ベンダーの選定に着手したとして、国内外を問わず広く次期システム開発の希望を募ると述べた。

東京証券取引所の改革は着手されたが、新たな取引商品の開発や電子取引拡大に伴うシステム投資には多額の費用が必要で、各国の証券取引所は、上場して市場から資金を調達している。東京証券取引所も上場を志向していたが、一連のシステムトラブルのため、上場は棚上げされた。またシステムへの信頼性が損なわれたこともあって、東京証券取引所で上場する外国企業の数は減少している。

参考文献

雑誌・書籍

◆ **「インタビュー 東京証券取引所 社長兼会長 西室泰三氏 失敗を契機にすべてを見直す」**『日経コンピュータ』 2006.3.6

◆ **「企業研究 東京証券取引所 市場の鬼っ子を生み歪みを放置した罪--「取引できない取引所」、遠のく悲願の株式上場」**『Verdad』 2006.3

category ガバナンス—従業員関与

CASE 105 ヤマハ発動機、産業用無人ヘリを不正輸出事件

date 2006年（平成18年）1月23日

commercial name ヤマハ発動機株式会社

scandal type 外国為替法違反（無許可輸出未遂）

事件の背景

1990年代以降の中国経済の改革開放路線は、沿岸部を中心に目覚しい経済発展をもたらした。これに伴い、中国との貿易額も急激し、国の貿易管理制度は禁輸品の取り締まりを厳格に行う一方で、増加する輸出許可をめぐる事務（外国為替法関連事務）を遅滞なく執行する必要があった。

中国などの経済発展を受けて、輸出許可申請数は年間約13,000件にのぼり、3、4年前と比べて2割ほど申請数が増加した。経済産業省は2005年6月に輸出管理態勢を強化しつつ、2006年1月には輸出管理の社内規定を定め、かつ年に1度実態報告を行うことを条件に、企業の輸出手続きの簡素化を認めた。

しかし､中国などへの輸出管理体制は、企業側がきちんと申請することが前提の仕組みとなっており、偽った申請が届け出られた場合は不正輸出であることを見抜くことは非常に困難で、さらに、申請数の増加によりチェックの質が低下していた。

事件の発端

福岡県警は2005年4月に検挙した不法就労事件において東京都内の関連先を捜査した。その際、軍事分野への転用が可能なヤマハ発動機の無人ヘリが中国人民解放軍と関係が深い北京必威易創基科技有限公司（BVE）に不正に輸出したことを示す資料を押収した。

また、同年12月に名古屋税関は、ヤマハ発動機がBVEに輸出しようとしていた無人ヘリを輸出手続のための書類に不備があったことを理由に輸出を水際で食い止めた。

keyword【キーワード】: 無人ヘリ　外国為替法　不正輸出

事故の対応・経緯、会社の対応

2005年12月の名古屋税関による無人ヘリ不正輸出差し止めを受けて、同月と2006年1月に経済産業省はヤマハ発動機を立ち入り検査し、輸出管理体制について調査した。

この調査の結果を受けて、2006年1月23日、経済産業省は名古屋税関が差し止めた無人ヘリ不正輸出の一件を外国為替法違反（無許可輸出未遂）などの疑いで刑事告発した。また、この日は福岡県警、静岡県警（ヤマハ発動機の本社が静岡県にあるため）および名古屋税関は合同捜査本部を設立し、ヤマハ発動機本社など関係先20か所を家宅捜索した。

ヤマハ発動機は同日午前9時半過ぎから同社本社において会見を行い、無人ヘリの輸出に対して違法性の認識はないとの姿勢を示した。会見では中国への無人ヘリの輸出は2001年から始まり、名古屋税関で差し止められた1機を除き、すでに9機を輸出し、輸出した無人ヘリは「RMAX　L181」というマニュアル式で操作するタイプと説明した。外国為替法は、偵察や生物化学兵器散布といった軍事分野への転用を防ぐ目的から、中国などへ無人ヘリを輸出する際には、①噴射機がある、②20リットルを超える液体が運べる、③無線でコントロールされなくても自律飛行が可能、といった高性能なものは経済産業大臣の許可を受ける必要があった。ヤマハ発動機の会見はこの外国為替法の輸出規定を念頭においたもので、輸出した無人ヘリは人の操作によって飛行し、自律的飛行は不可能であることを前面に押し出し、違法性はない点を強調する意図があった。

しかし、警察当局は名古屋税関が輸出を差し押さえた無人ヘリを調査したところ、GPSを装備する高性能ヘリ「RMAX TYPEⅡG」を改良したものであることが判明した。この無人ヘリは、あらかじめ飛行経路を設定すれば無線が届かなくても自律的飛行が可能であった。

警察当局は捜査の中で、ヤマハ発動機が輸出した9機の無人ヘリ以外にも2003年11月頃に戦闘機、潜水艦から弾薬、通信設備といった武器・弾薬を広範に扱う保利科技有限公司（ポリテク）に同年7月に発売した最新機種「Autonomous RMAX」を輸出し、同機種は最高速度時速70キロ、GPSに加えて高性能カメラを装備するなど高性能な無人ヘリであったことを調べ上げた。

さらに、BVEに無人ヘリを不正輸出し始めた2001年頃から年間1,000万円ほどの金額をリベートとして中国から送金され、この額は中国企業が慣例的に取引先に支払う金額の10倍以上の金額であったことも明らかとなった。

そのうえ、輸出手続きを簡素化するこ

とと引き換えに行う毎年1回行っていた経済産業省への実態報告を偽り、輸出を専門に管理している部署が適正に審査していたかのように経済産業省に伝えていたという。

福岡、静岡両県警は、2005年12月の名古屋税関による輸出差し止めについて、ヤマハ発動機の社員が、軍事転用可能な無人ヘリと知りながら輸出を試みようとしたとして、外国為替法違反容疑での立件を視野に入れて捜査を開始した。

これに対して、ヤマハ発動機は容疑を否定し、2月7日に行われた12月期決算の発表会見でヤマハ発動機梶川隆社長は、警察当局、経済産業省の主張に真っ向から反論した。また、記者からの引責辞任の質問についても否定した。

2月23日、福岡、静岡両県警の合同捜査本部は、経済産業相の許可を得ずに中国の企業に軍事転用が可能な無人ヘリを輸出しようとしたとして、同社執行役員でスカイ事業部長の内山一雄容疑者（58）ら3人を外為法違反（無許可輸出未遂）の疑いで逮捕した。同社も3月、同容疑で静岡地検に書類送検された。

5月、輸出管理体制全般にわたる監査強化を目的に、「安全保障貿易管理本部」を設置した。

2007年3月、逮捕されていた社員3名は、処分保留で釈放され、不起訴処分となった。同容疑で書類送検されていた同社も、略式起訴となり、罰金100万円の支払いが命じられた。また、経済産業省より、無人ヘリコプター等の輸出を9か月間禁止する行政処分を受けた。

これを受けて、当社は、5月17日、「信頼される企業へ。ヤマハ発動機に取り組みをご報告いたします。」として、企業統治、コンプライアンス機能などの強化を謳った、5つの誓約を発表した。

参考文献

webサイト

◆「第71期定時株主総会における代表取締役社長 梶川隆コメント」、2006年3月28日
http://www.yamaha-motor.co.jp/news/2006/03/28/comment.html （参照2007.6.8）

雑誌・書籍

◆「REPORT＆INTERVIEW 大胆推理！なぜヤマハ発動機は"対中武器輸出"で捜索されたのか」『経済界』 2006.2.21
◆「ZOOM IN「無人ヘリ」と「二輪車」ヤマハ発動機と中国の強い絆」『Verdad』 2006.3
◆「日本企業を「死の商人」にする中国「軍民一体」の落とし穴--「第二のヤマハ発動機」をつくらないために知っておくべき「企業の名」」『正論』 2006.4

category　ガバナンス ―従業員関与

CASE 106 NTTデータ、システム管理者 カード偽造事件

date　2006年（平成18年）2月10日

commercial name　株式会社NTTデータ

scandal type　カード偽造

事件の背景

NTTデータの情報セキュリティは、金融庁の「システムリスク管理体制の確認検査用チェックリスト」や財団法人金融情報システムセンターの「金融機関等コンピュータシステムの安全対策基準」に則り、さらに定期的に内部監査、外部監査を実施していた。

しかし、不正を監視する立場にあるシステム運用責任者が自ら不正を行うことについては十分に想定できず、またシステムの運用権限が集中していたこともあって、高度な技術を持つシステム運用責任者が不正を行う余地があった。

事件の発端・経緯

仙台銀行経由で不正キャッシングが行われたオリックス・クレジットは、宮城県警に捜査を要請。同県警は仙台銀行に協力を依頼し、同行は、2006年2月10日にNTTデータに県警から捜査協力依頼があったことを通報した。

2月14日、仙台銀行はNTTデータに対してシステムに関わった関連社員の勤務状況表などの提出を求めた。同17日にはNTTデータも宮城県警から任意での捜査依頼を受け、社内調査委員会を設置。22日には社内調査を取りまとめ、その結果、取引記録を不正に使用した形跡を発見したとして、28日に社内調査資料を宮城県警に提出した。

NTTデータは、その後の調査で明らかになった事実を含めて3月28日に公表し、関連会社エムディーシステム社のシステム運用責任者（52）が仙台銀行から管理等を委託されていたコンピューターセンターにある仙台銀行のATMでオリックス・ローンのローンカードを利用した際の取引記録408人分を不正に

keyword【キーワード】：情報セキュリティ　カード偽造　運用体制の構築

持ち出して、17人分の偽造カードを作成。2005年10月と2006年2月に約3,100万円を引き出した可能性があることを明らかにした。

また宮城県警も、エムディーシステム社を2月22日に退職し、その後、所在不明となったシステム運用責任者を28日に偽造カードでATMから現金を引き出したとして、不正作出私電磁的記録共用と窃盗容疑で逮捕状を取り、全国に指名手配。翌日29日午前に神奈川県警に出頭してきたところを逮捕された。

会社の対応

不正に持ち出されたデータは、バックアップ用、銀行からの照会対応用に保持していたもので、通常は暗証番号などの表示はできない仕組みであったが、システム運用責任者は上司のプロジェクトマネージャーにプログラム改造作業と説明して不正に改造。さらに、コンピューター室の入退出を記録する指紋認証システム内のデータも改ざんして、不正の痕跡を隠蔽していた。

2006年2月27日、システム運用責任者等の間で相互牽制の強化や顧客情報・機密情報へのアクセスの承認行為の厳格化といった再発防止策を講じた。

また、全社的に情報セキュリティ強化を図るため、3月6日に社長を本部長とするセキュリティ強化特別対策本部を設置。運用責任者の権限分散、運用に関わる人員の定期的な配置転換および重要情報のアクセス制限といった観点から、暗号化等情報漏洩防止に関するシステム作り、システム収容ビルにおける入退館や各種システム資源のアクセス記録の管理および各ポジションに複数人配置するなどの対応策を実施した。

参考文献

新聞記事

◆朝日新聞　2006年3月28日夕刊
「NTTデータ　監視責任者情報盗む　仙台銀利用客のカード偽造容疑　被害3100万円」

webサイト

◆2006年3月28日、「ローンカードの取引記録の不正取得について」
http://www.nttdata.co.jp/release/2006/032801.html
（参照2007.6.8）

category ガバナンス 一従業員関与

CASE 107 損保ジャパン、特別利益の提供と保険金不払い問題

date 2006年（平成18年）2月14日

commercial name 株式会社損害保険ジャパン

scandal type 保険金不払い

問題の背景

2002年7月に安田火災海上と日産火災海上保険が合併して損保ジャパンが設立され、同年12月には更生特例法で再建中であった大成火災海上保険を合併した。

1998年の保険料自由化により保険業界は、保険料引き下げ競争を避けるために商品に様々な特約を付けて保険商品を顧客に提供してきたが、その保険商品に対する支払い管理が複雑化していた。

また、銀行の不良債権処理が一段落したことから、金融庁は2005年2月の明治安田生命保険への2週間の全店営業停止処分を機に保険会社への査察を消費者保護の観点から行うこととした。

これまで保険業界では、契約者側が落ち度を認めれば保険金の支払いを拒否してきたが、金融庁は消費者保護の立場から保険業界のこの支払い基準是正を求め、これまで保険金を支払う必要がなかった案件が支払い対象となり、結果、保険金不払いが発生した。

さらに、損保ジャパンの営利優先の社風が、ノルマが達成できない営業担当に近親者などへ保険契約を依頼し、その費用を立て替えるといった違法行為（特別利益の提供）に走らせた。

問題の発端

2006年2月14日、新聞は損保ジャパンの社員280人が提携先の第一生命保険の生命保険契約についてノルマ達成のために近親者や取引先に保険契約の締結を頼み、その保険料を社員自らが立て替えていながら代理店が契約したように見せかけていたと報道した。保険業法では保険会社による保険料立て替えは、特別利益の提供にあたり、他の契約者との

keyword【キーワード】：ノルマ達成　業務改善命令　代理店　保険金不払い

公正性を保つ観点から違法行為とされている。

その違法契約は2002年2月から2005年8月に431件（左記は損保ジャパンの公表件数、新聞報道では386件）の契約に認められ、全国約530か所の販売拠点のうち約130か所で発生していたが、損保ジャパンは対外公表を行わずに社内で処分していた。金融庁もこの事実を把握しており、処分を検討しているとも新聞は伝えた。

違法行為の背景には、代理店の営業成績がその担当社員の評価に響くことから、社員は自腹を切ってでも契約件数の水増しを行おうとしたことにあるという。2005年12月には山口支店で社員が契約書作成の際、勝手に押印するなど52件の不適切な契約書類があったことが発覚していた。

2005年11月の業務改善命令（損害保険会社26社に対する保険金不払い件数の調査などを命じたもの）に基づき、2006年1月13日に金融庁へ自動車保険などの損害保険の不払いが28,295件、約10億円存在したことと、その社内処分（代表取締役社長は月例報酬の30％返上1か月、代表取締役副社長は月例報酬の20％返上1か月、前記以外の取締役および管理部門等の執行役員10％返上1か月）を公表し、2月3日にその報告内容等を対外公表した直後、特別利益を提供した事実が明らかになった。

会社の対応と展開

2006年5月24日、損保ジャパンは人事異動を公表し、平野浩志社長は代表権がない会長となり、佐藤正敏常務執行役員が社長に昇格し、代表権がある3人の副社長は取締役に降格した。この人事について平野社長は不祥事の責任は認めつつ、新しい中期経営計画を策定した経営の節目によるものと述べた。

人事異動の翌日、5月25日に金融庁は損害保険金不払い件数が新たに多数見つかったことと特別利益の提供が広範な営業拠点において行われたこと、および山口支店での社員による不適切な印鑑使用などを理由に、6月12日から25日までの2週間（山口支店では7月11日まで1か月間）、全店で損害保険商品の販売停止、6月12日から7月11日まで提携保険商品の販売停止、6月25日までに業務改善計画書の提出などを命じた。

金融庁の処分を受けて、平野社長は25日に再度記者会見を行ったが、自らの責任については「会長として貢献できれば」と述べるなど5月24日に発表した会長職就任に意欲的であった。

また、記者会見が行われた5月25日には、再発防止策と今後の対応として、①保険金支払い業務の運営体制を整備するサービスセンター品質向上小委員会の設置、②保険金支払いに関する内部管理とモニタリングを行うサービスセンター業務管理部の新設、③保険金支払い部門と商品開発部門などの連携強化のための商品委員会の設置、④監査体制の強化や印鑑の適正取り扱いの徹底、などの対応策を公表した。

金融庁からの行政処分が科せられたことに対して平野社長ら現経営陣の責任の取り方が曖昧であるといった社内外から批判が出て、損保ジャパンは5月24日に発表した人事異動を6月2日に撤回し、平野社長および3名の副社長はすべて6月2日付で退任すると発表した。

金融庁の販売停止処分により、損保ジャパンの2006年6月の収入保険料は前年同月比で5.5％減となり、販売停止をきっかけに損保ジャパンの商品を専門に扱う代理店は他社の商品を扱い始めた。この収入保険料の減少は、2006年10月まで続き、損保ジャパンの経営に大きな影響を及ぼした。

損保ジャパンでは6月26日に金融庁へ提出した業務改善計画を踏まえ、2006年9月25日に新中期計画を修正した損保ジャパン再生プランを発表し、5月25日に公表した対応策に加えて、①社長・会長の任期制導入、相談役廃止などトップに権限が集中しない仕組みの構築、②取締役および執行役員の選任や処遇について透明性を確保するために社外委員が含む指名・報酬委員会の設置、③内部管理・内部監査およびコンプライアンス取り組みに関する業務監査・コンプライアンス委員会の設置、④保険金支払いの査定などを検証する外部専門家による保険金等審査会の設置、⑤保険金支払い担当者の養成のためにトレーニングセンター室の設置、などを行うとした。

しかし、三井住友海上を含む大手6社（三井住友海上、東京海上日動、損保ジャパン、あいおい損保、日本興亜損保、ニッセイ同和損保）を含む保険会社の不払い件数は次々と発覚し、大手6社の損害保険の不払いは、2006年9月29日に金融庁へ提出した報告書によると計26万件約162億円に上った。損保ジャパンについても新たな不払い件数が1,045件明らかになり、同社の損害保険の不払いは29,651件に達した。

さらに、三井住友海上などで医療保険などの第3分野の保険での不払いが存在したことから金融庁は大手6社などに第3分野の保険での不払い調査を命じ、大手6社はその調査内容を10月31日に一斉に公表した。損保ジャパンでは2001年7月から2006年6月までの5年間に975件、2億7,000万円の不払いがあったと発表した。

この不払い調査の判定基準は保険会社で区々といわれた。金融庁が2006年6

月、三井住友海上に対して保険金支払い基準を示したが、その基準で調査を行った保険会社と、これまでの支払い基準で調査を行った保険会社があったと新聞は報道しており、不払い件数が増加する懸念が残っているといわれている。

参考文献

webサイト

◆2006年2月3日、「付随的な保険金のお支払い漏れに関する弊社の対応について」
http://www.sompo-japan.co.jp/news/20060203-00/200602031701.html
（参照2007.6.8）

雑誌・書籍

◆「金融庁 損保ジャパンに対して行政処分発令（2週間募集停止、改善計画提出へ）」
『インシュアランス 損保版』 2006.6.8

◆「記者会見 社員が結束してチームで成果を挙げる会社に--損保ジャパン 佐藤正敏社長〔含 質疑応答〕」『インシュアランス 損保版』 2006.8.24

◆「業務改善の実施状況を金融庁に提出（損保ジャパン、三井住友海上）」
『インシュアランス 損保版』 2006.10.19

◆「計画 再生プラン/修正版新中期経営計画（上）損保ジャパン〔含 損保ジャパン/コーポレート・ガバナンス方針〕」
『インシュアランス 損保版』 2006.10.26

◆「損保ジャパン 再生プラン/修正版新中期経営計画（下）「信頼回復」「社会への貢献」「お客さま第一の実現」に向けて」
『インシュアランス 損保版』 2006.11.2

◆「解決3/反省力 実施状況を省みる機会を作れ--GEコンシューマー・ファイナンス、損保ジャパン・システムソリューション（特集2 あなたの会社のOJTは大丈夫か?）」
『日経情報ストラテジー』 2007.3

category ガバナンス 一従業員関与

CASE 108 北米トヨタ セクハラ訴訟事件

date 2006年（平成18年）5月3日

commercial name 北米トヨタ自動車（Toyota Motor North America, Inc.）

scandal type セクシャルハラスメント

事件の背景

アメリカのセクハラ事件はなかなか減る傾向を見せない。セクハラ救済の窓口となっている米雇用機会均等委員会（EEOC、1964年設立）や各州当局などには、今も年間1万件以上のセクハラ事件が報告されている。近年は通信大手のベライゾン・コミュニケーションズや証券大手のモルガン・スタンレーなど大企業でもセクハラが多発しており、また1998年6月に起きたアメリカ三菱自動車のように、日本企業の現地法人が訴えられるケースも出てきた。そのため最近のアメリカは、社会的警鐘を込めた"懲罰"として、セクハラ訴訟の被告に対し多額の賠償金を認める傾向にある。

このスキャンダルが発覚した当時のトヨタは、4年連続で最高益を更新するなど業績絶好調だった。なかでも好調なのが北米市場で、原油高を背景に得意の小型車・低公害車を数多く販売し、競合他社に大きな差を付けていた。

事件の発端と経緯、会社の対応

2006年5月2日、トヨタ自動車米国現地法人の女性社員（元社長秘書）が、セクハラ行為を受けたとして大高英昭同社社長とトヨタ自動車、北米トヨタ自動車に対し、総額1億9,000万ドルの損害賠償を求める訴訟をニューヨーク州地裁に起こした。女性は同氏から出張先のホテルの部屋や公園で体を触られるなどのセクハラ行為を受け、会社に問題解決を要請したが、適切な処置が取られることはなかったという。この巨額の賠償請求額は原告が被告に対し、補償的賠償に加えて懲罰的賠償を要求した結果、導き出された金額だった。

トヨタ側の対応は迅速だった。5月8

keyword【キーワード】：セクハラ訴訟　雇用機会均等委員会　日米貿易摩擦

日には、提訴された大高社長の即日辞任と、後任社長として米国トヨタ販売のジム・プレス氏が就任すること、並びに同販売の会長を務めるトヨタの布野幸利専務が北米トヨタの会長兼最高経営責任者（CEO）を兼任することを発表した。大高氏は、「裁判では身の潔白を証明できると思っているが、現職を続けることは会社のためにならないと判断した」とコメントした。またトヨタの渡辺捷昭社長は、「当社はセクハラや差別を決して容認しない。必要かつ適切な改善策をとる」と語り、クリントン政権下で労働長官を務めたアレクシス・ハーマン氏を中心とした対策委員会を社内に設置し、同時に幹部への研修強化の方針を明らかにした。

トヨタが女性の提訴から1週間もたたないうちに対応策を発表したのは、北米市場における販売への影響を懸念したからだった。日本からの輸出分を含めると、北米は同社の収益全体の約7割を稼ぎ出す生命線。トヨタは日米貿易摩擦を回避するため、長年にわたって現地生産比率の引き上げや現地雇用の推進を図ってきた。アメリカ社会にうまく溶け込んできた世界的大企業のトップが起こしたスキャンダルだけに、ブランドのイメージダウンは計り知れなかった。トヨタとしては、早急に事態を沈静化する必要があった。

事件の余波は日本にも及んだ。ダイハツ工業は大高元社長を6月29日付で監査役に迎える人事を予定していたが、5月22日、これを取り消した。また、7月20日には渡辺社長が都内で記者会見し、リコールの多発や欠陥を放置していた問題と共に、セクハラ訴訟についても陳謝した。

事件の結末

8月4日、北米トヨタ自動車のセクハラ訴訟について、トヨタは原告側と和解することで合意したと発表した。トヨタと原告側は共同で「お互いが満足できる形で解決できた」とのコメントを出したが、和解金額や条件などは一切公表しなかった。原告の元秘書はセクハラが明らかになってから休職していたが、和解に伴い、北米トヨタ自動車を依願退職した。

参考文献

雑誌・書籍

◆「セクハラ事件防止へ　日本IBM 帝人などの「新行動基準」――北米トヨタのケースに学ぶ」『Themis』 2006.6

category ガバナンス ―従業員関与

CASE 109 神戸製鋼 煤煙データ改竄事件

date	2006年（平成18年）5月22日
commercial name	株式会社神戸製鋼所
scandal type	データ改竄

問題の背景

加古川市臨海部にある神戸製鋼所加古川製鉄所は住宅近くで稼動しており、地域住民への環境対策や情報開示は、工場と住宅地区が共生する上で必須であった。また、加古川を含む阪神工業地帯の住民は高度成長期に公害で悩まされ、尼崎では1988年12月、患者らが関西電力や神戸製鋼など9社に対して尼崎公害訴訟を起こし、1999年2月に両者は和解が成立した。その際、神戸製鋼社長の水越浩士氏（現会長）は「排出物質が尼崎の大気汚染に寄与していることは否定しがたく、反省している」と、環境対策を講じるなどして地域住民との共生をいかに行っていくかを検討することを誓った。他方で、ばい煙排出データの改ざんが発覚した2005年4月まで窒素酸化物などを排出していた。

問題の発端

神戸製鋼加古川製鉄所は2005年4月以降、設備事故が多発したことから、2006年3月に経済産業省原子力安全・保安院中部近畿産業保安監督部近畿支部（以下、保安監督部近畿支部）の立ち入り検査を受け、同年4月に文書による厳重注意を受けた。

神戸製鋼では保安体制を点検したところ、加古川製鉄所、神戸製鉄所において大気汚染防止法で定める基準値を超える窒素酸化物、硫黄酸化物を排出し、また排出の記録を改ざんしていたことが明らかになった。さらに、ボイラー設備事故の報告を社内記録で偽って記載していたことが判明したため、5月15、16日にあらためて保安監督部近畿支部の立ち入り検査を受けたことを5月22日に公表した。また、同22日には兵庫県、加古

keyword【キーワード】：ばい煙排出データ　改ざん　環境管理委員会

川市、神戸市から報告書の提出を求められ、さらに加古川市、神戸市から立ち入り検査を受けていた。

問題の経緯

5月22日に神戸製鋼は、ばい煙の違法排出、ばい煙排出量を記録するデータの改ざんの詳細を公表したが、その内容は次のようなものであった。

◎加古川製鉄所

1.大気汚染防止法で定める基準値を超えるばい煙排出を行っていた。
   - 自家発電ボイラーで窒素酸化物11時間（6月22日の会見では35時間）、硫黄酸化物22時間違法に排出していた（6月22日に行った会見では上記以外に、窒素酸化物357時間、硫黄酸化物626時間が排出基準を超えると想定）。
   - 製鉄生産関連設備で窒素酸化物96時間、硫黄酸化物1時間（6月22日に行った会見では9時間）違法に排出していた

2.大気汚染防止法などにおいて定めるばい煙の排出基準値を超えそうになった際、記録の中止、書き換えなど改ざんを行っていた。

3.自家発電設備の安全管理の保全に必要な審査を受けていなかった。

4.自家発電での設備事故の未報告、社内記録の改善が行われていた。

◎神戸製鉄所

1.大気汚染防止法で定める基準値を超えるばい煙排出を行っていた。
   - 自家発電ボイラーで窒素酸化物2時間違法に排出していた（6月5日の神戸市への報告では3時間）。
   - 製鉄生産関連設備で窒素酸化物20時間違法排出していた。

2. 大気汚染防止法などにおいて定めるばい煙の排出基準値を超えそうになった際、記録の中止、書き換えなど改ざんを行っていた。

神戸製鋼は兵庫県などの地方自治体から求められた報告書を6月22日に提出し、データの改ざん、不正取り扱いの詳細を追加公表した。その内容は、チャートなる記録の採録を中断した時間が993時間、環境管理システム（環境測定機器）排出基準逸脱時の欠測が101時間、手動によるデータの書き換えが336時間など計1950時間に上るというものであった。

データ改ざんの理由として神戸製鋼は、鉄鋼生産設備の稼動に影響を及ぼすボイラーの安定稼動を現場の判断で優先したことによるとした。

会社の対応

神戸製鋼では20日の取締役会でデータ改ざんなどの処分を行い、代表取締役会長、代表取締役社長が報酬3か月50％減額。代表取締役副社長が報酬3か月45％減額、執行役員1名が報酬3か月30％減額。専務執行役員2名が常務執行役員に降格、関係する管理職4名を譴責処分の上、全員異動したことを明らかにした。

また、今後の対応策として環境保全、コンプライアンスの社内教育を行い、環境管理部門を担当する役員に事業所の運転停止権限を与え、本社環境管理部の人員を8名から15名、加古川製鉄所、神戸製鉄所の環境防災管理室を環境防災管理部に格上げし、人員もそれぞれ8名から23名、6名から8名に拡充。さらに監査部と社外コンサルタント（監査法人等）を含む体制で環境監査を実施したり、社長（委員長）に社外有識者を加えた環境管理委員会を設置したり、環境測定のデータを常に行政、地域住民に公開したりするなどの対応を公表した。

参考文献

webサイト

◆「ばい煙の基準値超過、データの不適切な取り扱い、およびボイラー設備事故の未報告等について」、2006年5月22日
http://www.kobelco.co.jp/topics/2006/05/1175779_4788.html （参照2007.6.13）

雑誌・書籍

◆「**神戸製鋼所 PDCA回らず、ばい煙データ改ざんを看過。 現場任せの管理を徹底排除（特集 どの企業にも潜む落とし穴 環境不祥事を防ぐ）**」
『日経エコロジー』 2006.12

category ガバナンス―従業員関与

CASE 110 KDDI 個人情報流出事件

date	2006年（平成18年）6月13日
commercial name	KDDI株式会社
scandal type	著作権法違反、情報漏洩

事件の背景

情報の電子データ化が進むにつれ、個人情報の流出事件が頻発するようになった。多くは数百人から数万人規模の流出だが、中には約450万人もの個人情報が流出した2004年2月のソフトバンクBBのように、従来にない大規模なケースも出てきた。

こうした事態を受け、2003年に個人情報保護法が国会で可決され、2005年4月1日から施行された。

事件の発端と経緯

2006年6月13日、KDDIの個人向けプロバイダDIONに加入する顧客情報が外部に流出していることが分かった。流出したのは2003年12月18日時点での顧客情報で、399万6,789件の名前・住所・連絡先電話番号が流出した。そのうち2万6,493件については性別、9万8,150件については生年月日、44万7,175件については連絡先メールアドレスも流出していた。これほど大規模な情報流出は、個人情報保護法の施行後では初めてだった。

流出の事実は、2人の男性が入手した個人情報が記録されたCD-RをKDDIに持ち込み、同社から現金500～1,000万円を脅し取ろうとしたことから発覚した。持ち込まれた情報がDIONの顧客情報と一致することを確認したKDDIは、情報流出対策本部を設置し、この件を警察に報告した。

6月13日、警視庁は2人の両容疑者を逮捕した。調べに対し容疑者は、「情報は友人からもらった。この友人がKDDIと取引関係のある会社関係者からデータを入手したらしい」と供述した。

当時KDDIは、DIONの顧客情報を本

keyword【キーワード】：DION　パスワード　セキュリティシステム　CD-R

社内のシステムルームのパソコン186台で管理していた。システムルームに入室できるのは専用のパスワードを与えらた社員48人と、KDDIが業務を委託していたシステム開発会社の社員177人の計225人に限られていた。

6月28日、KDDIをめぐる恐喝未遂の容疑で、新たに都内に住む建設業の男が警視庁捜査1課に逮捕されていたことが分かった。

KDDIはこの顧客情報流出事件を重く受け止め、8月2日、全社的なセキュリティシステムの再点検を行った。また、より厳密なシステムルーム入退室管理や業務用パソコンの書き込み規制など、再発防止に向けたセキュリティ強化対策を発表した。

事件の結末と法的処分

2006年9月13日、警視庁捜査1課はシステム開発会社の元社員の男と、知人の無職の男の2人を著作権法違反の疑いで書類送検した。元社員が2003年12月にKDDIの社内でDIONの顧客情報データベースを私物のパソコンにコピーし、それを自宅でCD-Rに記録して無職の男に渡したという容疑だった。顧客情報の流出事件に著作権法違反を適用したのは、これが初めてのケースだった。

9月13日、KDDIは顧客情報流出に関する社内調査の結果を発表すると共に、責任者の社内処分を行った。小野寺正代表取締役社長兼会長は3ヵ月間20％の減俸、山本代表取締役執行役員副社長と伊藤代表取締役執行役員副社長は3ヵ月間10％の減俸、田中執行役員ソリューション事業統轄本部長は1ヵ月間10％の減俸とされた。

9月21日、総務省はKDDIに対し、個人情報の適正な管理を徹底するよう行政指導を行った。同月27日、東京地裁はKDDIへの恐喝未遂の罪に問われていた2人の被告に懲役2年8月、懲役2年4月の実刑判決を言い渡した。

参考文献

雑誌・書籍

◆「中国マフィアへの名簿横流し疑惑も囁かれる旧「KDD」個人情報漏洩事件の驚愕の実態」『実業界』 2001.2

category ガバナンス―従業員関与

CASE 111 三井住友海上 保険金不払い問題

date 2006年（平成18年）6月21日

commercial name 三井住友海上火災保険株式会社

scandal type 保険金不払い

問題の背景

1998年に保険料は自由化されたが、保険業界は保険料引き下げ競争を避けるために商品に様々な付加価値を付けた商品を顧客に提供し、その種類の豊富さで各社は競争した。その特約は大手1社の中で1,000種類を超え、保険会社も契約者も保険金が正当に支払われているかわからない状況となった。加えて、2005年2月の明治安田生命保険への処分からは金融庁も監督を強化していた。

従来保険業界では、契約者側が落ち度を認めれば、診断書などその落ち度を裏付ける書類がなくとも保険金の支払いを拒否してきたが、この基準について金融庁は消費者保護の観点から見直しを求めた。支払い基準は業界横並びで採用されてきたが、金融庁によってその基準の是正が命じられたことにより、不払い案件が支払い対象に含まれて、ここに保険金不払い問題が発生することとなった。

問題の発端

金融庁は2006年6月21日、三井住友海上に業務改善命令を行った。処分の理由は、①同社が2002年度から2005年度の4年間にかけて終身医療保険など第3分野の商品で医師の診断に基づかず社員が保険金支払いの免責を判定していたことなどによって927件、約16億6,000万円を不払いとしていたこと、②2005年9月20日に三井住友海上が金融庁へ提出した自動車保険についての不払い案件約2万7,000件19億4,000万円について再度検証を命じたところ、支払漏れの保険金を受け取ると更改契約の保険料が高くなるといった誤った説明を顧客に行って、約1万7,000件、約7億1,000万円の保険金の受け取りを辞

keyword【キーワード】：医療保険　自動車保険　火災保険　不払い

退させて請求放棄処理として扱っていたこと、などが明らかになったためだった。

金融庁は三井住友海上に医療保険など第3分野商品の販売を7月10日から無期限停止、主力の損害保険の販売も6月21日から2週間全店で禁止。商品開発など新規業務の認可も6月22日から1年間、海外拠点の新設についても6月22日から3か月停止の処分を下し、7月21日までに業務改善計画の提出を求めた。

金融庁は商品の販売、支払い、事後対応などの管理体制全般に根本的な欠陥があると判断し、2005年10月28日に明治安田生命保険に出した処分（保険販売2週間、新規業務認可無期限停止）よりも重い処分を三井住友海上に科した。

問題の経緯、会社の対応

金融庁の処分が下った2006年6月21日に三井住友海上植村裕之社長は記者会見を行い、「業界や当社の長い歴史があり、その延長線上で新しい商品を売ろうとしたため、態勢の研究が不足していた。経営陣に甘さがあった」と述べた。金融庁の調査がなければ問題が発覚しなかったのかとの記者からの質問に対しては、「自動車保険はそうは思わないが、医療保険では残念ながら検査で指摘されるまで分らなかった。不覚だ」と答えた。

また、社長の記者会見を行った同日に医療保険の業務管理、保険金支払管理、募集管理、苦情対応、内部監査および海外拠点における内部管理の社内体制の強化・改善と社員教育の実施を行うなどの再発防止策を講じると公表した。

7月21日には、金融庁に業務改善計画を提出し、その内容は、①業務運営、内部監査、コンプライアンスの取り組みを検証する監査委員会の新設（2006年9月に新設）、②合併元の三井海上、住友海上からそれぞれ1名、計2名が就任していたCEOを1名とするなど役職員の責任の明確化、③企業品質管理部、業務監査部の権限強化、④保険金支払業務審査部、支払審査会、保険金支払不服申立制度の新設といった保険金支払監督・管理に関する制度強化を行う、などのものであった。

8月21日、9月21日の両日にわたつて、7月21日の業務改善計画の進展度合いを公表したが、9月21日には社内調査で新たに火災保険においてコンクリート造りの一部の建物の保険料を高く見積もっていたことが判明し、同様の契約、約1万3,000件について調査すると公表した。また、介護保険などの3商品で寝たきりにより、その後の保険料徴収を免除すべきところ徴収を続けていた契約が224件、約2,000万円あったことや、保険料を一括で支払う長期火災保険などで満期前に火災などで契約は終了したにも関わらず、その後も保険料を徴収していた契約が539件約5,000万円あったことを明らかにし、早急に対応するとした。

さらに、三井住友海上を含む大手6社（三井住友海上、東京海上日動、損保ジャパン、あいおい損保、日本興亜損保、ニッセイ同和損保）は、2006年9月29日に金融庁へ計26万件、約162億円の損害保険の不払いがあったと報告したが、10月31日、大手6社は一斉に医療保険などの第3分野の保険においても約4,300件、約12億円の不払いがあったことを認めた。

三井住友海上では213件（2006年6月21日の公表件数は927件）が新たに保険金不払いとして取り扱うと金融庁に報告したが、第3分野の保険で不払い件数が増えたことについて、契約内容を検証する期間を2002年4月からさらに1年遡ったことと、契約者に有利なように保険金支払い基準を見直しことなどによるものと金融庁に報告している。

この第3分野の保険についての調査は、2006年6月に三井住友海上において保険金不払いが多数あることが明らかになったことを受けてのものであった。他方、顧客側に落ち度があると証明できたものは支払われないこれまでの判定基準で検証した保険会社もあり、金融庁の今後の指導如何によってはさらに不払い件数が増加するといわれている。

参考文献

新聞記事

◆朝日新聞　2006年6月20日朝刊
「底見えぬ損保不払い　三井住友海上業務停止へ　自主調査甘く」

webサイト

◆2005年9月20日、「保険金のお支払いに関する調査結果について」
http://www.ms-ins.com/news/index.html　（参照2007.6.10）

◆公益通報者保護法

公益通報者保護法（2004年6月18日公布、2006年4月1日施行）とは、全ての民間企業を対象に、不正行為を内部告発した労働者を保護する法律である。刑法、食品衛生法等で規定されている犯罪や違法行為がすでに行われている、あるいはまさに行われようとしている際に、労働者が労務提供先（役員、従業員等）、行政機関、その他第三者に対して告発することを保護し、解雇、減給および閑職への異動といった告発者への不利益な処遇は無効としている。

海外ではイギリスが1998年に内部通報に関する包括的法律、公益開示法（Public Interest Disclosure Act 1998）を定めて以降、2000年にニュージーランドが開示保護法を制定し、アメリカ、オーストラリアでは包括法は定められていないものの州法、個別法で対応して、各国で内部告発者を保護する法制化が進展した。

イギリスの公益開示法は、保護する告発者として警官、軍人などを除く役人と民間企業の労働者としている。同法は、告発は組織内部で行われることを前提としており、民間企業などの各組織は告発受理委員会やホットラインの設置といった内部告発の手続きを定めることが奨励されている。また、内部告発によって不正の証拠が破棄されそうになった時には、警察、マスコミなどの第三者への通報を認め、外部通報された民間企業等は守秘義務などを盾に情報開示を拒むことが出来ず、外部通報によって通報者が不利益を被った場合には雇用審判所への申立ができる仕組みとなっている。イギリスが公益開示法を定めた背景には、1988年に30数名が死亡した列車事故やその前年の192名が亡くなったフェリー沈没事件などでの原因追究の結果、内部の良識ある関係者が事故発生の危険性を指摘していたにも関わらず、報復を恐れて沈黙していたことが明らかになったことなどがある。

日本における内部告発者保護制度は、国家公務員の贈収賄事件への対応として国家公務員倫理法（平成11年法律第129号）が制定されたが、その法案の審議において内部告発者保護規定を明文化することが検討された。しかし、密告、裏切りといったイメージが先行して規程レベルでの文言が盛り込まれることに止まったが、仕組みの枠組みは出来た。

さらに、1999年（平成11年）9月に茨城県東海村で発生したJCO臨界事故では、従業員がウラン溶液をバケツとひしゃくで取り扱うなどずさんな管理を行っていたことから核分裂連鎖反応を誘発して、従業員2名が死亡、半径10キロ圏内の住民は屋内に避難するに至った。この臨界事故を受けて国は、「核原料物質、核燃料物質及び原子炉の規制に関する法律」を改正し、従業員の主務大臣への申告制度を導入し、また申告に伴う従業員への懲罰的対応を処罰することとし、これにより日本における内部告発者保護制度が限定的であるが法的に規定された。

そして、2000年には三菱自動車のリコール隠し、2002年にはBSE（牛海綿状脳症、通称狂牛病）対策を悪用して、雪印食品がオーストラリア産牛肉を国産と偽って買い取らせていたことが社員や取引先からの告発を契機に発覚するなど、民間企業において次々と不祥事が内部告発によって明らかになり、内部告発者保護制度の拡充を望む社会の声が大きくなった。

さらに、内部告発者保護の法制整備に大きな影響を与えたのは、2002年1月にトナミ運輸社員がトナミ運輸に対して、内部告発に伴う昇格差別、人権侵害といった報復対応について4,500万円の損害賠償と謝罪を求めて富山地裁に訴訟したことであった。社員は1974年にトナミ運輸などが行っていたトラック業界の談合を内部告発して以降、32年もの間、草むしり、ストーブへの給油、雪下ろしなどの業務のみを仕事として与えられ、給与も据え置かれたうえに、母親、兄といった親族が暴力団から脅されていた。富山地裁は2005年2月に処遇を報復人事と認め、同社に約1,360 万円の支払いを命じた。しかし、謝罪請求は退けたため、社員は2005年3月に提訴し、謝罪要求は適わなかったもののトナミ運輸に和解金を増額させることを勝ち取り、和解した。

イギリスの公益開示法と日本の公益通報者保護法の相違点は、イギリスでは特に重大な不正についてはマスコミといった第三者への告発要件が緩いが、日本では要件が非常に厳しく、実態としては告発者を保護することは困難な点である。それは、告発が社内の派閥争い、上司に対する不満の捌け口などに利用されることを避けるという日本社会のいわば暗部に配慮しているが、いまだに根強い日本社会の過度な協調性が内部告発を抑制し兼ねない。他方で、告発する側も社会正義を為すうえで告発する心構えが求められ、日常の不平不満と外部告発の形で公表した場合には就業規則違反や秘密の漏洩といった法令違反となることを理解する必要がある。いずれにしても、内部告発をめぐる理解について経営陣、労働者さらには社会全体が深めていくことが今後の課題であろう。

category 製造物責任

CASE 112 森永乳業ヒ素ミルク中毒事件

date 1955年（昭和30年）8月24日

commercial name 森永乳業株式会社

scandal type ヒ素中毒

事件の背景

1950年代頃からわが国では、乳児に対する人工栄養の問題が喧伝されるようになってきていた。1950年には母子愛育会（母子の保健と福祉のための事業を行なう恩賜財団）が乳児の「人工栄養の方式」を発表し、人工栄養の基本となった。1951年には「乳及び乳製品の成分規格等に関する省令」が公布され、「調整粉乳」に栄養素を添加することが認められた。こうした「調整粉乳」が普及し、さらに巷間、人工栄養は丈夫で頭のよい子をつくるなどと信じられることもあって、先進的な母親たちがこぞって利用していた。

このような折に1955年には、西日本を中心に多くの乳児のヒ素中毒、死亡者が出たが、当初は奇病とされたものである。

事件の公式発表以前から、森永乳業徳島工場では粉ミルクを製造する際に、乳質安定剤として第二リン酸ソーダを使用していた。これは酸化の進んだ二等乳（粗悪原乳）を中和するための食品添加物としてのものであった。工業規格の第二リン酸ソーダにはごく微量のヒ素が含まれるが、当面の問題はなかった。しかし1955年4月10日に納入されたそれには、重量比4.2～6.3％のヒ素分が含まれていた。人体に有害とされるヒ素の重量比は0.3％以上であるから、この時点で極めて危険な分量であったと認識されるべきところである。しかし森永はこれまで通り使用し、この時製造された粉ミルクを飲用した乳児に症状が出た。患者は各地の病院を訪れた。

事件の発端・発覚の経緯

1955年8月24日岡山大学医学部小

keyword【キーワード】：人工栄養　調整粉乳　森永ドライミルク　ヒ素

児科の浜本英次教授は、岡山大学で記者会見を行ない、森永乳業の製造販売した乳児用粉ミルクが原因で多数の患者が発生していることを公式発表した。症状として皮膚の黒染、発熱、肝腫、貧血などが乳児に確認され、患児が飲用していた森永製粉ミルクにヒ素が検出されたというものであった。1956年2月の厚生省発表によると、少なくとも死者131人、中毒患者1万2,159人を発生させたと見られる。

厚生省はただちに2つの専門家グループを組織した。第1は医療問題を扱う「西沢委員会」である。当委員会は診断基準だけではなく、治癒判定基準と後遺症・治療指針も併せて答申するとされた。ここで特定の診断基準を持ち出すことは不合理なことと考えられるべきであったが、むしろこの西沢基準は全国的に強力な拘束力を持って運用された。第2は補償問題を扱う「五人委員会」であったが、そこでの報告書には「本件の中毒症には、概ね、ほとんど後遺症はないといってよかろう」と「西沢委員会」の考えが導入されていた。

その後の経緯

上記に対し、事実に反すると被害児の親たちは声をあげた。厚生省は被害児の全国一斉精密検査を約束したが、「後遺症はない」と公式見解を追認した。これに異議を唱える被害者たちが立ちあがった。「岡山県森永ヒ素ミルク中毒のこどもを守る会」の行動があり、1968年9月以降、大阪では養護教員や保健婦らが被害児を訪ね歩く活動を始めていた。1969年10月18日、その報告書『14年目の報告』が公表され、多様な後遺症に苦しむ被害児の実態が明らかにされた。この報告書の指導者であった丸山博は、第27回日本公衆衛生学会（1969年10月30日）でこの問題を取上げ、後遺症の存在の可能性を訴えた。

1973年5月26日の日本小児科学会森永ヒ素ミルク調査特別委員会の最終報告では、西沢基準で「ない」とされていた後遺症が「ある」とされた。

1973年11月28日徳島地裁差戻後一審徳島地裁は、前に無罪とされていた森永の刑事責任を、徳島工場製造課長に対する有罪判決とした。

1974年4月24日、被害者・森永・国の三者合意による恒久救済機関として財団法人ひかり協会が発足した。一定の条件を充たす被害者に対しては、これで一定の解決をみたことになる。しかし事件解決にもっとも重要な情報と目される、いつ製造された、どの森永製品にヒ素化合物が混入していたのか、は未だに不明である。

事件の発覚から50年も過ぎた、2005年7月31日、「ひかり協会」の報告によれば、ヒ素ミルク飲用者として確認された13,422名のうち、951名はすでに亡くなっている。関係者は高齢化しており、事件は風化しつつある。

なお、現在の当社Hpには、「森永乳業の取り組みについて」として、当事件も含め以下が掲げられている。

1.経営方針として「顧客志向に徹し、顧客満足度を高める」ことを第一に掲げ、「健康で豊かな生活に貢献する企業」を目指しています。

2.「ヒ素ミルク事件」（1955年に発生）を今でも深く反省し、被害者の恒久的救済を完遂して社会的責任を果たしていくとともに、これを教訓として厳しい品質管理の徹底を図っています。

3.本社にお客さまサービス部、全国の支店にお客さま相談室を設けてお客様のニーズを直接把握する体制をつくり、これを企業経営に反映させ製品改良や開発等で成果をあげています。

4.健康で豊かな食生活に貢献するため、「工場見学」や「料理講習会」、「インターネット」などを通じて、牛乳・乳製品を中心とした知識の普及を図っています。

5.環境保護・省資源と地域振興に貢献する企業を目指して、省資源、省エネ、リサイクル、排水、温暖化対策など環境保全に積極的に取り組んでいます。

参考文献

webサイト

◆「森永乳業の取り組みについて」
（http://www.morinagamilk.co.jp/soudan/release/re01.html　（参照2007.6.1）

雑誌・書籍

◆板倉宏「企業犯罪と刑事法の課題――森永砒素ミルク中毒事件差戻審判決（徳島地判昭48.11.28）を契機に」『法律時報』 1974.2
◆真鍋毅「過失犯論の現代的課題――森永砒素ミルク事件判決を契機として（過失犯論の現代的課題−1−＜特集＞）」『刑法雑誌』 1975.10
◆全国公害弁護団連絡会議編「森永砒素ミルク（特集・資料で語る公害等救済制度・諸協定）」『労働法律旬報』 1982.2
◆中島貴子（社会技術研究開発センター）「森永ヒ素ミルク中毒事件50年目の課題」『社会技術研究論文集』 2005.11

◆森永砒素ミルク闘争二十年史編集委員会『森永砒素ミルク闘争二十年史』医事薬業新報社　1977
◆中坊公平・錦織淳『裁かれるのは誰か』 東洋経済新報社　1998
◆中坊公平『中坊公平・私の事件簿』 集英社　2000
◆中坊公平『改めるべきは誰か』 東洋経済新報社　2001
◆篠崎次男[他]『21世紀に語りつぐ社会保障運動』 あけび書房　2006

category 製造物責任

CASE 113 カネミ倉庫油症事件

date 1968年（昭和43年）10月3日

commercial name カネミ倉庫株式会社

scandal type 食品衛生法違反

事件の背景

カネミ倉庫（北九州市東港町）は1959年からコメ油の製造に進出していた。脱臭工程の熱媒体にPCB（ポリ塩化ビフェニル）「カネクロール」を使用しており、これがパイプから漏れて油に混じった。カネミ製のダーク油を使用したブロイラー団地で鶏の斃死が続発、さらにこれを摂取していた人びとから、肌の異常、頭痛、肝臓機能障害などや、黒い皮膚の乳児が生まれてきていることが報告された。

事件の発端

1968年10月3日大牟田保健所に油症患者の届出があった。10月10日には新聞・テレビで油症事件が報道された。12日には日本こめ油工業会の調査団が現場視察に入り、14日には久留米医大の山口誠哉教授がヒ素原因説を発表している。15日カネミに営業停止命令が出た。コメ油の販売は停止された。しかし17日、九州大学の研究班はヒ素説を公式に否定している。19日には厚生省に「油症対策本部」を設置した。

11月4日には九大油症研究班はあらためて2,000～3,000ppmのPCBを油から検出した。29日には北九州市は衛生局長名で食品衛生法でカネミ倉庫と同社の加藤三之輔社長を告発した。告発は特定の違反事項に触れず、食品衛生法違反という形で行なわれた。これはカネミ製米ぬか油が中毒の原因であることは確認されているが、食品業者として守られるべき注意義務についての判断が明確でなかったからである。

その後の経緯・裁判

1978年3月24日、PCBの混入した

keyword【キーワード】：カネクロール　PCB　米ぬか油

食用油を製造・販売したカネミ倉庫の幹部2名に関わる刑事裁判の判決が福岡地裁小倉支部において行なわれた。元同社製油部工場長（53）は禁固1年6月（求刑2年）の有罪判決、同社社長加藤三之輔被告（64）は無罪（求刑禁固2年）の判決であった。

判決理由の骨子は、本件はカネミ本社製油工場内脱臭缶蛇管に生じた腐食孔から熱媒体PCBの過熱分解によって生成した塩酸の作用によるものであるとし、被告人元工場長はPCBの経口摂取による人体への有毒性、蛇管が腐食及び修理時の衝撃等により開孔してPCBが漏れることを予見できたにも関わらず、本件結果を回避すべき業務上の注意義務があるのに、これを怠った過失がある、とされた。被告人加藤については、PCBが米ぬか油に漏れて混入する具体的予見可能性がなく、その職責に照らし直接的な過失責任は認められないということで無罪になった。

最大の争点になっていたのは、事故の予見性ということだった。検察側は「安全対策は、企業活動を左右し得る最高責任者の責任」という主張をもって加藤社長の責任をも追及したのであったが、結果は患者側の被害者感情にそむくものとなった。

1986年、カネミ油症事件支援連絡会（東京地評、全印総連東京地連、東京国公、国労東京などの各労働組合と東京消団連、東京母親連絡会などの消費者・婦人団体で構成）は1月16日の幹事会で①200万人個人署名の推進、②全国キャンペーン、③カネクロールの製造元、鐘淵化学工業への徹底追及、を決めて2月から全国各地のカネミ油症被害者の早期救済を訴えるキャンペーン活動に入った。この中で最高裁第3小法廷は原告団、鐘化に対して和解案を示した。それは、鐘化が原告被害者に総額約21億円の補償金を追加して支払う、というものであった。原告団は3月15日の代議員会で、「命ある今、油症被害者の全面救済と早期解決のために和解案受入はやむを得ない」という意見で一致した。3月20日、最高裁での和解が成立、事件発生以来20年を経ての一応の解決となった。

参考文献

雑誌記事

◆川井健　「カネミ油症事件の二判決について」『判例時報』 1978.6.1
◆沢井裕「損害賠償責任の構造――カネミ油症事件再論一上、中、下一」『法律時報』 1981.7～1981.9
◆沢井裕「カネミ油症事件第二陣訴訟第一審判決の意義と法理」『法律時報』 1982.6
◆佐藤英善「カネミ控訴審判決と国の責任ー上　中　下ー（カネミ油症控訴審判決＜特集＞」『法律時報』 1984.6～8
◆吉野高幸「カネミ油症事件上告審の争点（公害をめぐる国賠・差止訴訟の動向＜特集＞）」『法律時報』 1985.8
◆「カネミ油症検診者における血球数と血液生化学の変化（油症とPCB及びダイオキシン関連化合物に関する研究報告集（第20集））／吉村 俊朗 中野 治郎 沖田 実 他」『福岡医学雑誌』 2005.5.25

◆河野裕昭『カネミ油症』 西日本新聞社　1976
◆加藤八千代『カネミ油症裁判の決着』 幸書房　1989
◆川名英之『検証・カネミ油症事件 』 緑風出版　2005
◆カネミ油症被害者支援センター『カネミ油症過去・現在・未来』 緑風出版　2006

category 製造物責任

CASE 114 ミドリ十字 薬害エイズ事件

date 1985年（昭和60年）5月30日

commercial name 株式会社ミドリ十字（現・三菱ウェルファーマ）

scandal type 業務上過失致死

事件の背景

製薬会社ミドリ十字は1950年11月、国内初の血液銀行「日本ブラッドバンク」の名で設立され、1964年社名変更した。当社はHIV（エイズウイルス）に感染したと推定される外国の供血者から得た血液を原料に製造した血液凝固因子製剤を、加熱処理で不活性化しないままに治療に使用した。

1970年代から80年代にかけて、薬害エイズ事件の事実関係は起こっていた。血友病患者に対し、非加熱製剤を治療に使用して、多数のHIV感染者とエイズ患者を発生させたというものである。

1981年6月5日、米国立防疫センター（CDC）が初めてエイズの発症を報告している。1982年7月16日、CDCは血友病患者のHIV感染は、血液製剤が原因とみられるとの警告を発した。同年5月～7月、製薬会社5社は安部英・帝京大学教授が設立準備中であった「財団法人血友病総合治療普及会」の基金として計4,300万円を寄付した。また6月13日、厚生省エイズ研究班が発足した。9月22日、血友病関係団体は厚生省に要望して、「エイズの危険のない加熱製剤の早期供給」を求めた。

事件の発端

1985年5月30日、厚生省は血友病患者3人をエイズに認定した。1980年代に血友病治療薬の血液製剤がHIVに汚染され、全国約5,000人の血友病患者のうち、およそ1,400人が感染した。そのうち約500人が死亡している。この製剤は手術などの止血剤にも使われたから、血友病以外の患者にも被害は広まった。

keyword【キーワード】：血液銀行　HIV　血友病患者　非加熱製剤

その後の推移

日本では非加熱製剤を使い続けたためにエイズ被害が拡大したとされる。1989年5月8日、大阪HIV訴訟第1次提訴が行なわれた。東京では10月27日、同じくHIV訴訟第1次提訴が行なわれた。

1994年4月4日、血友病患者らは安部英・帝京大副学長を殺人未遂容疑で東京地検に告発した。

1995年10月6日、東京・大阪両地裁は和解を勧告した。

1996年2月9日、菅厚生大臣が設置した「調査プロジェクトチーム」によって、HIVの血液感染の危険性を認識していた1983年当時の資料が厚生省内部で発見された。1983年6月に設置されたエイズ研究班に、同省の事務方がコピーで配布した資料の「原簿」である。「厚生省」と印字されたB4判の薄紙に、エイズ感染の仕方はB型肝炎に似て患者の血液、精液を介して感染する可能性が強い、という旨の記載があった。同省はそれまで、郡司篤晃・元生物製剤課長（その後、東大教授）の個人ファイルとそれを元に作成された八つの資料が見つかったと発表していたが、今回の原簿は別のファイルに残っていた。10年以上の資料隠しが省ぐるみで行なわれていた。

2月16日、東京と大阪の「HIV訴訟」の原告約200人が厚生省会議室で菅直人厚生大臣と面談した。「国の責任をこれまで明確にできず、皆さんに大きな重荷を負わせてきた。まことに申し訳ない」と菅大臣は初めて国の責任を認めて、原告に謝罪した。その上、原告側が求めていた医療体制の充実などの恒久対策にも全力をあげて取り組んでいく、と確約した。

その年1月末にエイズで26歳の長男を奪われた母親は、「大臣！　この子に手を合わせて下さい。病名も知らず、目を見開いたまま死んだんです」と叫び、菅大臣は土下座したまま泣いた。

「今日は国が薬害エイズの責任を認め、方針を転換した歴史的な日です」と原告の川田龍平氏（20）の母悦子氏（47）も、厚生省向かいの日比谷公園で支援者の前で語った。過去の薬害事件では、国が法的責任を認め、患者への恒久的な対策を保障した例はない。

同年3月、エイズで死んだ肝臓病男性の妻が、松下廉蔵・元ミドリ十字社長を殺人罪で告訴した。

1996年3月18日、HIV（エイズウイルス）訴訟に関して、大阪地裁で原告患者2人（1人は遺族）と国・ミドリ十字の間で和解が成立している。1人当たり4,500万円で負担は国とミドリ十字が4対6で分担されるというものだった。

7月23日、国会は安部・前帝京大学副学長、郡司篤晃・元厚生省生物製剤課長、塩川優一・順天堂大学名誉教授の3人を証人喚問した。

8月29日、東京地検は安部英・帝京大副学長を業務上過失致死容疑で逮捕した。

9月19日、大阪地検は、ミドリ十字の松下、須山忠和、川野武彦の歴代3社長を同じく業務上過失致死容疑で逮捕した。

1997年3月24日、大阪地裁で本件に関わる3被告、元社長・松下廉蔵（76）、同須山忠和（69）、前社長・川野武彦（67）についての初公判が行なわれた。検察側は1985年3月頃、3被告はすでにHIV感染の危険性を予知し得ていたとした。さらに同人たちはミドリ十字の経営方針を決める経営会議あるいは常務会のメンバーである。アメリカから輸入していた血漿を原料とする非加熱血液製剤「クリスマシン」がHIVに汚染し、これを患者に投与すれば感染、死亡することは予見し得たにも関わらず、1985年12月に厚生省が安全な加熱血液製剤を製造承認した後も非加熱製剤の販売を中止せず出荷を継続し、また販売済みのクリスマシンを回収する注意義務を怠ったと主張した。

この3被告は起訴事実を認め、被害者と遺族に謝罪した。3人の当時の役職は松下被告が社長、須山被告が副社長兼研究本部長、川野被告は専務兼製造本部長であった。

また、すでに起訴された5人のうち、前帝京大学副学長の安部英被告（80）と元厚生省生物製剤課長の松村明仁被告（55）は無罪を主張した。

1999年9月30日、大阪地裁で上記3被告への求刑が行なわれた。大阪地検は「過去の薬害の反省を忘れ、患者の生命や健康より、企業の利益を優先したのではないか」と松下被告に禁固3年、須山・川野両被告に、同2年6月を求刑した。

2000年2月24日、大阪地裁で歴代3社長に対して有罪判決があった。業務上過失致死罪により、松下被告に禁固2年、須山被告に同1年6月、川野被告に1年4月。この判決を聞いた東京HIV訴訟原告の川田龍平さん（24）は、「求刑自体が軽かったが、判決はさらに軽い。業務上過失致死の範囲内で罪を問うというのが無理で、法律を変えてでも、人を殺してまで利益を上げようとする製薬会社により重罪を以って責任を取らせるべきだ」と語った。

2002年3月13日、旧ミドリ十字（三菱ウェルファーマに合併）の薬害エイズ事件をめぐり、株主が当時の経営陣に、HIVの和解金の支払で被った損害を会社に賠償するように求めた株主代表訴訟が、大阪地裁で和解した。三菱ウェル社が社内調査委員会を設けて事件の原因を調べること、その再発防止策を公表することなどが内容となっている。

2002年8月21日、上記事件の控訴審判決が大阪高裁で行なわれた。1審大阪地裁判決を破棄し、刑の減刑をみた。松下被告に禁固1年6月、須山被告に同1年2月が言い渡された。川野被告は控訴審公判中死亡し、公訴棄却となっている。判決は、国内で加熱製剤の販売が始まった1986年1月の時点で「非加熱製剤の投与によるHIV感染の危険性を予見し、販売を中止して回収する義務があったのに、これを怠った」として両被告の過失責任を認めたものである。

最高裁第3小法廷は2005年6月27日付けで、松下被告（84）と須山被告（77）に対して被告側の上告棄却の決定を出した。これにより、松下被告の1年6月、須山被告の1年2月のそれぞれ禁固刑が確定した。これまでに争われてきた薬害事件で有罪が確定したのはこれが始めてであった。

参考文献

雑誌・書籍

◆「「薬害エイズ」の世界の訴訟を中心とする動向と日本の特徴（エイズと人権--「薬害エイズ」と科学者の課題<特集>)」『日本の科学者』 1993.7

◆「薬害エイズの要因となった“産・学・官”の癒着の構図」『政界往来』 1995.1

◆「「薬害エイズ」裁判に和解勧告--責任を明確にし,早期全面解決を！〔含 資料〕」『月刊社会党』 1995.12

◆広河隆一『薬害エイズ』（岩波ブックレット） 岩波書店 1995

◆大阪HIV訴訟弁護団『薬害エイズ国際会議－大阪HIV訴訟弁護団発行資料集』（大阪） 1996

◆伊藤雄一郎『菅直人の一歩－薬害エイズ問題でなぜ官僚に勝てたのか?』 ベストセラーズ 1996

◆桜井よしこ『エイズ犯罪　血友病患者の悲劇』（中公文庫） 中央公論社 1998

category 製造物責任

CASE 115 雪印乳業 集団食中毒事件

date 2000年（平成12年）6月27日

commercial name 雪印乳業

scandal type 業務上過失致死・傷害事件

事件の背景

雪印乳業（以下「雪印」）製脱脂粉乳は、1955年3月、東京都の小学校で1,936人が食中毒となる事件を起した。それは今回の事件と同様に工場停電と機械故障により製造中の製品が長期間放置されて、不衛生となったことであった。

社史『雪印乳業史』（1961）では、その経緯について、以下のように記述されている。

「問題処理にあたり札幌本社では工場長会議・製造課長会議・酪農課長会議等を相ついで開催、万全の対策を協議し、社長から「牛乳の処理加工および製品の出荷についての心得」として十カ条におよぶ指示を全工場に通達、検査成績報告が行われたあくる日の十八日、さらに「品質によって失った名誉は品質をもって回復する以外に道はない」と声涙ともに下る訓辞があり、その内容は印刷して全社員に配られた」

事件の発端

2000年6月27日に大阪市や雪印に消費者から食中毒発症の通報が寄せられ、雪印では翌日28日午後1時20分に西日本支社内に緊急品質管理委員会を設置し、午後6時過ぎに株主総会の慰労会の2次会にて社長を除く役員に食中毒の一報が伝えられた。しかし、「食べ合わせが悪かったんじゃないのか」、「梅雨だから腐っていたんだろう」、などと話し、対応した相馬弘専務も食中毒患者が多数に上るとの認識を持たずに放置した。

食中毒発症の通報後、雪印大阪工場では大阪市保健所から立ち入り調査を受け、当該工場が製造した「低脂肪乳」について製造自粛、回収を指導され、さらに再三、事実報告を求められたが、求め

keyword【キーワード】：食中毒　雪印大阪工場　低脂肪乳　ブドウ球菌　建土建民

に応じなかった。見かねた同工場の幹部が28日午後9時15分過ぎに大阪市保健所へ食中毒事件の被害についてのメモをFAXで送付した。同幹部はFAX送付を事後に大阪工場長に報告したところ、怒声を浴びせられたという。

相馬専務から石川哲郎社長に話が上がったのは29日朝で札幌から東京に帰る飛行機を待つ千歳空港だった。石川社長は、判断する権限は相馬専務にあると考え、対応を委ねたつもりで機中にて睡眠を取った。

29日午前8時になって雪印は大阪工場が生産した低脂肪乳の回収を漸く開始したが、大阪市から社告や店頭表示を求められると、札幌から飛行機で移動中だった石川社長らの決裁が得られないと回答し、猶予を求めた。そして、午後2時過ぎになって公表すると大阪市保健所に伝えたが、今度は「事実関係を確認したいので、発表のタイミングを一緒にしてほしい。夕方5時45分ぐらいがいい」と大阪市保健所側が返答し、さらに公表を遅らせた。そして、公表が遅れた間にも確認されている範囲で5名が食中毒症状を発症したという。

事件の経緯

大阪市は2000年6月30日に「低脂肪乳」の回収命令を雪印に対して行ったが、雪印と大阪市が食中毒の事実を公表した6月29日には被害者は200名超、回収命令を行った30日には被害者は3,700名を超えていた。

被害が大阪市以外の近隣都道府県に及んだことから、厚生労働省は大阪市に職員を派遣して関係府県市担当者会議を開催し、大阪市とともに雪印大阪工場を立入検査した。行政機関が事実調査や対応策を行う中、被害者はさらに増加し、7月1日には6,000名を超えた。

7月1日、雪印石川社長は記者会見を行ったが、記者との質疑応答の中で大阪工場長が「低脂肪乳」の製造工程の中の1か所のバルブ部分から黄色ブドウ球菌を検出。バルブは1週間に1度洗浄することになっていたが3週間洗浄していなかったことを明らかにし、石川社長が「君、それ本当か」と問いただして、社長に情報が上がっていないことを期せずして示すこととなった。また、食中毒事件に伴う損失を記者から問われると、石川社長は「大阪地区の低脂肪乳の売り上げは年間約50億円弱だが、あまりもうかっていない商品。当期利益に与えるインパクトはあまりない」と返答した。

7月2日には大阪府警が大阪工場を現場検証。また大阪府公衆衛生研究所が飲み残しの牛乳から黄色ブドウ球菌の毒素を検出し、これを受けて大阪市はこれを病因物質とする食中毒事件と断定し、大阪工場に無期限の営業禁止処分を命じた。さらに、翌日3日に大阪市は立ち入り検査で大阪工場のバルブ内側全体に乳成分の膜が付着していることを発見。4日には大阪府警が汚染源をバルブと特定し、大阪市は汚染が懸念される「カルパワー」、「毎日骨太」の回収を命じた。雪印は大阪工場で製造された59種類86品目の全商品の回収を公表し、「カルパワー」を含む牛乳が550万から600万個、「毎日骨太」が150万から200万個、その他の製品は300万個に及んだ。この全商品回収の会見の中で、回収対象となった「カルパワー」、「毎日骨太」について、「毎日骨太」のみ11件の下痢などのクレームが寄せられていることを赤羽要専務が説明。これに対して、記者から通常のクレームとの比較が質問されたが、赤羽専務は「黄色人種というか黒人も牛乳を飲むと下痢が起きる。下痢の症状があると言われても、それとこれが関係があるのかどうなのか、今もそうだとは言えない」と発言。石川社長も会見を終わらせて、エレベーターに乗り込もうとして記者と揉み合いになり、「私は寝ていないんだ」、「病院で苦しんでいる子供たちのことを考えたことはないのか」とのやり取り後に会見を再開する一幕もあった。

7月3日には被害者は8,000名を超えて5日には10,000名に至ったことや大阪工場で製造した全品を自主回収したことなどを受けて、7月6日に9月末までに石川哲郎社長、赤羽要専務（生産技術本部長）、相馬弘専務（第2事業本部長）、千葉正兄取締役（市乳生産部長）が退陣し、西紘平常務が昇格（7月28日に社長就任）して、また大阪工場を閉鎖する意向を公表した。石川社長ら経営陣が辞任の意向などを公表した7月6日には、イトーヨーカ堂グループが消費者の不安を除くために雪印の牛乳や乳製品を撤去し、販売停止した（7月28日から販売再開）。また、雪印と専属契約を結んでいる特約店では販売契約の解約が相次ぎ、さらに特約契約のために別の大手から牛乳や乳製品を仕入れることができず、売り上げが9割も激減した特約店もあった（7月22日には特約店3,240店のうち570店が休廃業）。

さらに、東京日野工場、静岡工場で貯乳タンクの洗浄記録がないなど雪印の衛生管理体制の不備が明らかになり、大阪工場を含めた全国21工場の操業を停止。この操業停止の間に雪印は52億円の損失を被った。

そのうえ、7月10日には大阪工場が出荷ミスなどで返品された製品を再利用し、品質保持期限が切れた製品が混じっていたことも明らかになり、雪印の衛生管理に対する意識そのものが問われた、消費者の信頼をさらに失った。

その後、大阪府警は8月18日に「低

脂肪乳」等の原料に使用された北海道大樹工場が製造した脱脂粉乳（4月10日製造）から黄色ブドウ球菌の毒素（エンテロトキシンA型）を検出したと大阪市に伝えた。北海道は大阪市や厚生労働省の依頼、指示を受けて、大樹工場を調査し、営業停止のうえ、同工場に4月1日および4月10日に製造した脱脂粉乳の回収を命じ、9月23日には大樹工場から停電事故対策を含む改善計画書を受領した。そして、10月13日に営業禁止を解除して、翌日から同工場は操業を再開した。

10月には、役員や社員が街頭や店頭に立って商品を配り、反応を感じ取る「ボイス活動」を開始。

あけて、2001年4月、「建土建民」（豊かな大地から生まれる乳製品を提供することで、人々の健康と成長に貢献）を目標とした、行動憲章を全社員に配布。

6月29日、1周年にあたる当日、CS推進室作成の消費者からのクレームの声を、全職場に流した。

この食中毒事件の雪印の経営への影響は甚大で、まず2002年度は新卒者の採用を見送るなどして従業員を1,300名削減して5,500名にするリストラ策を進め、2001年3月期の決算は495億円の経常赤字、443億円の最終赤字となった。また、2002年の牛肉偽装事件により（206ページ参照）、グループは分社、提携して、乳事業（牛乳·乳飲料·ヨーグルト）は全農・全酪連と事業統合して日本ミルクコミュニティ（ブランド名·メグミルク）となり、雪印はバター、マーガリンおよびチーズを製造する乳食品事業のみを行うこととなった。

なお、この食中毒事件の刑事責任については大阪府警が食中毒の公表の遅れによる被害拡大の責任を求めて、業務上過失致死・傷害事件など5事件で、石川哲郎前社長（67）、相馬弘前専務（62）ら9人を大阪地検に書類送検した。

参考文献

webサイト

◆「雪印低脂肪乳」等による黄色ブドウ球菌食中毒の経緯
http://www.mhlw.go.jp/topics/0101/tp0119-2.html （参照2007.6.13）

雑誌・書籍

◆「「雪印」事件が示す「品質管理」神話の崩壊（次代を考えるヒント〔116〕)」『HACCP』 2000.9

◆「問われる雪印乳業の総合衛生管理製造過程の取組み姿勢--普及段階から本物のHACCPレベルアップの段階に（緊急特集 雪印事件、O157検査ミスが与えた教訓)」『食品衛生研究』 2000.9

◆「雪印乳業--″自壊″を招いた内なる原因とは?」『食品工場長』 2000.9

◆「列島を震撼させた雪印乳業食中毒事件--食品メーカーの危機管理とトップの取るべき態度（緊急提言 雪印乳業は1日も早い管理体制の再構築を図れ」)」『実業界』 2000.9

◆「「雪印」が問う効率優先の食品衛生（論点)」『現代』 2000.9

◆「SNOW BRANDは汚れても、白い乳は汚せないー創業家が沈黙を破って語る（蔓延する「雪印症候群」)」『中央公論』 2000.9

◆「地に堕ちた“スノーブランド”雪印乳業が失った社会的信用（トピックス)」『文芸春秋』 2000.9

◆「雪印牛乳事件ー浮き彫りになったHACCPの課題、性善説が前提、不明確な経営者責任」『Foresight』 2000.9

◆「雪印事件の実相 日本の「牛乳」は生鮮食品ではない」『新聞研究』 2000.9

◆「競争原理導入が生んだ雪印事件」『改革者』 2000.9

◆「雪印乳業食中毒問題を考える」『北方農業』 2000.1

◆「三菱自工や雪印乳業が露呈した会社の危機管理・初めて判った新難題--内部告発の激増、社内の隠蔽体質、記者会見に秘められた意図ーこれだけは知れ（〔Themis発行〕8周年記念号)」『THEMIS』 2000.1

◆「実践/企業の危機管理（5）参天製薬と雪印乳業のケース」『政界往来』 2000.1

◆「雪印や三菱自動車の不祥事は氷山の一角！！総会屋の介在を許す一流企業の“隠蔽体質”（インサイド・レポート)」『文芸春秋』 2000.11

◆産経新聞取材班『ブランドはなぜ墜ちたかー雪印、そごう、三菱自動車 事件の深層』角川書店 2001

◆藤原邦達『雪印の落日ー食中毒事件と牛肉偽装事件』緑風出版 2002

◆北海道新聞取材班編『検証・「雪印」崩壊ーその時、何がおこったか』（講談社文庫）講談社 2002

category 製造物責任

CASE 116 三洋電機 発電パネル不正販売事件

date 2000年（平成12年）10月20日

commercial name 三洋電機株式会社

scandal type 製品偽造、虚偽報告

事件の背景

太陽電池を利用し、太陽光のエネルギーを電力に変換する太陽光発電。1994年から政府が補助金や融資枠など住宅用の助成策をスタートさせたこともあり、家庭用システムは90年代半ばから徐々に普及が進みつつあった。

1990年代後半の時点では、三洋電機を含むメーカー数社の間にそれほど大きな差はなかった。横一線にあった各メーカーは、他社に先駆けてシェアを取ろうと家庭への導入に鎬を削っていた。現場で求められていたのは、他社よりも高出力・高効率なソーラーパネルだった。

事件の発端

2000年10月20日、三洋電機の近藤定男社長は大阪市内で記者会見し、1996年11月から98年3月までに子会社の三洋ソーラーインダストリーズで生産・販売した太陽光発電システムの中に、顧客に説明したものより低い出力の太陽電池パネルが混じっていたことを明らかにした。三洋電機は、この子会社が期間中に製造・販売した単結晶の太陽電池パネル2万3,460枚のうち、5,476枚が顧客に説明した出力より平均で3～5％低かったと説明。その理由として、「高性能パネルの生産が追い付かず、性能が低いことを知りながら出荷を続けていた」と弁明した。同社は、子会社前社長で三洋電機執行役員の萩原稔を10月5日付で解任した。

また、近藤社長は問題の発覚に関して「今年9月に通産省・資源エネルギー庁から指示を受けて調査した後」と説明した。この発言が後に大きな波紋を呼ぶことになる。

keyword【キーワード】：太陽光発電システム　ソーラーパネル　普及協会

その後の経緯

三洋電機の子会社が出力を偽って太陽電池パネルを故意に出荷していたことは、1998年秋の段階で、内部告発によって市民団体「全国太陽光発電所長会」（井口正俊会長）に伝えられていた。井口会長は近藤社長宛に文書を送り、再三にわたって事実確認と対応策を求めてきたが、同社はそのたびに「そのような事実はない」と否定を続けてきた。「今年9月に発覚した」という20日の近藤社長の発言は、明らかに事実とは異なっていた。同団体は2000年10月22日、三洋電機に抗議文を送付した。

翌10月23日、三洋電機は過去に同会から調査依頼があった事実を認めた。子会社の社長に調査を指示したが、「そういう事実はない」という報告を受け、そのまま信用していたと説明。20日の発言について近藤社長は、「言葉足らずだったと反省している。子会社の独自の判断で行ったこととはいえ、二度とこのような問題が発生しないよう努めます」とのコメントを発表した。

ところが、問題はこの釈明だけでは済まなかった。24日までに三洋電機創業家の井植敏会長が市民団体「太陽光発電普及協会」（全国太陽光発電所長会から発展）を訪問し、一連の事態について深く謝罪。さらに24日には近藤社長が記者会見を行い、「世間を騒がせ、会社のイメージを傷つけた責任を取る」として、社長職を辞任する考えを表明した。また「トップが間違った経営判断をした時に部下が反対意見を言え、それを吸い上げる仕組みづくりを急ぐ」と語り、財務だけでなく業務プロセスについても監査を行うべく、再発防止への新たな取り組みを示した。

10月26日、三洋電機は通産省・資源エネルギー庁に対し、社内調査の結果を踏まえた中間報告を提出。それによると、調査対象は不正な商品が発生した1996年11月から98年3月までに米国の子会社が生産したパネル2万3,000枚。これらを国内の769の個人や企業に販売し、このうち5,476枚、283件が出力不足の商品と判明した。

不正の手口は、販売子会社が出荷時に正しい出力を表示したシールをはがし、その上に高い出力のシールを張るというものでこのケースが1,847枚報告された。ほかに、米国工場からの輸出時に商品より高い出力を表示したものが3,833枚、さらに重複しているケースも204枚あった。三洋電機は不正を行った理由として、米国の工場が高出力のパネル生産の受注増加に対応できなかったため、虚偽の表示をしたと説明した。

行政の対応、その後の顛末

三洋電機からの報告を受けた通産省・資源エネルギー庁は、それから2ヵ月後の2000年12月27日、三洋電機と販売子会社だけでなく、両社の連結子会社も対象に、以下のような行政処分を行った。「不正交付を受けた補助金の返還と加算金の支払い」「住宅用太陽光発電パネル事業の補助対象から3年間除外」「今後9カ月間、通産省の調達契約業者としての指名を除外」等々。また、同社が出力を偽った不正パネルは中間報告時の5,476枚からさらに増え、1万407枚に上ることも判明した。

三洋電機は11月に「お客様対応チーム」を発足させ、直接ユーザーを訪問してパネルモジュールの交換を実施。内部監査委員会を設置して組織体制の整備を進めるとともに、当時の関係者の社内処分と役員の報酬カットを行った。

一方、早くからこの不正を知り、三洋電機に事実確認と対応策を求めていた太陽光発電普及協会は2001年1月、意図的に不良品を偽って販売したとして、同社を詐欺容疑で大阪地検に告発することを決めた。

2001年9月21日、三洋電機は不正出荷が発覚した太陽電池パネルの不良品の確定数を経済産業省に報告。販売したパネル約18万枚のうち、出力が10％以上不足していた不良品は1万843枚。製造段階で調べた出力データ記録が残っていない出力不明品は4,013枚だった。この数字は、前年12月に判明した数字より約4,000枚も多いものだった。

12月21日、三洋電機が岐阜工場（岐阜県安八町）に建設していた全長315mの太陽光発電システム「ソーラーアーク」が完成した。会社設立50周年記念として着工されたプロジェクトだったが、今回の問題で工事は一時中断。同社は品質第一を謳った創業の原点に立ち戻るため、回収した太陽電池パネル2万1,000枚のうち5,000枚を使ってアークを完成させた。セレモニーの席で井植敏会長は、「教訓を心に刻むとともに、環境との共生を目指す三洋電機のメッセージをここから発信したい」と語った。

参考文献

雑誌・書籍

◆「“太陽電池欠陥隠し”でトップが引責辞任 三洋電機「なぜトップは現場を掌握できないのか」」『財界』 2000.11.21

◆「特別インタビュー権限委譲型組織では「良心」こそ競争力なり 三洋電機会長 井植敏「わが社の大失態」その全てを語る」『プレジデント』 2001.1.1

category 製造物責任

CASE 117 ダスキン、禁止添加物入り肉まん販売事件

date 2002年（平成14年）5月20日

commercial name 株式会社ダスキン

scandal type 食品衛生法違反

事件の背景

アメリカ生まれのドーナツチェーン「ミスタードーナツ」は、日本では清掃用品レンタル大手「ダスキン」が1971年から運営している。主力商品はドーナツだが、1993年に始めた飲茶が成功し、以降、様々なメニューを展開するファーストフード店として認知されるようになった。事件の原因となった中国産の肉まんは、2000年に販売された。

事件が発覚した前年には雪印食品の牛肉偽装事件があり、食品業界全体に消費者から強い不信感が向けられていた時期だった。この事件の背景には、違法を承知で食品の製造・販売を行う倫理観の欠如と、ミスタードーナツというブランドを守るための経営陣の保身があった。

事件の発端

2002年5月20日、ダスキンはミスタードーナツが2000年の秋、食品衛生法で日本では使用が認められていない酸化防止剤TBHQ（t-ブチルヒドロキノン）を含む肉まん1,314万個を販売していたことを発表した。問題の製品は「飲茶セット」のメニューとして販売した「大肉まん」で、中国・山東省の工場で製造され、全国約1,300店（一部の店舗を除く）のミスタードーナツで販売した。2000年11月、取引業者から「10月から販売された肉まんの皮にTBHQを含む植物油が使用されている」と指摘されたことを受け、同社が調査したところ、事実を確認した。工場は12日間操業を停止し、中国にあった在庫56万個を廃棄したが、研究機関の調査ではTBHQが検出されなかったため、国内在庫分

keyword【キーワード】：ミスタードーナッツ　TBHQ　肉まん

300万個は12月20日まで販売し続けた。

同社はこれらの経緯を厚生労働省に届けていなかったが、同省に通報があったため、2002年5月15日に大阪府に連絡し、調査を受けていた。

事件の経緯

2002年5月21日、ダスキンが肉まんに国内で禁止されている添加物を使用していることを指摘した業者に対し、現金6,300万円を支払っていたことが判明した。ダスキンは指摘を受けた際、この業者から中国での肉まん製造の委託契約を迫られ、1年間の業務委託契約を結んでいた。上田武社長はこの事実を2001年7月頃に知り、社内調査を実施した結果、契約の更新をせず、同年12月にドーナツ事業関係者数人を降格処分にした。その後業者は契約の存続を求める訴訟を起こし、ダスキンは「混入事実の発表が遅れたのはこの業者との問題があったため」と釈明した。

5月22日、当時の千葉弘二社長兼会長（退任）ら幹部数人が、少なくとも2001年1月には事実を認識していたことが分かった。一部の幹部は事実の公表を迫ったが、首脳陣は「このことは墓場まで持っていけ」と口止めしていた。トップ主導の組織ぐるみで疑惑隠しを図っていた疑いが濃くなり、大阪府警は同日、ダスキンに対し食品衛生法違反容疑で関係先を家宅捜索した。同社は記者会見を開き、問題を指摘した業者に支払った6,300万円について、「当時の担当役員が騒ぎを防ごうと考えて支払いに応じた」と語り、事実上の口止め料だったことを認めた。

5月28日には、ダスキンのドーナツ事業担当だった芝原修一元専務が2000年11月、肉まんへのTBHQ混入が疑われている段階で販売を継続する決定をしていたことが分かった。同社は20日の会見で「検査ではTBHQが検出されなかったので安全性に問題ないと考え、国内に残っていた約300万個の販売を続けた」と語っていたが、検査中の販売継続は最初からの方針だったことが露見した。

5月31日、大阪府はダスキンに対し、安全管理体制が整うまで、大肉まんの仕入れや販売を禁止する行政処分を通告した。同日、ダスキンは記者会見し、上田社長の報酬を3カ月全額カット、残る全役員23人の報酬を30～10%カットするなどの処分を発表した。

その後の経緯、警察・検察の動き、裁判

2002年6月5日、ダスキンはTBHQ混入を指摘した取引業者に対し、「口止め料」として6,300万円を脅し取られたとして、恐喝容疑で大阪府警に告訴し

た。

7月10日、ダスキンは「肉まんの製造を外部の業者に全面的に委託したため、責任の所在が不明確になった。チェック機能は一切働かなかった」と社内調査の結果を大阪府吹田保健所に報告し、7項目にわたる改善策を提出した。大阪府はこの報告を受け、肉まんの仕入れや販売を禁じた処分を解除した。また7月18日、ダスキンは肉まん以外の「飲茶セット」の商品も、原材料を輸入品から国産に切り替えることを明らかにした。

9月4日には、ダスキンの全役員15人が辞表を社長に提出したことが明らかになった。25日には上田社長も引責辞任する方針を固め、11月下旬に開かれた臨時株主総会で正式決定した。

2003年1月16日、大阪府警はダスキンのミスタードーナツ担当だった芝原元専務、元ミスタードーナツフランチャイズ事業本部長ら3人と、下請け・孫請けの食品会社社長ら計8人、及びダスキンなど3法人を、食品衛生法違反の疑いで書類送検した。

この年の春以降は訴訟が続いた。4月4日には、上田社長ら当時の経営陣13人に対し計106億円を同社に賠償するよう求める株主代表訴訟が大阪地裁に起こされた。初弁論の席で千葉元会長は、「当時は無認可添加物が混入したことを知らなかった」と責任を否定した。

9月4日には、大阪区検が法人としてのダスキンと芝原元専務、元フランチャイズ事業本部長を食品衛生法違反の罪で略式起訴した。これに対し大阪簡裁は、同日付で求刑通り罰金各20万円の略式命令を出した。

2004年12月22日、旧経営陣に対する株主代表訴訟で、大阪地裁は同社の損害を約105億円と認定し、上田元社長の注意義務違反だけを認め、約5億3,000万円の支払いを命じた。千葉元会長ら10人については請求を退けた。これを不服とした原告は控訴した。

2005年2月9日、分離して行われていた株主代表訴訟で、大阪地裁は芝原元専務と元フランチャイズ事業本部長に対し、請求額全額である106億2,400万円の支払いを命じた。これは株主代表訴訟の賠償額としては、史上2番目の額だった。

同年9月16日には、肉まんに無認可の添加物が混入していることをダスキンに指摘した取引業者が、その後一方的に契約を打ち切られたとして損害賠償を求めていた訴訟の判決が大阪地裁であった。判決はダスキンの債務不履行を認め、約1億7,600万円の支払いを命じた。

2006年6月9日、元会長らに対する株主代表訴訟の控訴審判決が大阪高裁であった。裁判長は元社長以外の役員11人に「不祥事を隠蔽し、企業に存亡の危機をもたらした」と指摘し、計約5億5,800万円の賠償を命じた。この判決は、企業の不祥事隠蔽事件をめぐって取締役の公表義務を認定した、初の司法判断となった。

参考文献

雑誌・書籍

◆「知ったらとても食べられない－ダスキンの違反肉まんは氷山の一角！（特集 中国農業・食糧事情）」『食品と暮らしの安全』 2002.6

◆「ダスキン、肉まん添加物隠蔽工作の理由-客よりも加盟店よりも保身（時流超流 News & Trends 深層）」『日経ビジネス』 2002.6.3

◆「ダイヤモンド・レポート「豚まんスキャンダル」が明らかにしたダスキンの隠蔽体質と前会長の「罪」」『週刊ダイヤモンド』 2002.6.8

◆「真相究明レポート ダスキン「ミスタードーナツ」事件の真相－無認可添加物使用をめぐるダスキンの事件発覚後の対応を追う」『商業界』 2002.8

◆「肉まん騒動だけでは済まない！「ダスキン」水面下で進む»クーデター計画»」『実業界』 2002.8

◆「FRANJAリポート ダスキン・ミスタードーナツ事件の本質」『Franja』 2002.9

◆「企業と危機管理 ダスキン－まずい対応と欠落した企業倫理」『月刊公論』 2002.9

◆「敗軍の将、兵を語る 伊東英幸氏（ダスキン社長）」『日経ビジネス』 2003.10.6

category 製造物責任

CASE 118 協和香料化学 無認可添加物使用事件

date 2002年（平成14年）5月31日

commercial name 協和香料化学株式会社

scandal type 食品衛生法違反・破産

事件の背景

日本の食品衛生法は、使用できる食品添加物について指定制度を取っている。指定外の添加物は無認可となり、使用することができない。メーカーが指定外の香料を使う場合は、厚労省への申請を行い、認可を受ける必要がある。事件発覚当時、香料に指定されている添加物は化学合成品が96種類、天然香料が約600種類あった。

協和香料化学は1957年に創業した食品香料の専業メーカーで、中堅規模ながら乳製品関連の香料では多くの大手食品メーカーと取引があった。

2000年の雪印乳業による集団食中毒事件以来、食品業界では不祥事が相次いでいた。この事件が発覚した同じ5月には、ダスキンが運営するミスタードーナツで無認可添加物入り肉まん販売が明らかになっている。食に対する信頼は大きく揺らいでいた。

事件の発端と経緯

2002年5月31日、協和香料化学は記者会見を開き、1997年から同社の茨城工場で、食品衛生法に違反する成分を原料とする香料を製造していたことを明らかにした。問題の成分はアセトアルデヒド、プロピオンアルデヒド、ヒマシ油の3種類。いずれも欧米では使用を認められているが、日本では認められていない。会見の席で平瀬明夫社長は、「5年前に担当者が違法と認識したが、使用料が微量なので問題ないと思い、上司に報告せずその後も使っていた。他社との競争に勝つため、代替品を開発するまで使い続けるしかなかった。認識が甘かった」と釈明した。

茨城県の調べによると、香料の出荷先

keyword【キーワード】：化学合成品　2-メチルブチルアルデヒド　イソプロパノール

は秋田、高知県を除く45都道府県の約600工場（後に416工場に修正）。使われた商品はチョコレートなどの菓子類や梅酒、スープ、カレー、アイスクリームなど400種類以上にわたっていた。茨城県は同日、協和香料化学の茨城工場に対し、営業禁止命令と違反製品の回収命令を出した。同時に厚労省も各都道府県に対し、この香料を使ったメーカーがある場合は回収を指導するよう要請した。

事件発覚後、グリコ、ブルボン、ロッテ、味の素、ニチレイ、カルビーなど、この香料を使っていた食品メーカーが次々と自主回収を公表し、店頭からの製品撤去を始めた。イトーヨーカ堂やダイエーなど大手スーパーも連日、該当食品の大量撤去に追われた。新聞の社会面下段には、食品メーカーによる「お詫びとお知らせ」が連日掲載された。読売新聞には、6月7日までに54社が回収に乗り出し、その被害額は16億円を超えると報道された。

6月6日、茨城県の調べにより、協和香料化学が先の3種類のほか、新たに2種類の違法添加物を使用していたことが分かった。問題の成分は2－メチルブチルアルデヒドとイソプロパノールで、大手食品メーカー計4社5工場に出荷されていた。翌7日、茨城県は問題の大きさと社会的影響を考慮し、協和香料化学を刑事告発した。これを受けて6月18日、茨城県警と警視庁の合同捜査本部は食品衛生法違反容疑で同社の工場など4ヶ所所を強制捜査した。

8月27日、茨城県と日立保健所は食品衛生法に基づき、協和香料化学茨城工場の立ち入り検査を行った。その結果、同社が回収した違反香料の数が正しいことを確認し、産業廃棄物として処分するよう行政処分を行った。協和香料化学は同日、事業の継続が困難になったとして社員の大半を解雇した。

事件の結末と法的処分

2002年8月29日、東京地裁は協和香料化学に対し、破産を宣告した。それを受け同月31日、協和香料化学の平瀬社長は日立保健所に廃業届を提出した。

9月11日、茨城県警と警視庁の合同捜査本部は、法人としての協和香料化学と平瀬社長ら同社幹部5人を、食品衛生法違反の疑いで水戸地検に書類送検した。2003年1月23日、日立簡裁は平瀬社長ら3人に罰金20万円、残る2人に罰金10万円の略式命令を出した。法人としての協和香料化学は既に破産しているため、不起訴処分となった。

厚生労働省がまとめたところによると、この事件でメーカーなどが回収した食品などの製品は、38都道府県の207社、計1,633品目に上った。

参考文献

雑誌・書籍

◆「ウチの原料は大丈夫か?ー協和香料事件で気をもむ食品業界（時流超流 News & Trends)」『日経ビジネス』 2002.6.17

◆「無認可香料事件で露呈した、食品メーカーの杜撰な管理実態（ダイヤモンド・レポート)」『ダイヤモンド』 2002.6.22

◆「協和香料事件の責任は?（ビジネス世論)」『日経ビジネス』 2002.7.8

◆「協和香料事件が浮き彫りにした食品業界の闇（特集･「食」危機宣言ー食品業界パニック)」『エコノミスト』 2002.7.23

◆「協和香料「騒動」は厚労省の怠慢が原因だ-国産品がダメで輸入品は野放し」『THEMIS』 2002.8

◆「日本でも相次ぐ企業不祥事（海外特約・世界鳥瞰 On the Globeーエコノミスト)」『日経ビジネス』 2002.8.19

◆「無認可添加物問題で「協和香料化学」が背負った重い十字架（レポート/常識の裏)」『実業界』 2002.9

◆「ドキュメント ザ・倒産（226）協和香料化学（株）添加物認可制度に潜む病根」『近代セールス』 2002.11.1

category 製造物責任

CASE 119 USJ、賞味期限切れ食品販売、火薬不正使用問題

date 2002年(平成14年) 7月4日

commercial name 株式会社ユー・エス・ジェイ

scandal type 食品衛生法違反　火薬類取締法違反

事件の背景

2001年3月31日、大阪市にオープンした「ユニバーサル・スタジオ・ジャパン（USJ）」はハリウッド映画の世界を題材にしたリゾート施設で、東京ディズニーリゾートと並ぶ巨大テーマパークとして知られている。運営するのは株式会社ユー・エス・ジェイで、設立当初は大阪市が25％、米国ユニバーサル・スタジオの子会社が24％出資する第三セクターだった（他にも40社以上が出資）。経営トップも社長の阪田晃氏が前大阪市港湾局長、副社長がユニバーサル・スタジオ出身、専務がスポンサー企業出身と寄り合い所帯で、運営は事実上米国側に依存していた。同社は2005年、ゴールドマン・サックス証券に対するリファイナンスを実施し、2007年現在はほぼ民間の経営に移行している。

オープン初年度には約1,100万人もの入場者数を記録し、予想を越える人気の高さを見せつけた。2年目も事件が発生する7月まで、その人気ぶりは変わらなかった。

事件の発端

2002年7月4日、株式会社ユー・エス・ジェイは、2001年6月から2002年2月にかけて、品質保持期限（賞味期限）が切れた冷凍食品や乾物、調味料など48種類の食品をUSJ内の直営飲食店で使っていたことを大阪市に報告した。同社は2002年6月13日に保管倉庫の関係者から指摘を受け、社内調査を実施したところ、この事実を把握した。

使われていた期限切れ食品は、冷凍牛肉、冷凍鶏肉、冷凍七面鳥、オイルエビなどで、最大で9カ月、計約2トンにも上っていた。それらはオープン前に大量

keyword【キーワード】：品質保持期限　残留塩素濃度　ハリウッド・マジック

仕入れし、期限切れになっても使い切れず余っていた食品だった。現場では「安全は確保できるし、捨てるのはもったいない」と判断した飲食部の品質管理責任者らが、先延ばしした「賞味期限」を独自に設定し、箱にシールを張って書き換えていた。

大阪市は食品衛生法に基づいて2～3カ月に1回、USJに立ち入り検査を行っていた。期限切れ食品が使われた期間にも計3回実施したが、保管倉庫は立ち入り検査の対象外だった。

床下配管ミス・飲料水問題

USJの不祥事はその後も続いた。2002年7月8日、USJ内の直営レストラン「パークサイドグリル」で床下の汚水管が破裂し、ジュース類のタンクが汚水まみれになった。大阪市は即日、行政指導を実施し、飲食物の近くを汚水管が通る構造上の問題を指摘した。

7月22日、今度はUSJのオープン時から約8カ月にわたり、配管の接続ミスから園内の水飲み器の一つに、飲料水用の上水ではなく工業用水が供給されていたことが分かった。2001年11月、ユー・エス・ジェイが問題の水飲み器の水質を検査したところ、上水の基準を下回る残留塩素しか含まれていなかった。

飲料水用として使用する上水には殺菌処理のため厳しい水質基準があり、残留塩素濃度0.1ppm以上であることが求められる。一方、工業用水の場合は殺菌処理が必要ないので、残留塩素の値が低くなる。問題の水飲み器の残留塩素濃度は、0.05～0.07ppmしかなかった。施工業者が、上水の配管の代わりにアトラクションなどに使う工業用水の配管を誤って接続していたことが原因だった。

同社は水飲み器を使用禁止にして配管を本来の接続に戻したが、大阪市保健所には報告していなかった。7月23日、市保健所が同社に対する立ち入り検査を実施したところ、過去8回の水質検査の記録上、残留塩素濃度がすべて0.1となっていたことが発覚し、水質記録の捏造が疑われた。同社は「測定機器の操作ミス」と弁明したが、同月26日、市保健所が再び立ち入り検査を実施したところ、操作ミスの可能性は否定された。

さらに7月29日、市保健所はUSJ内32カ所の飲料用冷水器のうち、6カ所から水道法の水質基準を上回る雑菌が検出されたとして、安全性が確認できるまで使用を停止するよう行政指導した。

火薬不正使用問題

2002年7月31日、今度はUSJが「ハリウッド・マジック」など主要なアトラクションで許可量を超える火薬を使っていたことが分かり、大阪府と市消防局などが、火薬類取締法違反や大阪市火災予防条例違反などの疑いでユー·エス·ジェイの火薬保管庫などに立ち入り検査を行った。その結果、ハリウッド・マジックが行われる人工池周辺の花火打ち上げ装置のうち、約200個の装置を無断で移設や増設していたことが判明した。また約90個では許可内容と異なる6種類の火薬を使っていたことも分かった。同社の不正使用は開業時から2002年7月まで続き、総量は約1トンにも上っていた。

これを受け、同社は8月分の火薬使用許可を取り上げ、ハリウッド・マジックの上演を休止することを決定した。8月6日、大阪市消防局はUSJに対し防火設備などの安全確認のため、立ち入り検査を行った。

その後の経緯

2002年8月7日、ユー・エス・ジェイは法令遵守のための社内組織の設置、定期安全点検の実施、広報報道体制の強化など、五つの改善策からなる社内改善計画を大阪市に提出した。同時に、阪田社長の減給など幹部9人の社内処分を発表した。同日開かれた記者会見で阪田社長は、「さまざまな出向者が混在する組織で、十分な意思疎通ができなかった。業務に追われ、入園客中心という考え方も徹底していなかった」と反省の弁を述べた。一方、ダニエル・ジャンセン副社長は「安全性は確保されており、入園者に迷惑はかけていない」と語り、日本の法令や慣行に対する無理解と、安全に対する危機意識の薄さを露呈した。

8月9日、大阪府警は火薬類取締法違反（無許可使用）の疑いで、ユー·エス·ジェイの事務所2カ所の家宅捜索を始めた。その後の調査で、火薬の増量はアトラクションの演出効果を高めることが目的で、米国人幹部社員らの主導だったことが分かった。また、2002年7月に行われた大阪府の立ち入り検査の際にはハリウッド・マジックの上演だけを意図的に中止していたことも判明した。同社は9月10日、記者会見し、開業前から担当社が違法性を認識しながら不正使用を続けたことを明らかにした。

その後、ハリウッド・マジックの安全性を確認した大阪府が火薬使用を許可したため、USJは9月13日、1ヵ月半ぶりに同アトラクションの上演を再開した。

一連の不祥事はUSJに大きな打撃を与えた。10月1日にユー・エス・ジェイが発表した7～9月の3カ月間の入場者数は213万5,000人で、これは前年同期と比べ105万4,000人（約33％）も少ない数字だった。同月3日、同社の阪田社長は一連の不祥事の責任を取って辞任することを表明した。

2003年1月28日、大阪府警はユー・

エス・ジェイの火薬取扱責任者の元社員と現社員の2人、そして法人としての同社を火薬類取締法違反（無許可消費）の疑いで大阪地検に書類送検した。

4月1日、同社は02年度の入場者数を763万7,000人と発表した。初年度の1,102万9,000人より、約3割も減っていた。

参考文献

雑誌・書籍

◆「“寄り合い所帯”から次々と発生した不祥事 USJ(ユニバーサルスタジオ)の無責任経営」『財界』 2002.9.10

◆「USJの闇ー特異の経営と組織の運営が不祥事を多発させた(都市経済特集・大阪 USJの闇、NASDAQの罪)」『ダイヤモンド』 2002.9.21

◆「佐々木伸氏 ユー・エス・ジェイ(USJ)社長(敗軍の将、兵を語る)」『日経ビジネス』 2002.12.9

◆「新春インタビュー（株）ユー・エス・ジェイ 代表取締役社長 佐々木伸氏--日米が融和する組織体制づくりを通じ従業員満足を図りながら顧客からの信頼回復と業績向上を目指す」『レジャー産業資料』 2003.1

category 製造物責任

CASE 120 プリマハム表示義務違反事件

date 2003年（平成15年）2月2日

commercial name プリマハム株式会社

scandal type 食品衛生法違反（表示義務）

事件の背景

近年、子供の間で、アレルギー原因物質による意識障害や呼吸困難など、深刻な症例が多数起きている。微量でもアレルギー反応を引き起こし、場合によっては生命の危険に陥ることも珍しくない。国も対策に乗り出し、2002年4月、食品衛生法が改正された。

当時は2002年1月に発覚した雪印食品の牛肉偽装事件以来、悪質な産地偽装が相次いでおり、食品メーカーのモラルが厳しく問われている時期だった。

事件の発端と経緯

2003年2月2日、イオンは自社ブランドの食品「トップバリュ　アスパラベーコン巻」に、原材料表示に記載されていない卵白成分が無断で使用されていたとして、製造委託先であるプリマハムとの取引を全面的に停止した。同時に、問題の食品を含む同社製造の全商品を店頭から撤去した。卵白成分は食品衛生法によって原材料表示が義務付けられているが、問題になった食品の包装には表示されていなかった。

事態が明らかになったのは、イオンが自社ブランド製品の自主検査を行った1月末のこと。原材料表示に関する契約を基にイオンがプリマハムを追求すると、プリマハムが製造を静岡県内の加工業者に「丸投げ」していたことが分かった。

プリマハムは「外注先が使っていた材料を充分チェックせず、見逃してしまった。今後は管理を徹底し、品質保証に努める」と弁明したが、販売の現場に立つイオンの不信感は根強かった。2002年の春以降、同製品は既に約47万パックも市場に流通しており、影響が心配されたからである。

keyword【キーワード】：アレルギー原因物質　原材料表示　アレルゲン検査

4月3日、事態を重く見たイオンはプリマハムを食品安全基本法違反の疑いで警視庁に刑事告発した。それを受け6月5日、警視庁生活環境課はプリマハム本社などを、食品衛生法（表示義務）違反の疑いで捜索した。

9月30日、警視庁生活環境課の調べにより、委託業者からプリマハムに対して卵白を使ったことを示す書類がファクスで送られていたことが明らかになった。生活環境課は、これをプリマハムが卵白入りを十分認識できたのに意図的に表示しなかった証拠とみなし、同社と同社営業品質管理部部長、同部課長、同部係長の3人、並びに委託業者の「かつ味食産」と「吉田ハム工場」、及び両社の社長の2人を食品衛生法違反（表示義務）容疑で東京地検に書類送検した。

これを受けプリマハムは、「消費者の皆さまにご心配をかけたことをお詫び申し上げます。現在は全商品、新商品すべてについてアレルゲン検査を行っており、流通している商品の表示について問題はないと確認しています」とのコメントを発表した。

この事件は、アレルギー原因物質の表示義務が規定された改正食品衛生法が施行されて以来、同容疑で摘発された初めてのケースとなった。

事件の結末と法的処分

2003年10月10日、東京区検は法人としてのプリマハムと、元品質管理部長、元同部課長の両容疑者を食品衛生法（表示義務）違反の罪で東京簡裁に略式起訴した。プリマハムには罰金30万円、両容疑者にはそれぞれ同20万円を請求した。委託業者2社とその他の社員らについては、関与の度合いが低いことなどから起訴猶予処分とした。

東京簡裁は11月5日までに、食品衛生法（表示義務）違反の罪で、法人としてのプリマハムに罰金30万円を、元品質管理部長、元同部課長に、それぞれ同20万円の略式命令を言い渡した。

参考文献

雑誌・書籍

- ◆「イオンが刑事告訴する訳ープリマ製品からアレルギー物質が検出（時流超流 News & Trends）」『日経ビジネス』 2003.2.17
- ◆「食物アレルギー（1）イオン、プリマハム刑事告発の波紋」『食品と暮らしの安全』 2003.5

category　製造物責任

CASE 121　六本木ヒルズ、回転ドアによる小学生の死亡事故

date　2004年（平成16年）3月26日

commercial name　森ビル株式会社、三和シヤッター工業株式会社、三和タジマ株式会社

scandal type　業務上過失致死

事件の背景

自動回転ドアは、出入りの際に外気がビル内に吹き込まずビルの温度調節がしやすいのが好まれ、国内では1980年代初頭からデパートなどの大型ビルに設置されるようになってきた。

しかし、その安全対策は不充分だった。輸入元のヨーロッパでは軽量化すべしとされていたドアの自重は改良のたびに重くなり、事故の際の負傷は避けられなかったからだ。実際、2004年以前に全国の大型自動回転ドアで270件の事故があり、133人がけがをしていた。

事故当時、自動ドアの安全基準を規定する法律や条例は皆無に等しかった。

事件の発端

2004年3月26日午前11時半ごろ、「六本木ヒルズ森タワー」（以下「森タワー」）2階の正面入り口で、大阪府から観光にきていた溝川涼君（6）が自動回転ドアに頭を挟まれた。涼君は病院に運ばれたが約2時間後に死亡。死因は頭蓋内損傷であった。

事故を起こした回転ドアは2カ所に計14人が入れる大型タイプで、「三和シヤッター」（東京都）の子会社「三和タジマ」が製造元であった。

事故後、森タワー開発を開発した森ビルは「六本木ヒルズでは前年同じ形式の回転ドアに子供が挟まれる事故が2件起きていた」と発表した。

警視庁捜査1課と麻布署が調査に乗りだした。

その後の経緯

2004年3月27日、三和タジマの親会社「三和シヤッター工業」が、事故を起こした回転ドアは、赤外線センサーが

keyword【キーワード】：自動回転ドア　安全装置　赤外線センサー　死角

地上80センチ以上しか感知しない設計になっていたことを明らかにした。同社はその理由を「床面まで届くようにすると、床面を感知してドアが停止してしまうため」と説明し、子供が事故に遭いやすい構造だったことを認めた。

一方、ドアはセンサー作動後も、すぐに止まらない構造であることも判明した。「急停止すると歩行者がガラス面にぶつかり、けがをするため」（同社）、ドアが減速しながら止まる仕組みになっていたのだ。

3月28日、森ビルは、開業以来、森タワーの大型自動回転ドアで12件、小型回転ドアで10件の事故が起きていたことを明らかにした。9件は救急車で病院に搬送された事故だった。負傷者のうち子供は11人で、すべて8歳以下。大型回転ドアの7人はいずれも体を挟まれる事故だった。

さらに、森タワーを含む六本木ヒルズ全体を見ると32件、森ビルグループ全体では過去3年間で39件の負傷事故が回転ドアで起き、11件に救急車が出動していた事実も判明した。

森ビルは事故当日の26日、過去2件の事故を明らかにしただけだった。これに対し森ビル広報室は「軽微な事故の確認に時間がかかった」と釈明した。

さらに、森ビルが、2003年12月の時点で事故防止用の赤外線センサーに死角があることを認識していたことも明らかになった。担当者はメーカー担当者から死角の存在を知らされながら、「誤作動が多くなる」と放置していたという。

同夜、森ビルの森稔社長は被害者の通夜に訪れ、献花を申し出た。被害者の父親はこれを断わった。

3月29日、森ビルが、回転ドアによる過去32件の負傷事故を警察に届けていなかったことが明らかになった。森ビルは「救急車を呼べば消防署から警察に連絡がいくと思っていた」と釈明した。

このころから、回転ドアを設置するデパートなどがドアの回転を止め、開放状態にする対策を取り始めた。

事故のタイプの回転ドアに安全装置がなかったことも判明した。三和シヤッター工業は「安全装置の設置を再検討したい」と説明した。

3月30日、森タワーに設置されたほかの回転ドア7台の死角が、当初設定の床上80センチより拡大していたことが警察の調べで分かった。

三和シヤッター工業は「設定を変えたのは2002年12月下旬ころ。森ビル側から『誤作動を防止するため』に依頼された」と説明した。これに対し森ビルは「メーカーに相談した事実は知らない」とした。

また、森ビルが、回転速度の設定の変更をメーカー側に依頼していたことも判明した。「人の流れをスムーズにする」ためで、メーカーは社内基準違反を承知でこの要望に応えていた。

その後の経緯、警察・検察の動き、裁判

2004年3月30日、警視庁捜査1課は、業務上過失致死容疑で、森ビルや三和シヤッター工業など計7カ所を家宅捜索した。

4月2日、国土交通省は前年2月、高齢者や障害者らに配慮した建物設計を促す「ハートビル法」の改正を前に、「回転ドアは危険で設けないことが望ましい」とする文書をまとめながら、安全基準作りなど具体策を講じてこなかったことが明らかにされた。

6月、国土交通省などが、自動回転ドア安全確保のガイドラインを作成し関係者に指示した。ガイドラインがメーカーに求めたのは、次の2点。

①最大回転速度は毎秒65センチ以下。

②停止後に逆回転かドア羽根を折り畳める機能の敷設。

ビル管理者には、次の2点を求めた。

① 即応できる要員配置。

② 安全マニュアルの策定。

8月12日、事故の後、メーカーの三和側は警備員の配置を要請したが、森ビルはこれに応じなかったことが明らかになった。

10月4日、森ビルと遺族の示談が成立した。森ビルは賠償金約7,00万円を支払うとともに「安全について細心の注意を払う」など、事故の再発防止を約束した。

2005年1月26日、森ビルと三和シヤッター工業がそれぞれ記者会見で陳謝した。森ビルの森稔社長は「亡くなった溝川涼君のご冥福をお祈りする」と謝罪した。

3月16日、東京地検は、三和タジマの回転扉担当取締役・久保久暢被告と、森ビルの元常務取締役兼設計本部長・多田雄三被告、元管理本部管理運営室部長被告の3人を業務上過失致死罪で在宅起訴した。

6月24日、森ビルの多田雄三被告は東京地裁の初公判で「大筋では認めたいと思います」と述べた。

同社の多田雄三被告と、三和タジマの久保久暢被告も起訴事実を認めた。

冒頭陳述によると、森タワーでは死亡事故と同じ機種のドアで、前年にも3件の人身事故が発生。その後、管理運営室部長被告は、防護柵の設置など安全対策を講じるにはドアの意匠に大きな関心のある森社長の了解が必要と判断し、多田被告に社長への報告を求めた。

しかし、多田被告は「対応案を詰めてから報告する」として、森社長に報告しなかった。

その後、12月13日に2件の事故が発生。現場担当者がドア付近にポールを設置したが、両被告は具体的な安全対策を進めず、3カ月後に死亡事故が起きたとされる。

9月30日、東京地裁は、業務上過失致死罪に問われた森ビル・多田雄三被告と同社・管理運営室部長被告に対し禁固10月（執行猶予3年）、三和タジマ・久保久暢被告に禁固1年2月（執行猶予3年）の判決を言い渡した。

10月5日、多田雄三被告、管理運営室部長被告は控訴権の放棄を東京地裁に申し立て、有罪判決が確定した。

10月17日、久保久暢被告の有罪判決が確定した。

参考文献

雑誌・書籍

◆「詳報 六本木ヒルズ自動回転ドア死亡事故（緊急リポート 危険デザインー凶器と化す建築物が身近に潜む）」『日経アーキテクチュア』 2004.4.19

◆「科学通信 オピニオン:大型回転ドアの安全性とは何か」
『科学』 2004.6

◆「ニュースラインナップ 自動回転ドアの事故防止対策に関する検討会を開催ー3か月を目途に事故防止対策ガイドラインなどを作成ー国土交通省,経済産業省」
『設備と管理』 2004.6

◆「災害詳報 東京・六本木ヒルズ（森ビル）回転ドア死亡事故に学ぶ（1）」
『近代消防』 2004.7

◆「巻頭 六本木ヒルズ森ビルの「回転ドア死亡事故」から学ぶ」
『月刊フェスク』 2004.7

◆「六本木ヒルズ森ビル回転ドア死亡事故から学ぶ」『設備と管理』 2004.9

◆「回転ドアの原罪（失敗学応用講座）」『文芸春秋』 2004.11

◆「事故は語る 回転ドア死亡事故の「真相」ー進歩の過程で薄らいだ安全」
『日経ものづくり』 2005.5

◆「安全・安心（3）大型自動回転ドアの事故を振り返る」
『労働の科学』 2005.1

◆「六本木ヒルズ回転ドア、福知山線脱線事故…… 起きてしまった事故は社会の共有財産である（特集 リスク社会をどう生きるか）」『中央公論』 2006.6

◆「内部統制・検証（File5）森ビル・六本木ヒルズ回転ドア児童死亡事故」
『月刊監査役』 2006.8

◆畑村洋太郎『ドアプロジェクトに学ぶー検証回転ドア事故』
日刊工業新聞社　2006

category 製造物責任

CASE 122 トヨタ自動車リコール放置問題

date 2004年（平成16年）8月12日

commercial name トヨタ自動車株式会社

scandal type リコール放置

事件の背景

トヨタ自動車は売上高約24兆円、純利益1兆6,000億円に上り、日本で最大、世界で有数の大企業である。

また、カンバン方式、改善といった生産・経営方式は国内外を問わず経営者の関心を集め、他業界にもその生産・販売体制は取り入れられている。

他方で、企業規模が国境を越えて巨大化したことから生産体制、情報共有のあり方を再編する必要も指摘されていた。

生産体制については生産に余裕がある国では販売が伸びず、車両が売れている国では生産が追いつかず、不均衡が生じていた。その対策として国境を越えて生産を補完し合える体制の整備が始まっていた。また、自動車業界では共通の部品を使うことから、品質管理や不具合情報を世界規模での共有も求められていた。

事件の発端

2004年8月12日夕方、熊本県菊池市の県道で左カーブを曲がろうとしていたハイラックス（1993年トヨタ自動車製造）が、ハンドル操作が利かず、対向車に衝突し、対向車の運転手とその家族を含めた計5人が重軽傷を負った。

事件の経緯、会社の対応

事故から2か月が経った2004年10月26日、トヨタ自動車は国土交通省に熊本での事故車種のハンドル操作に関わる部品、ステアリングリレーロッドのクレームが国内で11件あったとして、1988年12月から1996年5月に製造したハイラックス3種16型式33万496台のリコールを届け出た。

このリコールにより事故との関係が浮上し、2005年8月、熊本県警はトヨタ

keyword【キーワード】：カンバン方式　ハンドル操作　ステアリングリレーロッド　リコール

自動車を家宅捜索し、押収した資料などから1992年頃から事故車種のステアリングリレーロッドが折れる不具合が国内で52件、国外で28件報告されていたことが明らかになった。

ハイラックスを1988年にモデルチェンジした際、新モデルは旧モデルよりも95キロの重量が前車軸に余計にかかっていたが、強度実験を行わずに旧モデルの部品をそのまま流用していた。1992年頃からの不具合報告について1995年から1996年まで社内調査で実験を行った結果、ステアリングリレーロッドの強度不足が判明し、「保安基準に反する重要な故障であり、緊急の措置を要することを示す社内基準　A」に区分した。調査を受けて、事後販売した車両には強度を補強した部品を使用し、販売済みの車両については、8年間リコールを行わなかった。熊本県警は欠陥を8年間放置したことが事故の原因として、現職、元職のリコール担当部長3人を業務上過失傷害の疑いで書類送検した。

書類送検直後、トヨタ自動車広報部署に報道機関からの問い合わせが殺到したが、同室は「リコールへの対応に落ち度なかった」とし、96年に把握した不具合は車庫入れの時などにハンドルを何度も左右に思い切って切り替えた事によるもので、通常の走行で交通事故を引き起こすとの認識はなかったと述べた。

20日の定例記者会見で漸くコメントを発表し、豊田彰男副社長は「お客様を不安にさせたことはメーカーとしては大変恥ずかしい」と述べ、熊本県警の捜査に協力するとしつつも業務上過失傷害容疑については次の通り反論した。

- モデルチェンジで旧モデルの部品について強度試験を行わずに流用したことは、改めて耐久性を検証せずとも他の強度試験で十分確認した。
- 社内基準Aに該当させながら、早急にリコールを行わなかったことについては、あくまで調査の必要度を表す指標で危険度やリコールの要否とは無関係である。
- 不具合の発生数については、国内52件、海外28件とする熊本県警の発表と異なり、国内46件、海外36件と認識し、販売会社が不具合の内容を検討してリコールの対象と考えたものは11件に過ぎない。

同日、国土交通省では不具合の情報管理や関連部門間での情報共有が不十分だったと判断し、「欠陥車関連事務に係る業務改善指示」をトヨタ自動車に通達した。その内容は次の通り必要な措置を命じるもので、8月4日に対応内容を報告するよう求めた。

1. 安全上重要な案件については、リコール不要と判断した場合でも、その後の市場監視を行うこと。

2.リコール関連部署及び設計関連部署等において、情報の共有化を図るなど関連部署間で連携を強化すること。特に、以下の点については重点的に取り組むこと。

1)不具合の再発時に迅速に対応するためにも、過去に行った車両品質に関する検討結果については、当該型式の車両が存在する限り、保管し、関係部署で共有すること。

2)お客様情報等の情報のうち、車両品質に係る可能性があるものについては、直ちにリコール担当部署に情報を提供するなど、社内の情報の共有化を促進すること。また、併せて、市場技術速報の早期発行について、販売店等に指導の徹底を行うこと。

トヨタ自動車は8月3日に国土交通省に業務改善報告書を提出したが、その報告書では次のような具体的な改善点を挙げた。この内容を踏まえて、国土交通省では改善状況を確認するための立ち入り検査を今後実施するとした。

1.顧客から受け付け、登録した不具合情報を2週間後をめどに再確認して制度を上げる。

2.リコールの検討に関連する資料の保管期間を10年から20年に延長する。

3.リコール不要との判断後に新たな不具合情報を受け付けた場合、品質情報システムの画面に警告を表示する。

4.社内監査の頻度を当面、従来の年1回から4回に増やし、法務担当者らを監査員に加える。

参考文献

webサイト

◆「リコールの届出」、1996年10月26日
http://www.mlit.go.jp/jidosha/recall/recall04/10/recall10-262.html
(参照2007.6.8)

雑誌・書籍

◆**「緊急レポート 事故は語る リコールしなかったトヨタ自動車の矛盾」**
『日経ものづくり』 2006.9

category　製造物責任

CASE 123　松下電器、石油温風機一酸化炭素中毒事件

date　2005年（平成17年）4月20日

commercial name　松下電器産業株式会社

scandal type　消費生活用製品安全法、一酸化炭素中毒死

事件の背景

この事件に遡ること13年前の1992年、松下電器産業は自社製の冷蔵庫に故障が多発し、約250億円をかけて約42万台を点検、修理した。故障の発覚から公表まで半年間を要するなど、対応の遅れが非難された。

今回の事故で対応が遅れたのは、顧客名簿の作成と管理を販売店に頼っているため、製品に事故が起きた場合、本社で買い主を把握できなかったためだった。特に石油温風機のように長期使用される製品については、製造物責任法（PL法）が「販売後10年を経た商品はメーカーに賠償責任はない」としていることもあり、古い顧客名簿が散逸し、買い主を特定できない状態だった。

事件の発端

2005年1月5日、福島県伊南村ペンションで、小学6年児童が死亡し、父親が重体となる一酸化炭素中毒事故が発生した。2月23日には、長野県茅野市で2人が入院、4月13日には長野市で3人が同中毒事故を起こした。これら一連の一酸化炭素中毒事故は、松下電器産業（大阪府）製の石油温風機の使用中に起きており、不完全燃焼が原因だった。

発覚の経緯

2005年4月20日、松下電器産業は、同年1月から同社製の石油温風機の使用中に7人が一酸化炭素中毒となり死傷していたことを発表した。同社は1月の福島県での事故直後に、同機種を回収調査し、数台のホースに亀裂を発見していたが、一酸化炭素漏れは微量で害はないと

keyword【キーワード】：顧客名簿　石油温風器　一酸化炭素中毒

判断して公表していなかった。

事故が起きた石油温風機は、製造後14年以上経過しており、製品製造物責任法での賠償責任は問われないが、林義孝常務は「責任は逃れられない。遺族への補償はきちんとしたい。公表の時期が遅かったかもしれない」と述べた。

同社は1985～1992年製造の「FF式（強制給排気式）石油温風機」19種と「石油フラットラジアンヒーター」6種をリコールした。

その後の経緯

2005年11月21日に長野県で松下電器産業製の石油温風機による4件目の一酸化炭素中毒事故（1人死亡1人重体）が起きていたことが判明した。

同月29日に経済産業省は、消費者生活用製品安全法に基づき、問題製品の回収・修理と消費者への危険性の周知徹底を求める緊急命令を出すと共に、具体的な回収や修理の状況を報告するよう求めた。経済産業省が緊急命令を出すのは初めてのことで「松下電機産業の対策が不十分で、強い措置を取る必要がある」と判断したと述べた。

12月5日、松下電器産業は、同月2日、山形県で石油温風機事故が起こり、1人が重体と発表した。10月8日にリコールにより交換修理されたホースがはずれ、不完全燃焼したことが原因だった。

経済産業省は、修理済みの製品も再度安全性を確認するよう指示した。

会社の対応

2005年12月6日、松下電器産業は、経済産業省に事故対策の実施計画書を提出した。回収率を上げるため、対象となる約13万台の石油温風機を、修理済みを含め1台当たり5万円で買い取るほか、同月10日より10日間、同社のテレビCMを「おわびとお知らせ」に切り替えるなどの周知対策を行う方針を表明した。

12月7日、石油温風機修理に関して、交換ホースの安全性に問題があるとして、修理を拒否した販売業者がいたことが判明した。松下電器広報グループは「構造上の欠陥はなく作業上のミスの可能性が高い」との意見を述べた。

12月9日、松下電器産業は、修理済み製品のうち12件で交換したホースが脱落していたと認め、修理マニュアルがミスを誘発した可能性があると発表した。また、全国26新聞を対象に引き取りのお知らせを追加したお詫び広告を載せた。

12月11日、松下電器産業が、事故を公表する2ヶ月前の2月10日に、石油温風機の製造を3月で中止すると発表し、その際「ご愛顧キャンペーン」として、問題の25種を含む石油温風機の無料点検を行い、販売業者に部品の交換を指示していたことがわかった。事故の重要性を認識していた可能性が高いが、同社は「キャンペーンは事故を受けたものではない。事故を隠す意図はなかった」と説明した。

12月16日、FF式石油温風機は給排気口が屋外にあるため、一酸化炭素が室内に漏れることを想定しておらず、不完全燃焼を感知し停止させる安全装置を備えていなかったことが判明した。安全性を認証する日本燃焼機器検査協会の検査基準でも搭載を義務づけておらず、検査基準の再検討が始まった。

12月19日、松下電器産業は、約半数の購入者を確認したが、まだ7万台が所在不明で、20日以降もテレビCMで警告すると発表した。

2006年1月12日、松下電器産業は「再発防止のため、最後1台まで所在を明らかにする」と新聞やテレビCMでの告知を繰り返し周知に努めてきたが、残る石油温風機の回収を進めるために、全国の全4,900万世帯と、宿泊施設など約1,100万カ所に告知はがきを郵送することを決定した。

1月14日、経済産業省は家電製品の安全性向上のために、メーカーが回収した製品の国への報告を義務化し、製品トラブルの相談窓口を省内に設けるなど、電気用品安全法の関連法令改正の検討に入った。

2月2日、松下電器産業は、石油温風機事故で240億円の費用がかかるが、TVやカメラの売り上げが好調なことから、営業利益が4,000億円の高水準になると発表した。事故によるブランドイメージの低下は、ほとんど見られなかった。

2月23日、松下電器産業の森下洋一会長（71）が相談役に退き、中村邦夫社長（66）が会長に、大坪文雄専務（60）が社長に、6月の株主総会後就任すると発表した。中村社長は、初めて事故について謝罪したが、人事に関して「事故とは関係ない」と述べた。また、家電担当の林義孝専務と大鶴英嗣常務を取締役に降格処分することを同時に発表した。

5月16日、松下電器産業は、長期にわたり使用する製品を対象に、顧客名簿を作成し一元管理する仕組みを導入し、定期点検を促す方針を発表した。また「FF緊急市場対策本部」を解消し「FF市場対策本部」を新設。TV、新聞、チラシなどの告知を継続することを決定した。

7月4日、経済産業省は、松下電器産業の事故がホースの劣化が原因だったとする調査報告書を公表し、ホースの構造や材質に関する日本工業規格（JIS）や業界基準、検査基準の見直しを検討すると発表した。

参考文献

webサイト

◆松下電器ニュース
http://panasonic.co.jp/corp/news/official.data/data.dir/jn051206-3/jn051206-3.html
（参照2007.6.14）

雑誌・書籍

◆「松下電器製温風器事故」『技術倫理研究』 2006
◆「特別インタビュー 自己採点は50点。石油暖房機事故の反省、営業利益率5％への手ごたえ 松下電器・中村社長「わが経営改革の総決算」を語る」
『プレジデント』 2006.4.3
◆「企業のリスク管理と消費者の安全1 松下電器製石油温風機事故にみる製品リコールのあり方（特集 知恵と勇気で消費者被害を防ごう）」『月刊国民生活』 2006.5
◆「発見！イノベーション企業 ダイニチ工業（石油暖房機器製造）松下や三菱も撤退する難市場、「ハイ！ドーゾ生産」で大躍進」『日経情報ストラテジー』 2006.5
◆「特報 事故は語る 松下製石油温風機「欠陥」の真実 ホースの亀裂だけではなかった」『日経ものづくり』 2006.8

category 製造物責任

CASE 124 シンドラーエレベータエレベータ事故

date 2006年（平成18年）6月3日

commercial name シンドラーエレベータ株式会社

scandal type 業務上過失致死

事件の背景

1990年頃からエレベータの保守・管理業界では、メーカーの系列外の業者、いわゆる独立系業者が参入し、価格競争が始まった。独立系業者が台頭するきっかけは、メーカー系業者によるエレベータ補修部品の売り渋りを、独立系業者が違法行為として大阪地裁に提訴し、1990年に勝訴したことに始まる。公正取引委員会も2002年にメーカー系業者の売り渋りについて排除勧告を出した。

また、財政状況が厳しい地方自治体ではエレベータの保守・管理費用を抑えるために、これまでのメーカー系業者との随意契約から競争入札に切り替え、この動きも独立系業者が台頭する背景となった。

独立系業者の参入でエレベータの保守・管理がコストダウンされたが、質の低下が懸念された。一方で、独立系業者からは、メーカーとメーカー系列業者がエレベータの動きを制御するコンピュータ部分の情報提供に消極的であるとの声が挙がった。

メーカーの安全施策への配慮や独立系業者とメーカー系列業者の連携不備も事件の背景として挙げなくてはならない。

事件の発端

2006年6月3日午後7時20分頃、公共住宅シティハイツ竹芝（東京都港区芝1丁目）12階で同階に住む都立高校生が自転車に乗車したまま後ろ向きにエレベータを降りようとしたところ、扉が開いた状態で上昇し、エレベータの床と12階の天井に挟まれた。高校生は事故発生から50分後に救出されたが、全身を圧迫された上に頭の骨が折れて、まも

keyword【キーワード】：エレベータ　制御プログラム　ブレーキ系統

なく死亡した。

高校生救出後、事故を起こしたエレベータは急上昇して、公共住宅最上階22階を超えてエレベータの衝突止めに激突した。

会社の対応・経緯

事故翌日の6月4日から港区は住民説明会を開催した。区はエレベータを製造したシンドラー社に説明会への出席を求めたが、「警察の捜査に影響を及ぼす」との理由で欠席。シンドラー社が説明会に参加しないことに対して、6日の説明会では集まった約100名の住民から怒りの声があがった。

2006年6月7日にシンドラー社は事故についてのコメントを出し、「シンドラーが14ヶ月以上保守をしていないエレベータで起きた事故の原因を解明し、真相を明らかにすることが第一」とし、また「シンドラー製品の中には、弊社が保守を行っていない製品があります。それらの製品を含めて、シンドラーが提供している製品に対し、必要な全てのサポートを引き続き提供いたします」と自社に事故責任がないと主張した。7日には警察庁がシンドラー社、港区役所、港区住宅公社、2006年4月から事故時まで事故エレベーターを保守・管理していたエス・イー・シーエレベータ（台東区)、および2005年度に保守・管理を担当した日本電力サービス（多摩市）を業務上過失致死の疑いで家宅捜索し、さらにこの日は事故後、各地においてシンドラー社エレベータで閉じ込め、急降下があった事実が次々と明らかとなったことを受けて、国土交通省がシンドラー製エレベータ6,273基の検査に着手した。

シンドラー社においても6月8日から自社エレベータ全てについて点検を開始し（2006年10月4日 時 点 で99.7%終了)、同12日にはシンドラースイス本部エレベータ・エスカレータ部門最高責任者ローランド・ヘス氏、シンドラーエレベータ（日本）社長ケン・スミス氏らが会見を行い、ヘス氏は「情報開示の遅れが、遺族の皆様や住民、利用者に不安を与えたことをお詫び申し上げます」と謝罪。スミス代表取締役は「(住民説明会では）いい加減なことは言えないと考えていたが、その結果、正しく対応していないとの印象を与えた」と釈明した。事故責任については、自社製品の異常稼動が原因ではないとし、独立系メンテナンス業者がメーカーであるシンドラー社に安全に関する情報を求めてこなかったことに問題があると述べた。

しかし、6月16日に千葉県浦安市にある浦安マリナイースト21潮音の街7号棟でシンドラー社製エレベータが制御プログラムの不具合が原因で扉が開いたまま上昇する異常が発生。事故エレベータと他種機であったが、12日のシンドラー社幹部による釈明会見の直後の事故であったことから、シンドラー社に対する不信感はさらに増した。

21日にはシンドラー社は事故があったシティハイツ竹芝の5機のエレベータを2年間無償で保守することなどを港区に提案したが、港区では同社エレベータを継続使用する前提の提案には拒否する姿勢を示し、シティハイツ竹芝にある5機のエレベータのうち事故機を含む2機を交換する議案を議会に提出。2006年9月9日に事故機の撤去作業が始まった。

なお、事故責任については（2006年11月時点）、警視庁によるとシンドラー社製の事故エレベータについては制御部分には不具合は見当たらず、エレベータの停止を掌るブレーキ系統のトラブルが事故原因の可能性があるとし、製造元のシンドラー社、保守・管理会社を業務上過失致死の疑いで慎重に捜査している。

参考文献

webサイト

◆「シンドラーエレベータ（株）製エレベーターの緊急点検の状況について」2006年11月17日
http://www.mlit.go.jp/kisha/kisha06/07/071117_.html（参照2007.6.8）

雑誌・書籍

◆「ニュース 事故 東京・芝のエレベーター死亡事故で製造元が会見「構造や設計が原因の事故はゼロ」とシンドラー社」『日経アーキテクチュア』 2006.6.26
◆「シンドラー社エレベーター事故の教訓を生かせ--二度と同じ事故を繰り返さないために」『建設政策』 2006.9
◆「Part1 総論 相次ぐ事故に共通する課題 モノと人,情報の3本柱で（特集 シンドラーの波紋）」『日経ものづくり』 2006.1

category 製造物責任

CASE 125 パロマ、湯沸かし器一酸化炭素中毒事故

date 2006年（平成18年）7月14日

commercial name パロマ工業株式会社

scandal type 消費生活用製品安全法、一酸化炭素中毒死

事件の背景

パロマの子会社であるパロマ工業はガスコンロ、湯沸かし器などガス器具を製造するメーカーで、創業者の小林家が社長を輩出し、株式も小林家で過半数を所有する非上場の同族会社である。パロマでは年に1度しか取締役会を開いておらず、その取締役会の議事録も保管されていなかった。

ガス事業を監督していた旧通商産業省ではLPガスと都市ガスの所管が異なり、1992年にLPガス使用のパロマ製湯沸し器で死亡事故が発生した際、LPガス業者には事故防止マニュアルを通達したが、都市ガス業者については対応策を取っていなかった。

事件の発端

2006年3月、警視庁は1996年に発生した東京都港区の死亡事件で遺族からの要請に対して再捜査を開始。パロマ工業製の瞬間湯沸かし器との関係が濃厚となり、経済産業省に7月11日に通報し、製品の回収などの対応を求めた。

同省は再調査の結果、事故が再発する危険があったことから2006年7月14日、パロマ工業が製造したガス瞬間湯沸かし器で安全装置の配線の改造が原因とみられる一酸化炭素中毒の事故が1985年以降、17件発生し、15人が死亡していたと公表した。

事件の経緯、会社の対応

経済産業省の2006年7月14日の公表を受けて、同日、パロマ工業の親会社のパロマ小林弘明社長は記者会見を行い、「製品には、問題はないと考えている」とし、事故の原因は不正改造によるものと主張。不正改造は「耐用年数を超えた

keyword【キーワード】：同族会社　湯沸し器　一酸化炭素中毒　はんだ割れ

機器を延命するためではないか」と指摘し、経済産業省が事故原因を排気ファンの不具合と公表したことに「不本意だ」と反論した。

しかし1992年に札幌市で起きたパロマ工業製湯沸し器による死亡事故の損害賠償訴訟で札幌高等裁判所はパロマ製品の保守・点検を行うパロマサービスステーションの従業員が不正改造を行っていたと判断していたことを新聞が報道した。

14日の社長の記者会見と異なる事実が明らかになったことについて、パロマの総務部長は「パロマサービスステーションと直接の資本関係にないが、知らないところが勝手にやったとは言えない」と弁明した。

更に、経済産業省が把握していなかった死亡事故が次々と明るみになり、北海道帯広市で1990年2月に2名が死亡し、1992年11月には旭川で家族3人が死亡していたことも明らかになった。

18日、パロマは経済産業省が公表した17件の事故とは別に10件の事故があることを公表し（2006年7月31日に新たに中毒事件1件を公表、事故件数は計28件）、死者は合わせて20人に上った。また、不正改造以外に寒冷地での温度変化により老朽化が進み、基板のはんだが割れたり、接触不良があったりしたことが事故原因とし、最初の死亡事故が起きる2年前からことをそのことを把握していたと認めた。そして、メーカーとして責任があったとして謝罪。小林敏広パロマ工業社長は事故が全てトップに報告されていなかったと釈明。「私が安全を強調し過ぎたため、（事故の）報告が出しにくかったかもしれない」とし、事故対応後に辞任する意向を示した。はんだ割れが生じる可能性がある部品をパロマ工業は発売1年後に設計変更していたが、部品不具合を公表せず、部品の無償交換や修理も行っていなかったことも明らかとなった。

経済産業省は2006年7月31日、8月7日の2度にわたり立ち入り調査を実施し、製品には事故を誘発する構造上の問題があるとして、8月28日に消費生活用製品安全法に基づいて対象製品約26万台の回収を命じた。パロマ工業はこの時、すでに自主回収を行っていたが、テレビなどでCMを放映するなどして早期回収に努めた。

2006年8月の段階では、警察は死亡事故の原因については不正改造に加えて、排気ファンの電源プラグがコンセントから外されていた2つの条件が重なって生じているケースが多いと公表しつつ、事故責任を慎重に捜査している。

一方、パロマは構造上問題があったとの経済産業省の見解を否定している。パロマは有識者を中心とする第三者委員会を設け、2006年12月21日にその委員会は検証結果を公表した。それによると一斉点検、自主回収を行っておれば死亡事故は防げたとし、それを怠ったことはパロマのガバナンスに問題があると指摘した。しかし、法的責任については、製品は不正改造を誘発しやすい構造であったとしながら、当時の国などの技術的基準はクリアーし、また事故が発生した製品は製造物責任法施行前（平成7年施行）に引き渡されたものであり、同法の適法外であるとし、いずれも法的責任は免れると結論付けている。

なお、経済産業省は、2007年3月13日、ガス機器中毒事故の集計結果を発表し、当社は、過去21年間で95人の死亡者が挙げられた。

さらに、改正消費生活用製品安全法の5月施行に併せ、お客様相談室をCS部に格上げ、社長直轄の管理部を新設した。

参考文献

webサイト

◆パロマ工業第三者委員会、「事故の再発防止と経営改革に関する提言レポート」、2006年12月21日
http://www.paloma-dai3sha.com/pdf/20061221.pdf （参照2007.6.8）

雑誌・書籍

◆「ニュースラインナップ パロマ工業とパロマに立ち入り検査を実施——瞬間湯沸し器一酸化炭素中毒事故の原因と経緯を調べる資料を収集——経済産業省」『設備と管理』 2006.1

◆「時点・論点 パロマ工業製瞬間湯沸かし器で21人死亡——消費者への周知ないまま20年」『月刊国民生活』 2006.1

◆「パロマ工業（株）製瞬間湯沸器による一酸化炭素中毒事故の再発防止について（第18報）」『エネルギー関連行政情報』 2006.1

◆「霞が関特派員 経済産業省 パロマ事故から何を学んだか?——「改正消安法」に見る製品安全対策」『公研』 2006.11

◆「検証・パロマ事件——PL訴訟時代の幕開けとなるか（特別企画 製品事故発生！ その時どうする?)」『ビジネス法務』 2006.12

category 製造物責任

CASE 126 不二家、期限切れ原材料使用事件

date 2007年（平成19年）1月10日

commercial name 株式会社不二家

scandal type 食品偽装

事件の背景

「ペコちゃん」の愛称で親しまれる不二家の2006年3月期の連結売上高は848億円で、そのうちの270億円、収益の1/3近くを洋菓子部門が占めている。洋菓子の市場占有率は約8％で第3位だが、2003年3月期から営業赤字が続いており、2006年以降は主原料や包装資材の価格高騰が業績をさらに悪化させていた。厳しい価格競争の中で洋菓子の価格を上げるのは難しい。コスト削減は生産現場にも求められていた。

事件の発端と経緯

2007年1月10日、不二家が新座市にある埼玉工場で2006年10月中旬から11月上旬にかけ、消費期限が1日過ぎた牛乳を使ったシュークリームを出荷していた事実が発覚した。発覚のきっかけは、不二家から報道機関への内部告発だった。翌11日、記者会見した藤井林太郎社長は、同工場で消費期限切れの牛乳を計8回使って約1万6,000個のシュークリームを製造・出荷したこと、このほかにも、国の基準の約10倍にのぼる細菌が検出された洋菓子「シューロール」を出荷したこと、アップルパイなどで賞味期限切れのリンゴ加工品を使用したこと、プリンの消費期限を社内基準より1日長く表示したことなどを明らかにした。

同社は2006年9月から、社員と社外コンサルタント会社の合同チームによる事業調査を実施していた。これらの事実は調査の過程で判明したが、チームは「マスコミに漏れたら経営破綻は免れない。雪印の二の舞になる」と上層部に指摘し、経営陣も事実を公表しなかった。会見の席で藤井社長は、「考え方が甘かった」

keyword【キーワード】：ペコちゃん　消費期限切れ　創業家

と非を認め、謝罪した。

問題の商品は首都圏を中心に1都9県の小売店などへ出荷された。不二家は11日から洋菓子5工場（埼玉、北海道、栃木、大阪、佐賀）の操業を休止し、全国約800店の直営・フランチャイズ小売店と子会社が経営する約100店のレストランにおける洋菓子販売も、当面の間休止すると発表した。洋菓子5工場すべてに対し地元の自治体は、12日までに立ち入り検査を行った。

その後の経緯、会社の対応

2007年1月12日、不二家は営業停止した全国のフランチャイズ店（38都道府県の707店舗）に対し、休業補償する方針を明らかにした。また、菓子類のテレビCMも11日から中止した。同時に12日付で「生産対策委員会」を設置し、安全管理体制の総点検に入った。

販売への影響は早い段階から現れた。クイーンズ伊勢丹や東急ストアは12日から加工菓子を含む不二家の全製品を撤去した。15日になると、セブン＆アイ・ホールディングスがセブン-イレブンやイトーヨーカ堂などグループ約1万2,000店舗に、イオンがジャスコやミニストップなどグループ約3,000店舗に販売停止を指示し、さらにはダイエー、西友、ローソンも販売中止を決めた。

1月15日、不二家は再び記者会見を開き、埼玉工場では過去7年間に、期限切れ原材料の使用が新たに18件あったことを報告した。藤井社長は「組織ぐるみと言われかねない件がいくつかあった。会社の体質そのものに重大な問題がある」と語り、経営責任を取って社長を辞任することを表明した。

ところが社長辞任表明後も、問題が次々と明るみに出てきた。1月16日には埼玉工場でシフォンケーキなど8品目に期限切れ材料が使われていたことが発覚した。1月17日には1995年6月に製造した洋菓子が原因で大阪と京都の計9人が食中毒を起こしていたことが分かったが、不二家はこれを公表しなかった。1月19日には2006年10月中旬に販売されたチョコレート菓子に蛾の幼虫が混入していたことが発覚したが、これを回収しなかった。同じ1月19日、埼玉県は埼玉工場が賞味期限が4日に切れた加工原料を使用したアップルパイを翌日作り、出荷していた可能性があると発表した。埼玉工場で不適切な製品製造が確認されたのは、これが33件目だった。

新社長の就任と事態の収拾

2007年1月22日、不二家は藤井社長が引責辞任し、後任に桜井康文取締役が新社長になることを発表した。創業家以外からの社長就任は、90年以上の歴史を持つ不二家にとって初めての人事だった。会見の席で桜井新社長は、「悪い情報が上に上がらない企業体質があった」ことを認め、オープンな組織作りと消費者の信頼回復を急ぐと語った。また、取締役会では一連の不祥事の対策を指揮する「改革推進本部」と、外部の有識者による「『外部から不二家を変える』改革委員会」などの発足が決まった。

不二家の洋菓子工場を視察した改革委員会のメンバーは、大量生産時代にそぐわない経験や勘に頼る生産手法、国の基準を無視した独自の食品衛生マニュアル、人員削減による中間管理層の不在といった問題を指摘した。

1月24日、桜井社長は2007年3月期の業績について当初予想していた連結税引き後利益8億円の黒字を大幅に下方修正する見通しを明らかにした。商品の販売停止とフランチャイズ店への休業補償が重なり、収益の悪化は避けられない状態となった。

2月1日、不二家の桜井社長と製パン最大手である山崎製パンの飯島延浩社長がトップ会談し、山崎製パンが品質管理面などで不二家を支援することが明らかになった。不二家の支援に際しては大株主である森永製菓の名も挙がっていたが、合意には至らなかった。

2月2日、桜井社長は記者会見で、自身を含む取締役の報酬を削減する社内処分を行ったことを明らかにした。対象は藤井前社長を除く6人で、報酬削減は1月から3か月間とした。

2月20日、山崎製パンの飯島社長は記者会見し、操業を停止している不二家の洋菓子5工場が3月末に生産再開するとの見通しを示した。さらに同月23日、「『外部から不二家を変える』改革委員会」が記者会見を行い、大幅な減産が続いている菓子3工場について、3月1日から本格的な生産を再開できる見通しとなったことを明らかにした。

3月2日、「新しい不二家に生まれ変わります。」として、

- 今までの諸改革の説明
- 山崎製パンより、「AIB食品安全管理システム」の導入
- 保健所への報告の完了
- 販売の再開

を、公表、活力ある不二家のビジョンの報告を約束した。

参考文献

雑誌・書籍

◆「Inside 不祥事発覚で動き出した「不二家」争奪戦の舞台裏」
『週刊ダイヤモンド』 2007.1.27

◆「時流超流 News＆Trends 深層 不祥事の根源は12年前の1月23日にあり 不二家、諦めと停滞の果て」『日経ビジネス』 2007.1.29

◆「姿勢 不二家事件の教訓——不祥事や醜聞は隠蔽できない」
『Themis』 2007.2

◆「スペシャルリポート02 藤井一族と決別できるのか 不二家の前途多難」
『週刊東洋経済』 2007.2.17

◆「レポート＆インタビュー FC加盟店オーナーが語る不二家不祥事の“原因”と“今後”」
『経済界』 2007.2.20

◆「不二家を狙ったゴールドマンサックスの野望——藤井一族——伝統に胡坐をかいたツケ」『Themis』 2007.3

category　製造物責任

CASE 127 北海道ガス、北見市都市ガス漏れ事故

date　2007年（平成18年）1月19日

commercial name　北海道ガス株式会社

scandal type　ガス漏れ事故

事故の背景

現在、国内で使われている都市ガスには、大きく分けて天然ガスと石油系ガスの2種類がある。天然ガスはガス自体に一酸化炭素が含まれていないので、仮にガス漏れ事故が起きても、それだけで一酸化炭素中毒が起こる可能性は低い。一方の石油系ガスには一酸化炭素が含まれており、不完全燃焼が起きなくてもガス漏れによる中毒が発生しやすい。

1970年代以降、日本では石油系ガスから天然ガスへの転換が進んだ。全国に214社あるガス事業者の大半は天然ガスへの切り替えを終えており、現在の石油系ガスのシェアは5％ほどに過ぎない。

北海道ガスが北見市から都市ガス管理事業を引き継いだのは、2006年4月のことだった。北見市周辺は依然として石油系ガスが使われている数少ないエリアだったため、北海道ガスは2009年中に天然ガスへ切り替える予定だった。

事故の発端と経緯

2007年1月19日午後1時40分頃、北海道北見市春光町周辺でガス漏れがあったと、北海道ガスから北海道警に通報が入った。同北見署員が調べたところ、周辺の住宅3戸で男女3人が死亡しているのが見つかり、11人が病院に運ばれていたことが分かった。北見市は春光町の77世帯178人に対し避難勧告を出し、同日中に一部を解除した。

北海道ガスには17日からガス漏れの苦情が住民から寄せられていた。同社は18日から付近の道路、歩道を掘削して調査を開始したが、ガス管の破損箇所を発見できず、いったん作業を中止していた。19日夜に記者会見した同社は、被

keyword【キーワード】：都市ガス　ガス管　ガス警報器

害者宅近くにある公園の歩道地下約1.6メートルに埋設されている鋳鉄製のガス管（直径150ミリ）が「く」の字に折れ曲がり、そこに穴が開いているのが見つかったと明らかにした。ガス管は北見市が1967年に埋設したもので、ここから漏れたガスが下水管などを通って民家に流入したのではないかと疑われた。北海道ガスは春光町の周囲約4,000世帯を対象に、ボーリング調査などの緊急点検を始めた。

その後の経緯、会社の対応

2007年1月20日、北海道ガスの大槻博副社長が記者会見し、事故現場のガス管が上下に約10ミリずれた形で完全に破断していたと明らかにした。大槻社長は工事や地震による破断の可能性を示唆し、「ガス管の老朽化についても差し迫った状況にはなく、保安レベルが低かったとは考えていない」と語った。破断したガス管についても、3年に1度の法定検査を2004年11月に実施したが、異常は確認されなかったという。

また同日、北海道ガスは北見市市街地の別の場所でもガス管が破損してガス漏れを起こしていることを発見し、ガス漏れ箇所が計3地点5箇所になったことを明らかにした。同社の前泉洋三社長は北見市入りし、事故の現場、被害者が入院している病院、避難者が宿泊しているホテルなど訪問して謝罪した。

同じ1月20日、道警と北見署などは現場の実況見分を行い、死亡した3人のうち2人の自宅近くの地中で、致死量を超える濃度（8.7倍と2倍）の一酸化炭素を検知した。また、死亡した3人の死因が一酸化炭素中毒だったことを正式に発表した。北見市は春光町の14世帯29人に対する避難勧告の継続を決定した。

1月21日、北見署は事故が起きた春光町の現場から破断したガス管を押収した。また、北海道ガスからは他の事故現場のガス管の任意提出を受けた。これらのガス管は北海道大学に送られ、北大と北見工業大学などが合同で調査を開始した。

1月22日、最初のガス漏れ事故が起きた春光町で新たなガス管本管からのガス漏れが発生していることが確認され、ガス漏れは4地点6箇所に拡大した。北海道ガスは事態の重大性から土壌の調査を詳しく進めるとともに、鋳鉄製管の交換を含む保安対策の検討に入った。また北見市は、新たなガス漏れ地点発生を受けて避難勧告の継続を決めた。

1月23日、北海道ガスは春光町周辺で行っていたボーリング調査と戸別訪問してガス漏れを確認する巡回調査を終了した。巡回調査では125世帯で検知器が反応したが、ガス漏れの事例はなかった。翌24日から、同社は同市内全域のガス管約107キロメートルを対象に、一斉に安全点検を開始した。

1月27日、北海道ガスは市内全域の老朽ガス管7,384箇所の調査の結果、21か所でガス漏れを感知したと発表した。原因は管本体の亀裂や継ぎ手の緩み、腐食などで、修理は2月1日までにすべて完了した。また1月30日には1,818箇所のマンホール調査を行い、5箇所から微量のガス漏れを検知したが、すべて修理を終えたと発表した。最終的な漏えい個所は、34地点37か所となった。

2月1日、北海道ガスは市内の都市ガス供給世帯と老朽管埋設地域の住宅約2万7,400戸に対し、ガス警報器を新たに取り付けると発表した。この対策は装置が未設置または有効期限切れの場合で、費用は全額同社が負担し、天然ガスへの転換作業が終わる2009年まで無償貸与される。

事故の終焉と原因究明

2007年2月7日、春光町の一酸化炭素濃度が減少し、住民への健康に影響がないレベルになったことから、北見市は同地区の13世帯27人に出されていた避難勧告を19日ぶりに解除した。解除後も、北見市は同地区の一酸化炭素濃度の測定を北見工業大と協力して続けていくこと、また保健師が毎日、避難していた住民の自宅を訪問して、不安を取り除くための健康相談にあたることを約束した。当事者の北海道ガスは、避難勧告解除後も事故現場周辺で1日2回の濃度測定を実施した。

事故原因については、北海道大や北見工業大の専門家らが所見書を作成した。それよると、「破断面からは金属疲労、経年劣化や腐食による切断の特徴が見当たらず、物理的に大きな力が加わった際の特色が見つかった。何らかの大きな力が加わり、路盤ごとずれて切断した可能性が高い」と結論付け、当初疑われたトラックや雪上車などによる交通量の変化や凍結による歪みなどの影響については、「埋設個所が1.6メートルと深く、あり得ない」との認識を示した。

参考文献

新聞記事

◆読売新聞　2007年1月20日
「北見でガス漏れ、3人死亡　住宅地配管に穴　11人搬送、83人避難＝北海道」

Column

◆ハインリッヒの法則

ハインリッヒの法則とは、1つの重大な事故に至るには、29の軽微な事故と300もの異常が発生しているという労働災害の発生確率を表す法則である。アメリカの損害保険会社に在職していたハーバート・ウィリアム・ハインリッヒ（1886～1962）が1929年に公表したもので、彼は労働災害を統計的に分析して、この法則を導き出し、災害防止策の必要性を唱えた。

彼が1931年に刊行したIndustrial Accident Prevention－A Scientific Approachは労働災害防止のバイブル的存在とされ、原著が出版されたアメリカでは1980年に第5版が発売されたが、版を重ねる中で労働災害の要因を労働者個人から労働者が置かれている環境に着目していった。

ハインリッヒの法則以後の研究は、労働災害の発生比例に関する事例研究を積み重ね、それらの研究成果は保険契約者が支払う保険料を算出する保険料率表の根拠となった。また、ハインリッヒの法則は事故や失敗が発生する確率を表す数値として捉えられ、失敗が生じる際の人間の心理分析に利用されるようになった。

ハインリッヒの研究は、日本では『災害防止の科学的研究』が1951年に訳書が発行され、1956年には『ハインリッヒの事故防止』、1982年には『ハインリッヒ産業防止論』が翻訳、刊行されて、日常業務に潜む労働災害に至る火種を注意喚起する格言とし、安全教育、衛生管理教育についての管理職の手引きとして用いられていった。

アメリカでは労働災害の要因を労働者個人の素質よりも労働者を失敗に至らしめた労働環境などを含めて、鳥瞰的な視点で労働災害発生のメカニズムに捉え出していたが、ハインリッヒの研究が日本で紹介される際には、彼の法則は労働者個人の失敗を軽易なレベルでいかに制御するかという観点から有用性が見出されて、取り入れられた。

それは、労働災害などの発生確率に注目することで事故に対する心構えを未然に管理職が持つことができた一方で、企業の合理化が設備の安全点検、製品の衛生管理に及ぼす影響についての認識が希薄となったともいえよう。その結果、労働災害などの事故発生原因を労働者に専ら求め、事故発生の背景を全体的に把握して事故発生の全体像を明らかにして、事故を予防する考えを持つことを難しくした恐れがある。

事故発生を労働者個人に起因するとの指向性は、不具合製品の存在を隠ぺいしてリコールしないといった経営陣、もしくは管理職の不法行為が発生する仕組みを民間企業の上層部が主体的に解明することを阻んだかもしれない。三菱自動車のリコール隠しなど利潤を優先した違法行為や、不二家のような賞味期限切れの原材料をもとに製品を製造するといった社会通念に反する営利活動が昨今次々と発覚していることは、その表れかもしれない。

ハインリッヒが導き出した事故発生確率の法則性は一つの大事故にはそれまで多くの軽易な事故が発生していることを教訓的に伝え、今でも労働災害に対する心構えを管理職に喚起させる点においては有用であろう。だが、彼、あるいはハインリッヒ後の労働災害に関する研究が指摘するように、大事故に至るまで軽易な事故がなぜ見過ごされてきたのか、というミス発生の構造を分析する必要性もあろう。

民間企業の不祥事が次々と明るみになる今日、これまでは業界業種の馴れ合い、個別民間企業の特殊な社風は必要悪として容認されてきたことがその原因である場合が多い。だが、それら業界などの特殊性について社会や文化、あるいは文明の向上にいかに貢献しているかという観点から社会は厳しく問い始めている。不祥事発覚後の対応をみても、社会通念と大きくずれて自社のイメージを損なっていることに気が付かない上層部が見られ、業界、民間企業の振る舞いに社会の視線が厳しくなっている点に無自覚な姿勢が散見される。

業界などの特殊性を含めて事故、不祥事の発生原因を解明することは、説明責任を果たすうえでも、また事故を繰り返さないうえでも重要である。事故発生確率の背後にある誘発要因メカニズムの存在を指摘したハインリッヒの視角に立てば、労働者の素質とともに彼らが置かれた就労状況、および上層部の判断ミス、業界・個別民間企業の社風といった複合的な視点から、民間企業の上層部などが事故や不祥事を誘発した要因を解明することで、同種の事故などの予防に役立つと思われる。

category 日本型企業風土

CASE 128 JR西日本 信楽鉄道事件

date 1991年（平成3年）5月14日

commercial name 西日本旅客鉄道株式会社

scandal type 安全管理体制

事件の背景

信楽高原鉄道とJR西日本は、滋賀県信楽町で近く開催される世界陶芸祭の来場者輸送に備えての以下の打ち合わせを行なった。①信楽高原鉄道の1編成、JR西日本から直接乗り入れる快速列車1編成を加えた2編成で行なうこと。②そのため貴生川駅～信楽駅間に小野谷信号場（無人）を設置し、上下列車を行き違いさせること。③2編成の上下列車運行時の閉塞を確保するために信号設備を一部自動化した特殊自動閉塞方式を採用すること。

特殊自動閉塞方式とは、閉塞区間の両端の駅に設置した列車検知装置で閉塞区間内に列車がいると検知した場合は、自動的に信号機を赤色にする。出発信号が赤色にも関わらず列車が間違って出発すると、誤出発検知装置が作動して閉塞区間の反対側の駅の出発信号が強制的に赤色になり、対向列車の出発を防ぐというものだった。

1990年9月13日の打ち合わせでは、JR西日本側はJR草津線の運行との関わりから、小野谷信号場の上り出発信号機をJR西日本側で抑止したいと要望した。しかし信楽高原鉄道側は自己の設備を先方が制御することに反発し、結局この信号機の抑止梃子を信楽高原鉄道の信楽駅に設置すること、JR西日本の亀山CTC（Central Train Control）と信楽駅の間に連絡用の直接電話を設置すること、によって処理・合意した。その後9月26日頃、JR西日本はこの信号機を強制的に赤色に固定し、貴生川駅～小野谷信号場間の運転方向を下り方向に固定する「方向優先梃子」をJR西日本側に設置することに決めた。このことは信楽高原鉄道に連絡はしなかった。

keyword【キーワード】：CTC　正面衝突　ご被害者相談室

1991年2月25日、JR西日本は関西本線と草津線の列車運行を集中管理する亀山CTCに方向優先梃子を設置した。3月4日、5日の小野谷信号機・特殊自動閉塞機の説明会で、運転士からは運転操作上から信号機の位置について要望が出た。これを受けて信楽高原鉄道は、小野谷信号場下り場内信号機の制御を、貴生川駅の出発信号表示による制御とする変更工事を下請け業者信栄電業に行なわせた。このことはJR西日本に連絡しなかった。このような両者間の意思疎通の不徹底から、本件事故の前に類似のトラブルが発生していた。5月3日、運転者・信号管理者らは上記の作業結果をたがいに熟知せず、結果信号機の表示が理解できないまま、信号の誤作動と信じて人為的に列車進行を行なった。この後、業務課長・施設課長・信号設備会社社員らが原因調査の協議をしたが真因を知るには至らず、当務駅長の制御盤操作ミスという結論になったままだった。

事件の発端

1991年5月14日、滋賀県信楽町で、信楽高速鉄道普通列車とJR西日本の快速電車が正面衝突した。死者42人、重軽傷者614人という大惨事となった。

この日午前10時10分貴生川発下り列車（3両）は約3分遅れて信楽駅1番ホームに到着した。当日は県立陶芸の森で世界陶芸祭が行なわれており、人気で列車は約250人と満員に近かった。到着列車は1両増結されて、折り返し午前10時14分貴生川行き上り列車となる予定だった。主任は列車を出発させるためホーム先に立つ信号機を青にすべく駅務室の制御盤のテコを倒したが信号は青に変わらなかった。しかも制御盤の盤面には、今列車が入ったばかりなのに、なぜか下り列車が信楽駅方向に向かっていることを示す表示灯が点灯していた。

信号機が使えないので、信号を手動に切り替えて、午前10時25分頃貴生川行き高原鉄道の上り列車は、赤信号のまま発車した。定刻発車時間より11分遅れだった。

一方、JR臨時列車「世界陶芸祭しがらき号」は定刻より2分遅れで、午前10時18分718人の乗客を乗せて貴生川駅を発車した。10時30分頃小野谷信号所に差し掛かったが、先に待避線に入って停車しているはずの高原鉄道列車の姿はなかった。上り列車が到着していなければ、信号は赤のはずである。しかし青だった。上り電車は何かの事情で信楽駅に止まっているのだと思い、青信号に従って通過した。信楽駅まであと5.6キロあたりで、高原鉄道列車が眼前に現われた。

事故現場はJR西日本と信楽高原鉄道が相互乗り入れしている区間であった。

事故の直接の原因は、信楽駅の信号が故障しATSも働いたので、信楽鉄道側は信号を手動に切り替えて普通列車を発車させた。この時信楽鉄道側が信号を手動に切り替えたことをJR側に連絡していなかった。結果、単線区間に進入して来るJRの快速電車に正面衝突したのである。

JRの快速電車は折りしも「世界陶芸セラミックスワールドしがらき91」への展示会場へ向かう乗客で満員だった。このため運行も遅れ気味で、通常より速度を出しており、にわかに減速することもできなかったことも被害を大きくしたと考えられている。

事故直後、杉森一夫信楽高原鉄道社長（信楽町長兼任）は新聞の取材に対し、遺族や被害者への補償は誠意を尽すつもりであること、復旧については（資金面など）難しい点もあり、最悪の場合は廃線をも考えること、などを語った。

その後の経緯、会社の対応

滋賀県と信楽町、JR西日本、信楽高原鉄道の遺族らへの補償問題は、1991年6月13日、第2回事故対策四社協議会が大阪市北区の大阪屋弥生会館で行なわれて論議された。信楽高原鉄道とJR西日本は、補償の責任割合については、事故原因が明確になり次第早急に協議し、決定するとして、この2社間で協定を結んだ。6項目の協定内容は、交渉は両者協力して進める、支払いは両者が均等に行なうが、要請があればJR西日本が立て替えるなどというものであった。

1991年6月17日午前、信楽高原鉄道とJR西日本は、交渉実務を担当する「ご被災者相談室」を開設した。

1991年12月8日、事故から208日たって信楽高原鉄道は「地域の足」として再発足した。しかし総額40億円といわれる遺族、負傷者への補償の本格交渉が残った。

1999年3月29日、9遺族23人が信楽高原鉄道とJR西日本を相手に計約11億3,600万円の損害賠償を求めた訴訟で、大阪地裁は、協議を十分行っていれば事故を予見でき、事故発生を回避すべき注意義務に違反したとして、両社に計約5億円の支払いを命じる判決を下した。「信号通りに運行しており、過失はない」というJR西日本の主張は受け入れられず、鉄道でも信号に従う以上の高度の注意義務が求められるという判断が示された。本件判決では、別会社である高原鉄道も教育に重要な役割を負っていること、事故前の信号トラブルから指揮系統の混乱が確認された時点で善処かた申し入れるか、直通乗り入れ中止などの処置が取られるべきであったことなど、安全対策について論じられた。

1999年3月31日、本件の犠牲者9

人の遺族が高原鉄道とJR西日本に損害賠償を求めた29日の大阪地裁の判決を不服として、控訴した。

2000年3月24日、大津地裁では信楽高原鉄道事故で同社社員3被告らは業務上過失致死傷などの罪に問われ、有罪判決を出した。

それから控訴期限4月7日に至っても同社社員側、検察側共に控訴せず、判決は確定した。大津地裁判決は、高原鉄道とJR西日本の双方のずさんな危機管理体制が3人の過失を誘発したものと、両社の共同責任を指摘した。

2002年12月26日、大阪高裁も、JR西日本の安全管理体制の不備を認め、JR西日本の控訴を棄却した。JR西日本は上告を断念し、翌2003年3月15日、JR社長が遺族らに対して、初めてその責任を認めて謝罪した。

なお1997年4月30日、信楽駅舎に事故資料館「セーフティーしがらき」が開館した。事故車両のヘッドマークや行き先表示板、運転台の計器類、無線機、料金箱など15点と、鉄道安全宣言の町としての宣言文が陶板にして展示された。

参考文献

雑誌・書籍

◆**立山学「民営化5年の大惨事──信楽鉄道事故の背景（世界の潮）」**『世界』　1991.7

◆**鈴木哲法「信楽鉄道列車事故取材記」**『新聞研究』　1991.7

◆**種村直樹「日比谷線事故と信楽判決（RAILWAY　REVIEW）」**
『鉄道ジャーナル』　2000.6

◆**鈴木哲法『検証信楽列車事故』**　京都新聞出版センター　2004

◆**信楽列車事故遺族会・弁護団『信楽列車事故 』**
信楽列車事故遺族会・弁護団　現代人文社　2005

◆**網谷りょういち『信楽高原鉄道事故』**　日本経済評論社　1997

◆**運輸省鉄道局『信楽高原鉄道列車衝突事故の原因調査結果について』**
運輸省鉄道局（東京）　1992

category 日本型企業風土

CASE 129 印刷会社等シール談合事件

date 1992年（平成4年）10月13日

commercial name トッパン・ムーア株式会社(現トッパン・フォームズ株式会社)、大日本印刷株式会社、小林記録紙株式会社、株式会社日立情報システムズ

scandal type 独占禁止法違反（不当な取引制限の禁止）

事件の背景

裁判所はかねて「印刷業界においては従来から談合体質が顕著で、業者間における協調の名の下に自由競争を回避する談合が広く行われていた」（被告4社への罰金各400万円の判決文にて）と見ていた。本件以前にも、トッパン・ムーア、大日本印刷、小林記録紙、日立情報システムズの4社の従業員らは、社会保険庁から入札予定価格の参考とするため原反シールの印刷・加工費等について参考見積書の提出を求められ、市場価格を大幅に上回る見積書を提出、社会保険庁における入札予定価格を過大に積算させるように工作し、4社の入札価格を調整した。

1990年6月、公正取引委員会から、独禁法違反の事実に対しては積極的に刑事罰を求めて告発すると公表された。1991年7月及び11月には大日本印刷等が公正取引委員会の立ち入り検査を受け、1992年4月21日には高速道路磁気カード通行券等の印刷物発注にかかる入札に関して、公正取引委員会から独禁法48条2項の勧告を受けていた。

裁判所の示す4社の違反歴として、トッパン・ムーアが1回、同社が構成事業者となっている事業団体としての違反歴が2回あった。大日本印刷は独禁法違反歴3回、同社が構成事業者となっている事業団体としての違反歴が2回、小林記録紙の独禁法違反歴は1回、同社が構成事業者となっている事業団体としての違反歴が2回、日立情報は同社が構成事業者となっている事業団体としての違反歴が2回あることなどが知られていた。

事件の発端

1992年10月13日、東京地検特捜部は、年金支払い通知書に張るシールの

keyword【キーワード】：談合体質　支払い通知書貼付用シール　企業倫理行動委員会

印刷を社会保険庁から受注する際の談合容疑で、小林記録紙、大日本印刷、トッパン・ムーア、日立情報システムズ、日立情報システムズ関連会社のビーエフ勤務の6人の容疑者を逮捕した。また同支店や大日本印刷など5社と6人の自宅などを家宅捜索した。容疑者らは1990年6月22日に社会保険庁が発注し、指名競争入札が行なわれた際不正を行なったとされた。「支払い通知書貼付用シール」約6,700万枚の印刷納入をめぐる指名競争入札の折り、6人の共謀によりトッパン・ムーアは約6億7,000万円で落札、受注させた。他社は高値で入札し、その上で各社は利益を分配したという疑いだった。

11月4日、大日本印刷の公共機構営業本部長ら8人を新たに逮捕した。また小林記録紙の容疑者ら3人を再逮捕した。各社の部長クラスが関与していたことで、談合が慣行化、しかも組織的であったという疑いを強め、さらに大日本印刷、トッパン・ムーアの社員計8人を逮捕した。

その後の経緯

1992年11月東京地検特捜部は、5社の担当者計10人を刑法の談合罪で起訴した。

明けて1993年2月25日、公正取引委員会からの刑事告発を受け、東京高検指揮の下、東京地検特捜部は5社の本社、支社、営業所などを独占禁止法（不当な取引制限の禁止）違反容疑で一斉に家宅捜索に入った。また各社役員ら関係者から事情聴取も行なった。家宅捜索を受けたのは、大日本印刷、トッパン·ムーア、日立情報システムズ、ビーエフ、小林記録紙の5社である。

1993年5月27日、東京地裁で、社会保険庁発注のシール入札に関わる談合事件の第11回公判が行なわれた。談合罪に問われた大日本印刷元課長は、事件拡大を上に波及させるなという指示を受けたことを明らかにした。検察側は被告に懲役1年2月を求刑した。

1994年3月7日、東京地裁は刑法の談合罪に問われた小林記録紙3社の5被告に懲役2年～10月（いずれも執行猶予付き）の有罪を言い渡した。裁判長は、これが計画的な犯行で、国民に損害を与えるものであったと述べている。この事件では4社の営業関係者10人が起訴され、他の5人が有罪をすでに確定しており、大日本印刷などの4社は独占禁止法違反に問われた。それぞれ罰金刑を受け、400万円の罰金刑が確定した。

その後の会社の対応

例えば、大日本印刷は、事件直後の1992年に「企業倫理行動委員会」を組織、談合の撲滅に向けての対策を講じた。

さらに、1997年には、「法・ルールの
自主点検制度」を導入した。

参考文献

webサイト

◆「DNPグループCSR報告書」
http://www.dnp.co.jp/csr/2006/032-049.pdf （参照2007.5.28）

雑誌・書籍

◆「シール談合を『企業の犯罪』と断じた公取委告発――山分け（TREND）」
『週刊時事』 1993.3.13

◆中川政直「課徴金・刑罰・不当利得返還の関係および入札無効と課徴金賦課における売上額――社会保険庁シール談合課徴金事件（経済法）」
『ジュリスト』 1997.6.10臨増（平成8年度重要判例解説）

◆東北大学刑事法判例研究会「刑事判例研究――目隠しシール談合独禁法違反事件判決（東京高裁判決平成5.12.14）」『法学』 東北大学法学会 1997.10

◆谷原修身「青山学院大学企業法研究会　判例研究会（5）社会保険庁年金シール談合課徴金事件審決（公取委平成8年8月6日審判審決）」
『青山法学論集』 1997.12

◆地頭所五男「課徴金・刑罰・不当利得返還請求の併存の違憲性と課徴金賦課における売上額の算定――社会保険庁シール談合課徴金事件（経済法）」
『ジュリスト』 1998.6.10臨増（平成9年度重要判例解説）

◆江口公典「経済法判例研究会（68）シール談合不当利得請求事件――東京地判平成12.3.31」『ジュリスト』 2000.8.15

◆村田淑子「4課徴金制度と民法上の不当利得制度の関係――シール談合不当利得返還請求事件（経済法）」『ジュリスト』 2001.6.10臨増（平成12年度重要判例解説）

◆谷原修身「金融商事判例研究　独占禁止法における課徴金制度と不当利得返還制度の関係――社会保険庁発注シール談合事件の被告に対する国による不当利得返還請求事件控訴審判決（東京高判平成13.2.8）」
『金融・商事判例』 2002.11.1

CASE 130 味の素 総会屋対策事件

category	日本型企業風土
date	1997年（平成9年）3月11日
commercial name	味の素株式会社
scandal type	商法違反（利益供与）

事件の背景

1981年の商法改正で、総会屋への利益供与が禁止されて、総会屋の数も激減した。しかし警察庁は、個人的活動をしていた者が廃業したもの、と見ており、依然として総会屋との縁を断ち切れない企業は少なくなかった。

味の素の総会担当は総務部総務課であった。当時の総務部長は総会対策を、ほとんど元警察官の担当総務課長に任せていた。

1996年の総会では、93億円の特別損失を計上するなどのマイナス材料を抱えていたにも関わらず、株主総会は32分で終っており、総会屋の関与が指摘されていた。

事件の発覚、その後の経緯

1997年3月11日、警視庁は、味の素に商法違反（利益供与）容疑で捜査に入った。総会屋の窓口役だった容疑者（48）は1990年から6年間で2億数千万円をクレジットカードで使い、また彼の口座には1989年から1996年までには交際費として7億数千万円が振り込まれていた。

3月12日、歌田勝弘相談役は、豊田章一郎経団連会長に会い、評議員会副議長など経団連の役職辞任を申し出、了承された。経団連常任理事と経済広報センター副会長の職も辞任した。

3月27日、容疑者が総会屋10人ほどに現金数百万円を渡していたとして、警視庁は総会屋の担当者（52）を商法違反（利益供与）容疑で逮捕した。

4月7日には総会屋グループの幹部2人を同容疑で逮捕した。総会屋の逮捕は9人となった。

4月11日午前、稲森俊介社長（66）

keyword【キーワード】：総会屋　株主総会

は本社で記者会見し、6月の株主総会で社長職を辞任し、代表権のない会長に就任することを明らかにした。

また、池田安彦会長（74）が辞任、鈴木三郎助名誉会長（74）も取締役を退任する、と発表した。

稲森社長は「事件を厳粛に受け止め、二度と起こさないようにしたい」と述べた。

また、社内調査の結果として「トップの関与はなかった」と説明した。

4月17日、総会屋への利益供与事件を受けて、全社員を対象とした「行動規範」の作成に着手した。事件の再発防止と社内倫理の確立が目的であり、さらに、倫理面のチェック機関として監視委員会を設置する、と発表した。

事件を受けて、テレビCMの放送が中止され、味の素がメインスポンサーを務めていた番組が打ち切りになる例もあった。

7月15日、東京地裁は、違法であることを知りつつ総会屋活動を続けたとして総会屋の6被告にそれぞれ以下の判決を下した。懲役5月、同4月、同3月、同3月、同4月・執行猶予3年、同4月・執行猶予4年。

12月3日、東京地裁は、味の素の元総務部長に対し、懲役6月、執行猶予2年の有罪判決を言い渡した。

1999年3月25日、東京高裁は、1審の東京地裁で実刑判決を受けていた総会屋被告に対し、「元課長から受け取った100万円は、株主総会の進行に協力した謝礼とは認められない」として、逆転無罪を申し渡した。

2000年12月19日、商法違反の罪に問われた総会屋被告の公判が東京地裁で開かれ、懲役6月が求刑された。検察側は「事件の中心人物」と指摘し、弁護側は「被告は会社の犠牲者」と執行猶予を求めた。

2001年2月28日、東京地裁は味の素担当課長の被告に対して、懲役6月、執行猶予3年の有罪判決を言い渡した。裁判長は、「企業と総会屋の癒着を改めて印象づけ、企業の健全性に対する社会の信頼性を傷つけた」と判決理由を述べた。

参考文献

雑誌・書籍

◆「食品 総会屋への利益供与事件で味の素社長・稲森俊介が心境を激白！（財界レポート）」『財界』 1997.4.8
◆「食品-稲森俊介社長を温存した味の素総会屋事件の教訓（ニュースの断面）」『経済界』 1997.4.8
◆「「味の素」事件は氷山の一角！！水面下で続く企業と総会屋の密接な関係（問題摘出レポート）」『政界往来』 1997.5
◆「総会屋を黙らせるのはカネではないー味の素事件は他山の石」『月刊TIMES』 1997.5
◆「5・6月総会直前レポート 味の素事件の余波が続き総会屋の気勢は上がらず（特集・味の素・野村証券事件で見えた総会屋の真相）」『ダイヤモンド』 1997.5.10
◆「味の素商法違反事件違聞 総会屋担当課長は豪遊の日々をなぜ続けられた?味の素の"なかったことになった過去"」『月刊TIMES』 1997.7
◆「野村証券、第一勧業銀行、味の素…総会屋問題（イエローカード企業にエールを送る！ー日本的経営の病から注目企業はどう再生できるか）」『フォーブス日本版』 1997.9
◆「「味の素」元総務部長懺悔録」『新潮45』 1998.1
◆「味の素事件の公判でわかった"警察支配"の実態」『実業界』 1999.9
◆「信用失墜の総会屋事件 江頭邦雄・味の素社長「着眼大局・着手小局」で断行した「嵐の体質改善」『プレジデント』 2004.2.2

◆石神隆夫『汚れ役——「味の素総務部」裏ファイル』 太田出版 1999

category 日本型企業風土

CASE 131 NEC 防衛庁汚職事件

date	1998年（平成10年）9月2日
commercial name	日本電気株式会社
scandal type	背任

事件の背景

防衛庁が発注するものには発電設備などの特殊機器が多く、そのほとんどは特別価格で購入されていた。これが過大請求になり、防衛庁はこれを受け入れ、その見返りとして防衛庁幹部の天下りという形がながく続けられていた。一方ではOBを有利な条件で天下りを受け入れる業者には、有利な条件で工事などが発注されていた。いわゆる官製談合である。

事件の発覚

1998年9月2日、防衛庁調達実施本部と東洋通信機との返還額減額交渉に、NEC防衛事業担当幹部が深く関わっていた実態が明らかになった。東京地検特捜部はこの関与について解明を進めていた。

9月4日、東京地検特捜部は、背任の疑いで逮捕した元防衛庁調達実施本部副本部長の上野憲一（59）と元NEC防衛事業推進室長（57）らの容疑を裏付けるために、NEC本社（東京都港区）、また元室長が取締役を努めるNECの子会社「日本電気電波機器エンジニアリング」（東京都新宿区）などを家宅捜索した。

上野元副本部長は退官後、NECが筆頭株主で航空自衛隊の自動防空警戒組織の維持管理を受注している「シー・キューブド・アイ・システムズ」の非常勤顧問その他に就任しており、このことからNECとの親しい関係が指摘されていた。同日また、横浜市と川崎市は、NECと東洋通信機に対して1カ月の指名停止処分にした。

9月5日NECは、過去5年間で防衛庁出身者を22人受け入れていたことが発覚した。上野被告は周囲に、「NECなら（就職先として）紹介できる」と話し

keyword【キーワード】：官製談合　指名停止処分　過大請求

ていたということもあり、同社は防衛庁OBをむしろ積極的に受け入れていたことを示すものであった。

防衛庁資料によると、1992年度から96年度に退職し、1997年10月までにNECに就職した一佐以上の自衛官は、「将･将補」が10人、一佐が7人、事務官･研究職（本省の部課長以上）が5人いた。

9月10日、東京地検特捜部は、NECの常務だった元専務の永利植美容疑者（62）ら4人を背任の容疑で逮捕した。永利容疑者は、東洋通信機の返還額を不正に圧縮して、国に16億9,000万円の損害を与えた疑いによる。この他、NEC支配人（官公営業担当）で当時官公企画室長（56）、東洋通信機常務の磯部修一（59）、東洋通信機経理部長（当時次長）（57）も逮捕された。永利容疑者らは1994年2月～3月に発覚した東洋通信機の過大請求分の返納処理に際して、元防衛庁上野副本部長らと共謀して、本来なら約25億6,400万円だった返還額を約8億7,400万円に不正に減額した疑いが持たれていた。

その後の経緯

1999年12月22日、防衛庁はNECの過大請求事件について、その過払い額を合計約264億円と算定した。金利を合わせ、総額318億円の損害賠償を求める、とした。

2003年3月17日、NECの100％子会社日本電気電波機器エンジニアリングの過大請求については、過払い額合計36億円と算定した。損害賠償額は金利を含めて約44億円となる。会社側は請求通りの支払をし、防衛庁は約44億円の国庫納付を確認したため、1998年11月24日から科していた取引停止処分を22日付けで解除した。

参考文献

雑誌・書籍

◆「NECだけじゃない防衛庁と富士重工の航空機導入"疑惑"」『財界展望』 1998.11
◆「NEC，三菱重工，IHIなど「軍需大手」6社へ250人・・・これが癒着の温床！？ー防衛庁がひた隠す天下り名簿を公開する」『現代』 1998.12

category 日本型企業風土

CASE 132 若築建設贈賄事件

date 2000年（平成12年）6月30日

commercial name 若築建設

scandal type 贈賄

事件の背景

若築建設はかねて受注増加を目指し、建設省幹部への贈賄を企図していた。ここに許永中なる人物が介在していた。許は、イトマン事件で1991年8月、大阪地検特捜部によってイトマン元常務伊藤寿永光と共に逮捕､起訴されている（41ページ参照）。許の背後には石油卸売商社石橋産業が控えていた。石橋産業は、若築建設の元会長石橋浩のオーナー企業であった。

1996年5月、中尾栄一議員の建設大臣就任祝賀会が開かれた。この席には、竹下登元総理大臣､その実弟竹下亘秘書、若築建設の石橋浩元会長、石橋産業の林雅三相談役らが出席し、建設省から当時の藤井治芳事務次官その他数名の幹部が出席していた。この席で石橋氏は、中尾大臣に金銭を提供した。6月にもおこない、さらに7月には、建設事務次官の退官祝の宴席で、高級絵画を渡した。

請託を受けた中尾建設相は1996年7月以降、建設省幹部に積極的に若築への発注を働きかけた。

2000年3月7日、許永中は、石橋産業関係会社から額面総額約179億円の約束手形を詐取したとして、詐欺容疑で大阪地検特捜部に逮捕された。

事件の発覚とその後の経緯

2000年6月30日、建設会社から現金など計3,000万円を受け取ったとして、東京地検特捜部は中尾元建設相を逮捕した。（2003年、東京高裁で実刑判決、2004年、最高裁で有罪確定）

7月3日、東京地検特捜部は建設省本省の家宅捜索を行なった。若築建設の石橋元会長が中尾元大臣に賄賂を渡したとされる時期、「退職する幹部を受け入れ

keyword【キーワード】：建設大臣就任祝賀会　石橋産業

たい」と建設省側に伝えていたということから、受託収賄容疑を裏付けるため、人事担当の官房長室や再就職窓口とされる官房技術調査室にも入って資料を押収した。

7月4日、建設省は、贈賄側の若築建設に対して、この日から9カ月の同省発注のすべての工事につき指名停止の処分を決めた。同日東京都も都の発注するすべての公共事業で指名停止を決めた。

7月17日、若築建設は東京証券取引所に下田昇司社長、石橋拓朗副社長、清水和彦副社長、遠藤茂治専務ら各代表取締役4人の退任届を提出、8月31日正式に退任した。

7月24日、若築建設は東京国税局の税務調査を受け、前年3月期までの3年間で5億円余の申告漏れを指摘された。このうち、約2億8,000万円は公共工事の入札時に他業者を降ろさせるために支払う資金であったことが分かり、悪質な所得隠しとされた。追徴税額はおよそ2億円と見られている。

8月25日、若築建設は2001年3月期の連結決算も、62億円の赤字になるものという見通しを発表した。

参考文献

雑誌・書籍

◆「名門・若築建設に忍び寄る『闇勢力』(特集・徹底研究「企業腐敗」)」
『東洋経済』 1997.6.28

◆「自殺者まで出た「石橋産業事件」の行方--住友信託銀行元役員が果たした役割」
『Verdad』 2000.3

◆「元建設相収賄」事件捜査の核心」『Foresight』 2000.7

◆城山英巳「政治　許永中の作った舞台で踊った中尾建設相と若築建設」
『世界週報』 2000.8.8

category 日本型企業風土

CASE 133 みずほ銀行 システムトラブル

date 2002年（平成14年）4月1日

commercial name 株式会社みずほ銀行

scandal type システム障害

事件の背景

1999年8月20日、都市銀行の第一勧業銀行と富士銀行、長期信用銀行の日本興業銀行からなる3行の経営統合が発表された。3行は2000年9月29日に持株会社の「みずほホールディングス」を設立し、2002年4月1日の合併（リテール・中小企業対象の「みずほ銀行」と法人対象の「みずほコーポレート銀行」の発足）に向けて様々な準備を行ってきた。

規模の大きな3行の合併であるだけに、周囲からは金融機関の中枢である決済を司る情報システムの統合が不安視されていた。2002年1月15日に三和銀行と東海銀行の合併によって誕生したUFJ銀行が、同月25日に二重引き落としなどのシステム障害を引き起こしていたからである。統合後のみずほ銀行の口座数は約3,000万で、これは世界最大級の規模だった。

当初、みずほ銀行は預金や振り込みなど決済業務を司る勘定系システムを、旧第一勧業銀行のシステムに統合する方針だった。しかしシステム統合を一気に行った場合のリスクを避けるため、旧第一勧業銀行と旧富士銀行のシステムを併存させ、リレーコンピュータで2つをつなぐシステムに方針変更した。その結果、情報システムの完全統合は2003年春に先送りされることになった。

障害の発端（最初の1週）

2002年4月1日の月曜日、営業を開始したばかりのみずほ銀行で全国的なATMトラブルが発生した。旧富士銀行のATMでは旧富士銀行のキャッシュカード以外による取引ができなくなり、旧富士銀行のカードは提携他行のATM

keyword【キーワード】：システム障害　ATM　旧行意識

(現金自動預け払い機)では使えなくなった。また、旧第一勧業銀行と旧日本興業銀行では旧富士銀行のカードは使えず、一時は統合前の銀行のカードしか使えなくなった。さらにコンビニエンスストアのATMで旧3行のカードが使えなくなり、旧富士銀行のインターネットによる取引でも振り込みができなくなった。

トラブルは営業開始時から発生し、全国の本支店や無人店舗計約6,000拠点、約1万1,000台のATMで発生した。ATMが復旧したのは翌2日の午前6時過ぎで、同8時から通常通りの取引が可能になった。

4月3日、今度はATMのトラブルにより、キャッシュカードで預金を引き出せなかった一部利用客の預金残高が減っていたことが分かった。また、電気料金、ガス料金、水道料金などの送金遅れや二重引き落としなど、口座振り替えシステムの障害が続出していることも判明した。

みずほ銀行は連日、復旧作業にあたった。4月6日までに約3万件あった二重引き落としは約1,000件を残してほぼ正常な処理を完了し、約5,000件の誤送金は5日中に復旧した。約250万件の口座振り替え遅延の復旧は週明けに本格化させるため、週末までかかった。

みずほ銀行は情報開示の面でも対応が遅れた。広報文を発表したのは4月4日で、対策本部や電話相談窓口を設置したのは5日になってからだった。この窓口には7日までに、延べ約8,800件の問い合わせが寄せられた。役員が初めて会見を開いて陳謝したのは、発生から4日経った4月5日のことだった。

その後の経緯（2週目以降）

2002年4月7日、みずほフィナンシャルグループはコンビニエンスストアも含めたATMが、同日朝から全面復旧したと発表した。この日以降は口座振り替え遅延の処理に集中する見通しだったが、4月9日にはみずほ銀行とみずほコーポレート銀行で、口座振り替えの二重引き落としが新たに約3万件発生した。さらに同日、みずほ銀行のATMで約1時間半にわたって障害が再発した。森昭治金融庁長官は同日、「システムは統合までにチェックすべきであり、準備不足と言わざるを得ない」と、同グループを批判した。

4月9日、前田晃伸･みずほホールディングス社長が衆院財務金融委員会に参考人として出席し、顧客に対して謝罪した上で、今回のシステム障害については原因を追及し再発防止策を取ること、また自らを含めた経営陣を処分する考えを明言した。同時に「障害による実害はない」とも答弁し、トップの認識の甘さを露呈した。同社長は4月24日の衆院財務金融委員会にも参考人招致され、「事前のテストは不十分だったと言わざるを得ない」と答弁した。

4月18日、みずほフィナンシャルグループは遅れていた約13万件の口座振り替えについて、すべての引き落とし処理を終えたと発表した。4月25日には給与振り込みや口座振り替えなど計約400万件を処理し、トラブル復旧後、最大の難関と目されていた4月30日の決算集中日も、口座振り替え約900万件、振り込み約300万件を順調に処理し、危機を乗り切った。

賠償請求、金融庁の動き、社内の処分

連休明けの2002年5月8日、金融庁は日銀と連携し、みずほフィナンシャルグループに対する緊急の立ち入り検査に入った。検査はコンピュータシステム関連に限定して行われ、6月6日までに終了した。検査では旧経営陣がシステム統合の危険性や重要性を十分に認識していなかったこと、システム部門が経営陣にシステム統合の遅れを正確に伝えていなかったこと、結果的に十分なテストができなかったことなどが指摘された。検査結果は正式に同グループに通知された。

5月24日、みずほホールディングスの前田社長は、システム障害によって委託企業が新たに負担させられた支出額が最低約10億円であることと、同社がその全額を弁済することを発表した。また、振り替えが正常にできなかった分の手数料7～8億円も徴収しないことを明らかにした。

金融庁からの通知を受けた同グループは6月18日、障害の原因や再発防止策、執行役員以上の全役員の社内処分を盛り込んだ報告書を金融庁に提出した。翌19日、金融庁は同グループに対し再発防止策や責任の明確化を求める業務改善命令を出した。これを受けてみずほホールディングスの前田社長が会見し、執行役員以上の全役員117人の減給と、システム担当役員の更迭などの処分を発表した。

経営責任については、前田社長とみずほ銀行の工藤正頭取、みずほコーポレート銀行の斎藤宏頭取は報酬を6カ月間50％カット、副社長・副頭取以下も3～6カ月間15～30％の減給とした。3人の前CEOは特別顧問を辞任し、本年度の退職慰労金支払いを見送ることが決まった。危機管理計画の策定やシステム監査機能の拡充など再発防止策も表明されたが、前田社長は「まだ安全宣言は出せない」と慎重な構えを見せた。

7月5日、みずほ銀行は計1,000人に上る大規模な人事異動を発令した。出身行以外の支店に着任する「交流組」を増やし、システム障害の背景となった行員の旧行意識を払拭するのが目的だった。

11月20日、みずほ銀行が2003年4月に予定していたシステムの完全統合を、2004年の秋まで延期することが明らかになった。システム障害の対応に追われ、必要なテストができなかったことがその理由だった。1年半近く先送りされたシステム統合が実際に完了したのは、2004年12月20日のことだった。

参考文献

雑誌・書籍

◆「寄稿 三行の確執が遠因 みずほのシステムダウンを検証する」『Verdad』 2002.5

◆「特別レポート みずほ顧客の信頼を裏切る大失態—システム障害が責任問題へ発展」『財政金融ジャーナル』 2002.5

◆「エンタープライズ情報システム構築の基本点(1)何が「みずほ」事件を引き起こしたか」『財政金融ジャーナル』 2002.5

◆「日本独自のIT問題が露呈したみずほのシステム障害（Special Report）」『コンピュートピア』 2002.6

◆「「みずほ銀行」システム障害は第二の雪印事件だ！！」『実業界』 2002.6

◆「「CIO」を生かせなかったみずほの惨状（コーポレート・ガバナンス）」『フォーサイト』 2002.6

◆「ドキュメント みずほ銀行「失墜」—前代未聞の大不祥事。そのとき行内でなにが起きたか」『現代』 2002.6

◆「大銀行は「無責任トップ」育成システムを捨てろ」『THEMIS』 2002.6

◆「巨艦みずほ 合併人事の落とし穴—システム障害は氷山の一角。みずほ合併劇の内幕」『文芸春秋』 2002.6

◆「みずほのシステム障害はなぜ起きたのか—旧3行の足の引っ張り合いで、どこも主導権を握れない見切り発車（Special Report）」『コンピュートピア』 2002.6

◆「「みずほ」の事故は他でも起こる（クリティカルニュース）」『技術と人間』 2002.6

◆「みずほのシステム障害 真因はトップのIT軽視(特集 ペイオフ時代の「嫌われる銀行」)」『金融ビジネス』 2002.6

◆「IT技術革新と金融機関への影響 みずほ銀行システムトラブルの人的側面」『財政金融ジャーナル』 2002.6

◆「論壇 みずほグループのシステム障害を他山の石に 人災で危ぶまれる銀行業界の社会的責任」『情報化研究』 2002.6

◆「巨艦みずほ 合併人事の落し穴--システム障害は氷山の一角。みずほ合併劇の内幕」『文芸春秋』 2002.6

◆「エンタープライズ情報システム構築の基本点（2）続 何が「みずほ」事件を引き起こしたか」『Computer report』 2002.6

◆「Alarm システム現場が警鐘「みずほトラブル」は氷山の一角--経営者の皆さん″ITは万能じゃないんです″」『Wedge』 2002.6

category 日本型企業風土

CASE 134 三井物産 不正入札事件

date 2002年（平成14年）6月13日

commercial name 三井物産株式会社

scandal type 不正入札

事件の背景

三井物産は、2000年2月に発覚した約19億円の申告漏れや、同年10月に起きた中国での贈賄事件による嘱託職員の逮捕など、不祥事が続いていた。とくに後者の贈賄事件では、事件内容を公表せず、会見も拒否するなどしたため、「説明責任を果たしていない」と、その姿勢に対しても批判が集中した。

2002年6月に発覚した不正入札事件は、北方四島の人道支援事業の一環である国後（くなしり）島でのディーゼル発電施設建設にからむものである。ディーゼル発電施設は、国後島より先に北方四島のうち色丹（しこたん）と択捉（えとろふ）の2島にも建設され、いずれも三井物産が受注していた。

事件の発端

2002年6月13日、朝日新聞は、国後島のディーゼル発電施設建設をめぐる不正入札疑惑を伝えた。同紙が関係者の話として伝えたことは、2000年の競争入札直前、外務省ロシア支援室の元課長補佐が、三井物産（東京都千代田区）側に予定価格を漏らしていた。この発電施設は、北方四島支援事業のひとつとして国際機関「支援委員室」が2000年に発注。商社3社による一般競争入札の結果、三井物産が約19億9,200万円で落札。予定価格の19億9,400万円にわずか200万円少ないだけだった。

この報道に対し三井物産広報部は、「社内調査の結果、不正入札の事実はない」とコメント。6月27日の株主総会でも、清水慎次郎社長は疑惑を全面否定した。

しかし7月3日には、偽計業務妨害容

keyword【キーワード】：ディーゼル発電施設　北方四島支援事業　ODA

疑で、東京地検特捜部が、同社の産業システム事業部第4営業部長の容疑者（44）ら5人を逮捕。ほかに、同事業部所属の2人の両容疑者、外務省の元国際情報局主任分析官と元ロシア支援室課長補佐（37）の両被告＝いずれも背任罪で起訴＝が逮捕された。

調べによると、三井物産側は、外務省の両被告に働きかけ、入札予定価格の基になる積算価格の情報を入手した。また同社は、他の会社に談合を要請するなど、入札を確実にするための工作も行っていた。まず受注する意欲のない「住友商事」、「兼松」の担当者に、形だけ入札に参加するよう依頼。その際必要な書類などは三井物産側が準備した。一方で、受注意欲の高かった「丸紅」には、同社の提携会社に「別の事業でうちと組みたいなら今回は降りろ」などと圧力をかけ、結果的に「丸紅」の入札参加を断念させた。

のちに入札を断念した「丸紅」には、5,000万円の謝礼金を、談合に協力した「兼松」には、三井物産関連の別の商取引に参入させるなど500万円ほどの利益提供があったことなども判明した。

社員の逮捕を受けて、同日夜、三井物産の田代淳副社長らが記者会見した。冒頭、「今回の逮捕で世間をお騒がせしたことは、大変遺憾で、おわび申し上げます」と陳謝した。しかし、「社内調査で不正はなかった」と、容疑に関してはあくまでも否定の姿勢を崩さなかった。

特捜部は翌4日、不正入札の裏づけをとるため三井物産本社を捜索した。外務省は7月10日、同社に対しペナルティとして翌11日からの3カ月間、ODA（政府開発援助）事業にかかわる入札および受注を見合わせるよう通告した。

発覚の経緯

国後島のディーゼル発電施設建設を含む北方四島支援事業については、2002年2月に始まった鈴木宗男衆院議員への追及のなかで、さまざまな疑惑が浮上した。「友好の家」（通称ムネオハウス）も、北方四島支援事業の一環である。今回の不正入札で逮捕された外務省の両被告は、鈴木議員の側近といわれていた。

ディーゼル発電施設は、国後島より先に色丹と択捉の両島にも建設されたが、いずれも三井物産が受注している。しかも、それぞれの落札率は、入札予定価格に対し、色丹95.19%、択捉99.56%、国後99.91%。と非常に高く、関係者は不可解さを感じていた（のちに三井物産は、色丹、択捉両島でも、事前に入札金額の情報を得ていたことが判明した）。

新たな疑惑、三井物産の対応

社員の逮捕から10日後の2002年7月13日、三井物産に新たな疑惑が発覚する。今度の舞台はモンゴルだが、その登場人物、事件の構図は、国後島の不正入札事件とほぼ同じだった。このODA疑惑については、その後さらに進展するが、その前に国後島の不正入札に関して、動きがあった。

特捜部は7月24日、三井物産の営業部長、その部下の社員、外務省の元主任分析官、元課長補佐の4容疑者を、偽計業務妨害罪で起訴した。このうち元主任分析官は否認。ほかの3人は罪を認めた。一緒に逮捕された三井物産の社員は、関与が従属的だったとして処分保留で釈放となった。

この起訴を受け、三井物産の清水慎次郎社長が、社員の逮捕後はじめて記者会見にのぞみ、「起訴の事実を厳粛に受け止め、心からおわび申し上げます」と、同席した役員2人とともに頭を下げた。これまで「不正はない」と言い続けてきたが、「社内調査が不十分だった。深く反省している」と謝罪。3日の副社長の会見から一転し、不正を認めた。

また、この会見で清水社長、上島重二会長、田代淳副社長、中川一巳専務の4役員の3カ月の報酬を20％自主返上することを発表した。引責辞任については「私が先頭に立ち、新しい三井物産をつくっていきたい」と述べ、否定した

日本経団連の奥田碩会長は、7月26日の会見の、「(三井物産は) もっと早く社長や会長がマスコミに対応すべきだった」と語り、社員が起訴されるまで表に出なかった社長らの対応を批判した。

8月28日、先のモンゴルのODAをめぐり、新たな疑惑が発覚した。三井物産の被告らが、同国政府高官に現金130万円を渡していたことが明るみになったのだ。東京地検特捜部はこれをディーゼル発電施設設置事業にからむ賄賂と判断し、同被告と法人としての三井物産を、不正競争防止法の「外国公務員への不正利益供与禁止規定」違反容疑での立件が可能か検討を始めていた。

同法はODA事業で横行しているとされる多額のリベート提供など悪しき商慣行を是正するため1998年に新たに盛り込まれた規定。適用されれば初の事例となり、その行方が注目された。

東京地検特捜部は当初、モンゴルODAの賄賂に関して立件する方針だった。特捜部の調べに対し、被告も賄賂であることを認めていた。ところが、検察上層部は法律上の要件を満たさない、と判断。最終的に立件は見送られ、この問題については刑事事件にならずに終結した。

さて、国後島に続き、モンゴルを舞台にした不正取引が発覚した三井物産の周辺では、経営陣の責任を問う声が日増しに強くなっていった。当初引責辞任はしないと語っていた清水社長も、モンゴル

の贈賄事件は大きな打撃となり、いよいよ辞任を決意。人事の調整に入った。

そして、2002年9月4日、本社で会見した清水社長は、上島会長とともに9月30日付けで辞任することを発表した。ほかに辞任するのは、不正入札事件を起こした担当部門の責任者である田代淳副社長、逮捕者を出した通信輸送産業プロジェクト本部長の吉田治彦常務の2人。また、上島会長は、経団連副会長などすべての役職を退くとした。

清水社長は「不正入札事件などで信用が大きく傷ついた。経営トップとして責任をとる」と謝罪した。モンゴルのODA疑惑についての質問には、「裁判にかかわるので、差し控えたい」と同じ答えに終始した（(モンゴルの贈賄事件の立件見送りは9月13日に明らかとなり、この段階では立件の可能性もあった)。

後任人事では、社長に槍田松瑩専務、会長には大橋信夫副社長が昇格すると発表した。

9月9日、10月より社長となる槍田専務が記者会見。一連の不祥事の背景について「高い志や、道徳的緊張感が欠けていた」と語り、今後は「コンプライアンス（法令順守）を一番重要な問題と位置づける」とした。また2000年に起きた中国での嘱託職員の贈賄事件についても言及し、「就任したらすぐに処分を発表する」と語った。

9月26日、臨時取締役会で、上島会長と清水社長が10月1日付で顧問に就くことを決定。また、不祥事のけじめをつけるため、新体制の取締役8人全員が報酬の一部返上を申し合わせた。槍田次期社長と大橋次期会長は50％3カ月、残る6人は20％3カ月とした。

10月8日、槍田社長は国後島不正入札事件など一連の不祥事で社員計9人の処分を発表。同事件では、偽計業務妨害罪で起訴された社員2人は公判中のため処分留保とし、通信輸送産業プロジェクト事業部の管理職4人を出勤停止10日間などにした。2000年に中国で起きた嘱託職員の贈賄事件については、「社としては無罪が確定したが、管理監督責任があった」として、当時の担当者ら4人を厳重注意処分にした。そのほか会見の席で、ODA事業での不祥事の再発防止策として、特別の稟議制度を導入すると発表。90項目にわたるリストを作成し、約500社の子会社も含めて、本社が細かくチェックする新たな体制を発表した。

裁判の経過

2002年10月28日、東京地裁で、三井物産の被告の公判があった。同被告は、ODAを舞台に「談合が常態化していた」と供述。証人出廷した元同社の社員も同様の証言をし、不正入札が横行していた実態が明らかにされた営業部長の被告は、「利益追求が第一だった」とも語った。

2003年2月25日、東京地裁は、同社元幹部の両被告に対し、懲役1年、執行猶予　3年（求刑・各懲役1年）を言い渡した。判決では、同じく逮捕された外務省官僚2人との共謀も認定した。外務省の元主任分析官の被告は2003年3月6日に、懲役1年6月、執行猶予3年の判決、もう一人の被告については、2005年2月17日に懲役2年6月、執行猶予4年を言い渡した。（ともに別件の背任容疑を含む）。

参考文献

新聞記事

◆朝日新聞　2002年6月13日
「外務省元課長補佐、三井物産に入札予定価格を漏洩か」

雑誌・書籍

◆**「時々刻々ムネオ疑惑ー名門・三井物産をむしばむ"失語症"の病魔（News＆Forecast）」**
『東洋経済』 2002.7.20

◆**「三井物産不正入札発覚後始めて姿を見せた社長の謝罪の言と「ノラリクラリ」（ビジネスインサイド）」**『ダイヤモンド』 2002.8.3

◆**「国後島発電所事件！三井物産トップの責任問題に波及」**『財界』 2002.8.6

◆**「時々刻々 不祥事ー国後発電所談合事件で「不遜な沈黙」続けた三井物産。会長・社長の居直りは続くか（News＆Forecast）」**『東洋経済』 2002.8.10・17

◆**「三井物産ディーゼル発電所事件での"社長20％減給処分"に社員からは「軽すぎる」の声（特集・この夏、話題の人・企業）」**『財界』 2002.8.20

◆**ムネオ疑惑の本丸に浮上した三井物産を巡る政官業の癒着（ニュースブロック）」**
『実業界』 2002.9

◆**「三井物産ー検察を怒らせた経営トップ（特集・日本ハム・三井物産・東京電力…会社が堕ちる時ー名門ほど危ない）」**『日経ビジネス』 2002.9.30

◆**「「怒りの匿名座談会」三井物産マンの本音ーしぶしぶ引責のダメ社長、人事、給与に不満が噴出（ニュースファイル）」**『プレジデント』 2002.11.4

◆**「事件をきっかけにあるべき姿を洗いざらい議論した-槍田松瑩・三井物産社長に聞く（フラッシュ）」**『エコノミスト』 2002.12.3

category 日本型企業風土

CASE 135 新東京国際空港公団電機工事談合事件

date 2004年（平成16年）4月17日

commercial name 新東京国際空港公団（現・成田国際空港株式会社）

scandal type 競売入札妨害

事件の背景

2004年4月1日に成田国際空港株式会社法の施行により新東京国際空港公団は民営化されて成田国際空港株式会社となった。民営化前の新東京国際空港公団が発注した電機関連工事の入札で公団の担当者が予定価格を複数の業者に漏らしていた官製談合が行われている疑いがあった。

事件の発端・経緯

東京地検特捜部は2004年4月17日午前に成田空港公団の電気施設工事をめぐる競売入札妨害容疑で重電メーカー三菱電機、東芝、富士電機システムズの捜索に乗り出し、18日午前には空港会社本社や千葉県内の元電気課長の自宅および、日新電機や明電舎の捜索を行った。

容疑は公団が2003年11月7日に実施した「南部貨物上屋ビルの第2期受変電設備工事」の指名競争入札において公団工務部の当事の電気課長が予定価格を事前に複数の業者側に漏えいして、日新電機が落札できるように談合した上で、同社が予定価格（約1億9,931万円）の97.8％である1億9,500万円で落札したというものであった。

公団をめぐる談合事件は官庁などにおける官製談合の捜査に発展し、東京地検特捜部は19日に防衛施設庁発注の電機関連工事において談合の疑いがあるとして、建設関連会社（東京都港区）の社長を務める元衆院議員秘書（53）男性を任意で事情聴取し、さらに公団の官製談合に関わった複数のメーカー担当者が国立大学の発注工事でも談合していたと供述した。

また、成田空港関連工事で談合に加わった6社が受注した防衛施設庁発注工

keyword【キーワード】：官製談合　公団民営化　天下り予定先

事は、2004年度までの5年間に全国の8防衛施設局発注の電機関連工事計52件（発注総額約91億円）あり、平均落札率は98.9％と通常の入札ではあり得ないものであることも明らかになった。

さらに、公団民営化以降も容疑がかかっている元電気課長が談合を継続し、受注予定業者をあらかじめ決める際には内部の会議で直属の上司であった元工務部次長（57）の了承を得ていたことが明らかになり、12月5日午後、東京地検特捜部は元公団工務部電気課長、元同部次長の両容疑者を競売入札妨害容疑で逮捕し、千葉県八日市場市の元次長の容疑者の自宅を捜索した。

逮捕容疑は、公団が2003年7月9日、11月7日および12月15日に実施した3件の受変電設備工事の入札で、容疑者は直属の上司だった元次長の容疑者の了承を得て、入札前に受注業者をそれぞれ東芝、日新電機、富士電機システムズに決定した。公団事務所で各社の営業担当者に予定価格に近い額を漏えいし、東芝は4億5,000万円、日新電機は1億9,500万円、富士電機システムズは7,500万円という落札率97～98％の高率で落札した公正な入札を妨害した疑いであった。

両容疑者は12月15日に起訴され、工事を受注した東芝、日新電機、富士電機システムズの営業担当者各1人を競売入札妨害の罪で略式起訴し、罰金50万円の略式命令が出された。この起訴により国土交通省は2005年12月27日から2006年3月26日までの3か月間、東芝、日新電機、富士電機の3社を指名停止の措置を取り、入札への参加を禁止した。

会社の対応

一連の捜査、逮捕を受けて、成田国際空港会社は12月2日に外部有識者による工事発注不正防止委員会を設立し、12月19日には競売入札妨害罪で起訴された両容疑者と課長級の工務部電気グループマネジャー（56）の計3人を懲戒免職処分とし、談合を黙認したとして公団と同社の工務部に在籍した部長級から課長代理級までの4人を停職、黒野匡彦社長ら10人を減給処分とした。

また、2006年2月6日に社内に談合等不正行為に関する情報の社内提供窓口（業務監理部コンプライアンス担当）を設け、4月1日からは工務部で行っていた積算審査、価格交渉や財務部で行っていた制限価格の設定、契約業務および契約に関する情報公開を一括して担当する調達部を30名の社員で発足させた。

事件の初公判は2006年2月14日、東京地裁で開廷したが、検察側は元次長の容疑者はすでに天下ったOBを配慮して受注予定業者を選んだとし、さらに容疑者が自らの天下り予定先であった東芝に土産として発注したと指摘した。また、公判では受注業者の工事利益率が30％であったことも明らかになり、談合で業者が利益を上げていた実態も判明した。

裁判は2006年3月8日に判決が下り、元次長の容疑者に懲役1年6月執行猶予3年（求刑懲役1年6月）、元課長容疑者に懲役1年執行猶予3年（求刑懲役1年）が言い渡されたが、裁判所は「公団内部で反復継続的に行われていた同種行為の一部に過ぎない」とした。

参考文献

新聞記事

◆読売新聞（読売オンライン）、2005年11月16日
「「成田」官製談合の疑い、旧公団が予定価格漏らす」

webサイト

◆「工事発注不正防止委員会の設置について」、2005年12月2日
http://www.naa.jp/jp/press/index.html

◆「新東京国際空港公団が発注した受変電設備工事の入札談合事案に係る（株）東芝等3社についての指名停止措置について」2005年12月26日
http://www.mlit.go.jp/kisha/kisha05/12/121226_2_.html
（以上参照2007．6．11）

category　日本型企業風土

CASE 136 横河ブリッジ、三菱重工ほか鋼鉄製橋梁談合事件

date　2004年（平成16年）10月5日

commercial name　株式会社横河ブリッジ、三菱重工業株式会社ほか

scandal type　独占禁止法違反

事件の背景

三菱重工業、三井造船など大手17社の鋼鉄製橋梁受注業者が談合組織「紅葉会」を結成したのは、戦後間もなくのことだった。その後1965年前後には、後発企業の神戸製鋼、川田工業など30社が加盟する「東会」が発足、これが2大組織となり大規模な橋梁工事の談合受注を行うようになっていた。

1991年、紅葉会加盟の松尾橋梁元社員が談合資料を持ち出し、加盟各社を脅迫する事件の際、公正取引委員会による立入り検査が行われ、二つの談合組織の存在が明らかとなった。事件後、紅葉会と東会は解散した。しかし、1993年、橋梁工事各社の総会で「利幅が低すぎて、共存共栄しなければ共倒れになる」との発言が多くなり、三菱重工業が主導する形で再び談合が始まった。

事件の発端と経緯

2004年10月5日、公正取引委員会は、国土交通省発注の鋼鉄製橋梁工事を巡る独占禁止法違反の疑いで、社団法人日本橋梁建設協会、三菱重工業、新日本製鉄など約40社を、翌6日には住友金属工業、神戸製鉄所など約30社の立入り検査を行った。その押収資料から1993年に談合組織紅葉会は「K会」、東会は「A会」と名前を変えて復活していたことが明らかとなった。

K会加盟社は、横河ブリッジ（2003·2004年度常任幹事）、JFEエンジニアリング（2003年度副幹事）、東京鉄骨橋梁（2003年度副幹事）、石川島播磨重工業（2004年度幹事）、宮地鉄工所（2004年度幹事）、川崎重工業、サクラダ、新日本製鉄、住友重機械工業、龍上工業、楢崎製鉄所、日本橋梁、函館ど

keyword【キーワード】：紅葉会　東会　公正取引委員会

つく、日立造船、松尾橋梁、三井造船、三菱重工業の17社。

A会加盟社は、川田工業（2003・2004年度常任幹事）、高田機工（2003・2004年度副幹事）、栗本鉄工所（2003・2004年度副幹事）、アルス製作所、宇野重工、宇部興産機械、大島造船所、片山ストラテック、川鉄橋梁構、釧路製作所、神戸製鋼所、駒井鉄工、コミヤマ工業、桜井鉄工、佐世保重工業、佐藤鉄工、サノヤス・ヒシノ明昌、住友金属工業、辻産業、東海鋼材工業、東綱橋梁、トピー工業、巴コーポレーション、豊平製鋼、名村造船所、日本車輛製造、日本鉄塔工業、ハルテック、東日本鉄工（破産）、古河産機システムズの30社。

K会、A会は、国土交通省地方整備局の鋼鉄製橋梁工事の発注の後に、幹事社が集まり、過去5年間の各社の受注実績などを元に工事を配分していた。

その後の経緯、警察、検察の動き、裁判

2005年5月23日、公正取引委員会は、K会の横河ブリッジ、JFEエンジニアリング、東京鉄骨橋梁、石川島播磨重工業、宮地鉄工所とA会の川田工業、高田機工、栗本鉄工所の合計8社を独占禁止法違反容疑で刑事告発した。

5月26日、東京高検は、23日告発の8社に三菱重工業、川崎重工業、松尾橋梁の3社を加えた計11社と担当者14人を独占禁止法違反容疑で逮捕した。

5月27日、K会、A会　は2003～2004年度に「ワーク」と呼ばれる談合会議のほとんどを横河ブリッジで行っていたことが判明した。また、国土交通省発注ルート談合は、横河ブリッジが主導権だったことが明らかとなった。

5月29日、K会、A会が日本道路公団OB団体の「かずら会」の経費を負担していたことが判明した。日本道路公団幹部OBの天下り先はK会、A会に加盟する30社以上に上ることもわかった。

5月30日、横河ブリッジ顧問で日本道路公団元理事（70）が、退職後の1994年から約10年間にわたり、日本道路公団からの発注工事の多くを受注調整していたことが判明した。

6月8日、横河ブリッジ顧問（70）は、検察の事情聴取に対し分配表の作成を認め「三菱重工業に天下った日本道路公団元副総裁から1996年頃に役割を引き継いだ」と供述した。

6月15日、東京高検は、これまでに逮捕した11社に、日本橋梁、三井造船など15社を加えた26社と担当者8人を起訴した。

6月29日、公正取引委員会は、日本道路公団が2003～2004年度に発注した鋼鉄製橋梁工事の独占禁止法違反の容疑で横河ブリッジ、三菱重工業、石川島播磨重工業の3社を刑事告発した。

6月30日、K会、A会の幹事社は、2004年10月の立ち入り調査後も対策会議を開き、日本道路公団発注工事は横河ブリッジ主導で談合を続けると合意していたことが判明した。

7月12日、東京高検は、日本道路公団発注ルートの談合の調整役だったとして、横河ブリッジ元顧問で日本道路公団元理事、三菱重工業、石川島播磨重工業、横河ブリッジ、川田工業の担当者を独占禁止法違反の疑いで逮捕した。

7月13日、日本公団の容疑者が、検察の取り調べで日本道路公団理事時代も工事の配分をしていたことを認めた。

7月25日、東京地検特捜部は、OBの天下り先確保の目的で、談合に手を貸していたとし、独占禁止法違反の幇助と背任の疑いで、現職の日本道路公団副総裁・内田道雄（60）を、8月1日には同容疑で現職の同公団理事・金子恒夫容疑者（57）を逮捕した。

10月31日、公正取引委員会から独占禁止法違反で排除勧告をうけたメーカー45社のうち、三菱重工業、新日本製鉄など5社が応諾拒否していることがわかった。三菱重工業は拒否の理由を「2004年10月の立ち入り検査後は談合から離脱しており、2005年3月まで談合に関与していたとする勧告とは差異がある」と述べた。

12月16日、東京高等裁判所で初公判が行われ、国土交通省・日本道路公団発注の2ルートが一緒に審理された。

2006年3月27日、公正取引委員会は、談合事件にかかわった横河ブリッジなど44社に対し、計129億1,048万円の課徴金納付命令を出した。

9月12日、国土交通省と日本道路公団は、不正行為に対する違約金条項に基づき、横河ブリッジなど38社に総額68億円を請求することを決定した。

10月2日、横河ブリッジ、石川島播磨重工業など12社が、高速道路各社への違約金、総額10億4,200万円の支払いを拒否していたことがわかった。多くの社が「官製談合の疑いがあるため、裁判を見定めた後で支払いを検討する」と答えた。

11月10日、東京高裁は、横河ブリッジと川田工業に各6億4,000万円など、計23社に総額64億8,000万円の罰金刑を言い渡した。

横河ブリッジ元理事には懲役2年6月（執行猶予4年）、横河ブリッジ元顧問には懲役2年（執行猶予3年）、ほか6人にも懲役1～2年（執行猶予付き）の有罪判決が言い渡された。

参考文献

雑誌・書籍

◆「ついに道路公団へ「橋梁談合」捜査ー道路･橋梁の談合の巣「道路公団に手をつけろ」『Verdad』 2005.7

◆「日本経済「守旧構造」の断末魔ーこれまでとは違う橋梁談合摘発」『選択』 2005.7

◆「泥沼化する「橋梁談合事件」ー果てしなき闇にどこまで迫るか」『月刊タイムス』 2005.8

◆「デスク座談会 解散総選挙の奇奇怪怪、裏表 どっちにしろ公共事業に逆風 橋梁談合事件のマイナス影響」『建設オピニオン』 2005.9

◆「特別企画 橋梁談合事件で浮き彫りになった 独占禁止法違反という重大リスク」『ビジネス法務』 2005.9

◆「世界の潮 橋梁談合事件ー談合をなくすにはどうすべきか」『世界』 2005.9

◆「国・旧道路公団発注橋梁談合事件 東京高裁で初公判--冒陳で検察側 元公団副総裁らの罪証隠滅工作等詳述」『公正取引情報』 2005.12.19

◆「検察の独禁法違反事件捜査の実際ー橋梁談合事件を読み解く〔含 質疑応答〕(〔中央大学法科大学院〕学術セミナー報告)」『中央ロー・ジャーナル』 2006.3

◆「「横河ブリッジ」など44社に課徴金納付命令--橋梁談合事件で公取委 過去最高額の129億1048万円」『公正取引情報』 2006.4.3

category 日本型企業風土

CASE 137 水谷建設 不正経理事件

date 2006年（平成18年）7月8日

commercial name 水谷建設株式会社

scandal type 法人税法違反（脱税）

事件の背景

名古屋国税局は、管内に本社を置く水谷建設が福島県郡山市内の土地を福島県知事の実弟佐藤祐二（63）が経営する縫製会社郡山三東スーツから買い取った際、後から購入代金を1億円上乗せしていた事実に注目した。東京地検特捜部も知事の実弟が社長であった縫製会社がゼネコンから資金提供を受ける不自然さに疑惑の目を向け、内偵調査を行っていた。

そして、2005年12月、東京地検特捜部は東京国税局と連携して、水谷建設、同社が大株主となっている日起建設を詐欺容疑で捜査した。容疑は2002年夏に下請け社員の職業訓練をする施設設置を理由に建設教育訓練助成金1億5千万円を受給しながら訓練回数が少ないなど受給申請書の内容と実態が異なっていたことによるものであった（後に助成金を全額返還して示談が成立したため、水谷功元会長は起訴猶予処分となった）。

事件の発端・経緯

東京地検特捜部は、2006年7月8日午前に水谷建設が1998年いわき市の山林売買をめぐり約7億円の所得を隠し、法人税約2億円を脱税した疑いで水谷建設本社や福島県佐藤栄佐久知事の実弟が経営する郡山三東スーツ、同人自宅および政財界に太い人脈を持つ人物が経営する東京都内の建設会社を捜索した。そして、同日、法人税法違反（脱税）容疑で水谷建設経理担当常務、二本松市内の小尾建設社長を逮捕し、7月12日には水谷建設を実質的に取り仕切っていた水谷会長を逮捕した。

東京地検特捜部は水谷建設の脱税事件を突破口として福島県発注の公共工事における談合事件の捜査に着手し、7月9

keyword【キーワード】：福島県知事　談合　不正経理

日、10日には準大手ゼネコン前田建設工業、北朝鮮支援を行うNPOレインボーブリッヂおよび出版社行政問題研究所などを捜索した。

9月3日には福島県内の建設大手佐藤工業の会長で福島県商工会議所連合会会長を参考人として事情聴取し、8日に競争入札妨害で逮捕し、4日には談合の仕切役で「知事の裏の秘書」と呼ばれ、佐藤知事の実弟とも親しい設備会社社長や、佐藤工業営業統括部長を、25日には知事実弟、元県土木部長および東急建設東北支店副支店長を競争入札妨害（談合）の容疑で逮捕した。

一連の捜査の過程で水谷建設、前田建設工業の関係者から1億円を上乗せした知事実弟との土地取引などは木戸ダム（福島県楢葉町）工事をめぐる談合の謝礼として提供されたものとの供述を引き出した。捜査が周辺に及んだことから9月27日に佐藤栄佐久知事は職を辞し、10月23日に収賄容疑で逮捕された。

この捜査の中で、東京地検特捜部の事情聴取を受けた東急建設東北支店長（58）が2006年8月15日に宿泊先のホテルで飛び降り自殺し、郡山三東スーツの総務部長（60代）も特捜部の事情聴取後の10月19日に自宅で自殺を図り、意識不明の重体となった。

事件内容、会社の対応

水谷建設の不正経理によって約38億円の所得を隠していたが、その不正経理のやり方は次のようなものであった。

いわき市による運動公園などの開発予定地区の一角で、大規模住宅の建設計画があった山林30万㎡を、水谷建設は地権者である開発業者から1998年9月に約1億円で購入したが、休眠状態のダミー会社を使って約8億円で買い取ったと見せかけた。そして、小尾建設に2千万円で売却し、約7億6千万円の所得を北海道苫小牧市内の建設会社などを経由して還流し、法人税約2億3千万円を脱税した。

また、郡山三東スーツとの土地取引をめぐっても不正経理が行われた。1999年11月、知事の実弟は木戸ダム建設工事の受注見返りとして、前田建設工業に郡山三東スーツ工場従業員駐車場約3万㎡を購入するよう要求した。前田建設工業は下請け業者に入れる予定であった水谷建設に土地の購入を指示し、水谷建設は約3億5千万円で購入した。さらに2002年にも当事の前田建設工業副会長の指示で、郡山三東スーツの本社工場用地約1万1千㎡を約8億7千万円で購入し、後に1億円を購入代金に上乗せした。この一連の土地取引は受注調整に対する知事実弟への謝礼であったという

(贈賄側は公訴時効3年を経過し、水谷建設、前田建設工業は時効が成立)。

さらに、関西国際空港・中部国際空港建設工事をめぐる地元建築会社などへの支出でも不正経理がなされていた。中部国際空港の建設工事の際、受注調整に大きな力を持つ愛知県内の建築会社に東京都と福島県内の実体がない会社を経由して5億円を支出し、経由した会社への貸付金が回収不能になったとして損金として処理した。また、三重県内で中部国際空港建設用の砂利を調達する際にトラブルが起き、その解決のために裏金から数億円を支出したという。

1999年着工の関西国際空港2期工事の際には元請けの共同体に参加するゼネコン1社から、下請けに入る条件として地元対策費の名目で暴力団、暴力団幹部および複数の国会議員秘書などに約10億円を提供。この時も兵庫県内の実体がない会社に7億5千万円を経由し、中部国際空港の時と同じように回収不能になったかのように見せかけて処理したとされた。

参考文献

雑誌・書籍

◆「トップレポート NGO、元三重県知事、福島県知事、暴力団幹部らに波及必至 東京地検は経理担当ら2人を逮捕 水谷建設の裏金ルート解明へ－"安倍新政権"下で政界、官界を揺るがす一大事件に発展か」『財界にっぽん』 2006.10

◆「ザ・サンクチュアリ（385）水谷建設事件の「闇の奥」－特捜が踏み込んだ広くて深い伏魔殿」『選択』 2006.8

Column

◆終身雇用、年功序列の崩壊

日本独自の雇用制度の特徴として、終身雇用と年功序列制度が挙げられるが、それらは近世商家の奉公人制度、いわゆる丁稚制をベースにして高度経済成長期に形成された、比較的最近に出来上がったものである。

近世奉公人制度とは、商人として必要な商業教育や実務を学ぶ一方で、雇主に対してはその恩に報いるために住み込みにて無給で働くというものである。そして、勤続年数によって丁稚から手代へと昇格して、店を切り盛りする番頭に登りつめた者には独立（暖簾わけ）が認められたり、妻帯して別宅を与えられて通い番頭として商家に通勤したりした。この奉公人制度は、近世の身分制の影響を受け、雇主と雇人の関係は主従のつながりで、雇人は雇主に対して服従が原則であった。

しかし、明治に入り、銀行や後に百貨店となるような大規模な呉服商は、契約に基づく労働力の提供といった雇用制度の近代化に対応し、また優秀な人材を確保するために、日露戦争前後に月毎に金銭を給与する雇用制度に切り替えた。雇主と雇人の関係に主従的要素は依然として残り、それは昭和戦前期においても残り、昭和12～13年に連載された山本有三の代表作『路傍の石』において主人公愛川吾一が呉服商で奉公する姿が描かれるなど身近なものであった。

近世的要素を残す雇用制度が変容し始めたのは、朝鮮戦争による特需から高度経済成長期にかけての時期であった。太平洋戦争直後、出征していた兵士、植民地で生計を立てていた在外日本人600万人が帰国するなどして飽和した人口を日本列島内の各種産業にいかに再分配するかが経済、統治政策上の課題であった。朝鮮戦争による特需は就職の機会を増やし、大空襲で大きな損害を受けた都市では職を得ることができず農村に滞留していた飽和人口の都市流入を招いた。高度経済成長期に経済成長が加速すると職業安定所により義務教育を終えた中学卒業者が「金の卵」として都会に次々と送られて、中小、零細商店に就職していった。しかし、彼らの2人に1人は、商店に住み込みの上、実務経験の取得を条件に低賃金、あるいは10年間の無給勤務の代わりに独立資金を与えるといった近世奉公人制度的な雇用条件で働いていた。そのため、従業員99人までの規模の企業では1年以内に25％の若者が離職していったが、これに対して雇主側は月給制度、退職金制度といった給与制度の改善、従業員へのリクリエーションの充実といった職場環境の改良によって従業員の離職に伴う教育投資のロスを回避したが、この退職金制度が終身雇用制度の下地となった。

そして、さらなる離職防止策として経済発展によって得た利益を原資に、勤続年数に従って給与を上げる年功序列の賃金制度を設け、そのうえ男子労働者には住宅手当、配偶者手当、扶養手当といった名目の諸手当を基本給に上乗せして、彼らの離職率低下に努めた。こうして勤務に対する報酬であった給与は、従業員の家族全員の生計を賄う生活給的性格を帯びて、近世奉公人制度とは異なる形で民間企業に対する忠誠心（愛社心）を涵養し、いわゆる会社人間を養成していった。また、この日本型雇用制度は新中間層を創設して新たな支持基盤として党勢拡大を目的とした池田勇人内閣の所得倍増計画の政治目的と合致し、五十五年体制を下支えする制度ともなった。

しかし、この雇用制度を継続するためには常に従業員に分配する富が必須で、その前提が崩れると案外簡単に崩れる脆いものであった。1991年10月に株価が日経平均株価最高値（1989年12月に記録）の半分になって始まったバブル崩壊とその後10年間も続いたデフレは、まさに日本型雇用制度の脆さを露呈させた。業績を大きく悪化した民間企業は年功序列で給料が嵩んだ50歳代をリストラし、また20歳代前半の大学新卒者の新規採用を抑制したことから、リストラ対象世代の50歳代は自殺者数が急増し、新卒者として就業する機会を奪われた20歳前半世代はその後の長期デフレ下において正規職員としての就業機会を奪われて、派遣社員などで生計を立てることとなった。これらの世代は終身雇用、年功序列を前提に将来の人生設計を立てていたことから、生涯賃金の面で他の世代に比べて割を食う形となった。

デフレ下で外資が日本企業を積極的に買収し、中国の経済力が増して東アジア、あるいは世界経済における地位の相対的低下を招くなどして日本経済の方向性に不透明感が漂ったが、この間人々は働くことの意味を含めて人生において何に価値観を求めるかを内省する機会と捉えた。他方、民間企業においては中国企業に対抗するために国際競争力を高める目的で、従業員のモチベーションを向上し、それによって生産性アップを企図して、個々の従業員の業績を査定して給与を定める成果主義を導入、あるいは給与の一部にその要素を加味した。

このような雇用制度をめぐる変容は、会社から解雇をいつ告げられるかわからない不安、成果主義における評価基準の曖昧さとそこから生じる不平等感により、日本型雇用制度が従業員に涵養させた愛社心を希薄にさせていった。この愛社心の希薄化は、これまで民間企業が愛社心の名の下に抑えてきた従業員による内部告発を止められなくなった背景であるが、デフレ下において個々人が静かに内省して獲得した個人の価値観が、組織の論理に拮抗する論理として育っている点も看過できない。

category 報道機関の使命欠如

CASE 138 朝日新聞珊瑚事件

date 1989年（平成1年）4月20日

commercial name 株式会社朝日新聞社

scandal type 記事捏造

事件の発端・背景

朝日新聞の1989年4月20日夕刊一面トップに、「観光客・ダイバー達の低モラルぶり」という見出しで大きな記事がのった。沖縄県八重山群島西表島の珊瑚に、「K･Y」という落書きを発見した、云々というものだ。その記事の趣旨は自然環境破壊に警鐘を鳴らす、という趣旨のものであった。

前年の1988年には、朝日新聞はリクルート事件の報道で、スクープを連発していた。

その後の経緯

記事は次の内容である。……これは一体なんのつもりだろう。沖縄・八重山群島西表島の西端、崎山湾へ、直径8メートルという巨大なアザミサンゴを撮影に行った私たちの同僚は、この「K・Y」のイニシャルを見つけたとき、しばし言葉を失った。巨大なサンゴの発見は、七年前。水深一五メートルもあって、世界最大とギネスブックも認め、環境庁はその翌年、周辺を、人の手を加えてはならない海洋初の「自然環境保全地域」と「海中特別地区」に指定した。たちまち有名になったことが、巨大なサンゴを無残な姿にした。島を訪れるダイバーは年間三千人にも膨れあがって、よく見るとサンゴは、空気ボンベがぶつかった跡やらで、もはや満身傷だらけ。それもたやすく消えない傷なのだ。日本人は、落書きにかけては今や世界に冠たる民族かもしれない。だけどこれは、将来の人たちが見たら、80年代日本人の記念碑になるに違いない。百年単位で育ってきたものを、瞬時に傷つけて恥じない、精神の貧しさの、すさんだ心の……。にしても、一体「K・Y」ってだれだ。

keyword【キーワード】：珊瑚　自然環境保全地域　落書き

この珊瑚は高さ4メートル、周囲20メートルもある世界最大の珊瑚としてギネスブックにも認定されているものである。それにひどい落書きがされているというこの記事、しかも大きい写真つきであるから、世論はダイバー達に冷たい視線を投げかけた。

ところが、この記事に地元のダイバー達は異議を述べだした。地元のダイバー達は自然を愛しており、海が好きだ。このようなことをするはずがない、といい、調査を始めた。ダイバー達は、朝日新聞に真意を問いただした。

5月16日朝日新聞朝刊一面で「おわび　本社取材に行き過ぎ　西表島沖のサンゴ撮影」という記事で、青山昌史広報担当取締役は、すでにあったKYの文字を、写真でより鮮明に写すために「なぞった」ものである、しかし取材は行き過ぎたものであったと釈明した。

この日の朝刊3面でも「サンゴ撮影行き過ぎ取材について」「本社に抗議電話相次ぐ」「『環境保全法に違反』と環境庁」などの記事を載せた。

翌5月17日朝刊1面では「本社、編集局長を更迭」などと関連記事を載せた。朝刊5面は「社説　痛恨の思いを今後の戒めに」としている。

5月20日朝刊1面は「落書き、ねつ造でした　深くおわびします」。同3面では「事実の追求に甘さ　点検・教育のあり方反省」「傷がなかったサンゴにストロボの柄で刻んだ」「ポリプ、生きていた『手加えたか』と、同僚も疑念」「竹富町ダイビング組合経過報告書の要旨」。同5面では「社説　厳しい批判を糧として」とある。

5月27日朝刊1面は「一柳社長が辞任　サンゴ事件で引責」という発表を行なった。

参考文献

雑誌・書籍

◆ **「『サンゴ落書き』カメラマンの『写真館』成功譚（ワイド＜週刊新潮＞2500号が刻んだ『人と事件』）」**『週刊新潮』 2005.6.9

◆ **「朝日サンゴ事件カメラマンが初告白（総力追跡・消えた主役たち――50人の現在を突き止めた！）」**『週刊文春』 2000.8.17

category 報道機関の使命欠如

CASE 139 TBS オウムビデオ事件

date 1989年（平成1年）10月31日

commercial name 株式会社東京放送

scandal type 取材録画漏洩

事件の背景

1984年ヨーガ道場として「オウムの会」が発足した。これを改称した「オウム神仙の会」を母体に、「オウム真理教」が麻原彰晃（本名松本智津夫）によって設立され、1989年8月25日東京都に宗教法人として認証された。（2007年現在は「アーレフ」と改称している。）

これ以前、日本ではオカルトブームが起こっており、オカルト雑誌『ムー』がヨーガ団体として取材したことがあった。座禅を組んだまま跳躍する姿の写真も掲載された。

1989年5月頃、坂本堤弁護士は教団出家信者の親であるAから、その長女を教団から脱会させたいという相談を受け、これをきっかけとして坂本弁護士は教団の不正を正すべく被害対策弁護団を結成した。1989年10月26日夜、オウム真理教被害者の会の話を聞いている坂本弁護士についてTBS（東京放送）は取材録画した。数日後、オウム真理教幹部の早川紀代秀、上祐史浩、青山吉伸らがTBSを訪れて抗議している。この時、「3時にあいましょう」担当のプロデューサーは当該ビデオを3人に見せ、オウム側の要求をいれ、インタビューの放映は中止された。

事件の発端

1989年10月31日、早川、上祐、青山ら3人は坂本弁護士の所属事務所である横浜法律事務所を訪れ、弁護士と交渉を行なって教団批判封じを狙った。

同年11月4日、坂本弁護士一家（堤（33）、妻・都子（29）、長男・龍彦（1）の3人）殺害事件は起きた。

keyword【キーワード】：オウム真理教　坂本弁護士一家　インタビュービデオ

その後の経緯

1990年2月、衆議院議員総選挙にオウム教団関係者は集団立候補したが、全員落選。

1993年11月、サリンプラントを建設。

1994年6月27日、長野県松本市でサリンを噴霧して市民7人を殺害、660人の重軽症者を出した。（松本サリン事件）

1995年2月、目黒公証人役場の仮谷清志事務長を拉致・監禁し、その上薬物で殺害した。

3月20日東京の営団地下鉄の数個の駅でサリンを撒いて乗客ら12人を殺害し、5,510人に重軽症を負わせた。（地下鉄サリン事件）

5月16日麻原彰晃は山梨県上九一色村の教団施設で逮捕された。

10月12日、TBSは東京地検に坂本弁護士のインタビューテープを提出した。

10月19日、日本テレビはTBSが放映前の坂本弁護士インタビュービデオをオウム幹部に見せたことを報道した。同日TBSはこれを否定した。

1996年3月11日、TBSは「社内調査概要」を発表して、坂本弁護士のインタビュービデオを見せた事実はない、とした。

3月12日、早川被告の公判で、事件の核心になる早川メモが公表された。横浜法律事務所はTBSに対して公開質問状を発した。

3月19日、TBSはこの公開質問状に対する回答書を提出し、坂本弁護士のインタビュービデオを見せた事実はなかったと回答。TBSの大川常務は衆議院法務委員会に参考人として招致されたが、社内調査概要に従って発言した。

3月25日、TBSの磯崎洋三社長は坂本弁護士のインタビュービデオを見せたことを認める趣旨の記者会見を行なった。

3月27日、早川被告に対する東京地裁第4回公判で、検察側はTBSは放送前にオウムにインタビュービデオを見せたと認めていたことを明らかにした。

3月28日、TBSの大川前常務は衆議院法務委員会で上記の件について陳謝した。

4月30日、TBSは、坂本弁護士のインタビュービデオテープ問題についての社内調査概要などについて詳細を発表した。19時から19時20分までの間、磯崎社長は社告謝罪番組「視聴者の皆様へ」にて、19時20分から23時までは検証特番「証言」を放映して視聴者への理解を求めた。ビデオをオウムに見せた担当プロデューサーは懲戒解雇とした。

5月20日、TBSは23時50分から特

別番組「視聴者の皆様へ」で砂原幸雄社長は、経過報告と今後の対策を述べ、ふたたび謝罪放送をした。

5月24日、TBSは横浜法律事務所に、公開質問状に対する再回答書を提出した。これには3月19日の回答書を全面的に撤回し、坂本弁護士のインタビュービデオを見せたことを認めた。併せて遺族と横浜弁護士事務所への陳謝を表明した。

12月18日、TBSはインタビュービデオを放送前にオウム側に見せた問題をきっかけに、7人の社外識者に委託した「放送のこれからを考える会」(座長堀田力弁護士)において、報道現場における「個の確立」を求める提言を行なった。

オウム問題としてその後を見ると、1997年1月31日公安審査委員会はオウム真理教への破壊活動防止法の適用を棄却した。

2000年2月4日オウム真理教は「宗教法人アレフ」として再編した。

2004年(平成16年)2月27日、東京地裁にて、麻原彰晃(本名松本智津夫)に死刑判決が下った。

参考文献

雑誌・書籍

◆**現代人文社編集部『検証!オウム報道』** 現代人文社 1995

◆**浅野健一・山口正紀編著『無責任なマスメディア——権力介入の危機と報道被害』** 現代人文社・大学図書〔発売〕 1996

◆**川邊克朗『「報道のTBS」はなぜ崩壊したか』** 光文社 1997

◆**原口和久『メディアの始末記』** 新風舎 1998

◆**江川紹子『オウム事件はなぜ起きたか』上・下** (新風舎文庫) 新風舎 2006

category 報道機関の使命欠如

CASE 140 テレビ東京、犯行撮影謝礼提供事件

date 2002年（平成14年）7月2日

commercial name 株式会社テレビ東京

scandal type やらせ謝礼提供

事件の背景

各テレビ局が放送する夕方のニュース番組は、1990年代後半から時間枠が拡大し、本来のニュース報道だけでなく、スクープ映像や特集企画などを前面に打ち出すスタイルに変わりつつあった。他局に負けない刺激的なスクープ映像を流せば話題になり、視聴率も上がる——事件の背景には、ニュース取材の基本を忘れてスクープに走った番組制作者の暴走と、それを未然に防げなかったテレビ局側の管理態勢の甘さがあった。

この事件以前からも、番組制作者のモラル低下に起因するやらせや過度の演出といったテレビ局をめぐる問題は度々報道されてきた。それらは主にドキュメンタリーや情報番組でのことだったが、この事件はその問題が定時のニュース番組で起こったという点で、マスコミ全般に大きな衝撃を与えた。

事件の発端

2002年7月2日、毎日新聞は朝刊に「テレビ東京の『窃盗団』報道『事前通告』受け収録」と題したスクープ記事を掲載した。その内容は、テレビ東京報道局の取材記者が窃盗グループのメンバーの男性から事前に情報提供を受け、犯行や逮捕の様子を撮影し、事件の模様を27日夕方のニュース番組「ニュースアイ」で、「スクープ　犯行・逮捕の一部始終」として約7分間放映した、というものだった。

報道によると、事件があったのは27日午前1時40分頃。5人組の男が東京都江戸川区春江町の建築資材会社事務所に車で乗りつけ、裏窓をバールで割って侵入し、金庫を盗み出そうとした。現場にはテレビ東京の記者から情報提供を受

keyword【キーワード】：視聴率　窃盗団　検証委員会

けて張り込んでいた捜査員が待機しており、元中国籍の男ら3人を窃盗未遂容疑で現行犯逮捕した。中国人とみられる残りの男2人は現場から逃走した。

テレビ東京の記者に犯行内容や日時の情報を提供したのは、逮捕された3人のうちのひとりで、元鉄筋工の日本人男性だった。毎日新聞の取材に対し、男は「泥棒から足を洗いたかったので、自分と仲間を逮捕してもらおうと思い、5月中旬、テレビ東京に頼んで警察に通報してもらった。自分が話したことがばれたら仲間から報復される恐れがあるので、家族を逃がすためにお金をもらった」と語り、テレビ東京の取材記者から3度にわたって計35万円を受け取ったことを明かした。

被害者の建築資材会社社長は、テレビ東京からも警視庁からも、犯行が行われるという情報を事前に伝えられていなかった。また、事件直後には現場でテレビ東京の取材を受け、被害状況などについて説明していた。

事件の経緯

新聞報道の同日夕方、テレビ東京は「ニュースアイ」の冒頭で一連の経緯を説明したうえで謝罪した。また、同社の報道局長が記者会見し、取材に金銭が介在したことについて深く陳謝し、チェック体制の充実を急ぐと語った。担当記者の上司であるニュース取材部副部長は、情報提供者への金銭提供について「外国人犯罪の実態を伝えたいという思いが先行してしまった。浅はかだった」と釈明した。

スクープ記事が出た翌7月3日、テレビ東京は「会社の信用を著しく傷つけ、重大な損害を与えた」として、事件に関係した4人の社内処分を決めた。ニュース取材副部長は役職剥奪1カ月・減給3カ月、担当記者は減給2カ月、監督責任を問われた報道局長は減給1カ月、田村哲夫専務・報道スポーツ本部長は譴責処分となった。

続く4日、テレビ東京は再発防止のため局内に「窃盗団報道問題検証委員会」を設置した。委員会は編成、報道、法務などの局長、部長クラス12人で構成され、情報提供者への対応や取材経過・方法、危機管理体制などを具体的に検討することが決められた。

25日に行われた定例会見の席でテレビ東京の菅谷定彦社長は、「容疑者に対する金銭提供や被害者への配慮不足は容認されることではない。被害者や視聴者、国民の皆様に対してお詫びしたい」と、公的に謝罪した。

8月8日には窃盗団報道問題検証委員会が、担当記者が事件前に窃盗団3人の顔写真を撮影し、警察に渡していたことを明らかにした。テレビ東京はこれを「会社の信用を著しく傷つける新たな事実」とみなし、担当副部長（当時）と担当記者の2人を降職、田村専務を減俸2カ月、報道局長を減給2カ月とする追加処分を発令した。また、菅谷社長の報酬25％自主返納（2カ月間）も合わせて発表した。加えて委員会は、情報提供者に渡した金銭は当初発表した35万円ではなく、39万1,000円だったことも明らかにした。委員会は金銭提供を「報道機関として極めて危険な行為」と断じたが、被害者へ事前連絡しなかったことについては、「捜査を考慮し、基本的に警察にゆだねることがベスト」と語り、担当記者の判断を支持した。

参考文献

新聞記事

◆毎日新聞　2002年7月2日
「テレビ東京の『窃盗団』報道『事前通告』受け収録」

雑誌・書籍

◆「テレビー「窃盗団」報道に見る警察とのもたれあい（メディア時評）」
『前衛』 2002.9

◆「毎日新聞にタレ込んだのは金をもらった当人だった-テレビ東京「窃盗団報道」でメディアに問われたもの」
『創』 2002.9

◆「表現の自由は、いま（10）ニュースの当事者に金を払ってよいのかーテレビ東京窃盗団事件とジャーナリズム倫理」
『マスコミ市民』 2002.1

◆「テレビ東京「窃盗団報道」事件めぐる検証委員会の調査報告（情報の焦点）」
『創』 2002.1

category 報道機関の使命欠如

CASE 141 NHK 東大寺鐘楼釘打ち事件

date 2002年（平成14年）12月29日

commercial name 日本放送協会

scandal type 文化財保護法違反

事件の背景

2004年前後から、チーフプロデューサーによる番組制作費水増し事件や編成局幹部らによるカラ出張事件、記者による連続放火事件など、NHKでは続々と不祥事が発覚し、受信料の不払いなどが社会問題化していた。

事件の舞台となった奈良・東大寺の鐘楼は国宝指定の重要文化財である。文化財保護法では重要文化財に手を加える場合、所有者が文化庁に「現状変更」の申請を出し、許可を受けなければならないと定めている。

事件の発端

2002年12月29日、奈良市の東大寺で、31日放送の『ゆく年くる年』の中継の準備をしていたNHK大阪放送局の委託業者が、ライトを固定するため、無断で国宝の鐘楼に釘を打ちつけた。

翌日、寺の出入り業者がこれを発見。寺側がすぐにNHKに抗議したため、釘は放送前に抜き取られた。31日の本番では、ひもでライトを固定して中継された。

寺の厳重注意を受け、NHK奈良放送局長や大阪放送局の幹部らが謝罪。また、NHK大阪放送局広報部は、「大変申し訳ない。今後は細心の注意を払って再発を防止する」と語った。

東大寺の庶務執事は「法律以前の問題。常識外れで、言語道断」と語り、また同寺の執事長も「常識では考えられない。県文化財保護課などと対応を協議したい」とコメントした。

その後の経緯、NHKの対応

2003年1月7日、NHK奈良放送局の放送部長は、奈良市教委文化財課に報告

keyword【キーワード】：鐘楼　重要文化財　文化財保護法

書や始末書などを提出し、「文化財保護法に違反する行為であり、誠に申し訳ない」と謝罪した（その後報告書は県教育委員会を通じて文化庁へ送られた）。

この報告書などから、業者が打ち込んだ釘の本数が当初の発表と違っていたことがわかった。これまでNHKは業者の説明から長さ3cmの釘を9本打ち込んだと公表していたが、現地調査の結果、17本の釘を打ちつけていたことが判明した。

NHKの海老沢勝二会長は1月9日の定例会見で謝罪。「非常識な行為で、おわびするしかない。厳正な処分を行う」と語った。

1月13日、NHKは処分を発表。大阪放送局長を厳重注意、業者に作業を指示した技術担当者2人を減給、番組担当者ら3人を譴責などとした。

参考文献

新聞記事

◆読売オンライン2003年1月1日
「NHKの委託業者が東大寺の国宝「鐘楼」に釘打ち」

category　報道機関の使命欠如

CASE 142 毎日新聞記者ヨルダン爆発事件

date　2003年（平成15年）5月1日

commercial name　株式会社毎日新聞社

scandal type　過失致死罪、過失傷害罪

事件の背景

ヨルダン爆発事件の当事者である毎日新聞記者は、イラク情勢が緊迫化していた2003年2月よりバグダッドで取材を行っていた。3月19日未明に米英軍の攻撃によりイラク戦争開戦となるが、同記者は開戦直前に一度ヨルダンに出国し、同年4月9日にバグダッドが陥落すると再び入国してバグダッドで取材をしていた。事件は、同記者が取材を終え、ヨルダン経由で帰国する途中に起こった。

事件の発端

2003年5月1日午後6時50分（日本時間2日午前0時50分）ごろ、ヨルダンの首都アンマン南郊にあるクイーンアリア国際空港の出発ターミナルで爆発が起こり、1人が死亡、5人が負傷した。爆発の原因は、毎日新聞東京本社写真部の記者（36）の所持品だった。空港の職員が、同記者が所持していた金属片を不審物として調べていたところ、その場で爆発してしまった。

ヨルダン当局に身柄を拘束された同記者は、イラクの道端で拾った不発弾を、「使用済みで爆発しない」と思い込み、「記念品として日本に持ち帰ろうとしていた」と供述した。

のちに爆発したのはクラスター爆弾（集束）の子爆弾と判明する。現在もイラク国内にはこの不発弾が多数残り、復興の妨げになっているともいわれる。

その後の経緯、毎日新聞の対応、裁判

毎日新聞社は、事件発生から約5時間後の2003年5月2日午前6時（日本時間）に異例の早朝会見を開いた。ただしこの段階では記者の供述内容がわかって

keyword【キーワード】：ヨルダン　不発弾　ヨルダン国家治安裁判所

いなかったため、「極めて遺憾。亡くなられた方に哀悼の意を表します」と遺憾表明にとどまった。会見には、橋本達明常務（広報担当）、編集局次長、写真部長が並んだ。

その後記者の詳細な供述が明らかになり、同日午後4時の2回目の会見では、「心からおわびします」と明確な謝罪表明となった。また、同社は2日の夕刊と3日の朝刊に謝罪記事を掲載した。

5月3日、毎日新聞は事件の対応をするため、中東問題にくわしい局次長をアンマンに派遣した。局次長は関係者に謝罪したのち、現地で会見。以後、日本語と英語で定時会見し、積極的に情報を発表することとなった。

5月5日、ヨルダン検察当局が、容疑者の取調べを行い、起訴に向けて準備を始めた。

5月6日、毎日新聞は、ヨルダンの有力紙2紙に謝罪広告を掲載した。

5月7日未明、同社の斎藤社長らがヨルダン入り。アドワン情報相らと面会したのち、サルハン氏の遺族宅を弔問した。

5月8日、同社長はヨルダンのアブドラ国王に謁見し、謝罪。国王は「このような事故は起こりえること。保釈を望む」と述べた。

5月19日、ヨルダン検察当局は容疑者を、爆発物法違反（所持）、過失致死、過失傷害の3つの罪で起訴した。この起訴を受けて斎藤社長は、19日夜に関係者の処分を発表。同社長が役員報酬を当分の間全額返上、北村常務取締役主筆が役員報酬減額50％（1カ月）など。

5月20日、ヨルダン国家治安裁判所で初公判が行われた。被告は無罪を主張したうえで、道義的責任から被害者やその家族に対して謝罪の言葉を述べた。

5月21日、斎藤社長は、日本新聞協会の理事会で「日本のジャーナリズムへの信頼を傷つけ申し訳ない」と謝罪。読売新聞グループ本社の渡辺社長は「毎日新聞社の行動は素早かった」など、事件後の対応を評価した。

6月1日、判決公判。裁判長は、同被告を過失致死罪と同傷害罪で有罪とし、禁固1年6月の実刑を言い渡した。ただし、「爆発物との認識はなかった」として、爆発物法違反罪については無罪となり、また、実刑判決を受けたものの刑量は半減された。

その後、同被告は、ヨルダン国王の特赦により6月17日に釈放。翌日の記者会見であらためて謝罪するとともに、国王らに感謝の言葉を述べた。なお、遺族らへの補償については17日までに和解が成立した。

6月19日、同記者が帰国。

6月21日、毎日新聞社は、記者を同日付で懲戒解雇にしたと発表。「6人の死傷者を出した結果は重大であり、道義的・倫理的責任は大きい」とした。

6月27日、同社は、事件の検証特集記事を2ページにわたって紙面に掲載した。2ページの特集は5月10日に続き2度目。元記者のインタビューを行い、同社の調査班のほか、作家の柳田邦男氏などに第三者の視点からも事件を検証した。インタビューで元記者は「戦場を取材する者としてあまりに軽率で、プロ意識に欠けていた」と語った。

参考文献

新聞記事

◆毎日新聞　2003年5月2日（夕刊）
「毎日新聞社記者の所持品が爆発「イラク取材、記念品」ーアンマンの空港・逮捕」

category 報道機関の使命欠如

CASE 143 朝日新聞、曽我さん家族住所報道事件

date 2003年（平成15年）5月13日

commercial name 株式会社朝日新聞社

scandal type 無断掲載

事件の背景

2003年5月、個人情報保護法が成立しており、個人情報のあり方に関して、社会全体が関心を寄せていた時期でもあった。

また、拉致被害者の報道トラブルとしては、2003年1月に『週刊朝日』による地村さん夫妻へのインタビュー無断掲載があり、この件では当時の出版本部長と担当デスクが更迭に追い込まれた。

事件の発端

2003年5月13日の朝日新聞夕刊に、北朝鮮の拉致被害者である曽我ひとみさんのもとへ、北朝鮮在住の家族から手紙が届いたという記事が掲載された。同紙は記事の中で、差出人である家族の住所を詳細に掲載した。

翌日、曽我さんと拉致被害者の「家族会」と「救う会」は、「なんの権限で住所を無断記載したのか」と同社社長あてに抗議文を提出。納得のいく回答と謝罪があるまで同社記者が、共同会見に参加することを拒否するとした。

抗議を受けた朝日新聞社は14日中にインターネット版の記事やデータベースから問題の住所を削除。15日には、拉致被害者支援室を通じて、編集局長名義の謝罪文を曽我さんに渡した。

その後の経緯、朝日新聞の対応

2003年5月18日、朝日新聞は朝刊にこの事件の調査結果を掲載し、記事にした経緯を説明するとともに、改めて謝罪した。

しかし、曽我さんらはこの調査結果に納得できないとし、20日に再度抗議文を提出。①事件に関係した記者やデスクの名前、②同意を得ずに記事にした理由、

keyword【キーワード】：家族会　救う会　取材拒否

③住所掲載が重大な人権侵害と気づかなかった理由など、不明点を具体的に挙げ、回答を求めた。

朝日新聞は5月26日、曽我さんらに「18日朝刊の調査結果で公表すべき点はすべて公表した」とする文書を提出。29日には、編集局長の役員報酬減額30%（1カ月）など、7人の処分を発表した。そのほかの処分は、本社地域報道部長と新潟支局長の2人が減給、取材・執筆した記者と原稿を点検した同支局次長ら4人は譴責。また、編集局長については販売担当への移動も明らかにした（2007年6月現在は、同社代表取締役社長）。5月30日、曽我さんは文書でコメントを発表。「まだ心の中にもやもやしたものが残っています」としながらも「これ以上やりとりを続けても納得できる答えは返ってこない」とし、今後の対応を「救う会」と「家族会」に一任するとした。

同日、家族会らは、東京本社編集局長らが処分されたことを受けて、原稿の執筆者や原稿をチェックした氏名は明らかにされたと判断。これを事実上の回答とし、同社の曽我さんへの取材拒否を31日付で解除すると発表した。

参考文献

新聞記事

◆毎日新聞　2003年2月1日
「北朝鮮・拉致事件　週刊朝日編集長、停職10日の処分ー地村さん報道で」

category 報道機関の使命欠如

CASE 144 日本テレビ視聴率買収事件

date 2003年（平成15年）10月24日

commercial name 日本テレビ放送網株式会社

scandal type 視聴率不正操作

事件の背景

視聴率調査は視聴率調査会社「ビデオリサーチ」により行われている。調査の対象は、全国27地区・6,250世帯。このうち、関東・関西は各々600世帯を擁する最大エリアである。調査の集計は、各戸に設置された視聴率測定器を通して行われ、1番組について1分ごとの視聴率を記録。翌朝、契約先のテレビ局、スポンサー、広告代理店にその結果が届く。高視聴率の番組にはスポンサーもつきやすく、ここで得た広告料がテレビ局の売上に大きく反映される。それだけに関係者は「1％でも視聴率を上げる」ことに躍起になり、視聴率獲得に向けて各社の熾烈な競争が繰り広げられていた。

事件の発端

2003年10月24日、日本テレビプロデューサー（41）による視聴率買収工作が発覚した。プロデューサーは、埼玉県内の興信所を使ってビデオリサーチの保守点検車両を尾行させ、割り出した関東地区のモニター世帯5〜6世帯に、自分が制作したバラエティ番組・6本を見るように依頼した。依頼役は、元番組制作会社社長夫妻を介して行われ、承諾した4世帯には5,000円〜1万円の現金または商品券が送られた。

こうした不正工作は、2002年9月から2003年9 月までの間に4回行われた。その際、プロデューサーは視聴率操作が発覚することを恐れ、自分の番組だけでなく、ライバル民放2局の番組についての視聴も依頼するという偽装工作までしていた。

一方、興信所は1世帯10万円でモニター世帯探しを受託、この時点で12〜13世帯を割り出していた。また、不正

keyword【キーワード】：視聴率操作　視聴率調査会社

工作に協力した夫妻には、1件につき2万円の報酬が支払われており、工作費用は総額で百数十万円に上るとみられた。資金の出所について、プロデューサーは「すべてポケットマネー」と説明した。

事件の経緯、会社の対応

視聴率操作が発覚した2003年10月24日、日本テレビでは記者会見を開き、萩原敏雄社長、細川知正専務、編成総務が視聴者やスポンサーに謝罪。早急に社内に調査委員会を設置して、真相解明に努めるとの意向を示した。「視聴率至上主義がこの事件の直接要因では？」との質問に対し、萩原社長は「それはない。本人が単独でやったこと」と会社との関係を否定した。

翌朝のテレビ番組「あなたと日テレ」でもアナウンサーが謝罪。不正工作を認めたプロデューサーは25日、懲戒解雇となった。

一方、ビデオリサーチの竹内毅社長も24日に会見し、調査対象世帯が漏れたことを謝罪した。そして、

①2002年8月に保守点検車両が尾行されたことに気づいた、

②調査世帯1世帯からの報告（番組に対するアンケート調査があった）により、調査世帯の漏洩を知り、この世帯を調査対象世帯からはずした、

③2002年9月から12月にかけて関東地区600世帯を対象に、不正な働きかけがあったかどうかを調査。外部干渉が確認された2世帯を調査対象からはずした、ことを明らかにした。

また、その後、独自の調査を行い、不正工作に関与していた埼玉県の興信所を突き止めたこと、興信所に抗議文を送ったところ、2003年2月に不正工作が止まったため、依頼者不明のまま調査を打ち切ったと説明した。

その後の経緯、業界の反応、裁判

視聴率トップを維持する日本テレビが起こしたこの事件に対し、各テレビ局は「視聴者の信頼を裏切る行為」「テレビの信頼を揺るがす重大な不正行為」と厳しく批判した。こうした憤りは、前年に不正操作の事実をつかんでいながら、関係テレビ局に何の報告もしていなかったビデオリサーチ社にも及んだ。

放送行政を担当する総務省（地上放送課）は25日、「事実関係を把握していない」との理由でコメントを避けた。

10月28日、日本広告主協会では日本テレビ、ビデオリサーチ社、民放連、日本広告業協会に対し、事実関係の徹底調査と再発防止を求める要望書を提出した。ビデオリサーチでは、再発防止策として保守点検車両に乗るスタッフを1人増やし、2人体制とした。

2003年11月18日、日本テレビでは取締役会を開き、視聴率不正操作問題に伴う代表取締役3名の自主的降格及び自主的役員報酬返上が承認された。その結果、氏家齊一郎会長がグループCEOを辞任。間部耕苹副会長はグループEOを辞任し、代表取締役社長へと降格、萩原敏雄社長は代表取締役副社長へと降格した。

調査委員会のその後の調べで、興信所は2002年7月から2003年8月までの間に24〜27世帯を割り出し、そのうち謝礼を支払ったのは12世帯、工作資金は制作費の流用であったことが判明した。

2004年1月22日、ビデオリサーチは、不正操作による視聴率に対する社会的な信用を失墜した慰謝料と事件の対応に要した費用、総額約9,153万円を元プロデューサーに求める訴訟を東京地裁に提出した。ただし、日本テレビへの損害賠償は見送られた。それは、同社の調査委員会がこの事件は元プロデューサー個人の不正としたことで、使用者責任を問うことは困難と判断したためであった。また、刑事告訴（偽計業務妨害容疑）も、モニター世帯の捜査への協力負担などを考慮し断念した。

2005年11月4日、元プロデューサーがビデオリサーチの主張を全面的に受け入れたことで和解が成立。損害賠償額の支払い義務を認めるとともに、ビデオリサーチに対する謝罪文を提出した。

参考文献

雑誌・書籍

◆「何が彼をそうさせたのか--日本テレビ視聴率「買収」事件を問う」
『マスコミ市民』 2003.12
◆「日本テレビ視聴率買収工作問題（FEATURE テレビ50歳の危機（4））」
『総合ジャーナリズム研究』 2004.冬

category 報道機関の使命欠如

CASE 145 NHK、チーフプロデューサー番組制作費詐欺事件

date 2004年（平成16年）12月4日

commercial name 日本放送協会

scandal type 詐欺

事件の背景

2004年は、NHKの不祥事が次々と明らかになった年だった。

編成局エクゼクティブプロデューサーとチーフプロデューサーが3年間にわたって続けていたカラ出張、放送技術局職員が音楽制作費名目で外部制作会社に架空請求させていた詐欺行為、ソウル支局長が外部プロダクションへの支払いに金額を上乗せしていた不正請求など10件近くの不祥事が相次いで発覚していた。

その多くは長年にわたって不正チェックの網をすり抜け、発覚後も口頭による「厳重注意」で済まされた。社会の非難を浴び受信料の不払い運動がわきおこった。

事件の発端

2004年12月4日、警視庁捜査2課は、NHK番組制作局芸能番組部元チーフプロデューサー（以下「CP」）（48）とイベント企画会社「フリースパイス」の社長、上原久幸（48）を詐欺容疑で逮捕した。

元CPは2001年5月、放送作家の実績がない上原を、「BSジュニアのど自慢」などの番組制作に従事したように装い、番組構成委嘱料を請求させ、NHKから計270万円をだまし取っていた。

同日夜、NHKは海老沢勝二会長が視聴者に向けて謝罪する番組を放送した。NHKの視聴者コールセンターには、視聴者からの抗議や苦情の電話が午後7時から5日午後3時までに、計約380件が寄せられた。

keyword【キーワード】：プロデューサー　経営委員会

発覚の経緯

2001年6月、元CPの後任CPが「BSジュニアのど自慢」の経理を調べるうちに、内容不明の放送作家への支払いがあることに気づいた。しかし、元CPの「リサーチなどを依頼した」という説明を信じ、口頭注意に終わった。

当時もNHKが放送作家に番組構成委嘱料を支払うには、事前にNHKのデータベースに放送作家登録をする必要があった。元CPは、放送作家としての実績がなかったイベント企画会社の上原を登録するため、部下から推薦があったように書類を偽造、番組担当部長らの了解を取り付けていた。

また、通常の支払い請求は、番組担当デスクが請求額を決め、CPが確認・決定していたが、特例としてCP単独で代理請求できるシステムがあった。1997年3月より、元CPは、このシステムを悪用し、上原の銀行口座に振り込ませていた。1999年7月からは、上原に分け前を渡すようになっていた。

その後の経緯、警察の動き、NHKの対応、裁判

2001年12月6日、NHKは内部調査を行ない、容疑者が1997年2月から2001年11月にかけて、15番組の105本について88回にわたって、上原に総額約4,888万円を支払っていたと公表した。その調査でCPが詐取した金をラスベガスや韓国などへの海外旅行や、高級レストランの飲食代、高級ブランド品購入に使っていたことも判明した。

12月19日、NHKは内部調査を基に番組制作費詐欺事件の検証番組を生放送した。海老沢勝二会長の辞任を求める厳しい意見も飛び出し、会長は改めて謝罪した。

あけて2005年1月7日、紅白歌合戦など17本の番組構成委嘱料計740万円をだまし取ったとして、CP容疑者と上原容疑者が再逮捕された。

1月25日、NHK経営委員会（委員長＝石原邦夫・東京海上日動火災保険社長）において、海老沢会長が正式に辞意を表明、経営委も了承し辞任が決定した。

1月29日、CPの容疑者と上原容疑者が追訴され、立件総額は1,910万円に上った。

2月4日、CP容疑者、上原容疑者が再々逮捕、NHKの関連会社、NHKアートのイベントスペース事業部長（48）、イベント企画会社の市瀬俊秀元社長（55）の2名も逮捕された。

調べによると、1998年から2001年にかけて、CP容疑者は市瀬を放送作家のように装い、自分の銀行口座に約820万円を振り込ませた疑い。イベントスペース事業部長・容疑者はCPに頼

まれ市瀬に名義貸しを依頼した疑い。立件された詐欺額は計2,730万円となった。

2月25日、CP容疑者と上原容疑者の4回目の逮捕が行なわれた。立件された詐欺額は約3,880万円となった。

3月7日、NHKはCP容疑者が番組に出演していないダンサーや合唱団を出演したように装い、約4,238万円をだまし取った疑いがあると発表。これによって総額1億円が詐取されていたことが判明した。

3月9日、CPと上原、両被告の公判が東京地裁（村瀬均裁判長）で開かれた。

同日、両被告は追訴され、5回目の逮捕が行なわれた。また、新たに番組企画会社社長、久保田芳文（52）が逮捕された。2000年11月から2001年5月にかけ、CP被告は久保田容疑者を放送作家として「BSのど自慢」などの番組の制作に従事したかのように装って、NHKから番組構成委嘱料計約1,160万円を詐取した疑いによる逮捕だった。これで立件総額は約6,229万円となった。

7月6日、東京地裁は、詐欺罪を適用し、上原被告に懲役3年、イベントスペース事業部長被告に同2年6月、市瀬被告に同1年6月の判決を言い渡した。

2006年1月16日、東京地裁は、久保田被告に詐欺罪で懲役3年の刑を言い渡した。

3月28日、東京地裁でCP被告に判決が下された。裁判長は「計画的かつ悪質な犯行。受信料で財源をまかなうNHKの信頼を著しく損なった影響も見過ごせない」と断罪した。1998年から2001年、上原被告らと共謀し、NHKから番組構成委嘱料計約6,230万円を騙し取り、約6割にあたる約3,800万円を詐取したとして、懲役5年を言い渡した。

参考文献

雑誌・書籍

◆「NHKを追いつめた記者の迫真手記（前編）「磯野事件」隠蔽のためにNHKがやったこと（巨大メディアは何を誤ったか）」『現代』 2005.9

category　報道機関の使命欠如

CASE 146 NHK番組改編事件

date　2004年（平成16年）12月9日

commercial name　日本放送協会、株式会社朝日新聞社

scandal type　番組改編

事件の背景

NHKの番組改編事件が起きた2005年は、前年に起きたチーフプロデューサーによる番組制作費詐欺事件を筆頭に度重なる不祥事、受信料不払いの増大、NHK会長批判など、NHKに対する風当たりが強くなっていた年だった。

問題の番組は、2001年1月30日放送の「NHK･ETV2001･シリーズ『戦争をどう裁くか』第2夜『問われる戦時性暴力』」（午後10時～10時40分）。天皇の戦争責任を模擬裁判で裁く「女性国際戦犯法廷」を取材したものだった。

そこで扱われた従軍慰安婦問題は、外交問題としても大きな意味をもっていたため、自民党や政府は強い反応を示した。

さらに、この番組が放送された1月末は、NHKにとっては最重要課題ともいえる予算審議が行なわれる時期である。

国民のNHK批判、政府・自民党の番組に対する強い反応、NHK幹部の予算を見据えた過剰な対応などを背景に、政治圧力による番組内容の改変という事件は起きた。

事件の発端

2004年12月9日、番組制作のデスクがNHKのコンプライアンス推進室に「放送前に中川昭一衆院議員と安倍晋三衆院議員による政治圧力で番組改編があった」と内部告発を行なった。

2005年1月9日、番組改編を直接指示したという制作当時の放送局長に朝日新聞記者が取材。1月10日、朝日新聞はさらに安倍、中川両氏に取材した。

1月12日、朝日新聞は「中川氏と安倍氏の指摘でNHKが番組内容を変えて放送」との報道を行なった。

keyword【キーワード】：政治圧力　女性国際戦犯法廷

番組制作の経緯

2000年11月、NHKは、旧日本軍の慰安婦問題を裁く「女性国際戦犯法廷」を題材にした番組を制作することを決定した。12月8日から12日まで「女性国際戦犯法廷」の取材を行なった。

2001年1月19日、教養番組部長が試写で大幅な手直しを指示した。

1月25日、NHKは2001年度予算案を総務省に提出。この頃、NHKの総合企画室職員が複数の自民党議員から「予算説明で番組が話題にされるだろう」といわれた。

1月26日、当時の放送局長と総合企画室担当局長が試写に出席、「女性法廷を評価しない識者のコメントを入れるべき」と指摘した。

1月29日、予算説明のために放送局長と総合企画室担当局長が安倍氏と面会し、番組についての説明も行なった。同日、番組制作局長室で試写、天皇の戦争責任に関する場面を削除し、番組は44分から43分になった。

11月30日、制作局長が、海老沢勝二会長から番組について「慎重にお願いします」といわれる。その後、制作局長と放送局長は相談し、元日本兵や元慰安婦の証言などの削除を決定。番組は40分となり、同日午後10時から『問われる戦時性暴力』は放送された。

その後の経緯、NHK、朝日新聞の動き

2005年1月13日、番組制作デスクが記者会見を行ない、「NHKで政治介入は恒常化している」と発言した。

同日、安倍氏は朝日新聞の報道を受けて「圧力はかけていない」と反論し謝罪を要求した。また中川氏も「放送前に圧力をかけた」とする朝日新聞の報道に対し「面会は放送後に行なった」と否定した。NHKも記者会見を開き、「政府からの圧力はなかった」と朝日新聞の報道内容を否定した。

1月14日、NHKが朝日新聞に「事実を歪曲した」と抗議文を発送。それを受け、朝日新聞は18日、朝刊で取材・報道の経過を特集し「NHK幹部や中川・安倍両氏が述べた内容などを総合した結果の報道である」という説明を行なった。そこから、番組改編事件をめぐるNHKと朝日新聞という大手メディア同士の対立へと発展していく。

この後、政治圧力による公共放送の番組改編という問題は、正面から扱われることなく、朝日新聞の取材方法への批判へとずれていく。その応酬は2005年の終わりまで続いた。

参考文献

雑誌・書籍

◆「メディア・スコープ NHK番組に政治的圧力 朝日報道にNHK、政治家が反論」
『新聞研究』 2005.3

◆「NHK圧力報道で宙に浮いた朝日新聞「従軍慰安婦」への妄念」
『正論』 2005.3

◆「主張 安倍、中川両議員のNHK番組に対する政治的圧力発言について」
『進歩と改革』 2005.3

◆「話題レポート メディア往来（10）NHK vs.朝日「報道問題」の知られざる背景を衝く--ジャーナリストは「圧力」に動じぬ覚悟を持て」
『Themis』 2005.3

◆「これを「政治的圧力」と言わずして何と言う NHK番組改変劇「暗黒の5日間」」
『現代』 2005.3

◆「わがジャーナリズムの総決算 権力の正体（9）NHK、原発取材と報道圧力」
『プレジデント』 2005.5.30

◆「メディア時評“状況証拠”だけで固めた『政治の圧力』ー朝日の「NHK特番改変」記事検証」『月刊カレント』 2005.9

◆「NHK番組改変--誰が圧力をかけたのか--「控訴審判決」を読み解く（「慰安婦」問題が照らし出す安倍政権の本質）」『世界』 2007.5

category 報道機関の使命欠如

CASE 147 「週刊朝日」、武富士からの編集協力費受け取り事件

date 2005年（平成17年）3月31日

commercial name 株式会社朝日新聞社

scandal type ウラ広告疑惑

事件の背景

2000年の中国新聞記事の盗用問題以来、2005年1月のNHK番組改変問題、同年8月の長野総局記者の虚偽メモ事件など不祥事が相次ぎ、朝日新聞のセルフチェック機能の甘さと抜本的改革が図れない組織の硬直化が指摘されていた。

一方、武富士は、『週刊朝日』に資金協力を申し出た2000年当時、顧客情報の漏洩事件、暴力団との関係などが取り沙汰されメディアから批判されていた。

大量の広告出稿は、メディア懐柔策と指摘する声もある中、編集協力費が朝日新聞の武富士をめぐる報道に影響を与えなかったのかが問われた。

事件の発端

2005年4月7日号『週刊文春』が「朝日新聞が武富士から受け取った「ウラ広告費」5000万円」と報じた。同日、読売新聞、毎日新聞もこの件を報じた。朝日新聞は朝刊で「週刊朝日、編集協力費で不手際」とし、大要次のように報じた。

事件の経緯

- 1999年秋、武富士から『週刊朝日』に「グラビア企画に協力したい」という申し出があり、『週刊朝日』はこれを受けてタイアップ記事を企画した。
- 2000年6月5日、編集協力費5,000万円の支払い方法と、武富士が編集方針を尊重することを記した覚書が交わされた。記事には協賛として「武富士」の名を記す代わりに、連載終了後に写真展の開催か写真集の出版で、武富士の協力企画であったことを明記するとした。この約束は口頭で交わされた。
- 2000年7月7日号から2001年8月

keyword【キーワード】:『週刊朝日』『週刊文春』 編集協力費

10日号までの計53回、『週刊朝日』に「世界の家族」が掲載された。内容は世界20か国の家族のレポートだった。

- 2001年8月、連載は終わった。しかし、この時すでに『週刊朝日』の編集長が交代していたこと、武富士が弘前支店放火事件（2001年5月）の対応で多忙だったことなどから、写真集刊行などの約束は実行されなかった。

その後の経緯、会社の対応

2005年3月31日、朝日新聞社の本沢義雄取締役が同新聞紙上で「武富士の名前を出さないまま時間が経過してしまったのは、不手際だった」「結果として読者の疑念、誤解を招き、反省している」「5,000万円に不正なやりとりはまったくなく、朝日新聞社のその後の武富士をめぐる報道姿勢になんらかの影響があったとは考えていない」と釈明をした。「ウラ広告費」「闇金」などと記述した『週刊文春』に対しては、事実と異なると抗議を表明した。

4月5日、『週刊朝日』が「武富士編集協力費問題の不手際について」という記事を掲載。現編集長の名で事実上の謝罪をした。しかし、この記事は、企業名の表記をめぐる3月31日の「朝日新聞」の説明と異なる内容だった。記事によると、当初、武富士は協賛として企業名を記事に入れるよう要望。しかし当時の編集長が「グラビアのイメージが損なわれかねない」と難色を示し、その代案として写真展や写真集の出版を示したという。

4月19日、朝日新聞社は、①5,000万円に金利6％を加えた約6,340万円を武富士に返済する。②写真展や写真集の出版は行わない、と発表した。

また、タイアップ企画なのにスポンサー名を記さなかったこと、写真展や写真集の契約不履行の責任で、当時の編集長の停職2ヶ月と降格、箱島信一社長（67）の報酬を30％3ヶ月減額など6人の処分を決めた。その後、箱島社長は降任し取締役相談役に退いた。

同日、武富士は返金を受け取る考えを示した上で、「朝日新聞社の判断であり、特にコメントすることはない」と発表した。

参考文献

雑誌・書籍

◆**「人はそれをブラックジャーナリズムと言う 朝日新聞が武富士から受け取った「ウラ広告費」5000万円ーNHKより悪質！」**『週刊文春』 2005.4.7

category 報道機関の使命欠如

CASE 148 朝日新聞 捏造記事掲載問題

date 2005年（平成17年）8月29日

commercial name 株式会社朝日新聞社

scandal type 捏造記事掲載

事件の背景

この時期、朝日新聞は不祥事が続いていた。2004年8月、東京慈恵医大の補助金流用問題で、東京本社の社会部記者が取材資料を外部に渡したことが判明し、記者が退職処分となった。2005年1月、朝日新聞が「NHKが政治家の圧力で番組内容を改変」と報道し、真偽が問われたうえ、NHK幹部や政治家を取材した社内資料が外部に流失し雑誌『月刊現代』に掲載された。4月には、『週刊朝日』の連載企画を巡って武富士から5,000万円の編集協力費を受け取っていた事実が発覚（470ページ参照）、6月に社長が交替した。

事件の発端

2005年8月21日、朝日新聞は朝刊で「郵政反対派『第2新党』が浮上」、翌22日朝刊に「追跡　政界流動『郵便局守れだけでは』」という記事を掲載した。元自民党亀井静香政調会長らによる新党設立の動きに絡み、長野県の田中康夫知事が「新党日本」の党首に就任するまでの経緯を紹介する記事だった。記事を書いた記者（28）は前日20日に取材メモを総局長に提出、スクープ記事として掲載を承諾されていた。

8月23日、田中康夫知事は会見で、亀井氏と長野県では会っておらず、内容が虚偽であること。朝日新聞の確認取材も受けていないと指摘し、朝日新聞社に文書による回答を求めた。

朝日新聞社は確認作業を開始した。

会社の対応

2005年8月29日、朝日新聞社より報道機関に「郵政民営化法案反対派による新党結成の記事は捏造だった」とする

keyword【キーワード】：第2新党　記者行動基準

文書がファックスされた。だが、記者会見は行われず、批判が相次いだ。

同日、記者の懲戒解雇、東京本社編集局長の更迭など7人の処分が決まった

8月30日、「情報が虚偽」とする社内調査報告とおわびを朝刊に掲載した。

8月31日、朝日新聞社は「信頼される報道のために」委員会を社内に設置し、取材現場の実態の再点検や記者の教育や取材方法を見直し、捏造が起きた原因を検証し公表すると発表した。

9月7日、日本新聞協会会長で朝日新聞社取締役相談役の箱島信一氏（67）が辞任した。捏造記事について「偶発的ではなく、体質と構造に問題があるのではないか」と述べた。

同日、朝日新聞社は、捏造問題公表後初めて、秋山耿太郎社長（60）が会見し謝罪した。再生に取り組む決意を示し、辞任はしないと述べた。

9月15日、朝日新聞社は、政治部はメモを元に記者に確認しないまま記事にし、掲載していたとする検証記事を朝刊に掲載した。

10月20日、田中康夫知事は朝日新聞社の広報担当兼社長室長らと会談し「発言内容を確認するのは取材の基本」と批判した。

12月26日、朝日新聞社は編集改革に関する報告書を公表し、「専門記者とジェネラリスト両方の育成を目指すため、縦割り意識の強い政治部などの「部」を1年で廃止する」と発表した。

2006年12月1日、朝日新聞社は、報道に係わる一切の記録や報告に虚偽や捏造、誇張があってはならないとする「朝日新聞記者行動基準」を制定した。

参考文献

雑誌・書籍

◆「記事捏造、社内調査の嘘、取材テープ隠蔽 驕れる巨象 朝日新聞の失墜」
『文芸春秋』 2005.11

◆「vs.朝日新聞「捏造報道」（総力特集 傲慢なり、朝日・中国）」
『諸君』 2005.12

category 報道機関の使命欠如

CASE 149 NHK記者放火事件

date 2005年（平成17年）11月5日

commercial name 日本放送協会

scandal type 放火未遂

事件の発端

滋賀県警と大阪府警の合同調査本部は、2005年11月5日、大阪府岸和田市での不審火1件（2005年6月5日午前1時頃発生）について、非現住建造物等放火未遂の疑いでNHK大津放送局記者25歳男性を逮捕し、NHK大津放送局、記者が大津市内で住んでいたマンション、岸和田市の自宅などを家宅捜索。パソコン、ライター、メモ、携帯電話など計126点を押収した。

記者には、滋賀県大津市内で2005年4月23日（土）から5月15日（日）の週末に発生した11件（うち8件が5月15日に発生）の不審火に関与した疑いも掛かっていた。そのうち15日の不審火では竹やぶや民家軒下のウッドパネル、ビニールシートが燃え、1件については木造2階建て住宅など120㎡が全焼した。

逮捕容疑の岸和田市での放火は、市内の自宅で休職して病気療養中の記者が、6月5日に自宅付近でダンボールに火を付け、尾行していた捜査員に消火されたというもの。

事件の経緯

滋賀県警は、大津市内で発生した不審火について、不審火の範囲が半径100メートル内と狭く、記者の生活圏内であること、軒下に火を付けるという手口、および第一発見者となり消化活動を手伝ったり、火災現場で「記者だから中に入れろ」と警察官と言い合いになったりするなどの様子が度々目撃されていたことから、2006年5月15日の不審火の後、任意で記者に事情聴取していた。

記者は職場に対する不満と私生活でも遠距離で交際していた女性との別れ話が

keyword【キーワード】：不審火　放火　受信料不払い

持ち上がったことなどからストレスが蓄積、2005年4月中旬から体調を崩したことを理由に出勤日を減らしていた。5月15日の連続放火の翌日16日からは傷病休暇（有給）に入り、6月20日からは傷病欠勤、10月20日からは傷病休暇となっていた。有給の傷病休暇に入った5月下旬から自宅がある岸和田市付近の病院に通い、自宅と病院での生活を繰り返して、10月26日に退院していた。

会社の対応

2005年11月5日の逮捕を受けて、NHKでは午前11時の番組「永井多恵子のあなたのNHK」冒頭で橋本元一会長が視聴者に陳謝。その後、記者会見を行い、「報道に携わるものが重大な犯罪を引き起こしたとして逮捕されることは決して許されないことであり、慚愧に耐えません。放送現場の上司や経営に携わるものの立場で、見逃していたことは無かったのか、また、更にできることはもっと無かったのか、捜査の進展を見ながらみつめ直してまいりたいと思います。」と述べ、会長は月給の30％、副会長、放送総局長、同副総局長の3人は10％を3か月間返上する処分を発表した。

会見では、逮捕された記者に対するNHKの監督責任や、チーフプロデューサーが番組制作会社から制作費をキックバックさせていたなどの一連の不祥事を生んだ組織風土との関連について記者から質問されたが、NHK側はあくまで個人の問題との認識を示した。また、5月15日の大津市での不審火についてNHK記者が事情聴取されていたにも関わらず、約6か月間、内部調査等の対応を行わなかった理由として、記者の健康回復を優先したと説明した。

警察当局は11月8日、滋賀県警本部にある記者室を家宅捜索するなどして大津市内での連続放火容疑についても捜査を進め、11月25日に記者を再逮捕。28日には大津市内の放火現場を逮捕された記者立会いのもと実況見分を行った。

NHKでは12月9日、逮捕された記者を懲戒処分する旨を公表し、謝罪したが、「今回の事件は、業務とは関係のない時間に行われたものとは言え、極めて重大な犯罪であり」と述べるなど事件の原因を個人の問題との見解を改めて示した。

裁判は2006年5月23日から大津地方裁判所において開廷され、弁護側は放火の事実を認めた上で、「建物に燃え移らせる意図はなかった」とし、「犯行当時、躁状態」であったと責任能力について争う立場を示した。一方、検察側は「被告が原稿で固有名詞を間違えたり、取材でうその報告をしたりして、先輩記者や上司に怒られることに耐えられなかった」と指摘。放火の動機を「火をつけたら気が紛れるかも」と考えてのものとした。

8月15日に開廷された裁判において検察側は被告の精神鑑定を明らかにし、「被告はそう状態で放火によってうっ屈した気分を解消しようとした。精神耗弱だった」と述べ、被告に責任能力がある旨、主張し、現在も責任能力の有無について争われている。

NHKでは不祥事の続発により、受信料不払額が増加して海老沢勝二前会長が辞任。「まっすぐ、真剣」をキャッチフレーズに信頼回復に努めていた。

参考文献

新聞記事

◆毎日新聞　2005年11月6日朝刊
「放火未遂　NHK記者、容疑で逮捕　大津の連続放火も供述　滋賀県警・大阪府警」

webサイト

◆「職員の懲戒処分について」、2005年12月9日
http://www3.nhk.or.jp/pr/keiei/otherpress/051209.html
（参照2007.6.11）

category　報道機関の使命欠如

CASE 150　日本経済新聞社インサイダー取引事件

date　2006年（平成18年）2月14日

commercial name　株式会社日本経済新聞社

scandal type　証券取引法違反（インサイダー取引）

事件の背景

インサイダー取引とは、役員、従業員、大株主など会社の内部情報に接する立場にある者が、その会社の株価に影響を与えるような未公開情報（重要事実）を知り、その情報が公表される前に証券の取引を行うことをいう。

インサイダー取引は証券市場の信頼を大きく損なう不公正取引であり、証券取引法第166条で禁じられている。違反した場合、個人については5年以下の懲役もしくは500万円以下の罰金、またはこれらを併科される。得られた財産は没収または追徴される。法人については5億円以下の罰金が科せられる。

インサイダー取引は1990年以降約40件が摘発されており、後を絶たない。この事件の前年の2005年には、西武鉄道株インサイダー取引事件により、堤義明・コクド元会長が逮捕されている。

事件の発端

2006年2月24日、日本経済新聞社の杉田亮毅社長は記者会見し、同社広告局の社員が証券取引法違反（インサイダー取引）の疑いで証券取引等監視委員会から任意の調査を受けていることを発表した。同社の調べによると、問題の社員は企業が出稿した掲載前の法定公告の情報を入手し、インサイダー取引の疑いがある取引を含む複数の銘柄の株取引を数か月間にわたって繰り返していた。法定公告は株式会社が株式分割や新株発行などの重要事項を投資家に周知するもので、商法で義務付けられている。

同社は社内規定で、社員による株の短期売買等を原則禁止している。同社は社内調査委員会を設置して事実実関係を調査するとともに、蔭山孝志常務（広告担

keyword【キーワード】：インサイダー取引　広告部員

当）の引責辞任、広告局長の更迭と社長室付、金融広告部長の更迭と広告局付を発表した。また、杉田社長と副社長、担当専務（広告統括）の役員報酬3ヵ月全額カット、ほかの取締役11人全員の役員報酬1ヵ月10％カットも発表した。杉田社長は「多くの関係者の皆様の信頼を損ない、多大なご迷惑をおかけしたことを深くお詫び申し上げたい」と述べ、編集局、販売局の社員に対する株取引の全面自粛、広告局の社員に対する株取引の全面禁止と誓約書の提出など、再発防止策の徹底を表明した。

事件の経緯

2006年7月25日、証券取引等監視委員会は日本経済新聞社広告局の金融広告部員を証券取引法違反容疑で東京地検特捜部に告発した。これを受け同日、東京地検特捜部は容疑者を同容疑で逮捕した。調べによると容疑者は、2005年12月13日から2006年1月20日にわたって上場企業5社が日経新聞に掲載依頼した法定公告の内容を掲載前に広告局内の共用パソコンで閲覧し、同月31日までに5社の株、計約9万4,400株を計約2億4,000万円で購入していた。法定公告はいずれも株式分割に関するもので、容疑者は買った株を広告掲載後に高値で売り抜け、計約3,000万円の利益を不正に得ていた。インサイダー事件で個人が得た利益としては、史上3番目に高い金額だった。

容疑者は2004年3月から株取引を始め、就業中にも売買を繰り返すなど、取引にのめり込んでいた。法定公告を悪用した不正利益と合わせると、株取引で得た利益は総額約1億円にもなっていた。

日本経済新聞社は同日付で容疑者を懲戒解雇するとともに、杉田社長が会見し、「自分の不徳の致すところで、断腸の思いだ」と謝罪した。また調査の結果、パソコン閲覧用IDやパスワード等情報管理体制に不備があったことを認め、再発防止策を講じることを明らかにした。

事件の結末と法的処分

8月11日、東京地検特捜部は容疑者を証券取引法違反（インサイダー取引）の罪で東京地裁に起訴した。

12月25日、東京地裁は被告に対し「法定公告を多く扱う新聞社を舞台に行われた犯罪であり、証券取引市場に与えた影響は重い」として、懲役2年6月、執行猶予4年、罰金600万円、追徴金約1億1,600万円の有罪判決を言い渡した。この追徴金額は被告の株購入原資約8,700万円とインサイダー取引で得た利益を合計したものに近く、インサイダー取引事件としては過去最高額となった。

被告の裁判は判決が出たが、2007年

2月28日、日本経済新聞社の株主ら3人が鶴田卓彦前社長や杉田社長ら9人を相手取り、10億円の損害賠償を求める株主代表訴訟を東京地裁に起こした。「同社幹部が事件を防止する措置を怠ったため、会社のイメージが傷付けられた」という主張だった。

参考文献

雑誌・書籍

◆「日本経済新聞「インサイダー事件」の奇妙な内情--たった1人の立件で終わり！？」『Themis』　2006.8

◆「「富田メモ」とインサイダー社員逮捕の点と線 俗物が支配する日本経済新聞の堕落（総力特集 靖国問題に黒白をつける！）」『Will』　2006.10

Column

◆マスコミの使命

マス・コミュニケーション、いわゆるマスコミは言葉通り、マス（大衆）に大量の情報を伝達する機能を持つ。マスコミは、活版印刷技術の普及によって新聞が生み出されたことから社会的影響力を持つようになり、その意味ではマスコミの源流は新聞の誕生とほぼ同義といえる。

その新聞の起源は、ヨーロッパの絶対王政下、王侯貴族や遠隔地貿易に携わる貿易商が他国の経済、政治状況を知るために、手書きの報告書を定期便として届けさせたことに遡る。15世紀半ばの活版印刷技術の普及に従い、情報をコピーして大量に頒布することが可能となったことから読者層を広げて、19世紀以降に日刊の形態となった。

日本では1861年（文久元年）に長崎で刊行された英字新聞「ナガサキ・シッピング・リスト・アンド・アドバタイザー(The Nagasaki Shipping List and Advertiser」が初めての新聞といわれている。翌年には初めての日本語新聞「官板バタビア新聞」が刊行されている。

明治に入って、新聞は長州、薩摩出身士族を中心に政治を進める藩閥政治に反対する自由民権運動を主張する媒体となったことから、新聞紙条例、讒謗律が制定（1875年）されるなど政府によって厳しく取り締まられた。この自由民権運動前後に現在存続している新聞が創刊され、1872年（明治5年）には毎日新聞の前身「東京日日新聞」が、1874年に読売新聞が、1879年（明治12年）に「朝日新聞」が創刊され、また、後の日本経済新聞となる「中外物価新報」も商業誌として1876年（明治9年）に刊行された。

1905年（明治38年）には日露戦争後の日露講和条約（ポーツマス条約）において賠償金を取ることができなかったことを受けて、政府寄りの国民新聞以外の新聞が政府の交渉姿勢を非難したため、戦争の財源として増税を強いられた民衆の不満を爆発させ、内務大臣官邸、国民新聞などを焼き討ち暴徒事件が発生した（日比谷焼打事件）。

大正に入り、第一次世界大戦による好景気で都市中間層が誕生したことから消費量が増加し、老舗呉服店が百貨店となり、洋食が一般的となってカフェやレストランが出来、映画などの娯楽が提供されるなどして都市の風景は大きく変わっていった。

新聞も都市中間層による大衆化に即して、大衆文学小説を連載し、娯楽に関する情報を読者に提供して発行部数を伸ばし、朝日新聞、毎日新聞では100万部を突破して明治時代に比べて影響力が増していった。

世論形成に影響を持った新聞への牽制として、1918年（大正7年）の米騒動の最中、記事の中で用いられた騒乱の予兆を示す故事「白虹日を貫けり」が反乱を目論むものであるとして、朝日新聞は発行禁止寸前まで追い詰められる事件が起きたが、この事件は日本の大衆文化やそれを支えた新聞の象徴でもあった。

また、マスメディアの誤報の恐ろしさを示す事件も大正時代に発生し、1923年9月1日の関東大震災で新聞は朝鮮人が放火しているというデマを記事にしたことから、朝鮮人や社会主義者の虐殺、虐待事件を引き起こした。

昭和戦前期においては軍部の報道規制があったとはいえ、満州事変をめぐり朝日新聞と毎日新聞が戦況報道についてスクープ合戦を繰り広げ、結果的に戦争翼賛報道を主体的に担い、戦線拡大に突き進む軍部を抑制することが出来なかった。

一方、新聞は社会正義を実現するために物事の本質を鋭く見分ける豪胆な人材を輩出した。例えば、信濃毎日新聞の主筆であった桐生悠々（1873～1941）は、反権力、反軍の立場を貫いた記者として有名であるが、1933年（昭和8年）に「関東防空大演習を嗤（わら）う」という社説により在郷軍人の不買運動から新聞社を追われたが、軍部の力が強まる中において彼はその社説で、木造家屋が多い日本では焦土化し、また灯火管制はパニックを招くなどを理由にあげて、「敵機を関東の空に、帝都の空に迎へ撃つといふことは、我軍の敗北そのものである」と太平洋戦争末期の米軍の空襲とその被害を正確に言い当てていた。

桐生悠々といった逸材を育んだマスコミだが、昨今は不祥事事件が目立つ。2005年8月には郵政民営化法案をめぐる新党立ち上げ報道で朝日新聞が記事を捏造したり、新聞掲載前の公告予定記事をもとに日本経済新聞社員が自己保有株を売り抜けてインサイダー取引の疑いで逮捕されており、これらは本文に詳しいところである。

■ 索　引 ■

【き】

【ね】

【の】

【は】

【ひ】

【ふ】

監修者略歴

齋藤　憲（さいとう・さとし）

専修大学経営学部教授

1947年東京生まれ

1986年早稲田大学大学院商学研究科博士課程修了、商学博士

1993年関東学院大学教授

1998年～1999年Oxford University Mansfield College Visiting Research Fellow

2002年専修大学経営学部教授

＜主要著書＞

『新興コンツェルン理研の研究』（時潮社）日経・経済図書文化賞受賞

『財閥金融構造の比較研究』（共著、御茶の水書房）

『戦後経営史入門』（共著、日本経済新聞社）

『稼ぐに追いつく貧乏なし―浅野総一郎と浅野財閥―』（東洋経済新報社）

『堤康次郎と西武グループの形成』（共編著、知泉書館）

企業不祥事事典

―ケーススタディ150―

2007年7月25日　第1刷発行

2009年4月10日　第2刷発行

監　　修／齋藤　憲

発 行 者／大高利夫

編集・発行／日外アソシエーツ株式会社

〒143-8550 東京都大田区大森北 1-23-8 第3下川ビル

電話 (03)3763-5241(代表)　FAX(03)3764-0845

URL　http://www.nichigai.co.jp/

発 売 元／株式会社紀伊國屋書店

〒163-8636 東京都新宿区新宿 3-17-7

電話 (03)3354-0131(代表)

ホールセール部(営業)　電話 (03)6910-0519

組版処理／有限会社デジタル工房

印刷・製本／大日本印刷株式会社

《中性紙北越淡クリームキンマリ使用》

ISBN978-4-8169-2061-5　　***Printed in Japan,2009***

ビジネス技術 わざの伝承 —ものづくりからマーケティングまで

柴田 亮介 著　四六判・260頁　定価1,980円（本体1,886円）　2007.5刊

技術・技能、企画メソドロジーなど仕事の「わざ」を次世代へ伝えるために、能・歌舞伎・噺家など、古典芸能の世界における師匠の模倣をはじめとする弟子養成術から奥義を会得、その伝承方法を学ぶ。〈日外選書 Fontana〉

鉄道・航空機事故全史 〈シリーズ災害・事故史 1〉

災害情報センター，日外アソシエーツ 共編　A5・510頁　定価8,400円（本体8,000円）　2007.5刊

明治以降の鉄道事故・航空機事故を多角的に調べられる事典。第Ⅰ部は大事故 53 件の経過と被害状況・関連情報を詳説、第Ⅱ部では全事故 2,298 件を年表形式（簡略な解説付き）で総覧できる。索引付き。〈日外選書 Fontana〉

環境史事典 —トピックス1927-2006

A5・650頁　定価14,490円（本体13,800円）　2007.6刊

昭和初頭から 2006 年まで、環境問題に関わる出来事を年月日順に掲載した記録事典。気候変動・生態系など地球自然環境の問題から、人為的な問題、政治・経済と関わる問題、地球温暖化など全地球的な問題まで 5,000 件を収録。

日本の実業家 —近代日本を創った経済人伝記目録

（社）日本工業倶楽部 編　B5・350頁　定価8,400円（本体8,000円）　2003.7刊

明治以降、日本の近代化および経済発展を支えてきた実業家 800 人の経歴と伝記目録を掲載。受賞歴などを含む詳細なプロフィールと、伝記・列伝、自伝、回想録、追想録、追悼録、日記など私家版を含む伝記目録を一覧できる。

企業名変遷要覧

結城智里，神戸大学経済経営研究所附属政策研究リエゾンセンター，日外アソシエーツ編集部 共編

B5・1,040頁　定価39,900円（本体38,000円）　2006.1刊

全国証券取引所・ジャスダック上場企業およびその他の有力企業、あわせて 4,317 社の社名変遷を一覧。社名変更・合併・分離などによる変化を、母体となった会社設立まで遡って調査することができる。証券コードも記載。

お問い合わせは… データベースカンパニー 日外アソシエーツ

〒143-8550　東京都大田区大森北1-23-8

TEL.（03）3763-5241　FAX.（03）3764-0845

http://www.nichigai.co.jp/